U0921969

# 中国口腔医学年鉴

*YEARBOOK OF CHINESE STOMATOLOGY*

**2020年卷**

**主　编**　周学东

**副主编**　王松灵　边　专　张志愿

俞光岩　赵铱民　凌均棨

四川科学技术出版社

图书在版编目(CIP)数据

中国口腔医学年鉴. 2020 年卷 / 周学东主编.
—成都:四川科学技术出版社, 2021.9
ISBN 978-7-5727-0292-1

Ⅰ. ①中… Ⅱ. ①周… Ⅲ. ①口腔科学-中国-2020-年鉴 Ⅳ. ①R78-54

中国版本图书馆 CIP 数据核字(2021)第 188916 号

**中国口腔医学年鉴 2020 年卷**

主　　编　周学东

出 品 人　程佳月
责任编辑　任维丽
特约编辑　吴　婷
责任出版　欧晓春
出版发行　四川科学技术出版社
　　　　　成都市槐树街 2 号　邮政编码 610031
　　　　　官方微博:http://e.weibo.com/sckjcbs
　　　　　官方微信公众号:sckjcbs
　　　　　传真:028-87734039
成品尺寸　185mm×260mm
　　　　　印张 17.25　字数 400 千
印　　刷　四川川印印刷有限公司
版　　次　2021 年 9 月第一版
印　　次　2021 年 9 月第一次印刷
全书定价　88.00 元
ISBN 978-7-5727-0292-1

# 《中国口腔医学年鉴》编辑委员会

杨丕山　山东大学
杨　健　南昌大学
沈国芳　上海交通大学
谷志远　浙江中医药大学
邱蔚六　上海交通大学
陆支越　北京医院
陈万涛　上海交通大学
陈文霞　广西医科大学
陈发明　空军军医大学
陈　刚　天津医科大学
陈　江　福建医科大学
陈吉华　空军军医大学
陈扬熙　四川大学
陈莉莉　华中科技大学
陈　智　武汉大学
陈谦明　浙江大学
肖金刚　西南医科大学
林云锋　四川大学
季　平　重庆医科大学
岳　林　北京大学
周永胜　北京大学
周延民　吉林大学
周学东　四川大学
周　洪　西安交通大学
周曾同　上海交通大学
郑家伟　上海交通大学
金　岩　空军军医大学
罗颂椒　四川大学
林　野　北京大学
易新竹　四川大学
赵士芳　浙江大学
赵　今　新疆医科大学
赵云凤　四川大学
赵守亮　同济大学
赵志河　四川大学
赵明东　滨州医学院
赵怡芳　武汉大学
赵　彬　山西医科大学
赵铱民　空军军医大学
俞光岩　北京大学
钟良军　杭州师范大学
宫　苹　四川大学
胡　敏　解放军总医院
胡　敏　吉林大学
胡勤刚　南京大学
郭传瑸　北京大学
郭　斌　解放军总医院
袁　泉　四川大学
栾文民　北京医院
倪龙兴　空军军医大学
徐礼鲜　空军军医大学
徐　江　石河子大学
徐　欣　山东大学
徐　艳　南京医科大学
凌均棨　中山大学
聂敏海　西南医科大学
唐瞻贵　中南大学
黄永清　宁夏医科大学
黄洪章　中山大学
黄桂林　遵义医科大学
黄　跃　暨南大学
宿玉成　北京协和医学院
巢永烈　四川大学
康　宏　兰州大学
曹选平　郑州大学
麻健丰　温州医科大学
常晓峰　西安交通大学
梁景平　上海交通大学
葛少华　山东大学
温玉明　四川大学
谢志坚　浙江大学
蒋欣泉　上海交通大学
曾祥龙　北京大学
程祥荣　武汉大学
程　斌　中山大学
董福生　河北医科大学
路振富　中国医科大学
潘乙怀　温州医科大学
潘亚萍　中国医科大学
樊明文　武汉大学
翦新春　中南大学
魏奉才　山东大学

# 序　　言

《中国口腔医学年鉴》是中国口腔医学界的综合性、学术性连续出版物，每年出版一卷，自1984年创刊已连续出版了28卷，本卷为2020年卷。选材基础时限为2020年1月至12月。该书的编纂出版旨在全面翔实、客观公正地向国内外读者介绍该年度中国口腔医学的发展与成就。汇集的资料主要包括口腔医学的国家政策、医院建设、医疗服务、学科发展、人才培养、科学研究、疾病预防等领域，是了解和研究中国口腔医学发展史的重要资料，也是中国口腔医学与国际口腔医学学术交流的重要平台。

本卷栏目主要包括回顾与论坛、医疗工作、医学教育、科学研究、学会工作和人物。“回顾与论坛”栏目刊载了三篇专家稿，分别是“口腔医学专业课程思政融合育人的探索与实践”“中国口腔病理学的发展和未来”和“我国口腔修复工艺学从传统向数字化的转型”。“医疗工作”栏目收集了国家健康科普专家库第一批成员名单、国家卫生健康委关于设置国家口腔医学中心的通知以及国之名医相关信息；也收集了“维护牙周健康的中国口腔医学多学科专家共识（第一版）团体标准”的第1至9项。“医学教育”栏目，详列了教育部公布的首批国家级一流口腔医学本科课程认定结果，包括线上一流课程、虚拟仿真实验教学一流课程、线下一流课程等；该栏目也收集了2020年口腔医学继续医学教育项目，汇总了2020年中国高等学校口腔医学专业博士、硕士研究生及本科生招生与培养简况，遴选了口腔医学相关教育资讯。“科学研究”栏目收集了中国医学科学院学术咨询委员会增聘学部委员情况，重点介绍了2020年中国高等院校口腔医学院、口腔医院科技成果获奖和获得的科研基金资助项目，以及部分相关科技获奖；此外还介绍了2020年公开出版发行的口腔医学专著、教材等，收集整理了2020年口腔医学期刊新型冠状病毒相关研究论文条目。“学会工作”栏目刊载了2020年新成立或换届的中华口腔医学会及口腔医学专业委员会与学组组织机构名录，记载了2020年度在中国召开的部分口腔学术会议、展会、学会简讯及院校新闻动态。“人物”栏目记录了新增的“全国创新争先奖”“白求恩式好医生”获奖者以及新增列口腔医学博士研究生导师等内容。

《中国口腔医学年鉴》在编纂出版过程中一直得到全国口腔医学院（系）、口腔医院以及众多口腔医学专家的支持和帮助，得到广大读者的关注和期望。出版单位与编委保持长期友好的合作关系，在此一并致谢。欢迎广大读者提出宝贵的意见和建议，我们共同努力，办好《中国口腔医学年鉴》。

《中国口腔医学年鉴》编辑委员会

2021年9月

# 目　次

## 学会工作 …… 213



## 人　　物 …… 243



## 索　　引 …… 268

回顾与论坛

# 口腔医学专业课程思政融合育人的探索与实践

李刚[1] 周学东[2]
1. 空军军医大学口腔医学院 2. 四川大学华西口腔医学院

"为谁培养人、培养什么人、怎样培养人"是新时代中国高等教育要解决的重要问题。教育部新近发布《高等学校课程思政建设指导纲要》[1]紧密围绕全面提高人才培养能力这个核心点,明确了高等院校思想政治教育是育人的基石,课程思政建设的总体目标,在全国所有高等院校、所有专业学科全面推进,提升高等院校教师开展课程思政的意识和能力,健全课程思政的融合推进机制,建立全员全程立德树人的大格局,需要培养健康中国、健康口腔的实践者和奉献者。当今世界正经历百年未有之大变局,国家对新时代人才培养提出了新的更高要求。贯彻实施《高等学校课程思政建设指导纲要》[1],全面推进课程思政建设,是落实立德树人根本任务的重要战略举措。人才培养是高等院校育人和育才相统一的过程,如何把课程思政融入口腔医学专业课程的讲授与实践之中是需要解决的一个重要问题。我国高等院校口腔医学教育要实现"三全育人、立德树人"这一根本任务,必须实现从传统的思政课程向新时代的课程思政转变,通过科学的课程设置和机制激励,探索高等院校课程思政的融合推广路径。

## 一、课程思政的内涵

在过去,高等院校思想政治教育工作主要依靠思想政治课程实现。随着时代的发展变化,这种单一的思政教育模式已经不能很好地满足人才培养的需要[2]。从教师到学生,都感到以往的教学方式单一,方法不够灵活,育人效果不是十分理想。在当今多元价值相互渗透、交织的复杂社会背景下,单纯或过度依赖思想政治教育课程对学生进行价值引导的局限性日益凸显,亟须发挥多学科全课程、全方位育人[3]。习近平总书记在全国高校思想政治工作会议指出:"要用好课堂教学这个主渠道,思想政治理论课要坚持在改进中加强,提升思想政治教育亲和力和针对性,满足学生成长发展需求和期待,其他各门课都要守好一段渠、种好责任田,使各类课程与思想政治理论课同向同行,形成协同效应"[4]。高等院校在学生培养过程中的思政教育要贯穿人才培养的全过程,加强从思政课程到课程思政的转向,推进思政工作融入专业课程教学的全过程。

2020 年教育部发布《高等学校课程思政建设指导纲要》中指出:"围绕全面提高人才培养能力的核心点,以爱党、爱国、爱社会主义、爱人民、爱集体为主线,围绕政治认同、家国情怀、文化素养、宪法法治意识、道德修养等重点优化课程思政内容供给,结合专业特点科学设计课程思政教学体系"[1],全面落实课程思政教学改革发展。

课程思政指以构建多学科全课程、全方位育人的大格局形式将各类各门专业课程与思想政治理论课同向同行同标,形成协同立德树人效应,把立德树人作为教育的根本任务的一种新时代教育理念。加强高等院校思想政治教育工作,必须从国家意识形态的战略高度出发,从高等院校"育人"本质的要求出发,深入发掘各类各门专业课程的思想政治理论教育资源,充分发挥课堂教学在育人中的主渠道作用，将思想政治教育贯穿于高等院校教育的全过程，将教书育人落实于课堂教学的主渠道之中。课程思政旨在将思想政治教育寓于通识课程与专业课程之中，深度挖掘所有课程的德育资源，最终形成“三位一体”的育人体系。课程思政是新时代党和国家对高等教育提出的新要求、新目标，是为党育人、为国育才的关键路径。

课程思政的本质是为了实现立德树人。思想政治教育是我们党和国家的优良传统和各项工作的生命线，它始终坚持以德施教、以德立学、以德立身，注重加强对学生的世界观、人生观和价值观的教育，积极引导当代学生树立正确的国家观、历史观、文化观，从而为社会培养更多德智体美劳全面发展的人才。课程思政是解决高等院校人才培养问题的根本举措。作为我们党的教育方针和我国高等院校的共同使命，能不能为中国特色社会主义事业源源不断地培养合格建设者和可靠接班人，能不能为实现中华民族伟大复兴中国梦凝聚人才、培育人才、输送人才，是衡量一所高等院校教育水平最重要的指标。课程思政是高等院校实现高质量发展的必然要求。

课程思政的结构是实现知识传授、价值塑造和能力培养的多元统一。从思政课程向课程思政拓展是从国家战略高度构建思想政治教育课程新体系，实现教书育人理论探索与教育实践相统一的战略选择和现实途径，也是新时代高校思想政治教育体系发展的新目标与新方向，彰显了新时代高校思想政治教育的丰富内涵，更是落实立德树人根本任务的必然要求[5]。

课程思政要求教师不仅要将正确的世界观、人生观、价值观、医德观融入专业课程教学之中，还要用自己的言传身教和人格态度潜移默化地去影响每一个课堂上学生。医生不仅是一份自己谋生的职业，更肩负着人类“救死扶伤”的天职。教师不仅需要营造课程思政的环境与氛围，激发学生的学习兴趣，更需要通过典型案例式、探索研究式、启发讨论式等有效开展课程思政教学，引导学生独立思考和探究总结，以保证课程思政的教学效果。中国工程院院士、上海交通大学张志愿院士以“小牙齿，大学问”为主题，在课堂上鼓励同学们牢固树立专业思想，努力学习专业知识，夯实基础，不忘初心、持之以恒地为患者带去福音。中国科学院院士、首都医科大学王松灵院士结合自己的成才经历，从求学到工作，几十年来执着于一个目标——做个好老师，做个好医生。教导学生在专业领域的严谨和探索，对科学研究的执着和创新，对学生的耐心和关爱，凸显了一名优秀教师的品质和大师风范。

## 二、课程思政与口腔医学专业课程融合的方法

专业教育是课程思政建设的重要载体，课程思政亦为专业教育注入灵魂，使之更加鲜活生动。实现专业教育与思政教育相融合，有利于拓展专业教育的深度与广度，提升专业教育的温度[6]。课程思政所展现的是新时期立德树人的创新思维，课程思政融合的重点在课堂[2]，它强调在思想政治理论课以外的课程设置和教材编写中融入思想政治元素，而且在课程思政融合的具体过程中，也需要以创新思维催生新思路、以新思路谋求新发展、以新发展推动新方法，以新方法解决新问题，实现新时期立德树人的创新发展。把课程思政全面融入高等院校口腔医学专业课程体系建设之中。

### （一）课程设置

课程设置是设立课程门类、规定课程类型、安排课程顺序和分配课程学时，并规定课程学习内容、学习要求和学习目标。合理的课程设置指课程的安排符合知识论的规律，课程的内容能够反映学科的主要知识、方法和前沿。课程设置应以符合时代发展趋势、学生实际、学科特征的基本价值单元[7]。课

程设置必须符合培养目标的要求，它是高等院校的培养目标在课程计划中的集中表现。深入挖掘各类各门课程的思政资源，使各类各门课程与思想政治教育同向同行同标，形成协同融合效应。空军军医大学设立《口腔医学史》《口腔医疗服务学》选修课，把中华传统文化、口腔医疗职业道德、口腔医疗团队建设、病人满意度的评估直接引入课程教学[8]。为深入学习贯彻党的十九大和全国高校思想政治工作会议精神，落实立德树人根本任务，四川大学开设的《口腔医学导论》列为省校级思政榜样课，以挖掘口腔医学专业课的思政资源，充分发挥专业课的思政育人功能。

**（二）教材编写**

高等院校在学生培养过程中的思政教育应贯穿人才培养的全过程，体现在培养过程中的每一门课程教材，专业课程教材编写要体现出思政教育的目标。习近平总书记明确指出："教材建设是育人育才的重要依托，建设什么样的教材体系，核心教材传授什么内容，倡导什么价值，体现国家意志，是国家事权"。《普通高等学校教材管理办法》是新中国成立后第一个系统的高校教材管理办法[9]，在确保高校教材建设的正确政治方向和价值导向基础上，分别从管理职责、教材规划、教材编写、教材审核、教材选用等方面保障高校的教材自主选编权，体现教材的国家事权性。教材体现着国家意志，承载着民族记忆，凝聚着人类智慧，是育人育才的重要依托和教育教学的基本依据。教材建设是国家事权，统编教材更是如此，最突出的目标就是贯彻落实立德树人这个教育的根本任务。国家成立了国家教材委员会，这是党中央、国务院的重要战略部署，是新中国成立以来首个统筹指导管理全国教材工作的组织机构，标志着我国教材建设工作进入新的历史阶段。

为建设高质量口腔医学教育体系，全面推动健康中国建设，实施积极应对人口老龄化国家战略，贯彻国办发〔2020〕34 号文《国务院办公厅关于加快医学教育创新发展的指导意见》[10]、国办发〔2017〕63 号文《关于深化医教协同进一步推进医学教育改革与发展的意见》[11]，以高质量的教材体系来推动学科体系、教学体系、管理体系和思政体系的高质量创新发展，坚持本科为本的高等医学教育的理念和思想，培养高素质的、合格的创新型本科人才。

我国口腔医学教材发展与修订，推动了口腔医学教育改革发展。在卫生健康委员会、教育部、中宣部等国家部委局领导下，在五届口腔医学教材评审委员会指导下，经过几代口腔前辈的努力，由院士专家把关、全国各医学院校知名专家教师参与编写的系列口腔医学教材，构建了口腔医学本科、研究生、住培、专培、高职和中职系列教材体系，并以中国特色的高质量口腔医学教材体系建设推动了我国口腔医学学科体系、教学体系、管理体系和思政体系的五位一体创新发展。我国口腔医学教材历经六十多年的创新发展和八轮修订，为培养新时代人民群众更加满意的合格口腔医学人才起到了积极的推动作用。

新时代口腔医学教材编写应注重赓续学科发展的历史脉络，将我国在学科发展中的杰出人物和杰出贡献编写进教材，体现出中国社会主义建设与改革开放中党的领导对口腔事业发展的推动，中国人为世界口腔医学发展做出的杰出贡献，创新提出的中国方案、中国指南和中国经验。2020 年人民卫生出版社出版的新一轮本科教材，全面落实教材的国家事权，突出社会主义核心价值观的引领。如由四川大学周学东教授、武汉大学陈智教授、北京大学岳林教授主编的第五版牙体牙髓病学教材，就客观公正地把中国牙体牙髓病学者的研究成果，编入新版教材，包括刘大维、刘正、乌爱菊教授中国人变异链球菌研究、史俊南教授牙髓生物学和牙髓根尖病空管治疗、岳松龄教授早期龋破坏途径、王满恩教授牙髓根尖病塑化疗法、樊明文教授龋病免疫疫苗研究、黄力子教授的龋病病因的电化学学说、周学东教授的龋病病因微生态学说和根管治疗难度评估研究、范兵教授中国人 C 型根管解剖系统的研究等[12]，让学生在学习中了解中国成就，增强民族自豪，提高专业课与思政教育融合育人的效果。

根据中华人民共和国教育部“育人为本、立德树人，培养医术精湛、医德高尚的高质量高素质医学人才”的医教协同会议和文件精神，全国高等学校口腔医学专业第五届教材评审委员会决定增加《口腔医学人文》为第八轮口腔本科规划教材[13]，邀请中国工程院院士、上海交通大学邱蔚六院士担任主编，对提高师生的政治素养、人文修养、思想品德、医德教育、医患沟通、教学能力等发挥了重要作用。口腔医学院校必须做好口腔医学课程思政的不断探索，为培养对医学有追求、对生命有敬畏、对国家有贡献的口腔医学人才而不懈努力。

整体性原则、基础性原则、思想性原则和时代性原则是教材编写的四大原则。分别是整体性原则力求内容、目标和要求等方面的完整；基础性原则力求强调内容的基础性；思想性原则力求按照不同学科的特点，在内容上体现科学性和思想性；时代性原则力求考虑到我国社会发展的现实水平和教育现状。教材编写的内容要突出学科特色、体现科技成就、反映研究成果，力求具有“新、特、深、精”的特点。同时要涵盖本门学科的主要内容，教材编写的深度和广度要符合教学大纲的要求，适应相应层次的培养目标，避免教材内容与课程内容之间相互脱节。深入挖掘各门教材的育人价值，以促进大学生全面成长成才。

**（三）教师培训**

学校的主要责任是教育，教育的关键在课堂，课堂的灵魂是教师，课程思政建设的关键在教师。通过教师培训启发和开拓青年教师如何做好课程思政的思路，提高青年教师开展课程思政教学水平。教学团队的建设围绕提升育人能力而展开，可以满足课程思政建设要求[14]。2020 年空军军医大学口腔医学院组织骨干教师训练营，紧紧围绕立德树人、为战育人这一根本任务，抓教育的源头，抓教学的根本，以赵铱民教授开讲第一课打响骨干教师训练营的发令枪，从“培训”开始，以“竞赛”收尾，全程以“指导”贯穿。为贯彻落实新时代军事教育方针，练就一批善育能教的骨干教师，在训练营中通过一步步培训，一轮轮比拼，一次次打磨，树立教书育人榜样，为医院教学发展奠定基础，从而激励广大教员当好医院育人事业的“接棒者”。举办课程思政比赛推广示范课程，组织开展课程思政的教学比赛，坚持以赛促教，评选、推广课程思政先进典型。

北京大学张震康教授从口腔医学的历史演变、大学教育的目的和未来、医患关系的追本溯源、钱学森的思维科学到民营口腔的发展模式，开启了我国口腔医学历史渊源探寻以及未来发展的大讨论，引发了业内的深刻思考，彰显了科学家精神，提高青年教师开展课程思政教学水平。2019 年兰州大学口腔医学院举行课程思政讲课示范，提高参赛教师课程思政的认识，明确了教师在课程思政的育人作用和主体责任，为学院形成全员育人、全程育人、全方位育人的格局打牢基础。山东大学口腔医学院举办“如何做好课程思政”的主题活动，以促进青年教师练就教学基本功，提高课程思政教学水平，推动学院（医院）师资队伍建设和课程建设。2020 年吉林大学口腔医院制定了“思政型专业课程体系”建设目标详细规划，编制了《吉林大学口腔医学院课程思政建设学习参考材料》供全体教师参考学习，举办“课程思政系列研讨会”专题讲座，从纵向角度加深教师对课程思政内涵与意义的更深层次的了解，从横向角度为教师提供更多学习机会、制定合理的建设机制，真正将课程思政落实，打造有情有义、有温度、有爱的课堂。

**(四)教学评价**

课程思政实施中,必须深入贯彻和落实《深化新时代教育评价改革总体方案》精神[15]。高等院校要通过对课堂的教学评价激发任课教师立德树人的积极性和创造性。提升课程思政教学质量,需要考虑教育理念、教学内容、专业伦理以及行为示范四项因素,着力从教师主体、教学过程与学习效果三个维度,明确课程思政教学质量评价标准[16]。要合理规划思想政治评价与业务评价的占比,将以往过于偏重业务评价转变为业务评价与思想政治评价并重,明确将育人要求纳入评价体系,并加大权重,促进教师把教书与育人的要求内化于心、外化于行,转化成自觉行动,勇于担当责任。可以通过举办专业课教师“课程思政”教学基本功竞赛,教师们通过设计元素中经典著名人物的事迹、教学操作视频、教学训练模型及临床病例等积极调动学生的参与性、主动性,从培养学生爱国主义情怀、高尚的医德医风、正确的人生观价值观、严谨的科学态度出发,牢牢抓住课堂育人的主渠道主阵地作用,使各类专业课程与思想政治同向同行,真正实现“知识传授”和“价值引领”有机统一。积极做好示范课程建设观摩、交流、推广工作,表彰一批课程思政优秀教师和教学团队,提炼可推广的课程思政典型经验和特色做法。以教学评价激励青年教师争做社会主义核心价值观的坚定信仰者、积极传播者和模范践行者。

## 三、课程思政与口腔医学专业课程融合的路径

新时代下的高校课程思政建设工作,可以将其概括为专业课程与思政教育有机融合的教学形式[17]。高校课程思政应以“整全人”的培养为基点[18],从“碎片化”到“整体性”[19],课程思政的主要教学形式是将思想政治教育元素,包括思想政治教育的价值理念、理论知识和精神追求等融入各门口腔医学专业课程中去,潜移默化地对学生的思想意识、品德行为、言行举止等产生影响[20]坚持促进“引导广大师生做好社会主义核心价值观的坚定信仰者、积极传播者以及模范执行者”核心价值的实现,将社会主义核心价值观、理想信念、家国情怀、文化自信和大医精诚等思政教育融入口腔医学专业课程教学中的方方面面,实现立德树人润物无声[2]。课程思政建设的基础在课程,根本在思政,重点在课堂,关键在教师,成效在学生[21]。

**(一)课堂讲授**

课程思政建设的基础在课程,充分利用课堂教学主渠道,把课程思政理念有机融入各门课程的教学和改革。每一门课程都蕴含着丰富的思政资源,这些思政资源不是直接露显在课程教学内容之中,而是渗透在每个知识点的背后,隐含在科学理论的深处,需要教师主动深入挖掘专业课程体系中的思政资源,要组织好教学内容,将挖掘出来的思政资源“融”入教学内容中去,丰富创新教学设计,要找准切入点,从学科内在逻辑出发,从学生关心的现实问题入手,关注时政热点,优选思政资源辅助专业教学[22]。空军军医大学口腔医学院《口腔预防医学》课程通过追溯口腔预防医学开拓者提出问题、研究问题、解决问题的过程,介绍科学精神、思想与方法,依托口腔预防医学技术的创新、口腔疾病流行现状的分析,将科学的态度、坚毅的精神以及爱国情怀传递给学生。提升课程思政教学课堂讲授能力,课堂授课要注意讲究时机,注意语言艺术,运用学生喜闻乐见的话语方式,引发学生产生情感共鸣,在不断启发中进行思想引领、价值塑造,实现润物无声。将医者仁心贯穿整个课程教学,实现全程育人、全方位育人,帮助学生建立正确的人生价值观。

为全面贯彻习近平新时代中国特色社会主义思想,紧密围绕为党育人、为国育才的初心和使命,并进一步贯彻落实习近平总书记在全国高校思想政治工作会议上的重要讲话精神,推动立德树人根本任务在口腔医学教

育领域落地生根，加强新时代口腔医学院校三全育人工作建设。2019年在四川大学华西口腔医院召开了全国口腔医学院校“立德树人”与“三全育人”研讨会，全国16所口腔医学院参会代表对此开展深入交流，分享经验，不断完善立德树人，创新方法与手段，形成习近平新时代中国特色口腔医学三全育人新格局。2020年面对突发的新冠疫情，空军军医大学口腔医学院李刚教授开设线上《口腔医学人文》课程教学，把医院组织医疗队弛援武汉光谷院区，医护人员抢救新冠患者的英雄事迹引入课堂，激励学生们在今后学习中，不断地提高口腔医疗技术水平，为患者提供优质的服务。上海教育系统关心下一代工作委员会工作室——“邱蔚六工作室”落户上海交通大学附属口腔医院，邱蔚六院士认为关心下一代是他的责任，把理想信念和奋斗不息的精神继续发扬传承下去是他的初心。他为学生上口腔医学人文第一课，在院士论坛上讲述医道传承，给青年医生未来发展明确了努力方向。空军军医大学口腔医学院李刚教授线上和线下《中共革命根据地的牙科服务》《中国抗美授朝的口腔医疗服务》课程，从井冈山根据地、瑞金根据地、长征途中、延安根据地的牙科服务历史事件，从西安德国牙医冯海伯、中共延安牙医李得奇历史人物，从抗美援朝背景和颌面创伤特点、朝鲜战地医疗队、东北后方医疗队口腔医疗服务的历史事件，从张涤生、宋儒耀、王翰章、吕培锟、吴廷春、邹兆菊、史俊南、吴景轮、王伦堂等历史人物，显示出他们不怕牺牲，不惧艰难，为革命根据地军民口腔健康，为抗美援朝军民口腔健康，贡献了他们自己的生命和智慧，他们的精神形成了我国口腔医学事业发展的红色基因。

**（二）临床实习**

临床实习是口腔医学教育最重要的环节，是提高学生实际工作能力、职业素质和医德规范的主要途径，临床实习教学的质量直接关乎医学教学的水平[23]。临床实习是学医的学生在毕业前要到口腔医院等医疗单位进行的一种实践活动，是口腔医学生大学教育阶段的重要组成部分，是医学生向临床医生转型的过渡时期。其目的在于理论联系实际，使学生在进一步获取临床各专业学科（二级学科）的理论知识的同时，进行临床基本技能训练。在临床实践过程中，培养学生获取、分析和处理疾病信息的能力，病历书写和诊疗操作能力以及接触社会与病人、护理交流的表达能力。教师要坚持言传与身教相结合，为人师表，做好示范，以自身深厚的理论功底、知识、阅历、智慧和人格魅力滋养学生，寓价值观引导于知识传授和能力培养中，反映大医精诚、弘德善医、依法行医、恪守自律、廉洁纯良、良医品德、利他主义等内容，帮助学生塑造正确的世界观、人生观和价值观。同时，还要培养医患沟通、团队协作和职业道德等。大医精诚的继承与发扬，决定了学生们如何正视现在的实习态度，如何定位将来要从事的职业。南开大学口腔医院制定的临床实习医师守则规定实习医师在工作和学习中必须谦虚谨慎，刻苦踏实，养成理论联系实际、实事求是的良好学风，培养良好的职业道德及敬业、爱业精神，努力完成各科实习任务，把自己培养成知识全面、技术扎实、品学兼优的口腔医学人才。

**（三）校园文化**

校园文化深刻影响着学校的氛围，影响着高校思想政治教育工作的效果，高校校园文化建设逐渐成为各个高校建设的重要方面[24]。校园文化是以学生为主体，以课外文化活动为主要内容，校园文化建设是以学生为主体，校园为主要空间，涵盖院校领导、教职工在内，以校园精神为主要特征的一种群体文化。校园文化在当今高等教育中应该发挥重要的作用，校园文化是常新的，但是是能够保持永恒魅力的，是能够唤起青年学生心灵的，是能够激发青年学生激情，是能够唤起青年学生高尚的、独立的人格追求和高尚的道德追求。校园文化像和煦的春风一样，飘散在校园的各个角落，渗透在教师、学生、员工的观念、言行、举止之中，渗透在他们的教学、科研、读书、做事的态度和情感中。

2012 年 4 月中国口腔医学博物馆新馆在四川大学落成，以大量的文史资料和实物展现世界口腔医学和中国口腔医学发展的历史画卷。为了发挥博物馆的思政教育、文化教育、人文教育、科普教育的职能，成为学生素质教育的平台，通过个人申请、专家选拔等程序组织了博物馆学生讲解中英文团队，负责介绍博物馆，每年新生入校、暑假夏令营、国内外来访者等到博物馆参观，了解口腔医学的缘起、中国口腔医学为世界口腔医学做出的突出贡献，中国口腔是如何发展起来的、哪些人为中国口腔发展做出了杰出贡献等，培养学生的政治品德、医学信仰、深化情怀与追求，发奋学习，立志成才。学生们也为能成为中国口腔医学博物馆的讲解员收获满满。2015 年 9 月华西口腔健康教育博物馆开馆正式对社会开放。博物馆以口腔健康与全身健康为主题，创新形式传播口腔卫生健康知识辐射大众，提高全民口腔卫生健康意识。博物馆通过图文及实物展示、口腔保健知识宣讲，以通俗易懂、喜闻乐见的形式普及口腔卫生保健知识，增强口腔健康科普的创新性、趣味性，提升全民口腔健康水平。口腔健康教育博物馆充分发挥育人作用，开展形式各异的主题科普教育活动，学生在此也不断拓展自己的知识，创新思想，感受氛围，主动参与到健康口腔、健康中国的实践活动中。

2020 年 11 月国际口腔医学博物馆新馆在空军军医大学开馆。从一亿两千万年前的远古动物牙颌化石，到当今世界最新的口腔医学成果，该博物馆展品门类齐全、品种繁多，具有很强的学术价值、历史价值和观赏价值。这座面积 2000 多平方米的现代化博物馆，有来自 32 个国家和地区的 7800 多件展品，分门别类、有序排放在两大展馆的 18 个主题展区。馆藏文物时间跨度长、分布地域广、涵盖纲目全，是口腔医学工作者的学习资源和直观课堂。中国口腔医学大事记展区陈列了张仲景所著的《金匮要略》、明朝薛己撰写的《口齿类要》和殷商、秦汉以来的口腔医学重要记载。国际口腔医学博物馆馆长赵铱民教授提出为世界建馆、为中华立碑、为口腔书史、为民众启智，以历史为脉络、以文化为核心、以科技为支撑，全方位、多手段地展示了世界口腔医学和中国口腔医学的发展轨迹，成为世界口腔医学的文化符号和教育中心，反映国之大医、心系民众、悬壶济世、医学文明、创新发展等历史与现状，引导学生提升思想政治素养，激发岗位职业工作动力，促进医德医风持续向好。

高校可以将课程思政的建设工作与高校图书馆、学生宿舍、教学楼等主体有机融合，从多个方面彰显课程思政建设的价值，让学生在校园的每个角落中都能看到课程思政的建设身影。武汉大学口腔医学院通过定期举办师生午餐会，教授与各级学生代表共进午餐，关怀学生成长，聆听学生心声，解决学生问题。师生午餐会是该院开展“三全育人”，共建学院、教师及学生和谐关系的关键举措，是学院关注学生成长成才的重要制度。

**(四)社会活动**

社会活动促进高校师生科学文化素质和思想道德素质的不断提升。素质的提升，不完全来自课堂，课堂之外的社会活动，包括必要的社会实践、社会调查、红色教育、社会公益活动是高校思政课程的重要渠道和建设方向[25]。走进社区科普宣教，在社区为中老年人普及科学常识，方便大家的生活。学以致用，服务群众，一直是我国高等口腔医学院校的光荣传统。近年来，空军军医大学口腔医学院把学员利用寒暑假和节假日开展口腔健康知识进校园及社区大学生志愿者活动作为口腔预防医学课程教学社会实践的重要组成,大学生志愿者们在为社会提供口腔健康服务的同时,接触大量的口腔疾病患者,了解社会对口腔健康的需要,培养社区口腔健康促进能力,增加对口腔医学专业学习的兴趣,坚定树立服务于国防和社会的口腔医学职业信念。社会活动教学帮助学生在服务过程中熏陶思想感情、充实精神生活、提高道德境界,切实加强实践能力,丰富了自己坚毅的科学品格与多彩的人生感悟。评估结果表明实践活动与口腔医学专业知识相互促进,增强了学生的社会参与意识和志愿服务意识,为高素质全面发展国防口腔医学专业人才的培养奠定了基础。

### (五)媒体平台

新媒体背景下,信息传播方式的变革丰富了思想政治教育话语内容,便捷了思想政治教育话语交往,同时也带来了挑战[26]。在新媒体时代下,媒体平台是当前新兴的一种方法,充分利用媒体资源,优化课程思政建设。如线上线下的结合,让学生在线上学完之后,在线下进行实践,这是一种非常好的结合。自媒体是指普通大众通过网络途径向外发布事实和新闻的传播方式,是私人化、平民化、普泛化、自主化的传播者,以现代化、电子化的手段,向不特定的大多数或者特定的单个人传递规范性及非规范性信息的新媒体的总称。人们对于简单、快捷、趣味性的需求也随之增加,从碎片化阅读到短视频观看,自媒体也飞速发展起来。课程思政建设进入了网络环境,应运而生的各种网络社团、公众号、校园文化宣传站从内容上提升了校园文化的内涵。空军军医大学口腔医学院成立融媒体中心,利用公众号向学生多途径推送郭天文、赵铱民等一批名师大家,反映出科学求真、执着追求、热爱医学、敬畏生命、精勤不倦、救死扶伤、医德高尚、矢志不渝、献身医学等优质品格,激励学生无论身处什么岗位,从事什么工作,只要立足本职,提升本领,深耕精研,就一定能为新时代强军事业贡献力量。

## 四、结语

中国特色社会主义伟大实践需要数以万计的德智体美劳的接班人和建设者,新时代口腔医学专业人才的培养是每一位高等院校的管理者和教师必须思考的问题,包括如何全面落实立德树人和三全育人,如何实现专业课的思政全覆盖,如何挖掘学科专业的思政资源等。高等口腔医学院校在落实课程思政建设目标期间,强化教师修养、正确引导学生,实现专业课程思政融合效应,结合教学要求,定位学生兴趣,提升课堂乐趣,这样才能保证学生培养全过程全周期的思政育人的有序进行。随着课程思政全覆盖的深入开展,口腔医学专业课程思政融合育人已成为高等口腔医学院校系统化开展思想政治教育工作实践的前沿阵地。

[关键词]　三全育人;课程思政;口腔医学;医学教育;人才培养

## 参考文献

[1]　教育部. 关于印发《高等学校课程思政建设指导纲要》的通知[EB/OL].[2020-06-06]. http://www.gov.cn/zhengce/zhengceku/2020-06/06/content_5517606.htm? ivk_sa=1023197a.

[2]　万林艳,姚音竹."思政课程"与"课程思政"教学内容的同向同行[J]. 中国大学教学,2018(12):52-55.

[3]　高德毅,宗爱东. 从思政课程到课程思政:从战略高度构建高校思想政治教育课程体系[J]. 中国高等教育,2017,(1):43-46

[4]　吴晶,胡浩. 习近平:把思想政治工作贯穿教育教学全过程[EB/OL].[2020-12-20]. http://cpc.people.com.cn/gb/n1/2016/1208/c64094-28935836.html.

[5]　章忠民,李兰. 从思政课程向课程思政拓展的内在意涵与实践路径[J]. 思想理论教育,2020(11):62-67.

[6]　胡术恒. 论课程思政中知识传授与价值引领的融合——基于罗素教育目的观的分析[J]. 思想政治教育研究,2020,36(02):117-122.

[7] 吴寒斌,高虹.课程思政教学设计的文化理念与基本原则[J].黑龙江高教研究,2020,38(10):152-155.

[8] 李刚.口腔医学史[M].西安:第四军医大学出版社,2014.

[9] 教育部.教育部关于印发《中小学教材管理办法》《职业院校教材管理办法》和《普通高等学校教材管理办法》的通知.教材〔2019〕3 号[EB/OL].[2020-01-10].http://www.moe.gov.cn/srcsite/A26/moe_714/202001/t20200107_414578.html.

[10] 国务院办公厅.国务院办公厅关于加快医学教育创新发展的指导意见.国办发〔2020〕34 号[EB/OL].[2020-09-23].http://www.gov.cn/zhengce/content/2020-09/23/content_5546373.htm.

[11] 国务院办公厅.关于深化医教协同进一步推进医学教育改革与发展的意见.国办发〔2017〕63 号[EB/OL].[2017-07-11].http://www.gov.cn/zhengce/content/2017-07/11/content_5209661.htm.

[12] 周学东.牙体牙髓病学[M].5 版.北京:人民卫生出版社,2020.

[13] 邱蔚六.口腔医学人文[M].北京:人民卫生出版社,2020.

[14] 戴健.高校课程思政教学团队建构探析[J].江苏高教,2020(12):100-103.

[15] 中共中央,国务院.深化新时代教育评价改革总体方案[M].北京:人民出版社,2020.

[16] 时伟,张慧芳.高校课程思政教学质量标准探析[J].中国高等教育,2020(17):36-38.

[17] 陈艳.论高职院校“思政课程”与“课程思政”的交互融合[J].思想理论教育导刊,2018(12):110-112.

[18] 李润洲.人本教育的内涵、特征及建构[J].教育学术月刊,2010(07):7-9+34.

[19] 刘鹤,石瑛,金祥雷.课程思政建设的理性内涵与实施路径[J].中国大学教学,2019(03):59-62.

[20] 杨国斌,龙明忠.课程思政的价值与建设方向[J].中国高等教育,2019(23):15-17.

[21] 薛桂琴.高校课程思政背景下践行价值观教育目标研究[J].江苏高教,2020(12):132-135.

[22] 何源.高校专业课教师的课程思政能力表现及其培育路径[J].江苏高教,2019(11):80-84.

[23] 王松灵,郭传瑸,郑家伟,于海洋,台保军,凌均棨,章锦才,唐国瑶,侯铁舟,李翠英,孙卫斌.口腔医学专业本科临床实习标准[J].中华口腔医学杂志,2015,50(08):449-453.

[24] 张策,王丽珍,李亚军,李宇婷.试论校园文化对高校课程思政体系建构的作用[J].教育理论与实践,2019,39(21):29-31.

[25] 韩宪洲.以课程思政推动立德树人的实践创新[J].中国高等教育,2019(23):12-14.

[26] 陈卓国.论新媒体背景下高校课程思政教学改革[J].学校党建与思想教育,2019(18):44-46.


(本文编辑　吴　婷)

# 中国口腔病理学的发展与未来

中华口腔医学会口腔病理学专业委员会
吉林大学口腔医学院 孙宏晨 史册

## 一、中国口腔病理学的历史

1923年,牙科博士、医学、药学博士及持行医证书的牙外科医师刘延龄(R. Gordon Agnew)来华。他是国际上享有盛名的口腔组织病理学家,曾担任国际牙医学会副主席、国际牙医师学院主席,主讲口腔病理学、口腔组织学和牙周病学课程,对于培养牙医学人才做了大量工作。刘延龄博士于当时的华西协合大学(现四川大学)最早创建了中国的从事口腔病理诊断的科室和口腔组织病理学教研室,标志着中国口腔组织病理学学科之始[1]。20世纪40年代,教研室首先在国内以茜素红注射法测定牙本质生长速率及对氟中毒患者骨和牙病理改变进行了研究[1]。1947年,我国口腔医学以及口腔组织病理学奠基人之一的郑麟蕃教授在北京大学口腔医院创建了口腔病理室(现口腔病理科)。从20世纪50年代开始,北京大学口腔医院口腔病理室吸引了全国多地从事口腔病理工作的人员进修学习,为我国口腔医学领域培养了重要的口腔病理学骨干师资,成为口腔医学学科的重要支撑。随后,全国多所医学院校逐渐建立口腔病理科(当时多数称为口腔病理研究室或口腔病理教研室,而后发展为口腔病理科),各院校的学科带头人带领所组建的学科队伍承担着医疗、教学和科研任务,为我国口腔病理学师资队伍建设贡献了巨大的力量,促进了口腔医学学科的发展。

### (一)临床方面

华西医科大学(现四川大学)贾问炬教授针对颌骨骨纤维病变命名复杂、分类紊乱且与牙源性肿瘤的某些类型混淆不清等问题,首次在国内提出了"颌面骨纤维骨病变的分类及诊断标准";华西医科大学(现四川大学)周志瑜教授于20世纪80年代陆续在国内首次报告了"涎腺上皮-肌上皮癌"[2]、"涎腺良、恶性肌上皮瘤"[3-4]、"坏死性涎腺化生症"三个新病种,对组织类型不清、诊断标准不够明确的恶性多形性腺瘤、恶性成釉细胞瘤等进行了病理类型和形态特点的总结,为我国口腔临床病理学做出了贡献,并于2020年中华口腔医学会口腔病理学专业委员会第十四次全国口腔病理学术会议上获口腔病理终身成就奖。刘瑗如教授对唾液腺肿瘤的病理学分型进行分析,为疾病的治疗和预后提供了参考依据,获原国家教育委员会科技进步三等奖。欧阳喈教授有关"婴幼儿腮腺血管瘤临床病理研究",分析了婴幼儿腮腺血管瘤的临床病理特点和治疗原则,于1978年获全国科技大会二等奖。自1987年6月,由中华医学会口腔病理学组主办的全国第一届口腔病理学术会议在江苏省南京市召开,郑麟蕃教授担任首届学组组长。通过随后的数届全国口腔病理学术会议的专题报告和讨论,口腔颌面部疾病的定义、分类和诊断标准也逐渐与国际接轨,使我们对疾病的诊断与国际标准一致,便于开展临床工作和科学研究。1999年10月,中华口腔医学会口腔病理学专业委员会成立,由北京大学于世凤教授担任专委会的首届主任委员。

### (二)教学方面

华西协合大学(现四川大学)创办牙医学系之后,由刘延龄博士讲授《口腔组织病理学》这门课程。此后二十余年,除刘延龄博士外,华西牙医学院口腔组织病理学的教师陆续增加了刘臣恒、黄端芳、岳松龄等。同期,北京大学医学院齿学系开设口腔组织学和口腔病理学等专业基础课,郑麟蕃时任助教。1945 年,郑麟蕃晋升讲师后开始主讲口腔组织病理学课程。湖北医学院(现武汉大学)口腔系于 1962 年由汪说之、周德贤、苏倩倩三位教授共同创建了口腔病理室,开展了口腔病理学教学。白求恩医科大学(现吉林大学)欧阳喈教授于 1976 年创建了口腔病理研究室,并开设口腔组织病理学课程。

国内最早的口腔病理学教学资料,由刘延龄教授自国外收集整理后在国内进行教学。教材是华西协合大学老师们自己编写的讲义,尽管实验室条件有限,却制作了弥足珍贵的组织学教学切片。部分院校的口腔病理学教师来自基础医学的高年资教师,极大地推动了口腔病理学科的发展,例如汪说之教授、中国医科大学王兆元教授等。早在 1956 年,由人民卫生出版社出版的第四军医大学丁鸿才教授主编的《口腔胚胎组织学》成为我国较早的口腔组织病理学参考书。此后,卫生部规划教材《口腔组织病理学》第一版于 1979 年由人民卫生出版社出版,郑麟蕃教授担任主编。随后,由郑麟蕃教授主编的《口腔组织病理学》第二版于 1988 年获原国家教委优秀教材奖。该教材经多次改版、更新内容,到目前已出版至第八版,主编先后由郑麟蕃教授、吴奇光教授、于世凤教授和高岩教授担任,是国内口腔医学专业本科生普遍使用的教材。其中,于世凤教授主编的《口腔组织病理学》(第五版)于 2005 年获得首届全国高等学校医药优秀教材奖。此外,由北京大学医学出版社出版的《口腔组织学与病理学》(第一版主编:于世凤教授和高岩教授;第二版主编:高岩教授和李铁军教授;第三版主编:李铁军教授)是北京大学口腔医学八年制长学制使用教材,是口腔医学专业人员的重要参考教材。由于《口腔组织病理学》这门课程是重要的必修课和专业基础课,也是联系口腔基础医学和口腔临床医学的桥梁课程,随着各院校口腔病理师资队伍的不断壮大和师资水平的不断提高,口腔病理教师们在本科生、专科生、研究生和进修生的教学中发挥重要的作用。

**(三)科研方面**

郑麟蕃教授于 1941 年从日本东京齿科大学毕业,回国后组织调查了北京市学龄儿童口腔卫生状况,从中发现了很多需要解决的科学问题;刘臣恒教授于 20 世纪 60 年代进行了四川地区 2 335 例口腔颌面部肿瘤及囊肿的临床病理研究,235 例涎腺肿瘤的临床及病理分析[5]。口腔病理人在科学研究的道路上前赴后继,勇于探索。

1. 有关牙体组织及龋病的研究

自 20 世纪 60 年代开始,刘臣恒教授带领团队首先在国内利用致龋食谱在小鼠口腔内进行了致龋和氟防龋效果的研究[6-8]。郑麟蕃教授用显微放射和偏光显微镜观察龋病的病理变化,明确了再矿化在龋病中的作用[9-11],该成果获 1978 年全国医药卫生大会奖。同期,刘瑗如教授开展了有关"牙釉质及早期釉质龋超微结构研究",首次揭示了牙釉质中无机晶体的超微结构形态及其在早期牙釉质龋中的改变[12-16],并于 1987 年获卫生部科技进步三等奖;刘瑗如教授还利用偏光显微镜、高分辨率电镜和化学分析等方法,首次揭示了牙釉质龋的超微病理形态学改变,以及氟在预防龋病中的分子机制,于 1992 年获上海市科技进步三等奖[17-20]。

2. 有关牙周组织病的研究

郑麟蕃教授通过观察牙周组织疾病,发现牙周组织中存在多种营养不良性退行性变,他的"牙周病病理研究"获 1978 年全国科技大会奖和 1979 年巴西第四届国际牙科大会荣誉奖章。北京大学于世凤教授于 20 世纪 80 年代进行了牙周病免疫病理学及骨吸收机制的研究[21-26]，该研究成果被写入日本口腔医学年鉴，并且获日本文部省科研成果奖和日本朝日大学宫田科研奖。回国后，于世凤教授的研究获得了包括国家自然科学基金重点项目在内的多项科研基金资助，研究成果为牙周病骨吸收机制及防治做出了重要的贡献。

3. 有关口腔黏膜病和口腔癌的研究

郑麟蕃教授对“口腔扁平苔藓和白斑的超微结构研究”于 1985 年获重大医药卫生科研成果乙级奖[27-28]。欧阳喈教授研究了人乳头瘤病毒与口腔癌的关系，开展了口腔癌发生、发展及其转基因治疗的研究[29-32]。随后，北京大学高岩教授首次将放射自显影技术应用于口腔黏膜癌前病变的研究中，发现组织学上出现上皮异常增生之前，已经发生了细胞动力学的改变[33-35]。

4. 有关唾液腺疾病的研究

北京大学孙开华教授研究了肿瘤性肌上皮细胞的生物学行为及其在唾液腺肿瘤发生中的作用[36-39]。欧阳喈教授开展了唾液腺肿瘤的超微病理和免疫病理学研究，首次利用自行分离纯化的蛋白经免疫动物制备的角蛋白等多种抗体进行唾液腺肿瘤组织发生学研究[40-42]。

5. 有关颌骨疾病的研究

于世凤教授引进和改良了破骨细胞分离培养技术，建立了骨吸收动物模型[43-48]，对探讨骨吸收机制、防治骨吸收破坏性疾病具有重要意义。第四军医大学（现空军军医大学）的杨连甲教授利用牛骨形成蛋白与生物材料复合，观察骨组织的修复[49-54]。欧阳喈教授进行了“重组骨形成蛋白的纯化、生物活性及应用研究”，探讨了骨形成蛋白在骨缺损修复中的作用[55-56]。

由此可见，口腔病理人的研究内容涵盖了口腔颌面部的所有组织和器官，部分研究成果接近或处于世界先进水平，为口腔医学的发展做出了突出的贡献。

**（四）人才培养方面**

1941 年，刘臣恒毕业于华西协合大学牙学院，获美国纽约州立大学牙医学博士学位，留校任教。同年，郑麟蕃毕业于日本东京医科齿科大学。回国后创建了北京医科大学（现北京大学）医学院口腔系的口腔病理室。病理室积累了大量口腔病理学的教学、科研素材，在口腔医学的教学、临床和科研工作中发挥了重要作用。郑麟蕃教授为我国的口腔病理学科培养了许多骨干人才，包括孙开华、于世凤、高岩、王洁、刘红刚等口腔病理学和头颈病理学专家，以及曹采方和孟焕新等从事口腔医学其他学科的专家。北京大学、华西医科大学（现四川大学）、上海第二医科大学（现上海交通大学）、第四军医大学（现空军军医大学）、湖北医科大学（现武汉大学）、白求恩医科大学（现吉林大学）按批次先后被批准为口腔医学一级学科博士学位授权点。其中，白求恩医科大学 1993 年被国务院学位委员会遴选为口腔医学博士点，也是东北地区第一个口腔医学博士学位授权点，欧阳喈教授率先将口腔病理学作为口腔临床医学学科，所招收的口腔病理学博士研究生毕业获口腔临床医学博士学位。

综上，在我国口腔医学发展历史上，涌现出一批奋力拼搏的口腔病理人，他们致力于医教研一线工作，为口腔病理学的学科发展和人才培养做出了不可磨灭的贡献。

## 二、中国口腔病理学的现状

在老一辈口腔病理学科带头人的带领下，通过医教研等方面工作的开展，培养了大批口腔病理学人才，使口腔病理文化得到了传承，使我国的口腔病理学事业得到了蓬勃发展，在医教研方面的工作中，都走在各学科发展的前列。

**（一）医疗方面**

全国各大口腔医院口腔病理科都开展了临床病理诊断，包括常规 HE 染色、硬组织脱钙切片、组织化学和免疫组化染色，诊断范围涵盖了黏膜病、唾液腺疾病、牙源性肿瘤和囊肿、颌骨疾病等所有口腔颌面部疾病。其中，上海交通大学附属第九人民医院口腔病理科年活检量为 2 万余例。近年来，随着诊治水平的不断提高，一方面导致就诊于口腔颌面外科患者的病种和疾病范围不断扩大，口腔病理科医生的诊断范围也不仅局限在口腔颌面部疾病，逐渐覆盖了淋巴造血系统疾病、软组织和骨组织肿瘤等；另一方面，为了进一步提升医疗质量，部分医院开展了多学科诊疗(multi-disciplinary treatment, MDT)模式，由口腔颌面外科、口腔颌面影像科、口腔黏膜病科和口腔病理科等专家组成的团队通过临床病理讨论会(clinico-pathological conference, CPC)对疾病进行诊治方案的选择。在临床病理诊断方面，孙开华教授、高岩教授、李铁军教授和李江教授分别参与了 2005 年和 2017 年 WHO 头颈肿瘤分类的编写，标志着我国口腔病理学专家在临床病理诊断方面具有一定的地位和权威。同时，基于 WHO 疾病分类和诊断标准基础上，赋予具有我国地区特异性的疾病诊断标准。2020 年，由上海交通大学附属第九人民医院口腔病理科李江教授为代表的中华口腔医学会口腔病理学专业委员会牵头，组织国内口腔病理学专家、口腔颌面部头颈肿瘤临床专家、肿瘤内科学专家、放射治疗专家和影像学专家等起草了《口腔癌及口咽癌病理诊断规范》和《唾液腺肿瘤病理诊断规范》，规范了组织取材和病理报告内容，为临床治疗、预后评估和科学研究提供了重要的依据和标准。随着分子病理学研究的深入和技术的进步，某些肿瘤中的相关分子改变逐渐被鉴定，并被认为是疾病诊断的金标准。上海交通大学附属第九人民医院口腔病理科率先开展了分子病理诊断，为疑难病例的病理诊断提供了确切的诊断依据。此外，口腔病理学专业委员会还长期保持与国际口腔病理学家协会(international association of oral and maxillofacial pathologists, IAOP)的联系，并在协会中承担重要的角色。李铁军教授主编的人民卫生出版社出版的专著《临床病理诊断与鉴别诊断——口腔颌面部疾病》，为广大临床病理工作者提供了参考。

**(二)教学方面**

全国大多数院校本科生的《口腔组织病理学》课程由口腔病理科医生承担，但也有少数院校由口腔基础教研室的教师或基础医学院负责病理学教学的教师承担，如温州医科大学、新疆医科大学、石河子大学、滨州医学院、河南大学、延边大学等。由于传统的《口腔组织病理学》教学对学生们来说比较枯燥乏味，教师们在教学中创新了多种教学方式。其中，北京大学于 2001 年开始尝试了以“龋病为中心的融合式教学”，将分散于《口腔组织病理学》《口腔微生物学》《牙体牙髓病学》《儿童口腔医学》《口腔预防医学》5 个学科的龋病内容提炼出来，开设了龋病学融合课程，将病理与临床进行了有机融合，得到了学生们的认同和好评。吉林大学早在 2002 级七年制口腔医学生的口腔组织病理学课程中就开展了基于问题的学习(problem-based learning, PBL)教学，通过对学生进行学科交叉、学科融合与渗透等方式的科研训练，实施以疾病症状与体征为主线、以 PBL 教学方法为载体、以疾病病理变化为主要内容，适当拓展病因和发病机制的口腔组织病理学教学模式，开展以学生为中心的参与性学习、以问题为中心的自主性学习、入科教育体验性学习、实验报告作品展评激发性学习和循证医学创新性学习等多层面教学与学习方式，较好地培养了学生的实践能力与创新能力。由孙宏晨教授主讲的《口腔组织病理学》课程分别获批国家级精品课程、国家级精品资源共享课、教育部首批国家级一流本科课程(金课)，并两次作为负责人获省级教学成果一等奖，是目前为止国内唯一一门分别获批国家级精品课程和国家级金课的口腔组织病理学课程。以吉林大学、浙江大学、空军军医大学和大连医科大学等为代表，在教学中实施了"以学生为中心"的教学理念，开展了翻转课堂、PBL 和基于案例的教学(case-based learning，CBL)、CPC、线上-线下混合式教学等教学方法，并应用于口腔组织病理学的理论和实验教学中。由于《口腔组织病理学》是一门以形态学为主的课程，北京大学组织国内口腔病理学同行牵头制作和建立了《口腔组织病理学》数字化教学切片和数据库，将其应用于教学中，既提高了教学效果，又推动了教学改革和信息化进程。

在研究生教学方面，为了培养高素质口腔医学人才，推动口腔医学研究生教育的发展，由人民卫生出版社出版了全国口腔医学研究生教材，其中，《口腔颌面发育生物学与再生医学》由第四军医大学(现空军军医大学)金岩主编。除本科生和研究生教学外，还包括规培生、进修生和专科生等的教学。其中，在住院医师规范化培训中，多数院校的口腔病理科也承担着口腔病理基地的住院医师规范化培训，钟鸣和王洁主编《口腔医学口腔病理学分册》规培教材，将为我国培养更多的口腔病理医生。

**(三) 科研方面**

由于组织学和病理学是认识疾病的本质，口腔病理人的研究方向从传统的口腔病理学向发育生物学、组织工程学和分子病理学方向发展，涵盖了从胚胎学到病理学，再到组织工程学、损伤再生和靶向治疗，具体包括牙、腭、舌、颅颌面骨等组织和器官的发育生物学、口腔黏膜潜在恶性病变(白斑、扁平苔藓、口腔黏膜下纤维性变等)的发病机制、牙周炎组织破坏机制和再生修复、口腔癌的发生发展及其治疗、唾液腺肿瘤以及牙源性肿瘤和囊肿的生物学特性等。由于病理科有大量的病例资源，因此在研究疾病的临床病理特征、疾病的发生发展过程及其治疗等方面具有较大的优势。

北京大学高岩教授主要研究口腔黏膜病、口腔癌及口腔癌前病变的生物学特性，探讨了癌基因、抑癌基因在口腔癌细胞增殖中的作用。北京大学李铁军教授主要研究牙源性囊肿/肿瘤的生物学特征和临床行为以及口腔癌的发生发展。空军军医大学金岩教授主要从事口腔颌面部发育生物学、组织工程学与再生医学的研究。吉林大学孙宏晨教授的主要研究领域是牙和骨的发育生物学和再生医学以及免疫微环境在口腔癌发生发展中的作用。上海交通大学李江教授主要研究方向是唾液腺肿瘤和口腔癌的发生发展。四川大学汤亚玲教授主要研究口腔癌和唾液腺肿瘤的侵袭和转移的分子机制及其防治。武汉大学张佳莉主要研究非编码 RNA 和 RNA 结合蛋白网络在口腔癌侵袭和转移中的分子机制。大连医科大学肖晶教授的主要研究领域为口腔颌面部先天性畸形发生机制与再生修复。这些学科带头人在进行医教研工作的同时，也在潜移默化地进行着口腔病理的文化传承和人才培养。其中，金岩教授和李铁军教授均获批国家自然科学基金杰出青年基金项目，并连续 5 年位列爱思唯尔 Scopus 数据库发布的中国高被引学者榜单。金岩教授被聘为教育部"长江学者"奖励计划特聘教授。金岩教授在高影响力期刊上发表众多研究，包括 *Science Translational Medicine*[57]、*Nature Biomedical Engineering*[58]、*Bone Research*[59]等，代表了其科研水平处于国内和国际领先地位。于世凤教授、金岩教授、李铁军教授和孙宏晨教授均作为负责人或首席科学家，主持国家自然科学基金重点项目及科技部重点研发项目等。金岩教授和孙宏晨教授均多次获批国家自然科学基金重点国际合作项目。上述人才称号、科研项目和研究论文等标志着口腔病理人在人才培养和科学研究方面的地位和取得的重大成果。

综上，目前的口腔病理人继承了老一辈口腔病理人的优良传统，并继续活跃在医教研一线工作中；同时也承担着培养下一代口腔病理人的责任。然而，目前口腔病理仍面临着人才短缺这一前所未有的挑战，这也是我们未来要解决的问题之一。

## 三、中国口腔病理学的未来

我国病理从业人员缺乏已成为不容忽视的现状，而口腔病理从业人员更是少之又少。因此，在教学工作中，我们将"识病讲理"的理念贯穿于人才培养的全过程，有责任和义务使医学生们深入认识到病理诊断的重要性，更正以往的"重治疗、轻诊断"的错误观念，同时通过大家的共同努力，传承口腔病理的优良传统和优秀文化，吸引更多医学生热爱并从事口腔病理学。

在医疗方面，未来医学的发展必将是精准医学，而其前提是病理学上的精准诊断，没有精准诊断，精准治疗更是无稽之谈，基本医疗质量很难得到保障。为了达到靶向治疗的目的，分子病理诊断是未来的发展方向；为开展个体化的精准诊治，MDT 诊疗模式需要广泛开展。其次，口腔病理学作为外科病理学（普通病理学）的一部分，口腔病理医生需要增强与普通病理医生的交流和互相学习，以增进对疾病的认识和促进精准诊断。此外，基于人工智能和数字化的病理诊断机器人也将成为未来口腔病理的发展方向，它不仅能在一定程度上解决病理从业人员不足的问题，而且也能一定程度上缓解病理学亚专科化不足的问题。

在科研方面，中国口腔病理学在经历了传统的口腔病理学和口腔生物学的研究后，逐渐过渡到发育生物学和再生医学，未来的研究方向将继续向再生医学迈进。此外，对口腔颌面部肿瘤的研究，将深入研究肿瘤微环境与肿瘤细胞的相互作用，例如肿瘤干细胞和肿瘤微环境中免疫细胞的相互作用等。这些研究将有利于我们深入认识口腔颌面部疾病的发生和发展，最终为精准诊治提供依据。

综上，中国的口腔病理学的未来发展将向发育生物学、再生医学和精准医疗辐射，以强化基础研究为关键，以开展交叉融合创新为手段，以重视人才培养和队伍建设为支撑，以立足国家战略和社会发展需求为最终目标，服务于高质量发展和健康中国发展的伟大事业。

［关键词］ 口腔组织病理学；人才培养；科学研究；医疗服务；发展趋势

## 参考文献


［1］ 四川省地方志编纂委员会. 四川省志 · 科学技术志(下)［M］. 成都: 四川科学技术出版社, 1998: 854.

［2］ 周志瑜. 涎腺上皮-肌上皮癌［J］. 国外医学. 口腔医学分册, 1988, 15(4): 206-209.

［3］ 杨洁, 周志瑜. 涎腺肌上皮肿瘤［J］. 国外医学. 口腔医学分册, 1990, 17(4): 236-239, 229.

［4］ 杨洁, 周志瑜. 涎腺肌上皮瘤和肌上皮癌的超微结构［J］. 口腔医学纵横, 1994, 10(4): 201-203,256.

［5］ 刘臣恒, 王朝福, 周志瑜, 等. 235 例唾液腺肿瘤的临床及病理分析［J］. 中华口腔科杂志, 1965, 11(3): 154-158, 209-210.

［6］ 刘臣恒, 刘大维, 李秉琦, 等. 食物对动物龋齿发生的影响［J］. 中华口腔科杂志,1960, 6(3):6-8, 57, 65.

［7］ 刘臣恒, 王朝福, 周志瑜, 等. 氟对防止龋病的效果观察［J］. 中华口腔科杂志, 1964, 10(3): 161-165, 225.

［8］ 刘臣恒, 刘大维. 食物营养对大白鼠龋齿发生的影响［J］. 中华口腔科杂志,1964, 10(04): 240-242.

［9］ 郑麟蕃, 吴奇光. 龋齿的软射线观察［J］. 北京医学院学报, 1960(2): 90-93, 167-168.

［10］ 郑麟蕃. 釉质中龋病变的偏光观察［J］. 中华口腔科杂志, 1964, 10(2): 91-92, 155.

［11］ 吴奇光, 郑麟蕃. 利用茚三酮反应分析龋齿的蛋白水解现象. 中华口腔科杂志［J］. 1964, 10(2): 97-98, 156.

［12］ 冯景伟, 温树林, 刘瑗如, 等. 利用电子辐射

作用研究人牙釉质微晶结构变化[J]. 电子显微学报, 1986, 5(3): 172.

[13] 李挺星, 刘瑷如, 温树林, 等. 人牙釉质表层结构的透射电镜研究[J]. 华西口腔医学杂志, 1986, 4(3): 153-156, 226-227.

[14] 李挺星, 刘瑷如, 温树林, 等. 牙釉质早期龋病的高分辨电镜研究[J]. 电子显微学报, 1986, 5(3): 85.

[15] 刘瑷如, 李挺星, 温树林, 等. 人牙釉质结构的电镜观察[J]. 中华口腔科杂志, 1986, 8(2): 85-86,127-128,130.

[16] 李挺星, 刘瑷如, 温树林, 等. 早期釉质龋的高分辨电镜研究[J]. 中华口腔医学杂志, 1987, 22(1): 1-3,62,65.

[17] 刘瑷如, 李挺星, 温树林, 等. 牙釉质及早期釉质龋的超微结构研究[J]. 医学研究通讯, 1988, 17(11): 28-29.

[18] 李挺星, 刘瑷如, 温树林, 等. 牙釉质龋时再矿化的高分辨电镜研究[J]. 中华口腔医学杂志, 1989, 24(3): 171-172,191,195.

[19] 张伟国, 刘瑷如. 牙釉质人工龋样病损表层改变的扫描电镜研究[J]. 中华口腔医学杂志, 1992, 27(3): 171-172,190,192.

[20] 张伟国, 刘瑷如. 低浓度氟对牙釉质溶解行为影响的研究[J]. 上海口腔医学, 1992, 1(1): 43-46, 62.

[21] 于世凤, 边缘性牙周疾患的免疫病理学研究——边缘性牙周炎和免疫球蛋白的关系[J]. 国外医学. 口腔医学分册, 1981, 8(6): 383-384.

[22] 于世凤, 边缘性牙周炎的免疫病理学研究[J]. 国外医学. 口腔医学分册, 1982, 9(4): 253-254.

[23] 于世凤, 边缘性牙周炎的免疫病理学研究——关于人的炎症性龈组织中T-细胞的分布和机能[J]. 国外医学. 口腔医学分册, 1984, 11(2): 124-125.

[24] 于世凤. 牙周病的免疫病理学研究进展[J]. 现代口腔医学杂志, 1987, 1(1): 42-44.

[25] 于世凤, 魏明洁, 庞淑珍, 等. 侵袭牙周组织中的抗原物质行踪的免疫病理学研究[J]. 口腔医学纵横, 1987, 3(1): 11-13, 63.

[26] 于世凤. 抗体、补体及白细胞介素和牙周炎的关系[J]. 现代口腔医学杂志, 1989, 3(2): 100-101.

[27] 郑麟蕃, 张筱林, 吴奇光. 口腔白斑表层改变的病理学意义[J]. 中华口腔科杂志, 1983, 5(2): 67-69.

[28] 张筱林, 吴奇光, 郑麟蕃. 口腔扁平苔藓的组织病理学分析[J]. 中华口腔科杂志, 1984, 6(1): 9-12, 67.

[29] 高文涛, 杨淑华, 欧阳喈. 公共引物介导的PCR研究口腔癌中人乳头瘤病毒感染[J]. 现代口腔医学杂志, 1998, 12(3): 6-7, 85.

[30] 高文涛, 杨淑华, 孙宏晨, 等. 舌鳞状细胞癌中人乳头瘤病毒感染[J]. 口腔医学纵横, 1998, 14(2): 75-78.

[31] 张泽兵, 高文涛, 欧阳喈, 等. 人乳头瘤病毒在舌癌细胞中存在状态分析[J]. 白求恩医科大学学报, 2000, 26(6): 577-578.

[32] 欧阳喈. 舌癌发生分子机制及转基因治疗[J]. 医学研究通讯, 2004, 33(5): 25-26.

[33] 高岩, 刘鼎新, 郑麟蕃. 口腔黏膜癌前病变的放射自显影细胞动力学研究[J]. 北京医科大学学报, 1989, 21(S1): 97-99.

[34] 高岩, 刘鼎新, 郑麟蕃. 口腔上皮萎缩与癌前病变及癌的关系[J]. 华西口腔医学杂志, 1990, 8(3): 165-167, 235.

[35] 高岩, 朱延馨, 刘鼎新, 等. 口腔白斑的细胞动力学研究[J]. 中华口腔医学杂志, 1991, 26(2): 81-83,126,129.

[36] 王洁, 吴奇光, 孙开华, 等. 涎腺肌上皮肿瘤细胞核形态的定量研究[J]. 现代口腔医学杂志, 1993, 7(2): 65-67.

[37] 王洁, 吴奇光, 孙开华, 等. 涎腺肿瘤性肌上皮细胞核仁组织区银染色研究[J]. 北京医科大学学报, 1993, 25(5): 353-355, 397.

[38] 王洁, 吴奇光, 孙开华, 等. 涎腺多形性腺瘤中肌上皮细胞的免疫电镜研究[J]. 中华口腔医学杂志, 1994, 29(2): 82-84,128.

[39] 孙开华. 涎腺肿瘤性肌上皮细胞的病理意义[J]. 临床与实验病理学杂志, 1996, 12(1): 75-77.

[40] 李翠英, 欧阳喈. 涎腺多形性腺瘤的组织发生学研究: 用免疫组化法看多形性腺瘤[J]. 口腔医学纵横, 1991, 7(3): 131-134.

[41] 李翠英，欧阳喈，张家兴. 涎腺多形性腺瘤的组织发生学研究[J]. 佳木斯医学院学报，1991，14(3)：181-185，266.

[42] 孙宏晨，欧阳喈. 纤维凝集素在涎腺上皮性肿瘤中定位的免疫组织化学研究[J]. 华西口腔医学杂志，1991，9(4)：259-262，321.

[43] 于世凤，金久纯也. 制酸剂 Omeprazole 对分离破骨细胞性骨吸收影响的研究[J]. 现代口腔医学杂志，1991，5(2)：85-86，130.

[44] 史凤芹，于世凤. 体外破骨细胞分离培养方法的建立[J]. 中华骨科杂志，1994(1)：43-46.

[45] 史凤芹，于世凤，庞淑珍. 分离的破骨细胞对不同钙化组织吸收的研究[J]. 中华口腔医学杂志，1994，29(6)：346-347.

[46] 史凤芹，于世凤，庞淑珍. 鸡破骨细胞分离培养方法的建立[J]. 中国骨质疏松杂志，1995，1(2)：101-103.

[47] 张炜真，于世凤，郑麟蕃. 大鼠破骨细胞体外分离培养和鉴定[J]. 解剖学报，1995，26(3)：291-293，347.

[48] 史凤芹，于世凤，庞淑珍，等. 兔破骨细胞体外分离培养方法的改良[J]. 中华病理学杂志，1996，25(6)：60-61，83.

[49] 马伟光，丁鸿才，杨连甲. 陶瓷化异种骨和骨诱导蛋白(BMP)复合移植修复下颌骨缺损的实验研究[J]. 实用口腔医学杂志，1987，3(4)：198-200，261.

[50] 杨连甲，金岩，孙庆妹，等. 骨形成蛋白(BMP)的实验研究：BMP 提取及生物学活性检查[J]. 实用口腔医学杂志，1987，3(2)：78-80，129.

[51] 金岩，杨连甲，高玉好，等. 骨形成蛋白与生物陶瓷的复合及其骨诱导性观察[J]. 实用口腔医学杂志，1989，5(4)：253-254.

[52] 金岩，杨连甲，梁河清，等. 骨形成蛋白与自体骨复合修复颌骨缺损的初步观察[J]. 实用口腔医学杂志，1989，5(1)：11-12，69.

[53] 王翔，周树夏，刘宝林，等. 钛种植体复合骨形成蛋白的初步实验研究[J]. 实用口腔医学杂志，1989，5(4)：245-247，244.

[54] 马伟光，丁鸿才，刘宝林，等. 陶瓷化异种骨和骨形成蛋白复合移植的研究[J]. 中华口腔医学杂志，1990，(04)：207-209，251，257.

[55] 唐明辉，欧阳喈，周海燕，等. 骨形成蛋白-2 复制物与包被胶原的载体对成骨样细胞 MC3T3-E1 细胞的作用[J]. 口腔医学纵横，1992，8(4)：212-213，252.

[56] 张泽兵，高文涛，欧阳喈. 重组大鼠骨形成蛋白-2 成熟肽编码区 cDNA 克隆[J]. 口腔医学纵横，2000，16(1)：7-9.

[57] Xuan K，Li B，Guo H，et al. Deciduous autologous tooth stem cells regenerate dental pulp after implantation into injured teeth[J]. Sci Transl Med，2018，10(455)：eaaf3227.

[58] Liu SY，Chen X，Bao LL，et al. Treatment of infarcted heart tissue via the capture and local delivery of circulating exosomes through antibody-conjugated magnetic nanoparticles[J]. Nat Biomed Eng，2020，4(11)：1063-1075.

[59] Li B，He XN，Dong ZW，et al. Ionomycin ameliorates hypophosphatasia via rescuing alkaline phosphatase deficiency-mediated L-type $Ca^{2+}$ channel internalization in mesenchymal stem cells[J]. Bone Res，2020，8(1)：19.

（本文编辑　吴　婷）

# 我国口腔修复工艺学从传统向数字化的转型

四川大学华西口腔医学院　岳　莉

口腔修复工艺学是以满足口腔临床需求为前提,以口腔临床医学、口腔材料学、口腔生物力学、口腔解剖生理学等为基础,进行牙体缺损、牙列缺损和畸形、牙列缺失修复体,牙周疾患、颞颌关节疾患及咬合异常的修复体,颌面部缺损修复体以及活动矫治器的设计、加工、制作和修补等工艺技术的学科[1]。近年来,各种高新数字化技术的应用,带动口腔修复工艺学的飞速发展,以 CAD/CAM、3D 打印、虚拟和增强现实等为核心的新技术的普及应用,给口腔修复工艺学带来了新机遇。口腔修复工艺学的教育、行业、材料、技术等从传统向数字化转型。

## 一、口腔修复工艺学的教育现状及发展

### (一) 口腔修复工艺学的历史及教育现状

林则是中国现代口腔医学创始人,1912 年于成都创办了中国第一家口腔专科医院——四圣祠仁济牙症医院,同年建立了口腔修复制作室,这是我国历史上首个口腔修复工艺制作室。20 世纪 80 年代,华西医科大学、北京大学及第四军医大学(现空军军医大学)等院校开始招收中专及大专层次的口腔修复工艺学学生。

2005 年,经教育部批准,四川大学华西口腔医学院在全国首创四年制口腔修复工艺学本科专业(理学),成为中国口腔修复工艺学的最高层次人才培养基地。2009 年设立硕士及博士研究生点,至此我国本-硕-博完整口腔修复工艺学高等教育体系建立。2012 年教育部本科招生名录中将口腔修复工艺更名为口腔医学技术,四川大学华西口腔医学院于 2013 年重新招生,近年相继获批省级、国家级一流本科专业建设点。截至 2020 年 12 月[2],全国开设口腔医学技术专业的高职高专学校共计 129 所,本科院校 20 所,研究生教育仅四川大学华西口腔医学院、北京大学医学部和滨州医学院开设。

在过去的十几年中,口腔医学技术的教材体系逐渐完善,人民卫生出版社相继出版全国高职高专“十二五”“十三五”规划教材。一些院校和个人相继出版有关口腔医学技术专业的教材或专著[3]。四川大学华西口腔医学院于海洋、岳莉等编著《口腔固定修复工艺学》《口腔活动修复工艺学》《口腔修复工艺学实验教程》《口腔修复工(国家卫生行业职业资格考试指导)》等专业相关教材。北京大学口腔医学院周永胜、佟岱等编著《口腔修复工艺学》。

### (二) 口腔修复工艺学的教育发展和改革

各种高新数字化技术的应用,对专业人才的培养提出了新的挑战。2020 年四川大学“口腔数字化技术双学位创新实验班”获教育部批准并完成招生,是四川大学华西口腔医学院与软件学院强强联合,在全国首创跨学科专业的口腔医学技术本科双学士学位培养模式。此项目的开展,对交叉学科的科学研究和人才培养势必具有积极的促进作用,将为我国培养口腔医学技术与信息技术学科交叉的复合型人才。

在口腔医学技术教学改革方面,将最新的显微技术引入口腔医学技术实验教学中[4],能够将固定义齿制作的各个环节给学生准确直观的展示,不仅让学生关注最终的实验结果,也引导学生注重对制作过程的把控。在创新实践教学方法上,增设口腔医学技术创意实验[5],既锻炼了学生的动手能力,又增加教学的趣味性。在虚拟仿真教学方

面,四川大学华西口腔医学院自主研发了口腔医学技术虚拟仿真瓷层堆塑技能训练系统,将虚拟仿真技术运用到实践教学中,虚实结合,优化教学模式,提升人才培养质量。重庆医科大学自主研发了口腔医学技术专业客观结构化实践技能教考系统、CAD/CAM 可摘局部义齿制作工艺系统,应用动画交互、视频示教、三维模拟展示教学,并与自由练习和考试功能相结合,为口腔医学技术专业实验技能开辟新途径。

## 二、我国口腔修复工艺的行业发展现状

1998 年成立中华口腔医学会口腔修复工艺学专业委员会,为国内外口腔修复工艺学术交流提供了良好的平台。学会每年举办全国性学术会议,至今共举办 30 余次;发起及参与各级赛事以促进技师技术水平提升,与口腔修复学专业委员会联合主办"贺利氏杯"义齿制作技术大赛,协助中华口腔医学会举办"与大师面对面"口腔修复技师实用技术现场展示活动,2019 年的首届口腔修复体制作工国家职业技能大赛,是我国口腔医学界的第一个国家职业技能大赛。

修复工艺行业相关标准也在逐步制修订中。近年四川大学华西口腔医学院主笔起草了中华人民共和国定制式义齿产品行业标准(终审稿)、口腔医学技术专业本科教育标准(试行)和认证体系(试行)、口腔修复工国家职业标准(第一版)等。2020 年,中华人民共和国人力资源和社会保障部、中华人民共和国国家卫生健康委员会制定的《口腔修复体制作工国家职业技能标准》(2020 版)正式发布[6]。

随着口腔修复工艺学不断发展,整个行业不断壮大。截至 2020 年 12 月,我国可查的义齿加工厂约 2 600 个[7],技师从业的主流方式为在各义齿加工厂进行义齿生产的流水作业。近年来,技师工作形式和内容有了新趋势。一方面,义齿加工厂传统流程日趋减少,义齿生产更依赖数字化加工成型技术;另一方面随着人们生活水平的提升,对义齿的美学及功能提出了更高要求,高水平及个性化的义齿需要医生和技师密切配合才能更好实现。基于此,椅旁技师应运而生。椅旁技师主要工作范围包括:修复及种植方案的建议、修复体的比色及配色、修复体个性化制作及修改、椅旁数字化设计与制作等。

同时我们也看到我国技师的准入及执业标准还未建立,行业从业人员水平参差不齐。我们认为,行业准入制度的建立,可以带动整个口腔修复工艺行业的稳步发展。

## 三、口腔修复工艺的新材料

随着 CAD/CAM 和 3D 打印等高新数字化技术在口腔领域的应用,带动口腔修复工艺材料的飞速发展,在切削陶瓷中除了已相对成熟的氧化锆陶瓷外,出现了改善玻璃陶瓷性能的氧化锆增强型二硅酸锂玻璃陶瓷和混合陶瓷。在 3D 打印技术中出现了专门用于 3D 打印的金属、树脂和氧化锆陶瓷。

### (一)CAD/CAM 氧化锆增强型二硅酸锂陶瓷和混合陶瓷

早期使用的玻璃陶瓷的强度低、韧性差,其临床适应证较窄,仅限于前牙的单冠和嵌体修复。出现了改善其强度的氧化锆增强型二硅酸锂玻璃陶瓷以及改善其韧性的混合陶瓷,即将玻璃陶瓷与树脂混合制作而成的椅旁陶瓷材料。于海洋等对切削用的四种玻璃陶瓷和两种混合陶瓷(树脂渗透陶瓷和树脂纳米瓷)进行试验,表明在人工唾液环境下玻璃陶瓷比牙釉质更耐磨,但混合陶瓷的耐磨性小于牙釉质。碱性环境处理会降低玻璃陶瓷和树脂渗透陶瓷的耐磨性,但会增加树脂纳米瓷的耐磨性,而酸性环境处理结果相反,为临床选择和改进材料提供依据[8]。高姗姗等研究树脂渗透陶瓷的微观和纳米力学性能[9]、磨损行为[10-11],发现其维氏硬度和蠕变性能与牙釉质相似,压入断裂韧性低于牙釉质,抵抗裂纹扩展的能力高于牙釉质,抗磨损性能低于牙釉质。宋晓菲等研究碳化钨车

针和金刚砂车针对树脂渗透陶瓷切削性能的影响[12]，为了获得更好的表面和边缘质量，碳化钨车针优于金刚砂车针，而金刚砂车针是 CAD/CAM 铣削和临床调整中快速去除材料的理想选择。

### (二)3D 打印树脂材料

树脂在口腔领域应用最为广泛，因 SLA 是较为早期成熟的 3D 打印技术，所以树脂是最早开始在口腔使用的材料。张恒等对 3D 打印的树脂材料进行了详细分类，包括环氧丙烯酸酯、不饱和聚酯、聚酯丙烯酸酯及聚氨酯丙烯酸酯等[13]。口腔领域常用的 3D 打印光敏树脂又称光固化树脂，是光固化快速成型技术 3D 打印机的主要材料，本质为丙烯酸塑料，材料特点是韧性好、高耐温性、耐用性、较好的稳定性、水密性、生物相容性及可铸性等[14]。3D Systems 公司 ProJet 系列 3D 打印机使用的 VisiJet 系列材料已被广泛应用于国内的口腔各领域，如用于树脂打印的计算机辅助制作美学诊断蜡型、冠桥修复体蜡型、可摘局部义齿支架、全口义齿、赝复体阴模、种植手术导板、牙周手术导板、颌骨模型、牙列模型、辅助制作组织工程支架结构、逆向设计等[15]。

### (三)3D 打印金属材料

口腔修复领域中的金属材料不再仅局限于以往的传统工艺方式，而更多的是通过 CAD/CAM 技术及现代加工方式制造出更加优良的口腔修复金属产品[16]。有学者利用口内扫描和选择性激光熔化技术制作以钛基为支架的活动义齿，证明利用 3D 打印技术制作金属材料修复体能有效提高修复体多项性能，操作简便，适合应用于临床[17]。林泽等利用 3D 打印设计个性化舌侧托槽，使之更加贴合患者牙面，符合患者个人特征，吻合度更高，减少了托槽脱落和不适等并发症的发生[18]。国内外的制造商已开始研发相应的金属打印粉末材料及使用 3D 打印技术制造出具有多孔或粗糙表面的新型牙科植入物[19]。中国优材科技有限公司自主研发的牙科钛合金粉应用于活动义齿时，其卡环固位力比失蜡铸造的钛合金卡环固位力更高[20]。

### (四)3D 打印氧化锆

目前我国科研人员已对 3D 打印氧化锆的基础性能进行了较为全面的研究，并取得了一定的创新性成果。孙玉春等研究了 SLA 打印牙科氧化锆的挠曲强度可满足临床要求[21]。于海洋等研究了 DLP 打印牙科氧化锆的挠曲强度、硬度、断裂韧性及其与饰瓷的结合强度等，结果显示 DLP 成型的牙科氧化锆可以获得与切削成型氧化锆相近的挠曲强度、硬度、断裂韧性及结合强度[22-23]。吴甲民等进行了 DLP 成型牙科氧化锆体外生物实验，发现其可为间充质干细胞提供理想的生物相容性环境[24]。沈志坚等使用立体光刻增材制造技术成功打印出高精度的氧化锆桥和种植体[25]。高勃等对比研究了 SLA 打印与 CAD/CAM 切削氧化锆单冠的成型精度，发现两者在组织面及外表面的成型精度上均差异无统计学意义[26]。以上研究均表明 3D 打印氧化锆的成型精度较高，具有应用于临床的潜力。

## 四、口腔修复工艺的新技术

口腔修复工艺的新技术主要集中在数字化技术的应用，包括数字化印模技术、数字化颌位记录、数字化设计单、数字化比色、医技交流数字化传递、CAD/CAM 技术、3D 打印技术等。以下就最新出现的数字化导板技术和虚拟患者技术进行总结。

### (一)数字化导板技术

数字化种植外科导板的出现和发展大大提高了种植手术的精确性，谭建国等实现了数字化种植导板引导下的即刻种植即刻修复，维持了天然牙理想的穿龈轮廓形态[27]。莫安春等借助全程数字化种植导板和导板锁，术前在放置了替代体的模型上制作即刻临时修复体，术中于全程数字化种植导板辅助下进行植体的植入，实现了术后即刻戴入术前成形的临时修复体，证明了全程数字化种植导板联合导板锁在术前成形临时修复体是一种可行的方式[28]。于海洋等针对全口即刻种植即刻修复的病例，设计了堆积式的数字化截骨导板、数字化种植导板和数字化即刻修复临时修复体，实现了数字化种植导板引导下的即刻种植即刻修复[29-30]。在美学区种植修复及无牙颌种植修复中，数字化种植导板辅助下的植体植入具有较高的精确性，使得术前成形临时修复体并实现术中即刻戴入成为可能。

除了数字化种植导板的应用研究，国内一些厂家进行了具有自主知识产权的数字化种植导板设计软件的研发，比如北京西科码 segma implant guide 设计软件、天津彩立方数字化导航系统以及杭州六维牙种植设计软件，并在临床中展开了一定的应用[31]。目前国产数字化种植导板设计软件仍然在发展阶段，未来随着技术、经验的积累和发展，国产数字化种植导板将有更好的研究前景和临床应用价值。

2014 年，四川大学华西口腔医学院于海洋教授团队提出目标修复体空间(target restoration space，TRS)分析技术，该技术基于未来修复体所占据的最小合理空间，应用于牙体预备时，能辅助准确推导牙体预备量，并基于获得的数值完成 TRS 牙体预备导板的设计，使用3D 打印技术完成导板制作，临床端配合专用车针在牙面上精准定深，有利于精准牙体预备。Liu 等[32]基于 TRS 分析技术设计虚拟预备体，使用三个序列导板分别引导预备目标牙体的邻面、唇腭面、切端以及肩台，并在预备完成后即刻戴入基于虚拟预备体预先制作的临时修复体。Gao 等[33]在美学区瓷贴面修复的牙体预备阶段采用了 TRS 导板，预备量分析结果表明 TRS 导板引导下的牙体预备与术前设计的偏差控制在 0.3 mm 以内，表明 TRS 导板可以辅助实现虚拟设计向实体操作的准确转移。另外，刘春煦等[34]在已有 TRS 牙体预备导板的基础上提出了进一步的改进措施，如结合个性化牙体解剖特点设计虚拟预备体，从虚拟设计阶段规避倾斜和扭转牙预备中的穿髓；改良导板主体设计，增加冷却水通道；改良车针设计，增加单位导板覆盖面积内的定深孔数量等。TRS 分析技术为精准牙体预备奠定了理论基础，基于 TRS 设计的新型引导方案能实现术前设计向术中实操的数值转移，有利于获得高精度的牙体预备结果，在保证牙体牙髓、牙周及功能健康的基础上，获得未来修复体的所需空间。

**(二)虚拟患者的构建(数字化颌位关系转移)**

虚拟患者的构建是指采集不同微笑状态下的静态面扫数据、基于锥形束 CT(CBCT)颌骨数据、治疗前牙列的口扫数据、目标牙列(诊断蜡型或虚拟牙列)数据、电子面弓运动轨迹数据等，在计算机中整合以上数据实现患者治疗前后多层次数字化形态的可视化预览[35]，同时须实现数字化颌位关系转移、动静态咬合调整，以便于获得最佳的修复体形态位置和微笑状态的美学呈现效果。数据采集精度及方法的研究多依赖于设备的更新，本文仅对数字化颌位关系转移方法领域的研究进展进行介绍。

传统的颌位关系转移方法即上实体殆架，再用扫描台进行扫描。李琳琳等人[36]对此方法重建的牙尖交错殆进行精度评价，结果显示上下颌特征点的距离测量误差为(0.23±0.09)mm，满足临床需求，但上下颌特征点距离大于参考值，以此制作修复体会导致咬合增高。Lepidi L、陈昭昭等[30]通过拍摄全牙列大视野 CBCT，把三维重建的 CBCT 牙列模型与口内扫描得到的上下颌数字化模型进行配准。此方法可以适应不同的数字化殆架系统，且可以转移双侧关节与牙列的位置关系，研究显示其精确度好于传统的经验式面弓。

Lam WYH 等[37]设计了一种改良式面弓，可以将上颌牙齿无辐射地配准到三维每部图像中，然后转移到虚拟颌架，此改良面弓材料简单，并可以对不同患者进行调整，误差小于1 mm。有报道将虚拟患者应用于前牙美学修复和冠延长术[38]、全口种植即刻修复[39]并取得满意结果。

我国口腔修复工艺学从隶属于口腔修复学到成为独立的学科已走过近110年历史。到2005年,四川大学华西口腔医学院创建口腔修复工艺学本科专业,随着全国更多本科院校的开设,本专业从独立走向更加成熟阶段,但与其他学科相比还需进一步的发展和时间的积淀。如今随着口腔修复工艺由传统向数字化转型,它和口腔医学的相关学科发生更紧密的联系,并可为其提供数字化平台支撑。期望今后口腔修复工艺学的自立成熟能给未来口腔医学,尤其是口腔修复的临床、教育和科研注入新的活力。

**[关键词]**口腔修复工艺学;口腔医学技术;教育;数字化;3D 打印

## 参考文献

[1] 于海洋. 口腔固定修复工艺学[M]. 2 版. 北京: 人民卫生出版社,2006:1.

[2] 全国高等学校学生信息咨询与就业指导中心. 阳光高考-教育部高校招生阳光工程指定平台[EB/OL]. [2020-12-23]. https://gaokao. chsi. com. cn/.

[3] 于海洋. 关于我国口腔修复工艺学的思考[J]. 中华口腔医学研究杂志(电子版), 2008, 2(1): 83-85.

[4] 张倩倩, 董博, 杨兴强, 等. 显微操作技术在口腔医学技术专业实验教学中的实践与探索[J]. 中华口腔医学研究杂志(电子版), 2018, 12(5): 312-316.

[5] 张靓, 于海洋, 朱卓立, 等. 口腔实践教学创新性调整: 口腔医学技术创意实验[J]. 中华口腔医学研究杂志(电子版), 2016, 10(4): 299-302.

[6] 中国卫生人才网. 口腔修复体制作工国家职业技能标准(2020 版)[EB/OL]. [2020-06-05]. https://www. 21wecan. com/rcpj/zyjnjd/zyzgbz/202006/t20200605_9025. html.

[7] 国家药品监督管理局. 国家药品监督管理局[EB/OL]. [2020-12-23]. https://www. nmpa. gov. cn/index. html.

[8] Zhang QQ, Gao SS, Liu CX, et al. Evaluation of wear resistance of dental chairside CAD/CAM glass ceramics reinforced by different crystalline phases[J]. J Tribol, 2019, 141(3): 031601.

[9] Min J, Arola DD, Yu DD, et al. Comparison of human enamel and polymer-infiltrated-ceramic-network material "ENAMIC" through micro-and nano-mechanical testing[J]. Ceram Int, 2016, 42(9): 10631-10637.

[10] Xu Z, Yu P, Arola DD, et al. A comparative study on the wear behavior of a polymer infiltrated ceramic network (PICN) material and tooth enamel[J]. Dent Mater, 2017, 33(12): 1351-1361.

[11] Yu P, Xu Z, Arola DD, et al. Effect of acidic agents on the wear behavior of a polymer infiltrated ceramic network (PICN) material [J]. JMech Behav Biomed Mater, 2017, 74: 154-163.

[12] Song XF, Kang N, Yin L. Effect of bur selection on machining damage mechanisms of polymer-infiltrated ceramic network material for CAD/CAM dental restorations[J]. Ceram Int, 2020, 46(14): 23116-23126.

[13] 张恒, 许磊, 胡振华. 光固化 3D 打印用光敏树脂的研究进展[J]. 合成树脂及塑料, 2015, 32(4): 81-84.

[14] Ibrahim IA, Mohamed FA, Lavemia EJ. Particulate reinforced metal matrix composites-a review [J]. J Mater Sci 1991, 26(5):1137-1156.

[15] 连书齐, 张昀, 张修银. 口腔 3D 打印材料的研究现状[J]. 口腔材料器械杂志, 2018, 27(2): 109-111, 120.

[16] 夏海斌, 程祥荣, 潘新华. 信息技术革命与口腔修复工艺学的发展[J]. 医学与社会, 2003, 16(2): 12-13, 16.

[17] Hu F, Pei Z, Wen Y. Using intraoral scanning technology for three-dimensional printing of Kennedy class I removable partial denture metal framework: A clinical report[J]. J Prosthodont, 2019, 28(2): e473-e476.

[18] 林泽, 陈军, 李雪. 数字化 3D 打印技术在口腔舌侧正畸托槽黏接中应用研究[J]. 中国实用口腔科杂志, 2016, 9(2): 104-107.

[19] Wally ZJ, Van Grunsven W, Claeyssens F, et al.

Porous titanium for dental implant applications [J]. Metals 2016, 6(5), 97.

[20] 刘春煦，鲁雨晴，贾璐铭，等. 选择性激光熔融与铸造钛合金卡环的模拟摘戴固位力研究[J]. 国际口腔医学杂志，2020, 47(2): 152-158.

[21] Li R, Wang Y, Hu ML, et al. Strength and adaptation of stereolithography-fabricated zirconia dental crowns: An in vitro study [J]. Int J Prosthodont, 2019, 32(5): 439-443.

[22] Lu YQ, Mei ZY, Zhang JJ, et al. Flexural strength and Weibull analysis of Y-TZP fabricated by stereolithographic additive manufacturing and subtractive manufacturing [J]. J Eur Ceram Soc, 2020, 40(3): 826-834.

[23] Lu YQ, Mei Z, Lou YX, et al. Schwickerath adhesion tests of porcelain veneer and stereolithographic additive-manufactured zirconia [J]. Ceram Int, 2020, 46(10): 16572-16577.

[24] Chen F, Zhu H, Wu JM, et al. Preparation and biological evaluation of $ZrO_2$ all-ceramic teeth by DLP technology [J]. Ceram Int, 2020, 46(8): 11268-11274.

[25] Li HZ, Song L, Sun JL, et al. Dental ceramic prostheses by stereolithography-based additive manufacturing: Potentials and challenges [J]. Adv Appl Ceram, 2019, 118(1-2): 30-36.

[26] Wang WN, Yu H, Liu YF, et al. Trueness analysis of zirconia crowns fabricated with 3-dimensional printing [J]. J Prosthet Dent, 2019, 121(2): 285-291.

[27] Liu XQ, Tan Y, Liu JZ, et al. A digital technique for fabricating implant-supported interim restorations in the esthetic zone [J]. J Prosthet Dent, 2018, 119(4): 540-544.

[28] Zhang XQ, Wang MX, Mo AC. An alternative method for immediate implant-supported restoration of anterior teeth assisted by fully guided templates: A clinical study [J]. J Prosthet Dent, 2020: S0022-S3913(20)30462-5.

[29] Li JY, Chen ZZ, Dong B, et al. Registering maxillomandibular relation to create a virtual patient integrated with a virtual articulator for complex implant rehabilitation: A clinical report [J]. J Prosthodont, 2020, 29(7): 553-557.

[30] Lepidi L, Chen ZZ, Ravida A, et al. A full-digital technique to mount a maxillary arch scan on a virtual articulator [J]. J Prosthodont, 2019, 28(3): 335-338.

[31] 金杭颖，吴英浩，徐继文，等. 国产数字化导板辅助上前牙种植手术的精准度研究[J]. 实用口腔医学杂志，2018, 34(5): 644-647.

[32] Liu C, Guo J, Gao J, et al. Computer-assisted tooth preparation template and predesigned restoration: A digital workflow [J]. Int J Comput Dent, 2020, 23(4): 351-362.

[33] Gao J, Li JY, Liu CX, et al. A stereolithographic template for computer-assisted teeth preparation in dental esthetic ceramic veneer treatment [J]. J Esthet Restor Dent, 2020, 32(8): 763-769.

[34] 刘春煦，高静，赵雨薇，等. 一种 3D 打印定深孔导板引导的精准牙体预备技术[J]. 华西口腔医学杂志，2020, 38(3): 354-359.

[35] 杜雪，瞿方，刘伟才. 三维虚拟牙科患者的建立及其在美学修复中的应用[J]. 国际口腔医学杂志，2018, 45(6): 695-702.

[36] 李琳琳，赵一姣，陈虎，等. 转移殆架固定法三维重建牙尖交错殆的精度评价[J]. 北京大学学报(医学版)，2020, 52(1): 138-143.

[37] Lam WYH, Hsung RTC, Choi WWS, et al. A 2-part facebow for CAD-CAM dentistry [J]. J Prosthet Dent, 2016, 116(6): 843-847.

[38] Li Q, Bi MN, Yang KW, et al. The creation of a virtual dental patient with dynamic occlusion and its application in esthetic dentistry [J]. J Prosthet Dent, 2020: S0022-S3913 (20) 30593-X.

[39] Li JY, Chen ZZ, Dong B, et al. Registering maxillomandibular relation to create a virtual patient integrated with a virtual articulator for complex implant rehabilitation: A clinical report [J]. J Prosthodont, 2020, 29(7): 553-557.

【衷心感谢四川大学华西口腔医院口腔医学技术教研室张倩倩、王鹤云老师在本稿文献查阅中给予的帮助和支持。】

（本文编辑　吴　婷）

医疗工作

# 健康中国行动推进委员会办公室关于公布国家健康科普专家库第一批成员名单的通知

国健推委办发〔2020〕1 号

健康中国行动推进委员会各成员单位，有关部委，各省、自治区、直辖市及新疆生产建设兵团推进健康中国行动议事协调机构：

为贯彻落实《国务院关于实施健康中国行动的意见》（国发〔2019〕13 号），推进健康知识普及行动，充分发挥专家的技术支持作用，为人民群众提供科学的健康科普知识，健康中国行动推进委员会决定组建国家健康科普专家库。根据有关规定，在经各相关单位推荐、组织遴选和网上公示等程序后，形成了国家健康科普专家库第一批成员名单，现予以公布。

附件：国家健康科普专家库第一批成员名单（按姓氏笔画排名）

健康中国行动推进委员会办公室

2020 年 2 月 19 日

附件略。

口腔健康科普专家库成员名单见表 1。

表 1　国家健康科普专家库第一批成员名单（口腔健康）*

| 序号 | 姓名 | 性别 | 所在单位 | 职务/职称 |
|---|---|---|---|---|
| 929 | 万　阔 | 男 | 中国医学科学院北京协和医院 | 主任医师 |
| 930 | 王胜朝 | 男 | 空军军医大学第三附属医院 | 主任医师 |
| 931 | 冯希平 | 男 | 上海交通大学医学院附属第九人民医院 | 主任医师 |
| 932 | 边　专 | 男 | 武汉大学口腔医院 | 主任医师 |
| 933 | 李秀娥 | 女 | 北京大学口腔医院 | 主任护师 |
| 934 | 杨耀武 | 男 | 空军军医大学第三附属医院 | 主任医师、教授 |
| 935 | 邹　静 | 女 | 四川大学华西口腔医院 | 主任医师 |
| 936 | 沈国芳 | 男 | 上海交通大学医学院附属第九人民医院 | 主任医师 |
| 937 | 岳　林 | 女 | 北京大学口腔医院 | 主任医师、教授 |
| 938 | 周曾同 | 男 | 上海交通大学医学院附属第九人民医院 | 主任医师、教授 |
| 939 | 郑树国 | 男 | 北京大学口腔医院 | 主任医师、教授 |
| 940 | 赵志河 | 男 | 四川大学华西口腔医院 | 教授 |
| 941 | 赵铱民 | 男 | 空军军医大学第三附属医院 | 主任医师、教授 |
| 942 | 荣文笙 | 女 | 中国牙病防治基金会 | 主任医师 |
| 943 | 高雪梅 | 女 | 北京大学口腔医院 | 主任医师、教授 |
| 944 | 郭传瑸 | 女 | 北京大学口腔医院 | 主任医师、教授 |
| 945 | 彭　歆 | 男 | 北京大学口腔医院 | 主任医师、教授 |

注：* 摘自国健推委办发〔2020〕1 号文件之附件，按姓氏笔画排名。

# 国家卫生健康委关于设置国家口腔医学中心的通知

国卫医函〔2020〕482 号

北京市、上海市、四川省卫生健康委，北京大学：

为进一步优化优质医疗资源布局，构建高效的医疗卫生服务体系，提升医学医疗服务能力，2017 年我委启动国家医学中心规划设置工作。按照《"十三五"国家医学中心及国家区域医疗中心设置规划》（国卫医发〔2017〕3 号，以下简称《设置规划》）和《国家医学中心和国家区域医疗中心设置实施方案》（国卫办医函〔2019〕45 号，以下简称《实施方案》），对照国家口腔医学中心和国家口腔区域医疗中心设置标准，我委决定在全国遴选适宜医院设置国家口腔医学中心。

2019 年 9 月，我委收到《关于北京大学口腔医院申报国家口腔医学中心的请示》《四川省卫生健康委员会关于推荐四川大学华西口腔医院申报国家口腔医学中心的请示》（川卫〔2019〕54 号）、《上海市卫生健康委关于报送国家口腔医学中心建设方案的报告》（沪卫医〔2019〕43 号）。经研究，根据《设置规划》和《实施方案》，我委决定分别以北京大学口腔医院为主体设置国家口腔医学中心、以四川大学华西口腔医院为主体设置国家口腔医学中心、以上海交通大学医学院附属第九人民医院为主体设置国家口腔医学中心（上海），共同构成国家口腔医学中心，落实《设置规划》中国家医学中心相应职责任务，形成错位发展、优势互补的模式，建立多中心协同工作机制，带动全国口腔医学领域建设与发展。

北京大学口腔医院、四川大学华西口腔医院和上海交通大学医学院附属第九人民医院作为医学中心主体医院，负责医学中心日常运行和管理，并投入一定的工作经费和专门人员，确保医学中心按职责任务开展相关工作。你省（市）要切实履行地方主体责任，加大经费投入，给予政策支持，完善配套措施，推进医学中心建设工作可持续发展。我委负责对医学中心的工作进行业务指导，确定工作目标和工作重点，下达专项任务和配套经费，每年对医学中心工作任务落实情况开展运行绩效评估和监督管理。

国家卫生健康委员会

2020 年 12 月 17 日

# 国之名医盛典

国之名医盛典是人民日报健康客户端、人民日报社健康时报主办，人民日报社及其社属媒体共同支持、参与的年度医生学术活动，国家卫健委领导及医政医管局、宣传司等领导出席并致辞。活动以"权威、客观、公正"为原则，以"推举医者榜样，引领尊医舆论，促进人民健康"为主题，旨在通过活动载体，形成促进我国名医成长的政策、机制、舆论、学术、社会环境，激发医生做名医的内生动力与职业尊崇感，为健康中国战略助力。国之名医系列榜单已成为业内备受瞩目，社会倍加关注的一份有影响力的榜单。2020 年，第四届共计推选全国 98 个学科 366 名国之名医殊荣获得者。统计口腔医学国之名医如表 2 所示：

表 2 国之名医(口腔医学)

| 时间 | 届数 | 姓 名 | 奖项 |
|---|---|---|---|
| 2020 年 | 第四届 | 樊明文 | 国之大医 · 特别致敬 |
| 2020 年 | 第四届 | 俞光岩 | 国之名医 · 卓越建树 |
| 2020 年 | 第四届 | 王松灵 | 国之名医 · 卓越建树 |
| 2020 年 | 第四届 | 林 野 | 国之名医 · 优秀风范 |
| 2020 年 | 第四届 | 赵志河 | 国之名医 · 优秀风范 |
| 2020 年 | 第四届 | 冯海兰 | 国之名医 · 优秀风范 |
| 2020 年 | 第四届 | 黄洪章 | 国之名医 · 优秀风范 |
| 2020 年 | 第四届 | 梁景平 | 国之名医 · 优秀风范 |
| 2020 年 | 第四届 | 满 毅 | 青年新锐 |
| 2020 年 | 第四届 | 牛丽娜 | 青年新锐 |
| 2020 年 | 第四届 | 江凌勇 | 青年新锐 |
| 2019 年 | 第三届 | 邱蔚六 | 国之大医 · 特别致敬 |
| 2019 年 | 第三届 | 张震康 | 国之大医 · 特别致敬 |
| 2019 年 | 第三届 | 王 兴 | 国之名医 · 卓越建树 |
| 2019 年 | 第三届 | 张志愿 | 国之名医 · 卓越建树 |
| 2019 年 | 第三届 | 赵铱民 | 国之名医 · 卓越建树 |
| 2019 年 | 第三届 | 卢晓峰 | 国之名医 · 卓越建树 |
| 2018 年 | 第二届 | 刘洪臣 | 国之名医 · 卓越建树 |
| 2018 年 | 第二届 | 张建国 | 国之名医 · 卓越建树 |
| 2018 年 | 第二届 | 尹宁北 | 国之名医 · 优秀风范 |

# 世界口腔健康日

3 月 20 日，为世界口腔健康日(world oral health day，WOHD)，是全球最大的口腔健康宣传活动。世界口腔健康日是 2007 年由 FDI(世界牙科联盟)发起的，致力于提高全球对口腔疾病预防和控制的认识。每年的世界口腔健康日都有一个特定主题，向广大公众、口腔健康专业人员和决策者进行推广宣传，让他们在减轻口腔疾病负担方面发挥作用。

2020 年世界口腔健康日的活动主题是“携手共求口腔健康(unite for mouth health)”，旨在希望每个人承诺注重自己的口腔健康并鼓励其他人共同参与，以营造“携手共求口腔健康”的社会氛围。中国作为 FDI(世界牙科联盟)的会员国，中华口腔医学会积极组织筹备相关线上宣传活动。先后组织翻译和制作 FDI 提供的活动资料 11 份，并结合学会自身优势，为公众和口腔专业人员提供了多元化的科普资源，内容涵盖口腔清洁指导等系列视频，覆盖全生命周期的规范化口腔健康教育课件、口腔科普资源网站等。

FDI(世界牙科联盟)指出，公众、口腔专业人员和决策者为了积极推动口腔健康都应共同关注的五大核心是：①口腔疾病是可以预防的；②氟化物对预防龋病有重要作用；③糖是导致龋病的主要原因；④口腔健康和全身健康息息相关；⑤牙齿脱落并不是自然衰老的过程。同时鼓励公众承诺每天使用含氟牙膏刷牙两次，每次刷牙 2 分钟，将使用牙线作为日常口腔护理的一部分，牙刷一旦出现磨损、刷毛外翻或刷毛不完整就立即更换；少吃含添加糖的食品，每天摄入的添加糖的量成人应少于 6 茶匙，儿童应少于 3 茶匙；定期进行口腔健康检查，时刻保持口腔和身体健康，在旅途中不便刷牙时可以咀嚼无糖口香糖或用含氟漱口水漱口；少吸烟，少饮酒等。并针对孕妇、儿童、老年人和年轻家庭分别给出了详细的建议，这些建议都以图文并茂的形式制作成宣传册，中华口腔医学会已将宣传册翻译为中文，以便在国内宣传和推广。

# 全国爱牙日

2020 年 9 月 20 日是第 32 个全国爱牙日。为贯彻落实《健康中国行动（2019—2030 年）》和《健康口腔行动方案（2019—2025 年）》有关要求，进一步提升群众口腔健康素养水平，促进口腔健康行为的形成，国家卫生健康委员会疾病预防控制局于 2020 年 8 月 21 日就做好 2020 年“全国爱牙日”宣传活动作相关通知。

2020 年全国爱牙日的宣传主题是“口腔健康全身健康”，副主题是“均衡饮食限糖减酸洁白牙齿灿烂微笑”。以口腔健康与全身健康的关系为切入点，加大口腔健康科普宣传力度，提高群众口腔健康素养水平，营造有利于口腔健康的良好社会氛围。

国家卫生健康委员会疾病预防控制局要求：各地要高度重视口腔健康宣传工作，结合培养节约习惯、全民健康生活方式行动等工作，整合资源，充分发挥学协会等社会团体优势，联合教育等相关部门开展各项宣传活动。各地要将全国爱牙日活动与日常科普活动有效结合，注重传播信息的整体性、专业性和科普性，创新宣传形式和载体，广泛动员社会各界和广大群众积极参与，推动群众形成均衡饮食、早晚刷牙等有利于口腔健康的行为。中华口腔医学会、中国牙病防治基金会、中国疾病预防控制中心等机构为宣传活动提供技术支持，各地着重培养口腔健康教育师资队伍，确保各级、各类医疗卫生机构将健康教育职责落到实处。

最后，国家卫生健康委员会疾病预防控制局公布了 2020 年全国爱牙日宣传海报和口腔健康核心信息及知识要点。

# 口腔健康核心信息及知识要点

## 一、平衡膳食模式，饮食多样均衡

口腔疾病与许多慢性病存在共同危险因素。例如，过量摄入高糖、高脂肪、高盐、低纤维的食物，不仅与冠心病、脑卒中、糖尿病、癌症、肥胖有关，也和龋病、牙周病等口腔疾病密切相关。建立健康的膳食模式，可以同时预防全身疾病和口腔疾病。饮食多样化是平衡膳食模式的基本原则。建议平均每天至少摄入 12 种、每周 25 种以上食物，多吃五谷杂粮、蔬菜水果。这些富含维生素、矿物质、膳食纤维的食物有利于预防心血管疾病、糖尿病、肥胖等慢性病，也有利于牙齿的发育和预防龋病、牙周病、牙酸蚀症和口腔癌等口腔常见病。

## 二、科学鉴别糖类，远离添加糖

### （一）非游离糖的危害小

糖分为非游离糖和游离糖。非游离糖对身体危害较小，是指天然存在于新鲜水果中的果糖、蔬菜中的糖和奶类中的乳糖及谷薯类中的淀粉。游离糖对身体危害较大，常分为两种，一种是存在于纯果汁、浓缩果汁及蜂蜜中的糖，尽管其常给人以“天然”和“健康”的印象，但也是游离糖。由于完整水果中的糖由一层植物细胞壁包裹，消化过程更缓慢，所以新鲜完整的水果不易致龋，但水果制成果汁后，水果中的糖成为游离糖，致龋性就会增加。另一种游离糖是指在食品生产、制备、加工中，添加到食品中的蔗糖、葡萄糖和果糖及糖浆，也称添加糖。

### （二）添加糖较为隐蔽

添加糖不仅存在于饮料、糖果、蛋糕、饼干、甜点、蜂蜜、糖浆、蜜饯等甜味零食，还可能隐藏在“不甜”的加工食品中，如番茄酱、酸奶、咖啡、膨化食品、芝麻糊、核桃粉、话梅等等。值得注意的是，很多市售婴儿食品是高度加工的产品，添加糖含量高，因此要警惕不小心吃掉的添加糖。添加糖是纯能量食物，也称“空热量”食物，摄入过多可降低其他低能量营养食品的摄入及吸收，破坏膳食平衡，导致能量过剩、体重增加、肥胖及糖尿病风险增加。

## 三、少喝碳酸饮料，避免牙损伤

通常pH值是反映酸碱度的直接指标，牙釉质脱矿的临界pH值为5.5，碳酸饮料、柑橘类酸性食物pH值低、含糖量较高，可将口腔pH值降低至釉质脱矿的临界pH值以下，对牙齿表面造成直接腐蚀、破坏，从而引发酸蚀症。另外，这些食物还可以通过微生物发酵糖产生酸性物质，导致牙釉质中的矿物质溶解，引发龋病。含糖饮料及碳酸饮料摄入过多或睡前喝饮料等习惯，可以显著提高儿童青少年患酸蚀症的危险。建议减少碳酸饮料的摄入，以避免对牙的危害，日常生活中选择用水代替饮料。

## 四、多吃瓜果蔬菜，减少烟酒槟榔

瓜果蔬菜含有很多膳食纤维，而膳食纤维是人体很重要的纤维素，经常进食富含钙、维生素C、纤维素的新鲜蔬菜水果、奶制品及全谷物，可增加咀嚼活动，减少菌斑滞留，促进牙周健康，预防牙周病，同时可以预防龋病、黏膜病及口腔癌。吸烟是引起口腔癌的主要危险因素，90%以上的口腔癌患者是吸烟者，因为烟草与烟气中含有多种有害物质可导致和促进癌症发生。饮酒容易引发的口腔癌主要有舌癌与口底癌，因为酒与舌和口腔底部的黏膜反复接触，引起黏膜烧伤并增加对致癌物质的吸收。乙醇含量越高，致癌的危险性越大。“槟榔果”已经被世界卫生组织列为一级致癌物，咀嚼槟榔是口腔癌的重要危险因素。

## 五、提倡母乳喂养，健康饮食习惯

全部的乳牙和大部分的恒牙都在婴幼儿时期形成和钙化，这个时期也是身体快速生长发育期。母乳是婴儿最好的天然食品，它具有能量高，富含婴儿需要的各种营养素、有利婴儿的消化、吸收和抵抗疾病等诸多优点。建议纯母乳喂养到婴儿6个月，之后结合辅食添加情况，母乳喂养可延长至2岁或以内。婴儿食物或饮料中不应添加糖，否则可能会让婴儿养成甜食嗜好。儿童时期是养成良好饮食习惯的最佳时期，目前很多市售的做工精细食品，入口即化且甜黏，无须用力咀嚼即可下咽。一方面容易造成食物残渣在牙齿表面的堆积，牙菌斑容易聚集繁殖，诱发龋病，另一方面也不利于口颌发育和咀嚼功能的训练。建议家长给孩子制作无添加糖或者低添加糖饮食，让孩子不偏食，爱吃少盐、少油、少糖的食物，养成健康膳食习惯将受益终身。

## 六、不要带着口腔疾病怀孕

一旦妇女已经怀孕，那么在怀孕早期和晚期接受复杂口腔治疗，会因为紧张和疼痛等因素，增加胎儿流产或早产的风险。因此，女性在计划怀孕前就应主动接受口腔健康检查，及时发现并处理口腔内的疾病或隐患，避免在怀孕期间可能因为发生口腔急症而带来的治疗不便和风险。

## 七、清洁口腔很重要，刷牙漱口用牙线

饮食和细菌是导致龋病和牙周疾病的最重要因素，因此清除牙菌斑是维护口腔健康的基础。刷牙能去除牙菌斑、软垢和食物残渣，保持口腔卫生，维护牙齿和牙周组织健康。含氟牙膏是目前世界上公认的最安全、简便、低成本且有效的龋病预防措施，牙齿萌出后就可以使用含氟牙膏，为确保安全性和有效性，建议 0 ~ 3 岁婴幼儿使用氟浓度为 500 ~ 1 100 mg/kg 的含氟牙膏，每次用量为米粒大小（15 ~ 20 mg）；3 ~ 6 岁儿童含氟牙膏用量为豌豆大小；6 岁以后及成人含氟牙膏用量为黄豆大小即可。刷牙清除牙菌斑数小时后，菌斑就可以在清洁的牙面上重新附着，不断形成。特别是夜间入睡后，唾液分泌减少，口腔自洁作用差，细菌更容易生长。因此，每天至少要刷牙两次，晚上睡前刷牙更重要。提倡用水平颤动拂刷法刷牙，刷牙时牙刷刷毛不能完全伸及牙缝隙，如果在每天刷牙后，能够配合使用牙线或牙缝刷等帮助清洁牙缝隙，可以达到彻底清洁牙齿的目的。咀嚼无糖口香糖也可以刺激唾液分泌，降低口腔酸度，有助于口气清新，牙齿清洁。

# 关于公布第五届中国青年志愿服务项目大赛获奖项目的决定

全组发〔2020〕3 号

根据《关于举办第五届中国青年志愿服务项目大赛暨志愿服务交流会的通知》《关于印发〈第五届中国青年志愿服务项目大赛评审办法〉的通知》有关规定，共青团中央、中央文明办、民政部、水利部、国家卫生健康委员会、中国残疾人联合会、中共广东省委、广东省人民政府共同举办第五届中国青年志愿服务项目大赛暨 2020 年志愿服务东莞交流会（以下简称“赛会”）。

经过组织申报、省级推报、全国赛初评、全国赛终评、社会公示等环节，赛会全国组委会决定，授予“分小青”垃圾分类志愿服务等 150 个项目“第五届中国青年志愿服务项目大赛金奖”，授予“北外—兰坪国家通用语言文字能力提升志愿服务”等 350 个项目“第五届中国青年志愿服务项目大赛银奖”，授予“智慧助农，筑梦田野”服务乡村振兴志愿行动等 500 个项目“第五届中国青年志愿服务项目大赛铜奖”。

此次公布的获奖项目是各地、各行业优秀志愿服务项目的代表，在志愿性、实效性、专业性、创新性等方面具有较强的示范带动作用。希望广大青年志愿者和志愿者组织认真学习获奖项目的经验做法，培育更多优秀志愿服务项目，促进志愿服务组织更好成长发展，为推动中国志愿服务事业发展做出新的贡献。

附件：第五届中国青年志愿服务项目大赛获奖项目名单

第五届中国青年志愿服务项目大赛
2020 年志愿服务交流会全国组委会
2020 年 12 月 4 日

附件略。

口腔医学获奖项目见表 3。

**表 3 第五届中国青年志愿服务项目大赛获奖项目名单(口腔医学)***

| 序号 | 项目 | 单位 | 奖项 |
| --- | --- | --- | --- |
| 655 | Isuper 保贝联盟——儿童健康公益科普计划 | 四川大学华西口腔医学院 | 关爱少年儿童金奖 |
| 807 | “灵心慧齿”牙伢口腔保健科普儿童之家 | 宁夏医科大学 | 关爱少年儿童金奖 |
| 219 | “会开刀的牙医”口腔健康青年志愿科普服务项目 | 上海交通大学医学院附属第九人民医院 | 卫生健康银奖 |
| 915 | 微笑快车进校园 | 福建医科大学附属口腔医院牙天使志愿服务队 | 卫生健康银奖 |
| 171 | 爱牙天使,氟展笑颜 | 吉林大学口腔医学院 | 卫生健康铜奖 |
| 271 | “小牙医大梦想”职业体验成长 | 无锡口腔医院 | 其他领域铜奖 |

注:* 摘自关于公布第五届中国青年志愿服务项目大赛获奖项目的决定之附件。

# 关于发布《维护牙周健康的中国口腔医学多学科专家共识(第一版)等 14 项团体标准的公告》

口医会字〔2020〕第 013 号

按照《中华口腔医学会团体标准管理办法(试行)》,中华口腔医学会现批准《维护牙周健康的中国口腔医学多学科专家共识(第一版)》(标准编号:T/CHSA 001-2020)等 14 项团体标准(见附件)。自 2021 年 1 月 1 日起正式实施。

现予公告。

附件:14 项团体标准编号、名称一览表,见表 4。

中华口腔医学会
2020 年 12 月 29 日

**表 4 14 项团体标准编号、名称一览表**

| 序号 | 标准编号 | 标准名称 |
| --- | --- | --- |
| 1 | T/CHSA 001-2020 | 维护牙周健康的中国口腔医学多学科专家共识(第一版) |
| 2 | T/CHSA 002-2020 | 牙周基本检查评估规范 |
| 3 | T/CHSA 003-2020 | 口腔癌及口咽癌病理诊断规范 |
| 4 | T/CHSA 004-2020 | 唾液腺肿瘤病理诊断规范 |
| 5 | T/CHSA 005-2020 | 金合金修复牙体缺损的临床指南 |
| 6 | T/CHSA 006-2020 | 功能性数字化上颌骨缺损赝复指南 |
| 7 | T/CHSA 007-2020 | 种植体支持式可摘局部义齿修复技术指南 |
| 8 | T/CHSA 008-2020 | 牙体牙髓病诊疗中口腔放射学的应用指南 |
| 9 | T/CHSA 009-2020 | 显微牙体预备手术的操作规范 |

续表

| 序号 | 标准编号 | 标准名称 |
|---|---|---|
| 10 | T/CHSA 010-2020 | 美观卡环修复技术指南 |
| 11 | T/CHSA 011-2020 | 婴幼儿龋防治指南 |
| 12 | T/CHSA 012-2020 | 乳牙牙髓病诊疗指南 |
| 13 | T/CHSA 013-2020 | 口腔四手操作技术规范 |
| 14 | T/CHSA 014-2020 | 儿童口腔门诊全身麻醉操作指南 |

《中国口腔医学年鉴》2020 年卷转载标准 1-9，标准中的前言、引言、表、参考文献略。

# 维护牙周健康的中国口腔医学多学科专家共识

（本文件主要起草人：俞光岩、刘宏伟、王勤涛、边专、陈吉华、王霄、白玉兴、宿玉成、邱立新、孟柳燕、吴江、马志伟、潘洁、谢贤聚、李熠、安莹、王欣欢、方明、张凌。）

本共识给出了维护牙周健康须遵循的预防、诊疗设计、临床操作、疗效评估及随访的原则。本共识适用于全体口腔医师。

本文件没有规范性引用文件。

本文件没有需要界定的术语和定义。

## 一、治疗前

### （一）问诊

除了患者主诉外，还需要重点询问以下信息：牙周疾病症状及治疗史，牙列缺损或缺失的原因等；口腔卫生习惯，饮食习惯；与牙周病相关的全身疾病史［如糖尿病、骨质疏松症、血液系统疾病、心血管疾病、免疫系统疾病、口腔副功能（过度咬合、夜磨牙等）等］、用药史、过敏史、生理期、孕期、吸烟史、肿瘤放化疗史等；直系亲属的牙周状况家族史。

### （二）检查

除了患者主诉牙外，还需要特别关注的检查：口腔卫生状况（菌斑、软垢、牙石等）；牙龈及牙周状态（牙龈红肿或退缩、牙周袋探诊深度、探诊后出血、牙齿松动度）；有无窦道及磨牙根分叉病变；已有修复体的外形和边缘及其与牙周组织的关系；咬合关系检查；牙齿拥挤、错位、移位、畸形等；必要的影像学检查（评估牙槽骨高度、密度、牙根状态；血液学常规检测）。

### （三）不宜直接开展口腔（其他）专科治疗的牙周状况

口腔卫生状况差，缺乏口腔健康意识以及维护口腔卫生习惯者；牙周组织炎症明显：全口牙龈探诊出血位点超过 50%；牙龈红肿、牙周溢脓等；牙周探诊深度超过 5 mm；牙齿松动度>Ⅱ度；牙根纵折伴有明显牙齿松动；存在可能影响骨代谢或愈合能力的全身疾病。重度或活动性全身疾病（包括未控制的糖尿病、骨质疏松症、人类免疫缺陷病毒感染、口服或静脉注射二磷酸盐、正在进行头颈部放化疗等）；妊娠，或服用某些特殊药物；心理或精神疾病；不良习惯和行为因素（如吸烟、夜磨牙等）；口腔内局部因素：种植区邻近牙感染性病灶、颌骨囊肿等。

### （四）可以开展（其他）专科治疗的条件或适应证

制订口腔全科治疗计划，涵盖口腔卫生指导、牙周疾病的基础治疗和必要的牙周专科治疗及定期维护，控制与牙周病相关全身疾病。经评估，牙周处于健康状态，或牙周炎消退处于静止（稳定）期：牙龈无炎症或未累及深部牙周组织的轻中度牙龈炎；牙齿动度为生理性动度或轻度松动Ⅰ度内；牙周探诊出血位点数小于 25%；牙周探诊深度最大值小于 3 mm，经过有效治疗的牙周炎患者可放宽至 4 mm。无相关专科治疗前禁忌证。影像学可见明显的牙周骨硬板或牙槽骨边缘变致密。牙周炎患者正畸治疗的适应证主要包括：牙周炎患者要求改善牙齿错位、拥挤等；牙周炎导致的前牙扇形移位、后牙近中倾斜骨下袋等；错殆畸形加重牙周组织损伤，如前牙深覆殆致咬伤牙龈、牙齿错位导致创伤殆等情况；牙周炎患者美观或修复的需求，如减少三角间隙、调整牙龈高度、修复前正畸等；以上状况开始正畸治疗前，必须有效控制牙周炎症。

## 二、治疗中

### (一) 牙体牙髓病专业

1. 有利于牙周健康的合理诊疗设计

常规使用橡皮障隔离患牙；恢复患牙正常外形；因龋齿或牙体折裂至龈下较深处且须行牙体充填修复时，应考虑生物学宽度；避免充填物损伤牙周，或在治疗前对患牙行临床牙冠延长术。

2. 治疗中避免损害牙周健康的操作规范

口腔卫生宣教内容普及口腔卫生保健知识；给予个性化口腔健康指导，例如正确的刷牙方法和牙线的使用方法等。须遵守的操作规范常规使用橡皮障隔离患牙，以减少牙体牙髓治疗中牙周组织的损伤。选取外形合适的橡皮障夹以达到严密封闭的效果，必要时可使用牙龈封闭剂等辅助封闭；牙体充填应符合牙齿正常外形，恢复其原有生理凸度及排溢道。操作时应正确使用成型片及楔子，避免出现悬突，充填结束后应抛光；根管治疗操作应符合规范，操作者应熟悉牙及根管系统解剖结构，加强专业知识和技能培训，严格遵守诊疗规范，必要时可在锥形束 CT(CBCT)、口腔显微镜辅助下行开髓、根管预备及充填操作。注意事项细心使用酸蚀剂、漂白剂、牙髓失活剂等刺激性药物，以免药物外溢造成牙周组织损伤；存在髓石或钙化的患牙应谨慎操作，以防髓腔壁穿孔。根管系统与牙周组织直接交通，会降低根管治疗的成功率，并造成继发性牙周组织破坏；根管治疗过程中应该避免器械分离、超充、欠充或次氯酸钠等化学药物超出根尖孔的情况，以免降低根管治疗的成功率，增加根尖周炎风险，并延迟组织愈合。

3. 可能出现的牙周并发症及处理原则

牙体修复过程中可能出现的牙周疾病，由下列因素所致：术中使用器械伤及牙龈，或酸蚀剂等药物外溢致牙周组织损伤；充填时接触点恢复不良或邻接关系恢复不良造成食物嵌塞所致；充填时未能恢复正常咬合关系，如咬合时出现早接触；充填体存在悬突；龈下充填体破坏生物学宽度。处理原则：对于机械刺激或药物外溢导致的炎症，轻者可局部冲洗，上碘甘油，规范使用橡皮障等隔离措施防止药物外溢；接触点恢复不良应重新充填，必要时行嵌体或冠修复，建议使用牙线、牙间隙刷、冲牙器等邻面清洁工具；如出现早接触，可通过磨除高点消除症状；充填体存在悬突应消除局部刺激物；对于破坏生物学宽度者应该去除充填物，行临床冠延长术后待炎症消除后修复牙体缺损。

根管治疗过程中可能出现的牙周疾病，由下列因素所致术中使用器械伤及牙龈，或失活剂等药物外溢致牙周组织损伤；根管治疗过程中髓腔壁穿孔导致穿孔处牙周组织炎症和牙槽骨破坏吸收；根管治疗中和治疗后的患牙若发生牙根纵裂，可造成牙髓与牙周组织相交通，继发牙周组织破坏。处理原则：对于机械刺激或药物外溢导致的炎症，轻者可局部冲洗，上碘甘油，规范使用橡皮障等隔离措施防止药物外溢；可借助口腔显微镜或 CBCT 确定穿孔的位置及范围，视情况选择非手术修补或手术修补的方法；发生纵裂时可拔除无保留价值的患牙；对发生牙根纵裂但仍有保留价值的患牙，在完善根管治疗的基础上，可通过截根术、牙半切术等保留患牙。若以上处理后仍无法缓解炎症，可请牙周科医师进行会诊，共同确定治疗方案。

**(二)口腔修复专业**

1. 有利于牙周健康的合理诊疗设计

修复体总体设计应遵循𬌗力合理分配的原则，合理选择基牙。固定义齿基牙牙周膜的面积总和应等于或大于缺失牙牙周膜面积的总和。可摘局部义齿设计应合理选择支托凹位置、连接体外形等，防止基牙承担过大的𬌗力。基托、连接体边缘与牙龈缘保持合适距离，防止其压迫牙龈边缘进而造成牙周组织损害。修复体龈边缘设计应合乎牙周组织健康的要求，防止破坏生物学宽度。冠桥修复体(含临时修复体)的边缘若放置于龈沟内，其边缘外形应有合理突度，不得挤压牙龈组织；修复体边缘不超过龈沟底深度，切勿进入生物学宽度范围内。修复体外形应尽量接近自然的状态，咬合功能恢复的程度应与牙周条件相适应。固定修复体的轴面凸度应设计合理，应扩大外展隙，建立最小牙间隙刷清洁通道以及合理的食物溢出道，避免菌斑堆积，便于自洁。防止因食物排溢和流动不畅对牙周组织健康的影响。应恢复邻接区正常的位置和良好的邻接关系。此外，应尽量防止修复体部件对牙龈组织局部压迫，引发牙周组织的炎症。避免异常咬合或外力影响。

对于牙周病患者的设计，应考虑减少菌斑聚集对牙周组织的刺激，并利于医患双方后期的牙周维护：冠桥修复时推荐使用龈上边缘，前牙区建议平龈肩台，后牙区建议龈上肩台；固定桥修复时尽量选择卫生桥体、卵圆形桥体等凸形桥体；可摘局部义齿尽可能减少牙龈覆盖区域，便于局部的口腔清洁；须将牙周病患牙作为基牙时，应酌情增加固定局部义齿基牙数目；可摘局部义齿连接体应采用应力中断设计，以减小基牙的负担。

2. 治疗中避免损害牙周健康的操作规范

牙体预备须防止车针损伤牙龈，预备至龈下时，避免损伤生物学宽度。排龈操作须轻柔，排龈线置于龈沟内不宜过深，放置时间不宜过长，防止伤及角化龈、结合上皮和牙槽骨。试戴修复体时，注意检查修复体边缘位置是否侵犯生物学宽度，边缘密合性，有无悬突；检查邻接关系和外展隙，应保证牙间隙刷的方便通过。调整合适的修复体咬合，去除早接触点和𬌗干扰，防止咬合创伤损伤牙周组织。粘接或黏固固定修复体时(含临时黏固)，应选择合适的黏固材料或粘接剂。若使用酸蚀剂，须用橡皮障等防护，防止酸蚀剂损伤牙龈。黏固后应去净多余的黏固材料，防止残留材料刺激牙周组织。

3. 修复过程可能出现的牙周并发症及处理原则

牙龈炎、牙周炎及牙槽嵴黏膜炎，多由下列因素所致：固定修复体颈缘滞留的粘接材料；颈缘粗糙、悬突、不密合；修复体轴面外形凸度不良；桥体龈端与牙槽嵴黏膜间存在间隙或压迫牙槽嵴过紧；佩戴义齿后牙周维护不利等。处理原则：去除致病因素；加强对患者的口腔卫生宣教，做好日常口腔清洁卫生和定期牙周维护；必要时进行牙周系统治疗，局部药物应用、全口龈上下洁治与抛光；保守治疗后若效果不佳，应拆除修复体重做。

龈乳头炎，严重时可引发牙周炎：由于邻接、咬合关系恢复不良或邻牙松动引起的食物嵌塞所致。处理原则：轻者可局部用消炎镇痛药消除炎症，同时调𬌗。若调𬌗后症状不缓解，应拆除修复体重新制作，必要时与邻牙联冠修复。酌情使用牙线、牙缝刷、冲牙器等邻面清洁工具。

非菌斑性牙周炎症：固定修复体侵犯生物学宽度时，都会引起牙周损害，牙周肿胀出血，难以愈合。处理原则：修复体一旦引起牙周损害，原则上都需要拆除不良修复体，在冠根比允许的条件下，可实施临床牙冠延长术以恢复生物学宽度，消除牙周炎症之后再行修复；或者改变修复方案。

基牙牙周创伤：多由固定修复体早接触、𬌗创伤未及时治疗而引起，或因义齿设计不良所致，严重时可造成基牙松动。处理原则：先调𬌗以减轻基牙负担，如果牙周组织损伤严重，一般应拆除固定修复体，治疗患牙后再重新修复，必要时须更改义齿设计。

**（三）口腔全科**

1. 有利于牙周健康的合理诊疗设计

保证全身健康稳定的情况下开始口腔诊疗操作。如果患者有急症，先解决急症问题。按照先控制感染性疾病，再进行美观和功能恢复的原则进行临床操作。建议各专业诊治顺序为：口腔全科计划、牙体牙髓病专业、牙周病专业、口腔黏膜病专业、口腔颌面外科专业、口腔修复专业、口腔种植专业、口腔正畸专业。遵循各专业有利于牙周健康的合理诊疗设计。

2. 治疗中遵循避免损害牙周健康的操作规范

牙周操作遵循牙周基础治疗的规范要求，牙体牙髓操作，口腔修复操作，可能出现的牙周并发症及处理原则。

**（四）口腔正畸专业**

1. 有利于牙周健康的合理诊疗设计

正畸治疗目标的设定应紧密结合患者牙周状况，以促进和保护牙周健康为优先考虑因素，必要时，可以在充分评估患者风险与收益的前提下降低部分治疗要求，以缩短疗程，避免过于复杂的牙移动带来不必要的牙周风险。设计正畸牙移动时，注意牙阻抗中心的变化，受力集中于支持基骨上。牙周炎患者经过系统的牙周治疗，牙周炎消退进入静止（稳定）期，再行正畸治疗。在牙槽骨水平吸收不超过根长 1/2 的前提下开展正畸治疗。

2. 治疗中避免损害牙周健康的操作规范

卫生宣教：大部分正畸矫治器不利于口腔卫生维护，必须对患者进行专门的口腔卫生指导并监督实施状况。

治疗措施：正畸治疗中应尽量使用结构组成简单的矫治器，牙周病患者应该以更轻的矫治力来减少牙周风险，可以统合应用调𬌗、𬌗垫、片段弓、随行弓等多种技术。对牙周病正畸患者，首先考虑拔除牙周及牙体损害严重的患牙，并尽量保存有功能的牙齿。（有时须保留天然牙保存空间，可咨询正畸专业医师的意见）正畸治疗中过程中，施力的性质、大小和方向应适合牙周支持组织的特点。

正畸牙齿移动：牙齿移动必须考虑到患者的牙周组织状况，不要超出牙槽骨的边界。要避免加重牙周损伤的移动方式，如对存在唇颊侧牙龈退缩的牙弓进行扩弓、压低存在未经完善治疗的深牙周袋的牙齿、整体移动牙周附着丧失的牙齿等。正畸牙移动尽可能采用轻力及间歇力，以柔和而大小适宜的牵张力促进和诱导牙周组织的改建。避免在牙周炎患者正畸时施用过大的压入力和伸长力移动牙齿。

牙周维护：正畸治疗复诊过程中应该随时评估牙周状况，对于牙周病患者则至少 3 个月系统检查一次牙周状况，牙周炎症明显者，应随时暂停正畸治疗，进行牙周系统治疗直至炎症得到有效缓解，进入静止（稳定）期。

3. 正畸治疗过程中可能出现的牙周并发症及处理原则

牙龈炎：矫治器不利于口腔卫生的清洁，对牙龈组织的不良刺激会造成菌斑堆积和牙周炎症的加重，个别患者会出现牙龈增生。处理原则：控制炎症，进行龈上洁治，同时卫生宣教。对牙龈增生患者，可在请牙周医师会诊后，进行洁治、刮治，炎症消除后复查，必要时可行牙龈切除术，术后根据牙龈恢复情况再行正畸治疗。

牙周炎：牙周病如果没有控制，正畸治疗可加重牙周组织的破坏，表现为牙周肿胀、溢脓，晚期出现牙齿松动。处理原则：暂时拆除矫治器，停止加力，并进行牙周系统治疗及抗感染处理。治疗方案和操作中遵循规范时，一般不会出现并发症，如有明显牙周临床症状时，与牙周专业会诊协商治疗方案。

**（五）口腔种植专业**

1. 有利于牙周健康的合理诊疗设计

种植修复计划的制订要着眼于种植修复体和余留天然牙全面、长期的功能保持和稳定。处于牙周健康或轻度牙周炎经治疗后处于静止（稳定）期，可仅对缺牙区进行常规种植治疗。牙周疾病较重，须经牙周专业医师与种植科医师共同评估后明确治疗方案。对于难以控制的严重牙周组织缺损牙，或即使暂时控制感染也难以保持长期疗效及有效功能的牙，应考虑拔除，与其他缺失牙一起总体考虑种植修复计划。对于评估后可以保留但尚未控制牙周病的患牙，则应先进行牙周系统治疗，病情稳定后，再进行种植治疗。对牙周治疗预后差、难以达到长期静止（稳定）期效果的患牙应予拔除，进行总体种植治疗设计，以免影响种植体长期功能及预后。种植治疗计划制订过程中应充分评估患者牙龈生物型及种植区软组织形态，在合适的时期酌情配合牙周、种植体周软组织处理（冠向/根向复位瓣、隧道技术、结缔组织移植术、游离龈移植术等）。种植修复过程中，种植修复体的形态设计应有利于菌斑控制；修复体咬合关系应利于均匀分散咬合力。

2. 治疗中避免损害牙周健康的操作规范

种植体植入位置及切口设计应考虑牙周表型及种植体周软硬组织形态。种植体植入后应尽量保证种植体周围的硬组织完整，且存在一定宽度的角化龈。对于硬组织缺损明显者，应在种植前或种植同期行骨增量手术。对薄扇形牙龈生物型的患者，可行结缔组织移植术增加种植区牙龈软组织厚度；对于角化龈过窄或缺如的患者，可在种植外科手术前行角化龈移植术。种植术中软组织翻瓣后，可直视检查邻牙根面有无龈下牙石、骨下袋、不利的骨形态等，并进行翻瓣区内天然牙的牙周手术的处理。种植二期手术前应评估种植体周软组织厚度及角化龈宽度。若软组织厚度过薄（小于 1 mm）或角化龈宽度过窄（小于 2 mm）或缺如，则酌情行结缔组织移植/角化龈移植术。

3. 可能出现的牙周并发症及处理原则

口腔种植机械并发症：由基台或螺丝松动、基台或螺丝折断、支架或种植体折裂、修复体崩瓷、修复体固位丧失等直接或间接导致食物嵌塞、上皮附着损伤、菌斑堆积、骨吸收等种植体周组织破坏，甚至影响邻近天然牙的牙周健康。处理原则：应遵循早发现、早诊断、早治疗的原则，维护种植体周健康和天然牙的牙周健康。

口腔种植生物学并发症：包括种植体周黏膜炎和种植体周炎，由于口腔卫生不良，造成种植体周围菌斑堆积，刺激机体产生炎症反应。种植体周黏膜炎临床表现为黏膜的红肿、探诊出血甚至溢脓等；种植体周炎，累及软组织和种植骨床、造成显著骨吸收。临床表现包括种植体周探诊出血、黏膜红肿溢脓、种植体周龈退缩、骨吸收等。如不及时治疗，将导致持续的骨吸收和种植体-骨界面的“去整合”，最终使种植体松动、脱落。种植体周炎是影响牙种植远期效果并导致种植体失败的主要原因之一。处理原则：种植后进行定期的牙周维护、预防种植体周生物学并发症对牙周健康具有积极意义；进行口腔卫生指导，机械去除菌斑、牙石，局部应用抗菌剂，必要时行再生手术。

## 三、治疗后

**（一）疗效评估**

除口腔全科和口腔各专业接受治疗内容的评估外，治疗后仍需对牙周情况进行以下评估：软组织颜色及结构有无异常，有无肿胀、触痛、窦道、松动度、牙周探诊深度、根分叉病变，及 X 线片表现等有无异常；健康的牙周组织应满足：软组织颜色及质地正常，无肿胀、出血、窦道或瘘管,无触痛,牙齿无异常松动,无深牙周袋,无根分叉病变,没有明显的软组织缺陷;X 线片显示牙周膜及硬骨板连续、牙槽骨密度及纹理正常等;专科治疗后是否出现并发症,与何影响因素关联;正畸患者,特别是牙周病正畸患者,正畸结束时应该进行一次系统的牙周检查和必要的牙周治疗,此后,定期进行复查;正畸保持应综合考虑稳定性和牙周维护的方便,对于存在部分牙齿松动的牙周病正畸患者可以考虑固定丝保持,起到牙弓夹板的作用,但是要重视因此带来的菌斑聚集的风险;修复体完成并行使功能后,应检查其边缘位置有无刺激生物学宽度、邻接关系、外展隙等;应保证牙间隙刷的方便通过。

**(二)口腔卫生维护宣教**

告知患者治疗结束后的注意事项以及口腔卫生维护方法;建议患者按时复诊,定期进行口腔检查,并戒除吸烟等不良习惯。口腔卫生宣教的内容:刷牙时间为每天 2~3 次,每次 3 分钟;刷牙方法为“巴氏刷牙法”“单向竖刷法”。推荐:使用牙间隙刷、牙线、冲牙器等辅助用具。进行个性化的口腔卫生指导,帮助患者掌握天然牙及种植体清洁方法。

**(三)定期随访方案**

随访时间:治疗后每 3 月随访一次;牙周状况良好者可治疗后第 3 月、6 月、1 年进行常规随访,1 年内无异常者每半年到 1 年随访一次;如有特殊情况或需要密切观察者,可缩减随访时间间隔或增加复诊频率。

随访内容:牙周维护治疗包括定期复诊行牙周检查(6~12 月)和牙周洁治和必要时行龈下刮治。种植修复完成后 1、3、6 月复诊,全面检查种植体周软硬组织情况及上部义齿情况。每年拍摄一次 X 线片。定期洁治,彻底清理种植体及天然牙表面的菌斑、牙石。

前言、引言、参考文献略。

# 牙周基本检查评估规范

(参与起草讨论专家,按姓氏笔画为序:丁一、闫福华、刘洪臣、毕良佳、杨丕山、李成章、束蓉、吴亚菲、陈莉丽、孟焕新、欧阳翔英、徐艳、徐宝华、章锦才、潘亚萍。)

本规范制定了口腔诊疗中的牙周组织健康状态检查的项目、方法、标准及管理的基本要求,适用于所有口腔临床诊疗中的基本检查。本规范也可适用于健康体检中的口腔检查。

本文件没有规范性引用文件。

本文件没有需要界定的术语和定义。

## 一、检查内容

**(一)病史询问并记录**

询问现病史、既往史、家族史、用药史、全身系统性疾病状况并进行记录。

**(二)牙周探诊检查器械**

手动牙周探针:例如 UNC-15、Williams、WHO、Nabers 或其他类型。牙周电子探针:例如 Florida 或其他类型。

**(三)基本检查项目**

1. 口腔卫生情况

根据菌斑和牙石的存在与牙面分布对口腔卫生状况进行评价,采用菌斑指数(plaque index, PLI)或简化牙石指数(calculus index-simplified, CI-S)进行记录。检查牙位:16、21、24、41 的唇(颊)面,36、44 的舌面。检查方法(选择一种方法进行检查并记录):菌斑检查:患者先用清水漱口,然后用棉签或小棉球蘸取菌斑显示剂(2% 碱性品红溶液),涂布于检测牙龈缘附近的牙面上,再次漱口,被染色的区域即是附着的菌斑,根据牙面染色范围计分。牙石检查：肉眼观察龈上牙石量；结合探查龈下牙石（探针插入检测牙远中邻面龈沟内，沿龈沟向近中邻面移动，观察牙颈部牙石的存在及量）；以最高值计分。

记分标准（以所在牙面计分最高值记录于检查表内）：菌斑指数（PLI）：0 = 牙面无菌斑；1 = 牙颈部龈缘处有散在的点状菌斑；2 = 牙颈部连续窄带状菌斑宽度不超过 1 mm；3 = 牙颈部菌斑覆盖面积超过 1 mm，但少于牙面 1/3；4 = 菌斑覆盖面积至少占牙面 1/3，但不超过 2/3；5 = 菌斑覆盖面积占牙面 2/3 或以上。简化牙石指数（CI-S）：0 = 龈上、龈下无牙石；1 = 龈上牙石覆盖面积占牙面 1/3 以下；2 = 龈上牙石覆盖面积在牙面 1/3 与 2/3 之间，或牙颈部有散在龈下牙石；3 = 龈上牙石覆盖面积占牙面 2/3 或以上，或牙颈部有连续而厚的龈下牙石。菌斑滞留因素：牙体解剖因素；牙齿位置异常、错殆畸形；充填体悬突；不良修复体；食物嵌塞等。

2. 牙龈

检查牙龈色泽、形态、质地、龈缘位置、表型及角化龈宽度等；并进行相应记录。牙龈颜色：正常牙龈呈粉红色；红色加深反映有炎症。牙龈外形：正常牙龈菲薄而紧贴牙面；炎症时牙龈肿胀，龈缘变厚，牙间乳头圆钝或肥大。牙龈质地：正常牙龈质地致密坚韧；炎症时牙龈松软缺乏弹性，增生时可变硬。牙龈退缩：牙龈缘向根方退缩暴露出釉牙骨质界或牙根面。牙龈表型：根据龈缘下的牙龈厚度和形态判别薄龈型和厚龈型。角化龈宽度：唇（颊）面龈缘至膜龈联合间的距离。一般记录中部测量值；美学治疗时增加记录龈乳头测量值。

3. 松动度

前牙用牙科镊夹住切缘，做唇舌方向摇动；在后牙，闭合镊子，用镊子尖端抵住殆面窝，向颊舌或近远中方向摇动。无松动不需要记录；如有以下状况则记录：Ⅰ度松动，松动超过生理动度，但幅度在 1 mm 以内；或者仅为颊舌方向松动。Ⅱ度松动，松动幅度在 1～2 mm 间；或颊舌和近远中方向均有松动。Ⅲ度松动，松动幅度在 2 mm 以上；或颊舌、近中远中和垂直方向均有松动。

4. 探诊出血（bleeding on probing，BOP）

用钝头牙周探针从颊、舌、近中、远中轻探到袋底或龈沟底(0.2～0.25 N，即 20～25 g 探诊力度)，取出探针后观察 10～15 秒看有无出血，据此记录为（+）或（-）。

5. 探诊深度（probing depth，PD）

手工探诊检查——选择标准化牙周探针，放稳支点后，以 0.2～0.25 N（即 20～25 g）的探诊压力，平行于检测牙长轴的方向轻轻插到袋底，按颊、舌面的远中、中央、近中测量，每个检测牙记录 6 个位点龈缘至袋底间的距离数值。电子探诊检查——选择牙周电子探针，放稳支点后，同法按序检测每个检测牙位的 6 个位点；但其压力由仪器自动控制，并且自动记录检测数值。根分叉探诊检查——检查能否水平探入磨牙根分叉区，记录探入深度值或是否贯通（上颌磨牙建议用根分叉测量专用弯探针从颊侧中央、远中、近中三个方向进行探查）。

6. 临床附着丧失（clinical attachment loss，CAL）

测量探诊深度后，探针尖沿牙根面退出，探寻釉牙骨质界（cemento-enamel junction，CEJ）位置，记录 CEJ 到龈缘（gingival margin，GM）的距离，将探诊深度减去该距离即为牙周附着丧失程度。若两数相减为零或者不能探到釉牙骨质界，说明无附着丧失；若牙龈退缩使龈缘位于釉牙骨质界的根方，则应将两个读数相加，得出附着丧失的程度。同探诊深度，每个检测牙记录 6 个位点附着丧失的数值。

7. 影像学检查

根据病史、患者意愿、临床检查确定影像学检查范围：即主诉牙、区段牙或全口患牙。接诊医师选择确定影像学检查类型：即根尖片 RVG/曲面断层片/牙科 CT。必须进行以上至少一种影像学检查来辅助诊断。

## 二、分类

**(一)牙周专业医生**

检查牙位,口腔内所有牙位。检查项目,包括口腔卫生、牙龈、松动度、BOP、PD、CAL、影像学检查。记录,记录所有项目的检查结果,可参见附录 A。

**(二)非牙周专业医生**

检查牙位,主诉牙必须检查,指数牙或全口牙由接诊医师确定是否选择性检查。主诉牙:患者主诉症状的牙位。指数牙:将口腔中分为 6 个区段,每个区段至少选取 1 颗功能牙,如可以考虑 16、21、24、36、41、44;当同一区段所选取的功能牙有缺失时,则以邻牙替代;如整个区段已无功能牙,则省略。全口牙:口腔内所有存留牙位。检查项目:必查项目(主诉牙位的口腔卫生情况、牙龈色形质、牙松动度、探诊 BOP、PD 状况,记录检查的最高值,选查项目除必查项目之外的其余项目,或增加指数牙位、全口牙位。记录:记录所有项目的检查结果,可参见附录 B。

## 三、牙周检查记录表

封面填写:姓名、性别、年龄、就诊时间、联系方式等。检查项目记录:根据检测项目内容、在牙周检查表内直接填写相应数据。牙周检查结果评估:根据临床指标、影像检查、血液生化检验等资料,做出病情判别和初步诊断。对于复杂病例,可转诊到牙周专科医生处做详细判断(如全口 BOP>50%、龈红肿溢脓、龈退缩>3 mm、PD>5 mm、牙松动>Ⅱ度、根分叉病变、缺牙 5 颗以上等)。如有不同时间的连续资料,可参照进行病情预后及进展可能的风险评估。将检查结果记录于牙周检查表内。

前言、引言、附录和参考文献略。

# 口腔癌及口咽癌病理诊断规范

(本文件主要起草人,按姓氏汉语拼音排序:陈小华、陈新明、陈宇、高岩、郭伟、胡济安、黄晓峰、李江、李铁军、任国欣、阮敏、宋晓陵、孙宏晨、汤亚玲、杨雯君、余强、袁晓红、张陈平、张春叶、张佳莉、钟来平、钟鸣、周峻、朱国培、朱凌。本规范执笔人:张春叶、李江。)

## 一、范围

本标准给出了口腔癌及口咽癌病理诊断规范。本标准适用于中国各级医疗机构病理科或其他具备相应资质的病理诊断教研室、独立实验室等机构进行口腔及口咽黏膜鳞状细胞癌病理诊断。

## 二、规范性引用文件

下列文件中的内容通过文中的规范性引用而构成本文件中的必不可少的条款。其中,标注日期的引用文件,仅该日期对应的版本适用于本文件;不标注日期的引用文件,其最新版本(包括所有的修改单)适用于本文件。

WHO Classification of Head and Neck Tumours (4th, 2017); AJCC Cancer Staging Manual(8th, 2017);《临床技术操作规范-病理学分册》(2010);中国临床肿瘤学会(CSCO)常见恶性肿瘤诊疗指南(2020);Human Papillomavirus Testing in Head and Neck Carcinomas: Guideline From the College of American Pathologists (College of American Pathologists, 2018); Rosai and Ackerman's Surgical Pathology (10th Edition,2010)。

## 三、术语和定义

下列术语和定义适用于本文件。

口腔鳞状细胞癌(oral squamous cell carcinoma):起源于口腔黏膜上皮的伴有鳞状分化的癌,口腔黏膜包括颊黏膜、牙龈黏膜、磨牙后三角区黏膜、舌体(界沟前 2/3)黏膜、口底黏膜、硬腭黏膜、唇黏膜。

口咽鳞状细胞癌(oropharyngeal squamous cell carcinoma):起源于口咽黏膜上皮的伴有鳞状分化的癌,口咽黏膜包括软腭黏膜、舌根(界沟后 1/3)黏膜、咽侧壁黏膜、咽后壁黏膜、扁桃体黏膜。

HPV 相关性鳞状细胞癌(squamous cell carcinoma, HPV-positive):经 HPV DNA 或 RNA 检测后证实有 HPV 感染的鳞状细胞癌。

HPV 相关性($p16^+$)鳞状细胞癌(squamous cell carcinoma, HPV-mediated, $p16^+$):p16 免疫组织化学检测示≥70% 肿瘤细胞核和细胞浆中等至强阳性、但未行 HPV DNA 或 RNA 检测的非角化鳞状细胞癌。

侵袭深度(depth of invasion):显微镜下肿瘤组织突破基底膜向下方结缔组织内侵袭的深度。

淋巴结外扩展(extranodal extension):转移至淋巴结的肿瘤突破淋巴结被膜,侵袭至周围软组织。

最差侵袭方式 5(worst pattern of invasion-5):肿瘤生长方式之中最差的一种,指肿瘤卫星灶与距其最近的肿瘤灶之间间隔的正常组织≥1 mm。

## 四、标本类型及固定

标本类型:本规范针对口腔及口咽黏膜鳞状细胞癌手术切除标本。活检标本、辅助化疗后的标本、细胞学样本不适用本规范。患者借阅切片至会诊单位行会诊时,会诊单位出具病理报告时可不参考本规范。标本固定:标本离体后应在 30 min 以内用 4 ~ 10 倍标本体积的 10% 中性缓冲福尔马林固定,组织较大时,应将其适当分切,以保障固定液的充分渗透和固定。固定时间 8 ~ 24 h。

## 五、大体描述及取材规范

### (一)大体检查及记录

Ⅰ级推荐:接收标本后,必须先核对患者姓名、性别、年龄、住院号/门诊号、病区及床位号、标本名称及部位。按照病理申请单的描述,核对原发灶标本部位。测量原发灶标本 3 个径线的大小,并描述标本所包含组织的情况。例如带颌骨组织,应描述所带颌骨组织的部位及其上所附牙齿情况;带皮肤组织,应测量皮肤组织的大小。描述原发灶肿瘤或可疑病变的部位、外观(溃疡性、外生性等),测量 3 个径线的大小。描述肿块的切面情况,如颜色、质地、与周围组织关系等。记录临床医师送检切缘的名称及大小。描述颈部淋巴结清扫标本 3 个径线大小、所含组织及外观。如有颈部淋巴结清扫淋巴结,按临床医师已分组的淋巴结描述每组淋巴结的数目、淋巴结最大直径、有无融合、有无与周围组织粘连、有无肉眼可见的 ENE。

Ⅱ级推荐:在上述Ⅰ级推荐的基础上,完成下述内容。若标本带颌骨组织,应描述肿瘤有无侵犯颌骨组织及侵犯情况。根据临床医师的标识或肉眼判断送检标本方向以及不同切缘面(如前、后、左、右、底等),在标本表面涂布一种或不同颜色的染料,待色标略干后,吸干多余染料,并记录不同切缘面所对应的颜色。

### (二)取材

1. 肿块-Ⅰ级推荐

如无肉眼可见的明显肿块,应对可疑病变处充分取材,必要时宜全部取材。如肉眼可见明显肿块,应每 10 mm 至少取材 1 块,确保取到肿瘤侵袭最深处、肿瘤与周围正常组织交界部位的组织,宜将肿瘤侵袭最深处、肿瘤与周围正常组织交界处取在同一个组织块上以便于测量侵袭深度。对于肿瘤累及颌骨组织者,应对颌骨组织连同肿瘤组织整体取材、脱钙。取材可在新鲜标本中进行，也可在固定标本中进行。如组织块过大，可适当将边缘正常组织修除，但应留取肿块旁邻近正常黏膜以测量侵袭深度。

2. 切缘

Ⅰ级推荐：将临床医师送检切缘全部取材。

Ⅱ级推荐：在上述Ⅰ级推荐的基础上，首先，将送检标本肿块处沿短轴分切成 3 mm 的薄片，肉眼判断肿瘤侵袭最深处，将此处组织与周围邻近黏膜一起取材，以确保制片以后可以正确测量侵袭深度。同时，在垂直于短轴切缘面涂染料处取材。然后，在剩余标本的两长轴处，垂直于涂染料切缘面，将标本分切成 3 mm 薄片，肉眼判断肿瘤距涂染料切缘面最近的组织块，将此组织块取材。

3. 淋巴结

每个颈部淋巴结清扫淋巴结及其他送检淋巴结均应取材、包埋。最大径≤3 mm 的淋巴结可以直接包埋，较大的淋巴结可以一分为二，必要时可以将淋巴结分切成 2～3 mm 的薄片。如一个包埋盒可以容纳，每个淋巴结均应至少选取 1 片进行取材、包埋。对肉眼怀疑有肿瘤转移的淋巴结，应选取可疑 ENE 的部位取材，对于有粘连的淋巴结，注意须附带淋巴结周围的结缔组织。根据 AJCC 推荐，择区性颈部淋巴结清扫标本中，取材淋巴结需≥10 枚；全颈部淋巴结清扫（包括根治性和改良根治性）标本中，取材淋巴结≥15 枚。

## 六、病理诊断分类、分级和分期方案

组织学分型：口腔及口咽黏膜鳞状细胞癌的组织学亚型参考 2017 年第 4 版 WHO 头颈肿瘤分类。

组织学分级：口腔及口咽非 HPV 相关性鳞状细胞癌根据肿瘤细胞的分化程度分为高分化、中分化、低分化。口咽 HPV 相关性鳞状细胞癌无须组织学分级。

口腔及口咽部黏膜鳞状细胞癌的 TNM 分期：口腔黏膜鳞状细胞癌 TNM 分期、口咽非 HPV 相关性鳞状细胞癌 TNM 分期、口咽 HPV 相关性鳞状细胞癌 TNM 分期参考 2017 年第 8 版 AJCC TNM 分期。

## 七、免疫组化及分子检测

Ⅰ级推荐：对于常规秴染色诊断有困难的病例，建议行免疫组织化学检测辅助诊断。常用的免疫组织化学标志物推荐如下：细胞增殖指数：Ki-67（MIB-1）；鳞状上皮细胞标记：AE1/AE3，CKHMW，CK5/6，p63。对于口咽黏膜鳞状细胞癌，所有病例均应行 p16 蛋白免疫组织化学检测。在下述情况下，p16 的免疫组织化学检测可作为 HPV 感染的替代检测指标。当 p16 阳性细胞数≥70%、阳性表达定位于细胞核和细胞浆且为中等至强阳性时，并且组织学形态为非角化型鳞状细胞癌时，应报告“HPV 相关性（$p16^+$）鳞状细胞癌”。

Ⅱ级推荐：对于口咽黏膜鳞状细胞癌，除行 p16 蛋白免疫组织化学检测外，可行 HPV DNA 或 RNA 检测。对于 HPV DNA 或 RNA 检测阳性者，应报告“HPV 相关性鳞状细胞癌”。

对分化较差且伴有淋巴组织背景的癌、怀疑为淋巴上皮癌者应行 EB 病毒原位杂交检测以明确肿瘤是否与 EB 病毒感染相关。

## 八、病理报告内容及规范

### （一）口腔黏膜鳞状细胞癌

Ⅰ级推荐：口腔黏膜鳞状细胞癌的病理报告应包括患者基本信息、大体检查所见、镜下描述、组织学诊断及必要的免疫组织化学和分子检测结果。

患者基本信息包括姓名、性别、年龄、住院号/门诊号、病区及床位号、家庭住址、联系方式等；大体检查所见中应包括肿瘤 3 径，尤其是最大径；肿瘤的组织病理学诊断应包括肿瘤部位、组织学类型及分级、侵袭深度、有无神经侵犯、有无血管及淋巴管侵犯、切缘情况、是否有淋巴结转移，如有淋巴结转移，则应明确转移淋巴结的个数、部位及有无ENE。

病理学评估侵袭深度的方法：首先确定距肿瘤最近的两侧正常黏膜处的基底膜，将此两点连接作一水平线，然后由此水平线向肿瘤侵袭最深点作一垂直线，此垂直距离即侵袭深度。侵袭最深点须依据实际情况，可以是纤维组织、横纹肌组织或骨组织。测量时可选择显微镜标尺，也可在玻片上直接测量。侵袭深度不同于肿瘤厚度，对于外生性肿瘤，侵袭深度评估应忽略外生性部分，故侵袭深度小于肿瘤厚度；而对于溃疡性肿瘤，侵袭深度测量可能会增加由于肿瘤向下凹陷而缺少的距离，故侵袭深度大于肿瘤厚度。

Ⅱ级推荐：除上述Ⅰ级推荐中的基本要求外，可增加肿瘤有无侵犯颌骨组织、侵袭深度确切数值、有无WPOI-5、肿瘤距最近切缘面的距离。

**（二）HPV相关性口咽黏膜鳞状细胞癌**

Ⅰ级推荐：HPV相关性口咽黏膜鳞状细胞癌的病理报告应包括患者基本信息、巨检所见、镜下描述、组织学诊断及必要的免疫组织化学及分子检测结果。

患者基本信息包括姓名、性别、年龄、住院号/门诊号、病区及床位号、家庭住址、联系方式等；巨检所见中应包括肿瘤最大径；肿瘤的组织学诊断应包括肿瘤部位、组织学类型［HPV相关性（p16$^{+}$）鳞状细胞癌］、有无神经侵犯、有无血管及淋巴管侵犯、切缘情况、是否有淋巴结转移，如有淋巴结转移，则应明确转移淋巴结的个数、部位，以及p16蛋白免疫组化检测结果。

Ⅱ级推荐：除上述Ⅰ级推荐中的基本要求外，HPV DNA检测（原位杂交或PCR）明确肿瘤是否与HPV感染相关。

综上所述，结合近年来口腔癌和口咽癌临床病理方面的新进展，本专家组对口腔癌和口咽癌手术标本的固定、取材及报告内容进行了规范。本规范推广后，将结合实际工作中的问题及相关领域的进展不断进行更新。相信本规范的制定将对口腔癌及口咽癌的规范病理诊断、临床治疗策略选择及预后评估提供有价值的依据。

前言、引言、表、图、附录、参考文献略。

# 唾液腺肿瘤病理诊断规范

（本文件主要起草人，按姓氏汉语拼音排序：陈小华、陈新明、陈宇、高岩、郭伟、胡济安、黄晓峰、李江、李铁军、任国欣、阮敏、宋晓陵、孙宏晨、汤亚玲、杨雯君、余强、袁晓红、张陈平、张春叶、张佳莉、钟来平、钟鸣、周峻、朱国培、朱凌。本规范执笔人：张春叶、李江。）

## 一、范围

本标准给出了唾液腺肿瘤病理诊断规范。本标准适用于中国各级医疗机构病理科或其他具备相应资质的病理诊断教研室、独立实验室等机构进行唾液腺肿瘤病理诊断。

## 二、规范性引用文件

下列文件中的内容通过文中的规范性引用而构成本文件必不可少的条款。其中，注日期的引用文件，仅该日期对应的版本适用于本文件；不注日期的引用文件，其最新版本（包括所有的修改单）适用于本文件。

WHO Classification of Head and Neck Tumours (4th, 2017); AJCC Cancer Staging Manual (8th, 2017); Rosai and Ackerman's surgical pathology (10th Edition);《临床技术操作规范-病理学分册》

## 三、术语和定义

下列术语和定义适用于本文件。

包膜累及(capsule involvement):肿瘤细胞累及肿瘤包膜,但未侵犯至包膜外组织。

恶性肿瘤的低级别(low grade)、中级别(intermediate grade)、高级别(high grade):低级别指肿瘤细胞分化较好,胞核和细胞的多形性不明显,核分裂像少见;高级别指肿瘤细胞分化较差,胞核和细胞的多形性明显,核分裂像多见;中级别指肿瘤细胞分化及多形性介于低级别和高级别之间。

高级别转化(high grade transformation):在同一恶性肿瘤中,除经典的肿瘤形态外,部分区域出现肿瘤细胞异型性显著增大、恶性级别更高的肿瘤。

包膜内癌(intracapsular carcinoma):具有恶性表型的细胞局限在肿瘤包膜内,未突破包膜侵犯周围腺体及软组织。

淋巴结外扩展(extranodular extension, ENE):转移至淋巴结的肿瘤突破淋巴结被膜,侵袭至周围软组织。

## 四、标本类型及固定

标本类型:该标准针对唾液腺原发肿瘤手术切除标本。活检标本、辅助化疗后的标本、细胞学样本不适用本规范。患者借阅切片至会诊单位行会诊时,会诊单位出具病理报告时可不参考本规范。唾液腺肿瘤除可发生在口腔内的小唾液腺及三对大唾液腺之外,也可发生在鼻腔、上颌窦、支气管、食管等部位,这些部位的肿瘤形态虽与唾液腺肿瘤有相似之处,但也有不同的特点,本规范中的唾液腺肿瘤仅指发生在口腔内小唾液腺和三对大唾液腺的肿瘤,发生在其他部位的与唾液腺肿瘤有类似形态特征的肿瘤并未涵盖其中。

标本固定:标本离体后 30 分钟以内应及时用 4 ~10 倍于标本体积的 10% 中性缓冲福尔马林固定,组织较大时,应将其适当分切,以保障固定液的充分渗透和固定。固定时间 8 ~24 小时。

## 五、大体描述及取材规范

### (一)大体检查及记录

接收标本后,首先必须核对患者姓名、性别、年龄、住院号/门诊号、床位号、标本名称及部位。

Ⅰ级推荐:按照病理申请单的描述,核对原发灶标本部位。测量原发灶标本三个径线的大小,并描述标本所包含组织情况。例如带颌骨组织,应描述所带颌骨组织的部位及上附牙情况;带皮肤组织,应测量皮肤组织的大小。描述原发灶肿瘤或可疑病变的部位、外观,测量三个径线的大小。描述肿块的切面情况,如颜色、质地、与周围组织关系、有无囊性变、出血、坏死等改变。如肿块周围附带大唾液腺,描述腺体切面情况。记录临床医师所送切缘的名称及大小。描述颈部淋巴结清扫标本三个径线大小、所含组织、外观。如有颈部淋巴结清扫淋巴结,按临床医师已分组的淋巴结,描述每组淋巴结的数目、淋巴结最大直径、有无融合、有无与周围组织粘连、有无肉眼可见的 ENE。

Ⅱ级推荐:在上述一级推荐的基础上,完成下述内容。若标本带颌骨组织,应描述肿瘤有无侵犯颌骨组织、侵犯情况。可将送检标本表面涂上一种颜色的染料,也可根据临床标记判断切缘面(如上、下、内、外、前、后等),将标本各切缘面涂上不同颜色的染料。待色标略干后,吸干多余的染料,并记录不同切缘面所对应的颜色。

### (二)取材

1. 术中冷冻取材

送检为摘除的肿瘤,取材时应连同包膜一起取材。送检为切除的肿瘤及周围组织者,应在肿瘤与周围组织交界处取材。对肿块较大、质地及颜色有明显差别的肿瘤,应在不同质地、颜色处分别取材。对囊性为主的肿瘤,应仔细观察,寻找有无实性区域,如有实性区域,应在囊性、实性区域分别取材。如无肉眼可见明显肿块,应对可疑病变处充分取材。

2. 石蜡取材

(1)肿块　Ⅰ级推荐:唾液腺肿瘤如未行术中冷冻检查,请参考上述术中冷冻取材方法充分取材。唾液腺肿瘤的肿块如已行术中冷冻,石蜡取材时应充分参考冷冻诊断。冷冻诊断结果较明确,若肿块最大径小于或等于 50 mm,应该至少每 10 mm 取材 1 块,必要时全部取材;若肿块最大径大于 50 mm,应每 10 mm 至少取材 1 块。冷冻诊断提示细胞具不典型性,须除外恶性可能时,应对肿瘤组织不同切面充分取材,必要时可全部取材。冷冻未能对肿瘤进行定性时,应充分取材,必要时可全部取材。Ⅱ级推荐:在上述Ⅰ级推荐的基础上,如肿瘤累及颌骨组织者,对肿瘤组织连同颌骨组织整体取材、脱钙。

(2)切缘　Ⅰ级推荐:切缘取材只针对唾液腺恶性肿瘤,将临床医师送检切缘全部取材。Ⅱ级推荐:在上述Ⅰ级推荐的基础上,首先,将送检标本剖开,分切成 3mm 薄片,肉眼选择距已染色的每个切缘面最近距离处分别取材。然后,在剩余标本上,垂直于之前未取到的已染色切缘面,将标本分切成 3 mm 薄片,肉眼判断肿瘤距涂染色切缘面最近的组织块,将此组织块取材。

(3)腺体　对发生在大唾液腺的肿瘤,如肿块周围附带腺体,应对腺体组织进行取材。

(4)淋巴结　每个颈部淋巴结清扫淋巴结及其他送检淋巴结均应取材、包埋。最大径小于等于 3 mm 的淋巴结可以直接包埋,较大的淋巴结可以一分为二,必要时可以将淋巴结分切成 2 ~ 3 mm 的薄片。如一个包埋盒可以容纳,每个淋巴结均应至少选取 1 片进行取材、包埋。对肉眼怀疑有肿瘤转移的淋巴结,应选取可疑 ENE 的部位取材,对于有粘连的淋巴结,注意须附带淋巴结周围的结缔组织。

## 六、病理诊断分类和肿瘤分期

### (一)组织学分类

唾液腺上皮性肿瘤的组织学分类参见附录 A。

### (二)唾液腺恶性肿瘤的 TNM 分期

大唾液腺恶性肿瘤的分期方案及小唾液腺恶性肿瘤的分期方案参考 2017 年第 8 版 AJCC TNM 分期。

## 七、免疫组化、特殊染色和分子病理检测

Ⅰ级推荐:对于常规銘染色诊断困难的病例,建议行免疫组化检测辅助诊断。常用的免疫组化标记物推荐如下:细胞增殖指数 Ki-67(MIB-1);腺上皮细胞(CAM5.2, CK7, CK8,CK19);肌上皮/基底细胞(P63,P40, SMA,Calponin,CK14,S-100, Vimentin);分泌癌(Mammaglobin、S-100、Vim、CK7、DOG1、P63)。对于一些胞浆内含特殊成分的细胞,建议行特殊染色。常用的特殊染色推荐如下:胞浆内酶原颗粒的特殊染色,PAS;黏液细胞的特殊染色,AB、消化 PAS、黏液卡红。

Ⅱ级推荐:对差分化的癌,伴或不伴有淋巴组织背景,可行 EB 病毒原位杂交检测以明确肿瘤是否与 EB 病毒感染相关。对于一些形态不典型的病例可选择 FISH 检测进行鉴别诊断。唾液腺癌常用的探针推荐如下:MYB 分离探针(腺样囊性癌),MAML2 分离探针(黏液表皮样癌),ETV6 分离探针(分泌性癌),PLAG1 分离探针(癌在多形性腺瘤中)。

酌情对可能的药物靶标进行免疫组化检测,如 HER2 等。

## 八、病理报告内容及规范

### (一)良性肿瘤

Ⅰ级推荐:唾液腺良性肿瘤的病理报告应包括患者基本信息、巨检所见、镜下描述、组织病理学诊断、必要的免疫组化及分子检测结果。患者的基本信息包括姓名、性别、年

龄、住院号/门诊号、床位号、家庭住址、联系方式等;巨检所见中应包括肿瘤三径,尤其是最大径;肿瘤的组织病理学诊断应包括肿瘤部位、组织学类型、包膜情况。

Ⅱ级推荐:如标本表面涂染料,可在镜下观察肿瘤包膜情况。

**(二)恶性肿瘤**

1. Ⅰ级推荐

唾液腺恶性肿瘤的病理报告应包括患者基本信息、巨检所见、镜下描述、组织病理学诊断、必要的免疫组化及分子检测结果。患者的基本信息包括姓名、性别、年龄、住院号/门诊号、床位号、家庭住址、联系方式等;巨检所见中应包括肿瘤三径,尤其是最大径;肿瘤的组织病理学诊断应包括肿瘤部位、组织学类型及分级、有无神经侵犯、有无血管淋巴管侵犯等。

常见唾液腺癌的组织病理学报告内容如下。腺样囊性癌:基本组织学类型为筛状型、管状型、实体型,须报告是否存在实体型以及实体型所占比例(是否大于30%或报告具体数值),病理报告格式参考附录E。黏液表皮样癌:按细胞构成、细胞异型性、囊性成分多少、有无神经侵犯、有无血管淋巴管侵犯、有无坏死等分为低级别、中级别、高级别,病理报告格式参考附录F。癌在多形性腺瘤中:应报告癌的侵袭性(包膜内癌、微侵袭性癌、侵袭性癌)、恶性级别(低级别、中级别、高级别),病理报告格式参考附录G。其他类型的癌,按细胞的分化程度、细胞的异型性及核分裂像多少、肿瘤的侵袭性,报告低级别、中级别、高级别。生物学行为多为低级别(如腺泡细胞癌、分泌癌)、中级别的癌,当出现高级别转化时,须报告。如临床送检切缘,应包括切缘情况;如有淋巴结转移,则应明确转移淋巴结的个数、部位、有无ENE。

2. Ⅱ级推荐

对于癌在多形性腺瘤中,报告恶性成分的组织学亚型(导管癌、非特指腺癌、肌上皮癌等)、恶性成分占肿瘤的百分比。除上述Ⅰ级推荐的内容外,可增加肿瘤有无侵犯颌骨组织、肿瘤距最近切缘距离、分子检测结果等。

前言、引言、图、表、附录及参考文献略。

# 金合金修复牙体缺损的临床指南

(本文件主要起草人:黄翠、梁珊珊、朱肖、王贻宁、王家伟、周毅、赵熠、王亚珂、宋芳芳。)

本指南制定了采用金合金修复牙体缺损的临床指南。本指南适用于金合金修复体(例如:嵌体、高嵌体、部分冠和全冠等)。

本文件没有规范性引用文件。

## 一、术语和定义

下列术语和定义适用于本文件。

金合金修复体(gold alloy restoration):以金合金材料制作的修复体,用于修复不同程度和不同部位的牙体缺损,包括嵌体、高嵌体、部分冠和全冠等多种修复类型。

嵌体(inlay):用于修复较小范围的牙体缺损(未累及牙尖),嵌入牙体内部,恢复缺损患牙的牙体形态和功能。

高嵌体(onlay):用于修复较大范围的牙体缺损,可覆盖一个或多个牙尖甚至整个𬌗面,起到保护剩余牙体组织的作用。

部分冠(partial crown):用于修复较大范围的牙体缺损,覆盖部分牙冠表面(部分牙尖及轴面),例如后牙3/4冠、7/8冠等。

全冠(full crown):用于修复大面积的牙体缺损,覆盖全部牙冠表面(所有牙尖和轴面),恢复患牙形态及功能。

## 二、金合金修复体的成分及分型

口腔用铸造金合金中金的含量不少于 65%且金和铂族金属的总含量不少于 75%(Pt、Pd、Ir、Rh、Ru、Os 属于铂族金属的元素)。铸造金合金按其屈服强度和延伸率可分为四型,从Ⅰ型到Ⅳ型硬度逐渐增加,含金量略有减少。用于牙体缺损修复的金合金主要为Ⅰ~Ⅲ型,具体的金合金分型及其临床应用范围见表 5。

**表 5　金合金修复体的分型**

| 型号 | 质地 | 屈服强度(MPa) | 延伸率(%) | 临床应用 |
|---|---|---|---|---|
| Ⅰ | 软质 | 80 | 18 | 嵌体 |
| Ⅱ | 中等硬质 | 180 | 10 | 嵌体、高嵌体、部分冠 |
| Ⅲ | 硬质 | 270 | 5 | 高嵌体、部分冠、全冠 |

## 三、适应证的选择与注意事项

适应证:主要适用于后牙及尖牙远中的牙体缺损修复,可根据牙体缺损的程度和部位,剩余牙体组织量、咬合关系等指标制订相应的修复体设计方案。适应证选择的注意事项:对金属材料过敏者禁用;要求不暴露金属的患者慎用;近期或者长期需要做 MRI 等影像学检查者,酌情使用。

## 四、一般操作流程

根据临床适应证选择合适的牙体缺损病例行金合金修复,完善的术前检查,根据牙体缺损的程度、部位及牙髓活力情况选择合适的修复类型并制定相应的修复方案,牙体预备,制取印模,临床试戴,口外抛光,黏固,咬合调整,口内抛光。

## 五、术前检查

患者基本信息:年龄、性别、系统病史和过敏史等。口腔检查:包括常规口内检查及口外检查。口内检查主要包括患牙,邻牙及对颌牙的牙体和牙周情况,全口的口腔卫生状况及咬合情况等。影像学检查:牙体组织缺损情况,牙髓健康状况以及牙周情况等。

## 六、金合金修复体的牙体预备

### (一)牙体预备前的准备

去除旧充填物及龋坏:对于活髓牙,在局部麻醉下进行牙体预备,并使用橡皮障隔离术区,减少唾液污染,保证操作区域的视野清晰,避免软组织的干扰。旧修复体或充填体宜在橡皮障隔离下去除,并去净龋坏的牙体组织,尽可能保存健康牙体组织。

窝洞内部及缺损区重建:根据修复需要,可用复合树脂或玻璃离子等充填材料消除窝洞内倒凹,必要时可使用成型片等辅助。

### (二)牙体预备基本要求

不同类型金合金修复体牙体预备的推荐预备量见表 6。

**表 6　不同类型金合金修复体牙体预备的推荐预备量**

| 修复体形式 | 推荐牙体预备量 |
|---|---|
| 全冠/部分冠 | 𬌗面:功能尖 1.5 mm,非功能尖 1.0 mm;颊舌面:0.5~1.0 mm、颈缘处终止于龈上,𬌗向聚合度 2°~5°;近远中面:0.5~1.0 mm,内聚 2°~5°;肩台:0.35~0.5 mm |
| 嵌体 | 𬌗面洞形深度:2.0 mm;颊舌壁牙体组织最小厚度:1.25 mm;洞缘斜面:45°;轴壁外展度:3°~5° |

续表

| 修复体形式 | 推荐牙体预备量 |
| --- | --- |
| 高嵌体 | 殆面:功能尖 1.5 mm,非功能尖 1.0 mm;颊舌壁牙体组织最小厚度:1.25 mm;洞缘斜面:45°;轴壁外展度:3°~5° |

### (三)牙体预备基本流程

按照牙体预备基本原则及微创修复理念,本指南以经典Ⅱ类窝洞牙体缺损的金合金嵌体修复为例阐述牙体预备基本流程。

1. 殆面洞形的预备

预防性扩展:为了防止继发龋,可适当扩大洞形,包括邻近的沟、裂、点隙,使洞壁处于健康的牙体硬组织内。洞缘的外形光滑和圆钝。固位形和抗力形的制备:洞形深度一般大于 2 mm。所有轴壁相互平行或外展 3°~5°,并与嵌体就位道一致,洞缘以钨钢车针或金刚砂车针预备成 45°短斜面,宽度 0.5~1.0 mm,洞缘斜面不宜过宽,否则会降低轴壁的深度,影响固位力。可以制作做鸠尾固位形,防止嵌体水平向移位。鸠尾固位形的大小、形态可依据患牙殆面形态而定,且兼顾余留牙体组织的抗力形和鸠尾峡部材料的强度。鸠尾峡部的宽度一般不大于颊舌尖间距的 1/2。

2. 邻面洞形的预备

可分为箱(盒)状洞形和片切洞形两种形式。箱(盒)状洞形:用于邻面有较大缺损的后牙。预备方法如下:可用裂钻在邻面接触区处与牙长轴平行方向预备出一条深达牙本质的沟,再向颊舌侧扩展至自洁区。然后预备邻面洞形,做到龈壁平整,髓壁与就位道一致,龈壁及髓壁相互垂直。各壁无倒凹,面洞缘做短斜面。轴壁可适当外展 3°~5°。片切洞形:用于邻面缺损范围大而浅,邻面凸度小以及邻面接触不良等的后牙。预备方法如下:用车针紧贴患牙切割,颊舌侧扩展至自洁区,颈部沿龈缘线预备,在片切面的中心可根据需要制作箱状洞形、沟固位形等,制备过程中注意保护邻牙。

3. 检查牙体预备情况

洞形轮廓清晰、光滑、连续,洞内壁底平壁直无倒凹,预备量符合修复体类型。

## 七、印模制取

根据边缘线位置选择合适的排龈方法(单线排龈或双线排龈等)以充分暴露边缘线,检查预备体边缘是否符合预备要求(边缘线的位置、清晰度、连续性等),在保持术区干燥、无渗血的条件下,使用注射器将硅橡胶或聚醚等印模材料注射至患牙及其周围,随后将载有印模材料的托盘在患者口内就位。工作时间可参考印模材料操作说明,取出托盘后仔细检查印模质量,确保整个目标牙位印模完整,边缘线清晰无气泡或撕裂。

## 八、暂时性修复体

直接法:对于单面嵌体或无邻接关系的多面嵌体可直接在制备的窝洞内充填暂时性修复树脂材料,口内成形、调磨,材料固化后不取出,待下次就诊时取出。间接法:复合树脂内部重建后制取局部印模,在牙体预备完成后将暂时性修复树脂材料注入印模内并放入口内就位,材料固化后取出,调殆并抛光,用暂时冠黏固剂黏固,待下次就诊时取出。

## 九、试戴与黏固

试戴:检查修复体组织面有无金属瘤及附着物,在模型上将修复体回位,检查边缘密合性。上橡皮障隔离术区(必要时可局麻下操作),去除暂时性修复体,清洁窝洞。试戴修复体,观察就位情况,检查边缘密合性、咬合关系及邻接关系,必要时可对修复体进行调改。

黏固：采用玻璃离子水门汀或树脂加强型玻璃离子水门汀作为金合金修复体的主要黏固材料，将黏固剂分别涂布在修复体组织面和基牙窝洞中，黏固后去除多余黏固剂，重新检查咬合，必要时进行咬合调整。

## 十、抛光

除全冠外，其余类型的金合金修复体在黏固后需要进行充分的边缘抛光，以增强边缘密合性，具体流程如下：

a. 使用中等粒度的抛光盘去除边缘区残余黏固剂并使金合金修复体边缘与釉质在交界处于同一水平。调磨过程中持续使用气枪降温，防止过热损伤牙髓。对于狭长或凹陷的区域，可使用细粒度的金刚砂车针在水冷却条件下调磨；

b. 使用细砂砂轮重复 a 步骤；

c. 修复体的龈边缘处可选用中等粒度的窄长型抛光带进行抛光；

d. 使用细粒度的窄长型抛光带进行抛光重复 c）步骤，直至所有刮痕被去除；

e. 使用沾有浮石粉浆液的软质橡皮杯对修复体表面进行抛光，并冲洗，干燥；

f. 更换新的软质橡皮杯，使用 15 μm 氧化铝粉末对修复体表面进行抛光，在此抛光过程中，持续使用气枪冷却以及强吸引器，抛光后冲洗、干燥；

g. 使用 1 μm 氧化铝粉末，重复 f 步骤。

对全冠修复体而言，可使用细粒度的金属抛光橡皮杯（轮）对冠边缘及经调 的区域进行抛光。再按照 f 和 g 的步骤进行修复体表面抛光。

## 十一、金合金修复体戴入后健康指导

饮食指导：避免咀嚼过硬或过黏的食物。卫生指导：保持口腔卫生，使用正确的刷牙方式，教会患者使用牙线清洁患牙的近远中面。复诊：定期接受口腔卫生检查和清洁治疗。

前言、引言、参考文献略。

# 功能性数字化上颌骨缺损赝复指南

（本文件主要起草人：蒋欣泉、焦婷、顾晓宇、孙健、胥春、黄慧、黄庆丰、熊耀阳、曾德良、王洁。）

本指南描述了颌骨缺损三维数据重建，数字化阻塞器和连接体三维设计，个性化阴模设计和制作路径，在此基础上制作分体式、半固定、异种材料的阻塞器—可摘式义齿组合设计赝复体的技术指南。本指南适用于上颌骨缺损数字化赝复体制作。由于目前尚没有成熟的商品化软件用于设计赝复体，本指南采用的三维设计软件要求工业级逆向工程软件，具有三角面片格式的三维数据编辑功能。

本文件没有规范性引用文件。

## 一、术语和定义

下列术语和定义适用于本文件。颌面赝复体（maxillofacial prosthesis）。赝复体修复学是集口腔修复学、种植学、颌面外科学于一体的综合性学科，它主要解决肿瘤、外伤及先天性畸形等导致的颌骨缺损和面部缺损（眼、耳、鼻缺损）的疑难病症，利用人工修复体恢复和重建患者的咀嚼、语言及吞咽功能，同时在形态、颜色、质感上尽量恢复患者的外观。阻塞器（obturator）。颌骨缺损赝复体的一部分，用人造材料制作的修复口、鼻腔或口、咽腔瘘的结构，使患者在进食或饮水时不易发生鼻部或咽部的泄漏，同时在患者发音时行使腭咽封闭功能。上颌骨缺损（maxillofacial defects）。因肿瘤、创伤以及先天因素所造成的口腔上颌软硬组织局部或全部缺损，从而造成相应口腔功能障碍。

Aramany 等（1978）根据缺损的范围和部位将上颌骨缺损分为六类，分别是：Ⅰ类（一侧上颌骨切除）、Ⅱ类（1/4 上颌骨切除）、Ⅲ类（上颌骨中心缺损）、Ⅳ类（超过中线的大部分上颌骨缺损）、Ⅴ类（上颌骨后部缺损）、Ⅵ类（上颌骨前部缺损）。赵铱民（1996）提出上颌骨缺损的八分类法，分别是：Ⅰ类（上颌骨硬腭部缺损）、Ⅱ类（一侧部分上颌骨缺损，分前后颌，缺损在颌骨前部为 Ⅱ类第 1 亚类，记为 Ⅱ1，在颌骨后部者为 Ⅱ类第 2 亚类，记为 Ⅱ2）、Ⅲ类（上颌骨前部缺损）、Ⅳ类（上颌骨后部缺损）、Ⅴ类（一侧上颌骨缺损）、Ⅵ类（双侧上颌骨大部分缺损，即缺损超过中线）、Ⅶ类（无牙颌的上颌骨缺损）、Ⅷ类（双侧上颌骨缺失）。

## 二、上颌骨缺损的修复原则

上颌骨缺损造成口腔支撑组织的缺损，可伴有邻近缺损区组织的损伤，形成了特殊的解剖结构，加之修复体体积大，固位困难，使得颌骨缺损修复的设计和制作要求高，难度大。为了实现良好的修复效果，宜遵循以下原则。

早期修复：尽早进行修复治疗，以利于保护手术创面、减少术后瘢痕挛缩、及早恢复部分功能，建议术后 7 天制作暂时性上颌骨缺损赝复体；术后 3 个月待创口完全愈合，接受放疗患者待放疗结束后 2 月，即可制作正式修复体。尽可能恢复生理功能：尽可能恢复咀嚼、语言、吞咽、吮吸等生理功能。当功能恢复和外形恢复之间有矛盾时，宜以功能恢复为主。保护余留组织：除必须拔除的残根或过度松动牙，骨尖、骨突的修整，以及瘢痕组织的切除等外，尽量保存余留组织。足够的固位力：在赝复体设计时须仔细检查、综合考虑，尽量利用现有组织获得足够的固位力。数字化赝复可以利用三维扫描详细获取并重建缺损区周围的结构，利于倒凹的获取和利用。同时，也可以在剩余颌骨上设计种植体，利用附着体增加赝复体的固位力。要坚固轻巧，戴用舒适，摘戴方便：在确保足够的固位和支持的要求下，修复体还必须设计得轻巧牢固；支架设计不宜过于复杂，基托不宜过厚，在组织缺损区的基托应采用中空的设计以便减轻重量。

## 三、临床基本条件

临床适应证：外科手术后上颌骨缺损但未累及颅骨；软组织完整，无骨质外露。临床禁忌证：缺损范围超过上颌骨累及颅骨；恶性肿瘤未得到良好控制，存在较大复发概率并需要二次切除的患者；存在局部残留颌骨坏死并未得到良好控制的患者；全身状况差无法耐受赝复治疗过程的患者。对材料过敏或者黏膜病变未得到有效控制者。

## 四、上颌骨缺损区三维数据获取

利用三维扫描技术，精确获取缺损腔内外结构的三维数据，三维重建后综合评估患者软硬组织缺损情况，以便对赝复体进行三维设计。

数据获取方法可分为表面光学扫描技术和断层扫描技术（包括 CT、MRI 等）。其中利用 CT 扫描数据三维重建的方法，不受缺损深度和空间复杂结构影响，能准确反映缺损区软硬组织情况，是较为推荐的三维数据获取方法。建议采用螺旋 CT，扫描层厚为 1.25 mm 甚至更薄；CBCT 因数据重建软组织边缘形态不佳而不建议采用。另外，利用口内光学扫描技术获取牙列和口腔黏膜三维数据，与螺旋 CT 重建的缺损区三维数据进行配准融合后，可以作为赝复体和可摘局部义齿三维设计的依据。

螺旋 CT 扫描前在患者上颌前庭沟区加棉卷以隔开颊黏膜，嘱患者舌体不要接触上腭并处于微张口状态，采集数据通过不同灰阶阈值设定对患者软组织和骨组织分别进行三维重建，通过表面光顺处理后获得患者颅颌面三维数字模型（STL 格式）。对患者软组织三维数据进行分割，提取用于阻塞器三维设计的上腭、上颌前庭沟、上颌牙列、缺损腔、鼻腔等相关数据。

## 五、赝复体三维设计

### （一）阻塞器组织面设计

根据缺损腔软硬组织的三维重建数据设计阻塞器鼻腔侧和口腔侧边缘线，避开关键组织结构如鼻甲、鼻中隔、唇颊系带等，不影响患者的呼吸和发音功能。利用软组织数据构建阻塞器组织面形态，保留部分倒凹区以获得足够固位力。

### （二）阻塞器底部设计

利用患者口腔侧剩余软组织的拓扑形态构建阻塞器的底部形态，使其与剩余软组织表面相接处连续、光滑，通过偏移运算使阻塞器边缘保持 0.5 mm 的均匀厚度。

### （三）阻塞器内部设计

通过等比缩放原理设计阻塞器中空内部形态，设计阻塞器侧壁、底壁厚度 3～5 mm 以保证后续硅橡胶材料具有合适的厚度和弹性。将阻塞器轴面、底部和内部设计数据进行边缘缝合，形成阻塞器整体三维形态。

### （四）阻塞器与义齿的连接设计

本指南采用硅橡胶阻塞器，其与义齿基托之间连接类型分为磁性连接和机械式连接两种方式。磁性连接方式为将衔铁固定于硅橡胶阻塞器内，将磁铁固定于义齿基托内，通过磁力将阻塞器和义齿相连接；机械式连接方式利用三维设计的连接体与阻塞器联合，利用硅橡胶阻塞器和树脂连接体之间形成倒凹发生弹性固位将阻塞器和义齿相连接，具体设计步骤如下：通过正向工程软件构建阻塞器与可摘局部义齿之间机械式连接体形态以及外部轮廓，使得包裹连接体的硅橡胶材料具有 3～5 mm 的厚度。通过三维软件中图形等比例缩放原理调整尺寸，并移动至阻塞器内合适的位置，不影响呼吸道通畅。利用布尔运算（Boolean）将阻塞器和连接体三维图形融合在一起。

### （五）三维阴模设计

三维阴模整体设计为圆角长方体形态，使其各表面超出阻塞器最大边界 3 mm。以阻塞器的口腔侧边缘线为基础确定主分模面位置，通过曲面桥接技术连接阻塞器边缘线和阴模边界线，形成主分模面。在上下阴模之间设计盒盖式的固位结构，保留边缘 0.05 mm 的公差，便于阴模组装。根据下模腔的倒凹大小、位置设计若干副分模面，以便于开模操作，使硅橡胶阻塞器顺利脱模。副分模面之间设计锥柱状定位装置以利于装配。最后在阴模内表面上设计直径为 5 mm 的穿通孔道，使装胶过程中多余的硅橡胶材料能顺利溢出。

### （六）可摘局部义齿组织面设计

若患者有牙列缺损情况，按其缺损类型设计可摘局部义齿支架，在阻塞器相对的义齿组织面设计大于阻塞器面积的树脂基托，以便阻塞器在义齿组织面定位，以及连接体和义齿基托黏结。

## 六、赝复体的数控加工

三维打印个性化阴模和连接体：将赝复体阴模的各个部分以及连接体三维图形在坐标系中排布成平面阵列，并保证阴模的组成部分按照装配方向排列；用三维打印机制作透明树脂材料的个性化阴模和连接体，并进行体外装配测试，使阴模的各个部分达到精密地组合。

硅橡胶赝复体成形：用专门的赝复用硅橡胶材料缓慢注射到下阴模内及上阴模组织面，尽量避免产生气泡，将上、下阴模装配、加压，去除多余的硅橡胶材料后进行固定，待硅橡胶材料充分固化后脱模，获得硅橡胶材料的赝复体阻塞器。

## 七、可摘局部义齿的制作

临床上在患者配戴硅橡胶阻塞器时制取牙列缺损的二次法印模，印模材料为硅橡胶。因阻塞器隔绝了口鼻腔使取模过程类似常规上颌牙列缺损的情况。按常规方法设计和制作可摘局部义齿，并且在可摘局部义齿制作中可以制取功能性印模使赝复体边缘密合更佳，经过排牙、装胶、打磨和抛光等程序完成可摘局部义齿的制作。可摘局部义齿制作过程中必要时采用面弓转移和上殆架操作。

## 八、阻塞器和可摘局部义齿的结合

在体外将三维打印的树脂连接体压入硅橡胶阻塞器内，按照可摘局部义齿上的轮廓将阻塞器定位于义齿组织面，并利用树脂粘接剂将连接体与义齿组织面基托树脂紧密结合，最终形成阻塞器和可摘局部义齿分体式赝复体模式，并且两者间通过连接体形成机械固位；或者将磁性附着体的磁铁黏结于义齿组织面，将衔铁黏结于树脂连接体，在义齿组织面和连接体对位结合时，磁铁和衔铁发生磁性吸引而产生固位力。

## 九、临床试戴

赝复体制作完成后，临床试戴和检查阻塞器的封闭和固位效果，有无翘动或摆动。检查可摘局部义齿戴入后的固位和稳定，确认正中、侧方和前伸咬合关系，并给予必要的调整。教会患者摘戴赝复体的方法，建议患者注意口腔卫生，每日摘下赝复体并分离阻塞器和义齿，将其用软布、清水清洁后，义齿浸泡于清水，硅橡胶阻塞器则干燥保存。嘱咐患者定期复查。

## 十、数字化赝复体的复查

功能评价：检查赝复体的封闭效果，是否存在固位不良和渗漏，检查患者的发音、咬合、吞咽、咀嚼等情况，对比赝复体制作前后患者主观生理功能差别并记录。检查赝复体是否损坏，连接体是否完整，硅橡胶阻塞器是否老化，患者摘戴是否方便，了解患者满意度并记录。生物学评价：检查赝复体材料和清洁状况，是否有老化和真菌污染等情况。检查阻塞器周围黏膜的健康情况，是否有红肿、糜烂、溃疡，是否存在义齿性口炎以及过敏情况。了解患者的口腔卫生清洁和赝复体日常维护情况。美学评价：检查患者口内外情况，人工牙排列是否自然美观，人工牙、树脂基托及阻塞器的位置及颜色是否合理，阻塞器是否有变色、老化等情况，了解患者对赝复体制作后美观效果的要求及评价。

## 十一、数字化赝复体佩戴后可能出现的并发症及相应处理建议

赝复体破损，阻塞器老化：首先须检查患者的咬合和摘戴情况，排除是否为不良咬合和操作造成的，如果存在则必须排除。如果阻塞器的硅橡胶老化，失去弹性和封闭性，可以重新利用原有的阴模制作新的赝复体。基牙疼痛：常为卡环臂固位力过强或基托过紧所致，可适当调整卡环臂或修改基托。发音吞咽不畅：若阻塞器封闭口鼻腔效果差，则可能出现饮水时鼻腔漏水，不能做鼓气动作，需要更换阻塞器。若患者发音沉闷不清，则提示阻塞器过大、过高，需要少量多次磨除。缺损区周围黏膜疼痛红肿糜烂：患者卫生习惯不良，或阻塞器老化导致和缺损区黏膜不密合，食物残渣残留引起黏膜红肿糜烂。教育患者保持口腔健康卫生条件，如阻塞器老化则重新制作。

前言、引言、参考文献略。

# 种植体支持式可摘局部义齿修复技术指南

（本文件主要起草人：蒋欣泉、黄庆丰、胥春、焦婷、孙健、黄慧、顾晓宇、曾德良。）

本指南给出了种植体支持式可摘局部义齿的临床程序和设计制作的技术指南。本指南适用于各级口腔医院、综合医院口腔科及口腔诊所等口腔执业医师开展种植体支持式可摘局部义齿修复使用。

本文件没有规范性引用文件。

## 一、术语和定义

下列术语和定义适用于本文件。

种植体支持式可摘局部义齿（implant-supported removable partial denture）：可摘局部义齿修复中，在部分缺牙部位策略性植入种植体，并通过上部附着体与义齿的连接以增强对义齿的支持、固位和稳定，此类义齿统称为种植体支持式可摘局部义齿。

可摘局部义齿（removable partial denture）：可摘局部义齿是牙列缺损的修复方法之一，它是利用余留天然牙和义齿基托所覆盖的黏膜、骨组织等做支持，靠义齿的固位体和基托固位，修复一个或多个天然牙，患者能自行摘戴的一种修复体。

附着体（attachment）：附着体是一种可以用于义齿修复的固位形式。它是由阴性构件和阳性构件组成，其中一部分固定在牙根、牙冠或者种植体上，另一部分与人工修复体相连，两者之间依靠不同的机械方式或者磁力连接。

## 二、修复程序

患者初诊制取研究模型，拍摄曲面体层放射线片和 CBCT 扫描，余留牙按照可摘局部义齿的设计要求进行相关治疗。根据缺牙区临床和放射检查，结合患者身体经济条件和具体要求等决定修复方案，确定种植体植入的数目、型号和植入位点。签署种植手术知情同意书，择期进行常规种植Ⅰ期植入手术。根据Ⅰ期手术的情况决定是否于种植体骨结合完成后进行Ⅱ期手术。种植体完成骨结合及软组织愈合后进行常规可摘局部义齿的制作：牙体预备、取模（有些附着体需要临时放置附着体阴性构件用于占位，方便后期义齿支架的制作）、颌位关系确定、金属支架的制作、口内试戴支架和试排牙，最后修复体初戴调𬌗，完成可摘局部义齿修复。可摘局部义齿修复完成后根据使用情况进行调改，修复后 4～8 周左右进行种植体上部附着体的安装，安装程序根据附着体厂家指南进。上部附着体安装完成后 1、3、6、12 个月复诊，以后每半年复诊。义齿修复后不适随诊，特别是有不稳定情况应及时就诊，进行相应的调改重衬等。种植体按照种植义齿常规清洁维护和复查。

## 三、临床基本条件

### （一）临床适应证

传统可摘局部义齿修复的固位、稳定、支持或者美观无法满足患者需求，患者仍然选择活动修复，或者因以下条件：解剖条件（骨质、骨量限制等）；经济条件限制；咬合因素限制，如偏颌严重；患者习惯等因素限制，如患者主动要求活动义齿修复；种植固定修复中个别牙失败；医生现有技术等限制无法进行种植固定修复，而且没有比可摘局部义齿更好的选择时，可以考虑选择种植体和天然牙联合支持的可摘局部义齿修复，以提高患者的满意度、咀嚼功能和美观发音等。

### （二）临床禁忌证

以下情况不宜采用种植体支持式可摘局

部义齿修复:患者具有种植手术禁忌证的情况。所有可摘局部义齿的禁忌证,也是该修复方案的禁忌证,特别是不能自行摘带以及无法自行清洁又无人员看护的患者。临床咬合空间无法满足相应附着体修复空间要求的。余留牙预后不佳,短期内可能拔除,种植体植入后影响后期方案制订的须暂缓种植体的植入。

## 四、种植相关的程序和策略

### (一)种植植入常规程序

种植体按照种植Ⅰ期手术的标准程序植入,植入扭矩达到 35 Ncm 时,结合植入区的骨质和受力等情况,可以考虑穿龈愈合,但必须慎重,并确保对应过渡义齿承托区的彻底缓冲。扭矩低于 35 Ncm、大面积的 GBR 或者有其他情况需要进行潜入式愈合时,过渡义齿在种植体对应的基托处也需进行彻底缓冲,并且义齿停戴至创口肿胀消退。术后佩戴过渡义齿的患者需 1 ~2 周复诊一次,检查术区情况和义齿稳定性,并做相应处理。

植入扭矩达到 35 Ncm,是否直接安置上部附着体并连接上部原有的可摘局部义齿,目前传统种植即刻负荷的理论尚不支持该操作,临床应用须谨慎。

### (二)种植体选择和植入策略

1. 种植体的选择

根据缺牙区范围和骨质、骨量,植入种植体数一般不超过固定种植修复设计的数量,常采用 1 ~ 4 颗种植体,建议种植体长度在 8 mm、直径在 3.5 mm 以上,基本原则参照常规种植义齿修复中种植体选择的原则,在条件许可情况下,推荐使用直径 4.0 mm 或者长度 10 mm 以上的种植体,尤其后牙区主要起支持作用的种植体。

2. 种植体植入位置的选择

种植体植入位置选择时需要综合考虑以下几个方面:牙槽骨的解剖结构、骨质和骨量;种植体所起的作用是固位为主还是支持为主;患者美观需求;对颌牙的状况;缺牙区的范围以及在牙弓的位置;余留牙的状况;采用附着体的类型等。

一般情况下,种植体位置越偏向牙弓远端,将提供更大的支持作用,咬合力也主要集中在种植体上。对颌牙为天然牙、缺牙区颌间距离较大等预期需要承受咬合力大的修复,尽量设计远中位点的种植,以抵抗垂直向和侧向的𬌗力。种植体支持可摘局部义齿中短种植体( ≤8 mm)用于牙弓后部能否提供足够的支持力尚不明确,如果只能采用短种植体可以考虑植入两颗或者两颗以上,制作杆式附着体。近中位点植入的种植体主要起固位作用,应力分布较为均匀,牙弓前部植入种植体主要是固位作用,替代常规的直接固位体,改善美观,支持作用较弱。涉及尖牙区缺损的修复,尽可能在尖牙位置植入种植体,以利于义齿获得更好的稳定性。

种植体的植入位置的𬌗龈向要有足够的颌间距离以容纳义齿基托、支架、小连接体、附着体阴性和阳性构件、人工牙,颊舌向位置不能对后期义齿的颊舌向外形造成影响,长轴方向要在相应附着体的可调角度范围内,同时要满足义齿的就位道要求,这在导平面设计时宜和基牙观测线一起考虑。

余留牙数目少、牙周情况差,预后不佳的,种植体植入位置宜考虑后期余留牙拔除后的设计,制订有利于最终全颌缺失后的修复方案。

3. 种植体上部附着体的选择

种植体上部附着体类型的选择主要考虑以下因素:种植体支持为主还是为辅;足够的固位力;对种植体的保护作用;修复间隙大小,不能影响排牙和美观;义齿加工制作的技术难度;义齿维护的便利性;医生对附着体的掌握程度等。

由于种植体与骨组织间的骨结合缺少像天然牙牙周膜的生理动度,局部受力过大可能会造成种植体颈部的骨吸收,同时可摘局部义齿在使用过程中都会有一定量的下沉,因此，种植体的上部结构常选择球帽式附着体、按扣式附着体、圆锥形套筒冠式附着体和成品杆卡式附着体等。球帽式附着体主要起固位作用，支持力最弱；按扣式附着体和杆式附着体可以起固位和支持双重作用，按扣式附着体可以通过阴性构件调整固位力，通常配有角度（≤20°）调整配件，使用和维护方便。杆式附着体的支持作用最强，对于多颗种植体植入角度不佳，可以采用杆式连接，联合其他附着体应用，起固位和支持作用，特别适合用于上颌义齿的修复。套筒冠式附着体通常用于余留牙牙槽骨吸收严重，冠根比严重失调，采用种植体和余留牙共同设计套筒冠的修复方式。

## 五、可摘局部义齿相关的程序和设计

### （一）可摘局部义齿制作的常规程序

种植体植入后 3 个月，拍摄 X 线片检查骨结合情况，骨结合完成后根据Ⅰ期手术采用埋入还是穿龈愈合决定是否行Ⅱ期手术，软组织愈合后根据前述原则选择相应的附着体，附着体应根据软组织厚度选择合适穿龈高度以利于后期的维护。然后根据可摘局部义齿的设计要求进行基牙的预备，制取模型，其中杆式附着体必须采用开窗式印模，其他非夹板式的附着体采用常规可摘局部义齿的印模方法，制取印模时需要把上部结构临时安置在种植体上以预留义齿的附着体空间；印模制取后，技工室根据种植附着体和基牙的就位道画观测线，制作蜡堤，临床确定颌位关系；根据颌位关系上颌架，制作义齿铸造支架和排人工牙，交予临床在口腔内试戴，最终完成修复体制作。

### （二）可摘局部义齿设计

种植体支持式可摘局部义齿设计依然遵循传统可摘局部义齿设计原则，但由于种植体的植入增强了义齿的支持、固位和稳定，因此在设计上需要作进一步优化。

1. 基牙选择

基牙对局部义齿的支持和固位作用主要取决于基牙的牙周健康状况、冠和根形态、冠根比、在颌弓中的位置等，须结合临床检查和 X 线片对基牙进行评估。以牙和种植体支持为主的义齿，基牙应选择近缺隙侧稳固的基牙，基牙稳固性不足或者种植体植入位置靠近牙弓前部的，需要增加基牙数量，通过夹板式支架设计联合邻牙支持，或者增加间接固位体以分散𬌗力，也可采用固定义齿把两个或者多个基牙连接在一起以提供足够的支持。以黏膜支持为主的，则应采用减轻基牙扭力的设计，通常使用 RPA/RPI 卡环组设计，同时增加种植体的支持。

2. 分类设计

（1）Kennedy Ⅰ、Ⅱ类设计　Kennedy Ⅰ、Ⅱ类牙列缺损患者在骨质条件许可情况下尽可能在缺失区远中植入种植体，消除远中游离端，支持主要为牙-种植体承担，近缺隙侧基牙采用远中𬌗支托，根据牙冠形态选择直接固位体，种植体上采用按扣式或者杆式的附着体（植入 2 颗以上种植体），Kennedy Ⅱ类牙列缺损如果缺牙不超过 3 个的可以采用单侧设计，缺牙多于 3 个的仍然建议双侧设计。Kennedy Ⅰ类牙列缺损双侧采用大连接体进行连接，下颌采用舌杆或者舌板，上颌采用宽腭杆或者腭板，根据缺牙区以及植入种植体的情况以及对颌牙状况评估义齿所受的𬌗力来确定基托的范围，缺牙区范围小，对颌为活动义齿，植入植体较为粗大的，可以减小基托范围，在上颌后牙区缺失可以采用中腭板的设计，减小对患者发音的影响，提高患者的舒适度。

在 Kennedy Ⅰ、Ⅱ类牙列缺损的设计中，如果远中后牙区因解剖条件限制无法植入种植体，可以在缺牙区的近中植入种植体，这种植入方式也可用于美观需求的患者，策略性改变种植体位置，设计固位体，以避免传统直接固位体暴露影响美观。该类修复应设计为牙-种植体-黏膜共同支持的义齿，基牙采用近中𬌗支托、远中邻面板的 RPA/RPI 卡环组设计，种植体上部结构采用按扣式附着体，同时应该在支点线游离端的对侧放置间接固位体，基托范围不变或者适当减小。

（2）Kennedy Ⅲ类设计　Kennedy Ⅲ类牙列缺损采用种植体支持式可摘局部义齿主要用于余留牙条件差、支持力不足的病例，这种情况设计时可采用多基牙夹板式联合支持，种植体附着体可采用按扣式或者杆卡式的附着体（植入 2 颗以上种植体），基托范围不能太小，须考虑余留牙脱落后义齿的支持力问题。合并多数前牙缺失的 Kennedy Ⅲ类 1 亚类缺损，可以在前牙区（尖牙位置最佳）植入种植体，起到增强义齿稳定和固位作用。

（3）Kennedy Ⅳ类设计　Kennedy Ⅳ类牙列缺损采用种植体支持式可摘局部义齿常用于缺牙间隙较大，涉及双尖牙和磨牙区的缺损，以及一些固定修复丰满度没法满足美观需求或者前牙区软硬组织缺损严重种植固定修复后无法有效清洁维护的病例等。如果用于缺损范围较小的病例，预计支持力足够可以设计牙-种植体支持义齿，基牙采用常规的圆环形卡环组，种植体上采用按扣式或者杆式的附着体（植入 2 颗以上种植体），不设计舌腭侧基托，颊侧基托根据丰满度选择。预计支持力不足义齿稳定性不佳的，比如前牙区软硬组织缺损严重，颌间距离大，则采取牙-种植体-黏膜共同支持的义齿，在稳固的基牙上放置间隙卡，种植体上采用按扣式或者杆式的附着体（植入 2 颗以上种植体），以上颌前腭杆、上颌前腭板、下颌舌杆或下颌舌板连接，颊侧基托根据丰满度美观要求设计，同时尽量避免食物残留的情况。

## 六、种植附着体的安装

杆式附着体的固位装置在义齿排牙时就置于种植杆上，通过注塑基托树脂聚合与义齿基托连接，无须进行临床安装，临床可以根据固位力要求适当调整固位夹的松紧度。而球帽以及按扣式等非夹板式的附着体则建议在临床进行安装。安装时间一般在义齿初戴后 4 ~ 8 周，期间如出现压痛等并发症及时处理。确定义齿颌位关系无误后，去除种植体上的愈合基台，按厂家要求安装附着体的阳性构件，再把阴性构件临时安装在基台上，用低速手机扩大义齿组织面原来预留附着体阴性部件的空间，在颊舌侧相应位置处开窗，直径 3 mm 左右，义齿需完全就位，确保附着体安装后在功能状态下义齿由黏膜及种植体共同支持。然后将配套的封闭环套入基台底部，防止树脂进入倒凹，在义齿组织面预留的空间置入调制好的处于黏丝期的室温固化型丙烯酸树脂，迅速戴入患者口内，引导患者做正中咬合，去除开窗处溢出的多余树脂，待树脂凝固后取出义齿，做必要的调改和抛光，最后根据临床固位力需要对附着体的固位力进行调整，完成最终的义齿制作，同时进行义齿和种植体维护的宣教。

## 七、并发症及处理

种植相关的并发症：种植手术并发症包括感染、损伤重要解剖结构等，按照常规种植并发症进行对症处理；机械并发症主要是种植体上部的附着体松动或磨损。附着体阳性构件松动重新清洁消毒重新上紧即可。阳性构件磨损后宜重新置换。阴性构件磨损须根据磨损程度可以置换不同固位力的构件；生物学并发症包括种植体黏膜炎和种植体周炎，进行常规处理时，同时考虑是否与可摘义齿有关，比如下沉不稳定压迫引起，如有则须对义齿进行相应调改；种植体失败或者脱落，须对失败和脱落原因进行分析给予预防，可等骨愈合后考虑重新进行种植。

可摘局部义齿相关的并发症包括压痛、固位不良、食物嵌塞、咬颊咬舌、摘戴困难等，按常规活动义齿并发症进行调改。可摘局部义齿折裂按常规义齿折裂进行修理。

## 八、复查和维护

义齿修复后1周进行常规复查,有压痛不适随诊,并嘱患者注意基牙和种植体周围的清洁。4～8周后进行种植附着体安装(杆式附着体,阳性构件已在试支架时完成安装),最终修复后1、3、6、12个月进行复查,无异常则每半年复查一次。复查除活动修复常规内容外,着重检查义齿的稳定性和种植体周围情况,种植体生物学并发症做到早发现、早治疗,义齿不稳定宜及时进行重衬,防止对种植体以及基牙产生不当的扭力,这两项直接关系到该类义齿的远期成功率。

前言、引言、参考文献略。

# 牙体牙髓病诊疗中口腔放射学的应用指南

(本文件主要起草人:边专、余擎、岳林、周学东、凌均棨、梁景平、侯本祥、程勇、张祖燕、王虎、孟柳燕、花放、王欣欢、李刚、李波。)

本指南规定了口腔放射学在牙体牙髓病学诊疗中的应用指南。本指南适用于所有牙体牙髓病科医生或诊疗牙体牙髓病的全科医生。

下列文件中的内容通过文中的规范性引用而构成本文件必不可少的条款。其中,注日期的引用文件,仅该日期对应的版本适用于本文件;不注日期的引用文件,其最新版本(包括所有的修改单)适用于本文件。GBZ 130-2020 放射诊断放射防护要求。

本文件没有需要界定的术语和定义。

## 一、总则

本指南共形成了20个临床场景,80条推荐意见,基于系统搜集的证据,专家组通过德尔菲法形成最终推荐意见,在过程中,专家组成员对推荐意见的适用性(Appropriateness)进行了评分。评分结果为1～9分,1～3分提示该推荐意见通常情况下是不适用的,4～6分提示该推荐意见可能适用,7～9分提示该推荐意见通常情况是适用的。

## 二、牙体牙髓病诊疗中常用口腔放射学检查方法

### (一)总则

牙体牙髓病诊疗中常用的口腔放射学检查方法主要包括根尖片、殆翼片、曲面体层片及口腔颌面锥形束CT。口腔医疗机构开展X线片放射诊断工作的场所、放射设备及人员资质需符合当地卫生行政部门的相关标准。

### (二)根尖片

根尖片在二维层面上展现牙体、根管系统和根尖周牙周组织形态及密度,辐射剂量小,费用低廉。因其拍摄范围小,针对性强,临床上最为常用。根尖片对于一些特殊病例的检查存在一定的局限性,例如:在皮质骨较厚且骨松质多孔区域存在的根尖周病或病变早期密度差异未达到根尖片分辨度时易漏诊;对于重度开口困难、严重颅脑损伤及因系统性疾病或其他病情严重无法配合、咽反射反应较重和口内有重度溃疡损伤的患者,拍摄根尖片困难。

### (三)殆翼片

殆翼片在二维层面上主要展现前磨牙和磨牙区上下颌牙的牙冠部及牙槽嵴顶。能用于检查邻面龋、髓石、牙髓腔的大小、充填物边缘的密合情况以及牙槽嵴顶的破坏性改变,在儿童尚可观察滞留乳牙牙根的部位以及位置。

### (四)曲面体层片

曲面体层片在二维层面上较为全面提供上下颌骨、颞下颌关节、上颌窦、牙齿等完整的形态,辐射剂量低、拍摄舒适度高、价格便宜。与根尖片相比,曲面体层片存在成像不

对等的放大和伸长、在前磨牙区域与其他解剖结构影像重叠、切牙区域与颈椎结构影像重叠等情况。

### (五)口腔颌面锥形束 CT

锥体束 CT(cone beam computed tomography, CBCT)可以从三维层面上呈现解剖结构,其成像的准确度明显优于二维 X 线片,能够检测出根尖片无法检测出的牙体以及根尖周病变。与根尖片相比,CBCT 辐射剂量增加、拍摄费用高。而且,邻近组织 X 线阻射的高密度结构和材料也会影响其扫描的准确度,例如金属牙冠、金属充填体、髓腔内桩核、固定桥、种植体等修复体经常会干扰牙体牙髓疾病的判断。

## 三、放射投照的技术指标

### (一)面积剂量乘积/视野

面积剂量乘积(dose area product, DAP)可用于评估口内 X 线片和曲面体层摄影辐射相关风险。口内 X 线片拍摄时可以通过调节参数以达到辐射防护最优化原则(as low as reasonably achievable, ALARA)。临床常用的曲面体层成像主要有三种模式:标准、儿童和正交模式,其 DAP 值分别为(57.91±5.32) mGy·cm$^2$,(48.64±7.21) mGy·cm$^2$,(50.73±5.7) mGy·cm$^2$。标准模式常规应用于成年受检者,儿童模式可用于儿童和颌骨外形尺寸较小的成年人,正交模式常应用于龋病的诊断。

视野(field of view, FOV)代表 CBCT 扫描范围。一般情况下,FOV 越小辐射剂量越低,同时也可选择更高的分辨率。对于诊断牙体牙髓疾病合适的 CBCT 分辨率应不超过 200 μm。FOV 取决于探测器的大小和形状、光束投影的几何位置、校准光束的能力。总体上讲,基于 FOV 大小,CBCT 可分为大、中、小三种视野,骨骼和头颈 CBCT(FOV>15 cm)、上下颌骨 CBCT(FOV 8~15 cm)、牙槽 CBCT(FOV<8 cm)。与中、大视野 CBCT 相比,小视野 CBCT 辐射剂量低、目标明确、空间分辨率高、耗时短,可以只扫描到根尖区域 40 mm 直径的体积,与根尖片的高度和宽度基本相似,大大减少辐射剂量。因此,小视野 CBCT 在牙体牙髓疾病的诊疗应用中更加合适。

### (二)放射剂量的考量

辐射防护最优化是放射检查的基本准则,即在获取诊疗所必须影像信息的前提下尽可能减少患者辐射剂量。常规口内根尖片有效放射剂量为 1.94~9.5 μSv,曲面体层片为 7.4~24.3 μSv。不同视野的 CBCT 有效放射剂量不一样,使用小视野 CBCT 可以降低放射剂量。

## 四、放射防护

在口腔放射诊疗实践中,应保障放射工作人员、患者及公众的放射防护安全与健康,应用 X 线检查应经过正当性判断,口腔执业医师应掌握好适应证,避免不必要的重复检查,优先选用非 X 线的检查方法。尤其对于育龄妇女、孕妇和婴幼儿的 X 线诊断检查更应慎重;对不符合正当性原则的,不应进行 X 线检查。口腔医疗机构应当为受检者配备必要的放射防护用品,对邻近照射野的敏感器官或组织采取必要的屏蔽防护措施。

## 五、指南推荐意见

### (一)辅助检查

1. 龋病

检查龋病的口腔放射学手段通常为殆翼片和根尖片,当口腔内存在多颗牙的广泛性龋坏,可考虑曲面体层片进行初步诊断。

2. 牙髓病

对于初次就诊的牙髓病患者,为了治疗操作的术前评估,通常需要拍摄根尖片。对于已确诊为牙髓炎且怀疑存在根管解剖变异的患牙,拍摄 CBCT 有利于明确根管解剖结构,指导后续根管治疗。对于难以确诊牙髓炎病因如牙髓钙化、牙体吸收,CBCT 亦有一定的诊断价值。

3. 根尖周病

根尖周病首选的口腔放射学检查方法为根尖片。出现以下特殊的情况须 CBCT 辅助检查:常规根尖片未能明确原因的久治不愈型根尖周炎,可拍摄 CBCT 明确炎症来源,确诊患牙牙位;行修复治疗后产生间歇性咬合痛的患牙,常规根尖片无法明确病因;怀疑存在有上颌后牙根尖周炎造成的上颌窦病变;颌骨囊肿(如根尖囊肿、鼻腭囊肿)、肿瘤等与根尖周炎的鉴别诊断;不明原因产生的皮肤窦道,疑为牙源性病变但根尖片未能明确患牙等。

4. 牙外伤

牙外伤常规检查为根尖片。CBCT 在牙外伤诊断应用是基于牙齿及颌面部损伤的类型及严重程度。冠根折:当根尖片无法判断折裂线的根尖向延伸时建议使用 CBCT。CBCT 可以精确了解冠根比以及剩余牙齿结构,从而选择恰当的治疗方案;牙齿脱位损伤:脱位牙齿位置的移动大部分为矢状方向移动,根尖片不能判断损伤的严重性,CBCT 在这种牙外伤诊断中具有优势。

5. 牙根纵裂

怀疑为牙根纵裂的患牙常规拍摄根尖片。但当根管内无充填材料时,CBCT 诊断牙根纵裂的灵敏度和特异度均高于根尖片, 其三维影像还可清晰地呈现颊舌侧根折线的具体位置和牙槽骨破坏范围,对诊断以及治疗方案的选择具有指导意义。

6. 牙根吸收

牙根吸收常规检查为根尖片。CBCT 诊断轻微程度牙根吸收明显优于根尖片,且 CBCT 可获取更多与吸收的位置、体积等相关的信息,对于鉴别牙根内吸收、外吸收、侵袭性牙颈部外吸收优于根尖片。

7. 牙源性上颌窦炎

全口曲面体层片是牙源性上颌窦炎常规放射学检查方法,可了解牙源性病变与上颌窦的关系。若患牙需牙髓治疗,可加拍根尖片,以清晰显示患牙结构。当遇到较为复杂的牙源性上颌窦炎病例,需要了解根管系统,进一步定位病变牙与上颌窦各壁的情况,判断预后情况等,可考虑拍摄 CBCT。

**(二)术前准备及术中评估**

1. 根管治疗

根管治疗在术前、术中、术后都需要口腔放射学的支持。拍摄根尖片,术前初步判断根管系统的解剖形态,若根尖片发现根管形态异常,建议使用 CBCT;术中判断工作长度及牙胶型号选择是否合适,若治疗过程中发现额外根管或怀疑存在复杂的根管形态并可能影响治疗效果时建议使用 CBCT;术后以评估根管治疗完成的质量,同时便于复查时评估根尖周病变愈合情况。

2. 探查 MB2 及根管钙化疏通

上颌第一磨牙近中颊根第二根管 MB2 具有较高的发生率,但由于其本身细小且钙化物沉积导致在治疗时易被遗漏。上颌第一磨牙根管治疗前需拍摄根尖片仔细观察是否存在 MB2 根管,如高度怀疑存在 MB2,若显微镜下观察髓底无根管入口时,需结合 CBCT 进行根管口及入路方向的定位。对于钙化根管,若从根管口到根尖为直线的根管或上段根管钙化下段根管尚通畅,可采用 CBCT 扫描,三维重建设计根管通路并利用导航定位去除钙化物。

3. 牙齿发育异常或根管系统变异的辅助检查

根尖片怀疑为牙内陷、牛牙症、C 形根管的病例建议治疗前拍摄 CBCT 以准确揭示根管的解剖、形态异常区结构及根尖周病损的范围;双生牙、结合牙、融合牙常因不易自洁而好发牙髓病或根尖周病,其根管系统复杂,存在大量峡区,单纯使用根尖片检查往往会低估根管系统复杂程度,建议拍摄 CBCT 以准确了解根管解剖以利于对根管系统进行彻底清理及充填。

**(三)根管治疗并发症的辨识和处理前的评估**

器械分离。CBCT 相比于根尖片能更准确地评估牙本质的厚度及根管弯曲度。对于器械分离患牙,建议拍摄 CBCT 定位分离器械,评估根管壁厚度及根管弯曲度,以权衡分离器械取出的利弊。

髓室底穿孔及根管壁穿孔。对于髓室底穿孔的患牙,显微镜下容易定位和检查。而对于根管壁穿孔的患牙,建议拍摄 CBCT 以准确评估穿孔的范围、位置,以帮助临床医生选择合适的治疗方案。

**(四)根管再治疗**

若根管治疗久治不愈,建议拍摄 CBCT 确定是否有遗漏根管及其钙化程度,评估根尖周病损范围及与邻近解剖结构之间的关系,以制订合理的治疗计划。CBCT 对于空隙的检测能力明显优于根尖片,相当一部分空隙在根尖片上很难被发现,从而导致根管充填的质量被高估。患牙根管治疗超充且有临床症状,建议拍摄 CBCT 评估超充牙胶与解剖结构的关系,以评估不同取出方法的难度和利弊。

**(五)显微根尖手术**

显微根尖手术之前需要熟悉术区解剖标志及与周围重要解剖结构(如下颌神经管和上颌窦)之间的关系,确定牙齿的长度、角度、位置,根尖孔和病损范围的定位,这是术前计划和实施去骨及截根的关键因素。因此,实施显微根尖手术前建议使用 CBCT 辅助制订治疗计划。

**(六)临床疗效评估**

口腔放射学是牙体牙髓疾病随访、预后判断的一种重要的评估手段。在缺乏临床体征或症状的情况下,牙髓病和根尖周病的治疗后随访评估,首选的口腔放射学方式应是口内 X 线片,如根尖片。如需明确治疗失败的原因如根充不严密、遗漏根管、牙周牙髓联合病变、超充、根折等,CBCT 在判定方面明显优于根尖片。在出现临床症状且难以评估的情况下,可考虑小视野 CBCT 作为成像方式。

## 六、特殊人群

儿童。目前应用最广泛口腔放射学检查手段仍是根尖片,若家长或者患儿无法配合固定牙片位置,可以考虑拍摄殆翼片检查龋损。对于咽反射敏感的患儿,拍摄后牙根尖片时胶片放置位置靠后容易引起恶心,可使用曲面体层片。儿童牙体发育异常性疾病如牙内陷需要进行根管治疗、阻生的多生牙需要拔除等,在评估利大于弊的情况下可使用 CBCT。

孕妇。对孕妇进行口腔放射学检查,应慎重考虑,严格把握适应证。有研究表明,检查过程中,即使孕妇没有铅服防护,胎儿所接收的放射剂量仍小于年辐射剂量限制(1 mSv)的 1%。尽管口腔科放射学检查对孕妇和胎儿的影响较小,还是建议备孕前完善口腔检查和治疗,孕期在必要时于充分的防护措施下应用。

张口困难患者。颞下颌关节病、肿瘤或外伤导致张口受限,难以放置根尖片时,可根据诊断需要选择曲面体层片或 CBCT。牙源性囊肿或肿瘤患者进行放射学检查时,一般选用曲面体层片或 CBCT 对肿瘤、囊肿和牙体组织疾病联合诊治。口腔组织对射线平均耐受量为 6 ~ 8 周内给予 60 ~ 80 Gy,因此对于恶性肿瘤需放疗治疗的患者,在拍摄口内片和 CBCT 时应注意勿超过累积剂量最大值。

金属不良修复体患者。放射性检查时,金属会造成根尖片、殆翼片、曲面体层片和 CBCT 影像伪影,因此,建议患者取下活动义齿或拆除不良金属修复体,再行放射学检查。

## 七、读片

为了能够正确解读根尖片、殆翼片、曲面体层片以及 CBCT,不仅需要了解四种成像技术的原理,而且必须学习颌面部硬组织和软组织正常解剖结构和病变情况下的特征。临床医生必须全面解读口腔放射所呈现的所有图像,而不能只解读目标区域病变。若临床医生对放射学报告有疑问,应当咨询放射科专业医师。

## 八、总结

口腔放射学检查为牙体牙髓病临床诊断和治疗提供依据。根尖片因其放射剂量低、针对性强且价格低廉,是常见牙体牙髓疾病诊断、治疗、评估的首选放射学检查方法。CBCT 相对于二维成像技术可以为医生提供更精确可靠的解剖学信息。临床医生只有在二维影像检查无法获得诊疗所必须信息且评估利大于弊的情况下才能使用 CBCT。

前言、引言、表、参考文献略。

# 显微牙体预备手术的操作规范

(本文件主要起草人:于海洋、刘洪臣、陈吉华、刘伟才、刘峰、赵克、马楚凡、麻健丰、刘斌、梁珊珊、罗天、赵雨薇、高静、高姗姗、王剑、朱智敏、范琳、胡楠、甘雪琦。)

本规范给出了显微牙体预备手术的临床操作规范。本规范适用于固定修复中贴面、全冠、桥体基牙、部分冠、嵌体等的牙体预备。

本文件没有规范性引用文件。

## 一、术语和定义

下列术语和定义适用于本文件。

修复风险的难度评估(difficulty of restorative risk assessment):医师通过收集汇总病人的身心健康状况、治疗期望值、口腔现状条件,以及美学、功能等关键信息,对即将进行的修复风险难度进行全面客观地评估,并根据评级结果选择适宜的修复技术与所需诊治水平相适应的临床医师,来保证病人安全和修复效果。

诊断蜡型(diagnosis wax up):按照美学及功能等原则,用蜡等修复材料制作修复体外形,主要用于牙及牙列轮廓外形评价的一种预告技术。

诊断饰面(mock up):在病人口内用树脂材料制作的反映修复效果的暂时修复体,可用来预告修复疗效。

目标修复体空间(target restoration space, TRS):为了实现修复治疗目的而采用某种修复体修复时所需的最小理想容纳空间,牙体预备的目的是为了获得未来的修复体的空间。在牙体预备前应当对目标修复体空间进行分析设计,术中通过修复空间实测引导预备手术,术后指导修复体制作。

牙体预备引导技术(tooth preparation guide technique):为了将目标修复体空间的设计蓝图转移到预备体上,在牙体保存、活髓保护和牙周软硬组织健康等前提下,通过各种方法来引导术中控制牙体预备的量和预备体的形,使牙体预备手术更加微创。按照引导参考对象的不同,牙体预备引导技术可以分为两大类:参考原有牙体表面的牙体预备技术,从原有牙体表面均匀地磨除一定厚度的牙体组织。通过自由手法、定深沟法、球钻法、定深车针法、定深孔法实现;参考目标修复体空间的牙体预备技术,在预备前针对病人的个性化情况设计并制作诊断蜡型,牙体预备参考蜡型的空间进行预备,包括硅橡胶指示导板法、压制透明导板法及 3D 打印导板等目标修复体空间导板。

即刻牙本质封闭(immediate dentin sealing, IDS):在牙体预备术后直接利用牙本质粘接剂良好的渗透性封闭牙本质小管,从而出现了即刻牙本质封闭的概念。这种方法不但能增强永久修复体的粘接力,保护牙髓牙本质复合体,还能够防止在暂时修复体佩戴过程中牙本质敏感出现。

釉质凿(enamel chisel):一种用于修整牙体预备体边缘以提高其边缘预备质量的具有高韧性、高强度的手用牙体预备器械。

舌腭侧反光镜(lingual and palatal mirror):一种在口腔显微镜下进行舌腭侧操作时所使用的反光镜器械。

## 二、显微牙体预备手术设备

### (一)口腔显微镜

1. 分类

按显微镜使用目的分为手术显微镜、教学显微镜、技工专用显微镜。按显微镜固定方式分为落地式显微镜、壁挂式显微镜、悬吊式显微镜、地面固定式显微镜、桌面台式显微镜。按临床治疗用途分为根管显微镜、修复用显微镜、外科手术用显微镜等。

2. 基本构造与要求

典型的口腔显微镜应当由光学放大系统、光源照明系统、数字影像系统、支持系统四部分组成。

3. 光学放大系统

口腔显微镜的光学放大系统应当由主镜座、双筒目镜和物镜等组成。主镜座用于连接双筒目镜和物镜,并由平衡挂臂与口腔显微镜支持系统连接,主镜座应当具有倾摆功能。双筒目镜应具有可调节的不同放大倍率,同时应具有瞳距调整与屈光度调节旋钮。物镜应具有变焦调节功能,通常变焦范围应为 100 ~ 300 mm。口腔大范围探查及术区解剖结构的定位应使用低倍放大倍率(2× ~ 8×),牙体预备、修复体粘接等操作应使用中倍放大倍率(8× ~ 16×),预备体边缘精修、去除多余粘接剂等精细操作应使用高倍放大倍率(16× ~ 40×)。

4. 光源照明系统

口腔显微镜的光源照明系统应提供与光学放大系统同轴且色温固定的无影灯光。口腔显微镜的光源照明系统应进行无级调整亮度强弱。口腔显微镜的光源照明系统应有黄色滤镜片,以延长光固化树脂操作时间。

5. 数字影像系统

口腔显微镜的数字影像系统应包括数字影像采集设备、数字影像播放设备和数字影像后期软件。

6. 支持系统

口腔显微镜的支持系统应包括可调式平衡挂臂、口腔显微镜支架。

### (二)微创的手术器械

釉质凿;舌腭侧反光镜;电动马达手机:因电动马达手机震动小、平滑性高、适合精细操作,转速及扭矩可精确调节、操作性强,推荐在显微操作中选用电动马达手机进行牙体预备。

## 三、显微牙体预备手术分析设计阶段规范

### (一)临床检查诊断

分析设计阶段应收集病人的主诉与病史,对修复相关的系统病史、传染性疾病及过敏史等全身情况进行必要的检查,对牙列、牙体与牙髓、牙周、咬合、颞下颌关节及咀嚼肌等口腔情况进行全面的检查和记录。

### (二)模型收集与照片收集

分析设计阶段应收集两副牙列模型,一副用作存档保留,另一副用作治疗设计与美观诊断蜡型制作;拍摄口内照片、口唇照片和面部肖像照片,照片的拍摄数目、构图、参数应该标准化。

### (三)影像资料收集

分析设计阶段应通过根尖片、曲面体层片或牙科 CT 等影像资料评估病人的牙体、牙周及颅颌面结构。

### (四)修复难度评估

分析设计阶段应根据患者的依从性与美学期望值、疾病状态与开口度、可用修复空间对修复的难度进行评估,根据评级结果选择相应技术水平的修复医师诊治。

**(五)数字化分析设计及预告与诊断蜡型预告、口内预告、目标修复体空间分析 TRS**

分析设计阶段应该从颜色和形态两因素入手，使用专用或通用软件在病人的数码照片或3D模型上进行美学设计。按照美学分析设计，用患者的模型制作表现预期治疗效果的蜡型。应当使用口腔修复临时材料，在病人的口内制作美学诊断饰面或临时修复体，反映美学设计的结果。应当分析设计TRS，计算备牙过程中的牙体预备量，选择合适的牙体预备引导方式。

**(六)病人知情同意**

在牙体预备手术前应当与病人沟通协商治疗方案，与病人签订知情同意书。

## 四、显微牙体预备手术临床实施阶段

**(一)手术中术者的操作体位**

坐立时，脊柱应垂直于地面。双眼应平视前方，颈部肌肉保持放松。前臂应得到完全支撑。操作工作区域应与肘关节等高。上臂与前臂应呈90°，上臂应沿躯干放置。操作者椅位的高度应确保坐立时膝关节呈90°，即大腿与地面平行。显微镜光源应均匀适中。

**(二)手术中各分区牙位的显微视野**

操作上颌前牙区唇侧面时，应嘱患者完全躺平，上颌与地平面垂直。操作者操作显微镜应将目标牙位放在显微视野中心，调节合适的放大倍率及光源照度即可。当进行唇面定深孔预备、检查唇面预备体肩台情况时，应尽量使患者头部偏向同侧，使唇面表面或肩台暴露在视野中心。操作上颌前牙邻面时，应适当转动患者头部，使牙体邻面暴露于显微视野中心。操作上颌前牙区腭侧面时，应借助口镜或舌腭侧反光镜。根据时钟定位法则，此时口镜位于目标牙体的12点钟方向，同时口镜应远离目标牙体牙面，避免牙体及操作器械对镜像的遮挡。

操作左侧上颌后牙区颊面时，应嘱患者头部尽量左偏，应使用开口器或口镜牵开颊侧软组织后，将口镜或舌腭侧反光镜的镜面以45°放置于目标牙的9点钟位置，应水平移动显微镜以使目标牙体颊侧面镜像位于显微视野中心；当观察右侧上颌后牙区颊面时，应嘱患者头部尽量右偏，应将口镜或舌腭侧反光镜的镜面以与地平面垂线呈45°放置于目标牙的3点钟位置，其他操作与对侧相同。操作左侧上颌后牙腭侧时，镜面应位于目标牙体的3点钟位置；观察右侧上颌后牙腭侧时，镜面则应位于目标牙体的9点钟方向。操作双侧上颌后牙区𬌗面时，口镜或舌腭侧反光镜应放置于目标牙9点钟至3点钟方向之间。

当操作范围为下颌前牙区时，首先调节患者椅位背靠角度，使之与水平面呈20°～30°。下颌前牙区的显微视野要求与上颌前牙区相似。操作区域为下颌后牙区时，患者椅位背靠角度与水平面应呈10°放置。当观察下颌后牙区颊侧面时，镜面应放置于目标牙颊侧，即左下颌后牙的9点钟方向与右下颌后牙的3点钟方向。当观察下颌后牙区腭侧面时，镜面应放置于目标牙腭侧，即左下颌后牙的3点钟方向与右下颌后牙的9点钟方向。观察下颌后牙区𬌗面时，镜面应放置于目标牙的远中侧，即下颌后牙的3点至9点钟方向。

**(三)牙科显微镜下的牙体预备流程**

牙体预备开始前，应对病人进行疼痛管理。局部麻醉前应取得病人的知情同意，评估病人的身体和心理状况，根据操作时间及病人身体状况选择局部麻醉药。临床操作及修复体制作应与TRS设计、美学预告效果等相一致。牙体预备中应当使用选择的引导方式进行牙体制备。根据术前TRS设计，术中应当及时评估修复空间量，根据所选的引导沟、硅橡胶导板、压制透明导板、3D打印导板等引导方法实测预备量，检查预备形态。应在牙科显微镜下进行牙体预备。适当情况下应当使用牙科显微镜自带的摄影系统或另外的单反相机等摄影器材进行记录手术过程的记录。定深孔预备及轴面初预备时,电动马达应当选择高转速、高扭矩;边缘精修时,电动马达应当选择低转速、中等扭矩。应选择对应尖端形态和尺寸的钨钢车针来精修预备边缘质量,用来抛光的钨钢车针刃数应大于 20 刃且刃上无缺口。应在牙科显微镜下检查有无锐利或不平滑线角,应对预备体表面进行抛光。牙体预备后应使用导板测量牙体预备量是否过多或不足,检查预备质量。牙体预备后牙本质暴露时应当使用牙本质粘接剂进行即刻牙本质封闭。

**(四)印模制取**

当修复体设计平龈或龈下肩台时,在印模制取前,应首先进行排龈。排龈应获得水平方向上 0.2 ~0.4 mm 的空间,以容纳足够的印模材料。在确认肩台处无游离龈遮挡及污染物后开始进行取模。印模材料应使用聚醚橡胶印模材料或硅橡胶印模材料,也可使用数字化扫描仪器。显微镜下检查实体印模中预备体边缘应当完整,无气泡;检查数字印模软硬组织应分界清楚,无瑕疵。

**(五)临时修复体的制作**

牙体预备完成后,应当制作临时修复体。当使用树脂粘接材料或树脂加强玻璃离子进行最终修复体粘接时,不应使用含丁香油类暂时黏固剂进行临时冠的粘接。

**(六)永久修复体的试戴与粘接**

应选用事先选择的相应的试戴糊剂放在病人口内试戴修复体试色,经医生和患者认可后,确认水门汀选取的颜色。修复体设计平龈或龈下肩台时,应排龈和上橡皮障。粘接步骤应按照粘接剂说明书进行操作。

## 五、显微牙体预备手术的效果评估

**(一)美学效果评估**

修复体颜色应与病人天然牙颜色相协调,美学区域修复体颜色还应与嘴唇颜色相协调。

修复体的形态应与天然牙相似,有自然恰当的尖、窝、沟、嵴形态,与病人其余天然牙形态协调;美学区域修复体形态还应与病人面型协调。美学区域牙冠宽度应有适当的比例。

美学区域的牙冠长度应满足:息止位口唇自然放松时,上颌中切牙下缘露出 2 ~4 mm;微笑时中切牙切缘与尖牙连成的切缘曲线与下唇曲线平行,中切牙切缘与下唇轻接触。

上颌前牙龈缘的高度应错落有致,中切牙应比侧切牙高,尖牙与中切牙同样或比中切牙略高;龈缘高点的位置在牙齿中轴线的远中。中切牙的牙冠比例应在 75% ~85%(牙冠宽度除以牙冠长度)。殆向观察,将前牙的唇侧最突点连接得到均匀的一条弧线,侧切牙的唇面应在该曲线腭侧约 0.5 mm 处。

**(二)咬合功能效果评估**

修复体完全就位后,患者自然咬合,天然牙应紧密接触,修复体无咬合干扰。修复体就位后,患者下颌侧方运动时,工作侧应接触而非工作侧不应接触,修复体不应对下颌运动产生干扰;后牙区修复体在下颌前伸运动中无早接触。美学区的前牙修复体在正中时不应接触,下牙前伸时应有接触;正中时上下前牙之间应留有小间隙,前伸时应至少有 2 组前牙同时保持接触。

**(三)生物学效果评估**

修复体的边缘应尽量考虑放置于龈缘的冠方,必须将冠缘放在龈下时,不应侵犯生物学宽度,深度不应超过龈沟深度的 1/2,冠缘距龈沟底至少 0.5 mm,且必须与密合性良好。修复体的外形应有利于清除菌斑,外形应凸度适当;修复体完全就位后邻接点松紧度应与患者口内其他牙相似,避免邻接松紧度不当造成患者不适或食物嵌塞。修复体边缘不应有悬突。

# 国家卫生健康委办公厅关于印发医疗美容主诊医师备案培训大纲的通知

国卫办医函〔2020〕537 号

各省、自治区、直辖市及新疆生产建设兵团卫生健康委：

为落实《医疗美容服务管理办法》有关要求，指导各地规范开展医疗美容主诊医师培训工作，进一步提高医疗美容主诊医师备案管理水平，切实保障医疗美容服务质量和安全，我委组织制定了《医疗美容主诊医师备案培训大纲》。现印发给你们，供各地参考使用。

附件：医疗美容主诊医师备案培训大纲

国家卫生健康委办公厅

2020 年 7 月 6 日

附件中第一、第三、第四部分略。第二部分见表 7。

**表 7　美容牙科主诊医师备案培训大纲(共计 48 学时)**

| 单元 | | 细目 | 要点 | 学时 |
|---|---|---|---|---|
| 第一章　绪论 | | | | |
| | 第一节 | 口腔美容医学的定义 | 口腔美容医学的概念及特点；口腔美容医学的起源、发展及其与其他相关学科的关系 | 1.0 |
| | 第二节 | 口腔美容医学的特点 | | 1.0 |
| 第二章　口腔美容医学的基础理论 | | | | |
| | 第三节 | 牙齿色彩学 | 牙体硬组织结构与功能的生理学和美学意义；牙齿色彩的形成；陶瓷修复体的光学特征；人工牙的比色和选色；前牙审美的视觉规律 | 2.0 |
| | 第四节 | 口腔颌面部美学 | 颌骨组织的结构与功能；颌面软组织的结构与功能；牙周组织的结构与功能；口腔颌面部美学的客观指标；软组织美学；微笑的解剖学基础；数字美在口腔美容医学中的应用 | 2.0 |
| 第三章　变色牙的治疗 | | | | |
| | 第五节 | 牙齿染色、变色的原因及分类 | 外源性：烟、茶、咖啡及有色食物染色；内源性：四环素牙、氟斑牙及牙髓坏死造成的牙齿变色 | 2.0 |
| | 第六节 | 牙齿抛光术 | | 0.5 |
| | 第七节 | 牙齿喷砂术 | | 0.5 |
| | 第八节 | 洁治技术 | 龈上洁治术；龈下刮治术 | 0.5 |

续表

| 单元 | 细目 | | 要点 | 学时 |
|---|---|---|---|---|
| | 第九节 | 牙齿漂白技术▲（牙齿漂白） | 诊室内、外漂白方法；根管漂白技术；家庭漂白 | 1.0 |
| | 第十节 | 变色牙的修复治疗 | 贴面修复；冠修复 | 0.5 |
| 第四章　牙体缺损的美容修复 | | | | |
| | 第十一节 | 概述 | 牙体缺损的病因；牙体缺损的修复原则 | 1.0 |
| | 第十二节 | 树脂充填术 | 适应证和禁忌证；充填技术 | 0.5 |
| | 第十三节 | 嵌体▲（嵌体修复） | 适应证和禁忌证；分类；嵌体的美学修复设计 | 0.5 |
| | 第十四节 | 贴面修复▲（瓷面修复） | 适应证和禁忌证；分类；贴面的美学修复设计 | 0.5 |
| | 第十五节 | 桩核修复★ | 适应证和禁忌证；分类；桩核的美学修复设计 | 0.5 |
| | 第十六节 | 全冠修复★ | 适应证和禁忌证；分类；全冠的美学修复设计 | 0.5 |
| | 第十七节 | 部分冠修复 | 适应证和禁忌证；分类；部分冠的美学修复设计 | 0.5 |
| 第五章　牙周美学治疗 | | | | |
| | 第十八节 | 牙周疾病与口腔美容的关系 | 牙龈炎；牙周炎；牙龈色素沉积 | 1.0 |
| | 第十九节 | 龈成形术▲（牙龈成形术） | 适应证和禁忌证；龈成形术的种类和方法 | 0.5 |
| | 第二十节 | 翻瓣术 | 适应证和禁忌证；翻瓣术 | 0.5 |
| | 第二十一节 | 牙周诱导再生▲（牙周引导组织再生术） | 适应证和禁忌证；牙周诱导再生术 | 0.5 |
| | 第二十二节 | 牙龈色素去除术 | 适应证和禁忌证；牙龈色素去除术的种类和方法 | 0.5 |
| 第六章　牙列缺损与缺失的美学修复 | | | | |
| | 第二十三节 | 固定义齿修复 | 适应证和禁忌证；固定义齿的组成及分类；固定义齿的美学修复设计 | 1.0 |
| | 第二十四节 | 可摘局部义齿修复★ | 适应证和禁忌证；可摘局部义齿的分类；可摘局部义齿的美学修复设计 | 1.0 |
| | 第二十五节 | 全口义齿修复★ | 无牙颌的解剖学基础；全口义齿人工牙的选择和排列；全口义齿美学修复设计 | 1.0 |

续表

| 单元 | 细目 | | 要点 | 学时 |
|---|---|---|---|---|
| | 第二十六节 | 附着体义齿 | 适应证和禁忌证;附着体义齿的分类;附着体义齿的美学修复设计 | 1.0 |
| | 第二十七节 | 种植义齿修复★ | 适应证和禁忌证;种植义齿的组成;种植义齿的美学修复设计 | 1.0 |
| | 第二十八节 | 赝附体 | 阻塞器的美学修复设计;义眼;义鼻;义耳 | 1.0 |
| | 第二十九节 | 临时义齿修复 | 临时可摘局部义齿的设计及制作;临时固定义齿的设计及制作;临时全口义齿的设计及制作 | 1.0 |
| 第七章　牙饰技术 | | | | |
| | 第三十节 | 钻石型水晶贴面 | 适应证与禁忌证;钻石型水晶贴面的设计及制作 | 1.0 |
| | 第三十一节 | 其他类型饰齿与文齿 | 其他类型饰齿;文齿;饰齿文齿的美学评价 | 1.0 |
| 第八章　错𬌗畸形的矫治 | | | | |
| | 第三十二节 | 错𬌗畸形的分类 | 错𬌗畸形的原因;错𬌗畸形的分类 | 1.0 |
| | 第三十三节 | 各类错𬌗畸形的矫治 | 安氏Ⅰ类错𬌗畸形的矫治;安氏Ⅱ类错𬌗畸形的矫治;安氏Ⅲ类错𬌗畸形的矫治 | 1.0 |
| | 第三十四节 | 常用美容矫治技术 | | 1.0 |
| 第九章　口腔颌面部软组织微整形美容 | | | | |
| | 第三十五节 | 口腔颌面部组织注射美容技术 | | 1.0 |
| | 第三十六节 | 口腔颌面部组织充填美容技术 | | 1.0 |
| 第十章　口腔颌面部整形美容 | | | | |
| | 第三十七节 | 口腔颌面部整形美容手术基础 | 治疗计划的制定;手术入路及切口设计与闭合方法;颌面部瘢痕的处理及预防 | 2.0 |

**续表**

| 单元 | 细目 | | 要点 | 学时 |
|---|---|---|---|---|
| | 第三十八节 | 上下颌前突矫正术 | 适应证及禁忌证;术前准备;手术步骤及要点;术后处理及并发症的防治 | 2.0 |
| | 第三十九节 | 下颌角肥大矫正术 | 适应证及禁忌证;术前准备;手术步骤及要点;术后处理及并发症的防治 | 2.0 |
| | 第四十节 | 颏成形术 | 适应证及禁忌证;术前准备;手术步骤及要点;术后处理及并发症的防治 | 2.0 |
| | 第四十一节 | 唇、腭裂修复术 | 适应证及禁忌证;术前准备;手术步骤及要点;术后处理及并发症的防治;唇腭裂的序列治疗及功能训练 | 2.0 |
| | 第四十二节 | 颧骨整形美容 | 适应证及禁忌证;术前准备;手术步骤及要点;术后处理及并发症的防治 | 2.0 |
| | 第四十三节 | 面部小瘢痕整复术 | 适应证及禁忌证;术前准备;手术步骤及要点;术后处理及并发症的防治 | 1.0 |
| | 第四十四节 | 唇、颊软组织整形美容 | 唇、颊软组织常见美容问题;术前准备;手术步骤及要点;术后处理及并发症的防治 | 2.0 |
| | 第四十五节 | 面部黑痣手术 | 适应证及禁忌证;术前准备;手术步骤及要点;术后处理及并发症的防治 | 1.0 |

备注:本大纲中的培训项目与《医疗美容项目分级管理目录》(卫办医政发〔2009〕220 号)美容项目名称完全一致的,标注“★”;与《医疗美容项目分级管理目录》基本一致的,标注“▲”,并用“()”标注目录原有名称。

美容牙科起草修订专家组组长:刘洪臣;成员:李鸿波、张志光、沈国芳、周诺、王成龙;秘书:刘乙颖。

## 医学教育

# 教育部关于公布首批国家级一流本科课程认定结果的通知

教高函〔2020〕8 号

各省、自治区、直辖市教育厅（教委），新疆生产建设兵团教育局，有关部门（单位）教育司（局），部属各高等学校，部省合建各高等学校，有关课程平台单位：

根据《教育部关于一流本科课程建设的实施意见》（教高〔2019〕8 号）精神和有关通知要求，经省级教育行政部门、有关部门（单位）教育司（局）、部属高等学校申报推荐，并经专家评议与公示，认定 5118 门课程为首批国家级一流本科课程（含 1 559 门在促进信息技术与教育教学深度融合，特别是在应对新冠肺炎期间实施的大规模在线教学中做出了重要贡献的原 2017 年、2018 年国家精品在线开放课程和国家虚拟仿真实验教学项目）。其中，线上一流课程 1 875 门，虚拟仿真实验教学一流课程 728 门，线下一流课程 1 463 门，线上线下混合式一流课程 868 门，社会实践一流课程 184 门。现予以公布。

各省级教育行政部门、高等学校要将国家级和省级一流本科课程建设纳入“十四五”高等教育发展规划，加快建设与新时代人才培养需求相适应、与新技术相融合、与教育教学方式方法改革相配套的教育教学管理政策和机制，注重一流本科课程建设与应用优秀案例的推广，以“学习革命”推动“质量革命”向纵深发展。

中央部门所属高校要在中央高校教育教学改革专项中对国家级一流本科课程建设予以支持，省级教育行政部门和地方有关高校也应采取相应支持措施，积极推动广大教师和学生投身新时代教与学变革实践。课程平台单位要按照人才培养规律要求，继续做好各种类型课程的技术服务设计、运营、服务支持和网络安全保障，持续推动课程平台技术与模式、教育教学工具的再创新再提升再优化。

教育部将通过使用评价、定期检查等方式，对国家级一流本科课程继续建设进行跟踪监督和管理。自公布之日起 5 年内，未能按照各类课程要求开放共享或持续建设的课程，将取消国家级一流本科课程资格。

附件：首批国家级一流本科课程名单

中华人民共和国教育部
2020 年 11 月 24 日

附件略。

口腔医学相关名单见表 1、表 2、表 3 和表 4。

# 首批国家级一流本科课程名单(口腔医学)

表 1 首批国家级一流本科课程名单(线上一流课程 口腔医学)

| 原序号 | 时间 | 课程名称 | 课程负责人 | 课程团队其他主要成员 | 主要建设单位 | 主要开课平台 |
|---|---|---|---|---|---|---|
| 17 | 2020 年 | 儿童口腔医学 | 葛立宏 | 秦 满 邹 静<br>汪 俊 王小竞 | 北京大学 | 人卫慕课 |
| 408 | 2020 年 | 口腔探密 | 王予江 | 欧阳志强 熊 伟<br>梁 凯 童 菲 | 南昌大学 | 爱课程(中国大学MOOC) |
| 426 | 2020 年 | 口腔正畸学 | 刘东旭 | 刘 毅 郭 泾<br>魏福兰 吕 涛 | 山东大学 | 爱课程(中国大学MOOC) |
| 605 | 2020 年 | 口腔正畸学 | 赵志河 | 白玉兴 金作林<br>王 林 李巍然 | 四川大学 | 人卫慕课 |
| 349 | 2018 年 | 口腔修复学 | 陈亚明 | 章非敏 汤春波<br>张怀勤 胡 建 | 南京医科大学 | 爱课程(中国大学MOOC) |
| 350 | 2018 年 | 口腔正畸学 | 王 林 | 严 斌 陈文静<br>赵春洋 张卫兵 | 南京医科大学 | 爱课程(中国大学MOOC) |
| 653 | 2018 年 | 口腔解剖生理学 | 孙慧玲 | - | 西安交通大学 | 爱课程(中国大学MOOC) |

注:2020 年名单摘自教高函〔2020〕8 号文件;2018 年本科国家精品在线开放课程(线上一流课程),口腔医学名单摘自《教育部关于公布 2018 年国家精品在线开放课程认定结果的通知》(教高函〔2019〕1 号文件)。

表 2 首批国家级一流本科课程名单(虚拟仿真实验教学一流课程 口腔医学)

| 原序号 | 时间 | 课程名称 | 课程负责人 | 主要建设单位 |
|---|---|---|---|---|
| 280 | 2020 年 | 口腔医学技术专业客观结构化实践技能教考系统 | 宋锦璘 | 重庆医科大学 |
| 248 | 2018 年 | 3D 数字化根管预备技术及评测 | 冯希平 | 上海交通大学 |
| 252 | 2018 年 | 突面型青少年的正畸虚拟仿真诊疗实验 | 麻健丰 | 温州医科大学 |
| 259 | 2018 年 | 活髓切断术虚拟仿真实验 | 程 斌 | 中山大学 |
| 266 | 2018 年 | 牙拔除术虚拟仿真-触反馈-多媒体实验教学系统 | 季 平 | 重庆医科大学 |
| 267 | 2018 年 | 正畸病例分析诊断及治疗设计虚拟仿真实验 | 邹 蕊 | 西安交通大学 |
| 72 | 2017 年 | 视听触多感觉反馈口腔虚拟仿真系统在牙周操作培训中的应用 | 侯建霞 | 北京大学 |
| 75 | 2017 年 | 牙髓再生术虚拟仿真教学项目 | 陈 江 | 福建医科大学 |
| 80 | 2017 年 | 口腔颌面部缺损形态修复与功能重建 | 赵铱民 | 空军军医大学 |
| 83 | 2017 年 | 口腔医学交互式虚拟仿真实训系统 | 王 林 | 南京医科大学 |

续表

| 原序号 | 时间 | 课程名称 | 课程负责人 | 主要建设单位 |
|---|---|---|---|---|
| 94 | 2017 年 | CAD/CAM 可摘局部义齿制作工艺 | 宋锦璘 | 重庆医科大学 |

注:2020 年名单摘自教高函〔2020〕8 号文件;2018 年国家虚拟仿真实验教学项目(虚拟仿真实验教学一流课程),名单摘自《教育部关于公布 2018 年度国家虚拟仿真实验教学项目认定结果的通知》(教高函〔2019〕6 号)文件;2017 年国家虚拟仿真实验教学项目(虚拟仿真实验教学一流课程),名单摘自《教育部关于公布首批国家虚拟仿真实验教学项目认定结果的通知》(教高函〔2018〕6 号)文件。

**表 3　首批国家级一流本科课程名单(线下一流课程 口腔医学)**

| 序号 | 课程名称 | 课程负责人 | 课程团队其他主要成员 | 主要建设单位 |
|---|---|---|---|---|
| 19 | 口腔修复学 | 周永胜 | 谭建国　杨亚东　刘云松　潘韶霞 | 北京大学 |
| 371 | 口腔组织病理学 | 孙宏晨 | 钟　鸣　史　册　乔春燕　任美思 | 中国医科大学 |
| 514 | 口腔颌面外科学 | 王佐林 | 康非吾　廖建兴　孙　竞　王　鹏 | 同济大学 |
| 530 | 口腔外科学 | 杨　驰 | 张志愿　张善勇　陈敏洁　郑凌艳 | 上海交通大学 |
| 998 | 牙体牙髓病学 | 边　专 | 陈　智　孟柳燕　范　兵　宋亚玲 | 武汉大学 |
| 1139 | 口腔修复学 | 李　彦 | 王　焱　滕　伟　赵　克　杨　凌 | 中山大学 |
| 1298 | 儿童口腔医学(全英文) | 邹　静 | 李小兵　郑黎薇　张　琼　周　媛 | 四川大学 |
| 1336 | 牙体牙髓病学 | 刘建国 | 吴家媛　梁文红　张　剑　田　源 | 遵义医科大学 |

注:名单摘自教高函〔2020〕8 号文件。

**表 4　首批国家级一流本科课程名单(线上线下混合式一流课程　口腔医学)**

| 序号 | 课程名称 | 课程负责人 | 课程团队其他主要成员 | 主要建设单位 |
|---|---|---|---|---|
| 331 | 口腔正畸学 | 严　斌 | 张卫兵　赵春洋　马俊青　陈文静 | 南京医科大学 |
| 437 | 牙体牙髓病学 | 黄晓晶 | 张　明　雷丽珊　卢兆杰　姜　醒 | 福建医科大学 |
| 810 | 口腔解剖生理学 | 孙慧玲 | - | 西安交通大学 |

注:名单摘自教高函〔2020〕8 号文件。

# 2020 年中华医学会 I 类学分继续医学教育项目

2020 年 3 月 4 日,全国继续医学教育委员会办公室根据《继续医学教育学分授予与管理办法》(全继委发〔2006〕11 号)的有关规定,公布 2020 年中华医学会等六个学会、协会第一批 I 类学分继续医学教育项目,共计 299 项。其中:中华医学会 69 项、中华预防医学会 68 项、中华护理学会 16 项、中华口腔医学会 63 项、中国医院协会 30 项、中国医师协会 53 项。2020 年 7 月 9 日,全国继续医学教育委员会办公室公布第二批 I 类学分继续医学教育项目,其中中华口腔医学会 7 项。以上项目在国家卫生健康委员会网站(http://www.nhc.gov.cn)和中华医学会网站(http://www.cma.org.cn)及六学(协)会 I 类学分项目公布管理系统(http://xhgb.cma.org.cn)发布。口腔医学相关项目见表 5。

表 5 2020 年中华口腔医学会Ⅰ类学分继续医学教育项目(口腔医学)

| 项目编号 | 项目名称 | 主办单位 | 项目负责人 | 批次 |
| --- | --- | --- | --- | --- |
| 口继教字 2020-001 | 树脂基材料的临床应用培训班 | 中华口腔医学会口腔材料专业委员会 | 李志安 | 第一批 |
| 口继教字 2020-002 | 口腔麻醉与镇静镇痛技术规范培训班 | 中华口腔医学会口腔麻醉学专业委员会 | 张 惠 | 第一批 |
| 口继教字 2020-003 | 中华口腔医学会民营口腔医疗分会西部继续教育培训班 | 中华口腔医学会民营口腔医疗分会 | 甘宝霞 | 第一批 |
| 口继教字 2020-006 | 老年显微根管治疗技术规范化培训班 | 中华口腔医学会老年口腔医学专业委员会 | 李肇元 | 第一批 |
| 口继教字 2020-007 | 2020 年微笑列车唇腭裂修复区域培训 | 中华口腔医学会唇腭裂专业委员会 | 马 莲 | 第一批 |
| 口继教字 2020-008 | 口腔全科诊疗理念与操作全国巡回公益培训班 | 中华口腔医学会全科口腔医学专业委员会 | 王 霄 | 第一批 |
| 口继教字 2020-009 | 口腔种植规范化培训班 | 中华口腔医学会口腔美学专业委员会 | 徐 欣 | 第一批 |
| 口继教字 2020-011 | 口腔激光安全规范和临床应用培训班 | 中华口腔医学会口腔激光医学专业委员会 | 赵继志 | 第一批 |
| 口继教字 2020-012 | “西部行”牙槽外科新技术培训班 | 中华口腔医学会牙及牙槽外科专业委员会 | 刘昌奎 | 第一批 |
| 口继教字 2020-013 | 口腔医疗器械及新材料临床转化培训班 | 中华口腔医学会口腔医学科研管理分会 | 邓旭亮 | 第一批 |
| 口继教字 2020-014 | 口腔正畸矫治技术培训班 | 中华口腔医学会口腔正畸专业委员会 | 郑雷蕾 | 第一批 |
| 口继教字 2020-016 | 儿童乳牙外伤的序列治疗技术培训班 | 中华口腔医学会儿童口腔医学专业委员会 | 郭青玉 | 第一批 |
| 口继教字 2020-018 | 舒适化口腔治疗技术边疆培训班 | 中华口腔医学会镇静镇痛专业委员会 | 万 阔 | 第一批 |
| 口继教字 2020-019 | “口腔遗传病学” 的开设与实施培训班 | 中华口腔医学会口腔遗传病与罕见病专业委员会 | 段小红 | 第一批 |
| 口继教字 2020-021 | 口腔影像适宜技术推广学习班 | 中华口腔医学会口腔颌面放射专业委员会 | 王 虎 | 第一批 |
| 口继教字 2020-023 | CBCT 及数字化种植修复学习班 | 中华口腔医学会口腔颌面放射专业委员会 | 张祖燕 | 第一批 |
| 口继教字 2020-024 | 口腔医学协同创新培训班 | 中华口腔医学会口腔种植专业委员会 | 季 平 | 第一批 |
| 口继教字 2020-025 | “西部行”口腔全科诊疗理念与操作培训班 | 中华口腔医学会全科口腔医学专业委员会 | 陈永进 | 第一批 |

续表

| 项目编号 | 项目名称 | 主办单位 | 项目负责人 | 批次 |
| --- | --- | --- | --- | --- |
| 口继教字 2020-026 | “西部行”牙周手术治疗新技术培训班 | 中华口腔医学会牙周病学专业委员会 | 王勤涛 | 第一批 |
| 口继教字 2020-028 | “边疆行”公益活动暨口腔种植外科手术规范化培训班 | 中华口腔医学会口腔种植专业委员会 | 宿玉成 | 第一批 |
| 口继教字 2020-029 | 标准、微创和无预备贴面临床技术学习班 | 中华口腔医学会口腔修复学专业委员会 | 刘　峰 | 第一批 |
| 口继教字 2020-030 | “西部行”口腔修复规范化技术培训班 | 中华口腔医学会口腔修复学专业委员会 | 陈吉华 | 第一批 |
| 口继教字 2020-032 | 微创牙及牙槽外科学习班 | 中华口腔医学会牙及牙槽外科专业委员会 | 赵吉宏 | 第一批 |
| 口继教字 2020-033 | 规范化四手操作技术培训班 | 中华口腔医学会口腔护理专业委员会 | 徐佑兰 | 第一批 |
| 口继教字 2020-034 | “西部行”牙体牙髓病学新技术培训班 | 中华口腔医学会牙体牙髓病学专业委员会 | 周学东 | 第一批 |
| 口继教字 2020-035 | 全科思维下的口腔种植专科诊疗培训班 | 中华口腔医学会民营口腔医疗分会 | 何宝杰 | 第一批 |
| 口继教字 2020-036 | 唇腭裂修复华西法教学培训班 | 中华口腔医学会唇腭裂专业委员会 | 石　冰 | 第一批 |
| 口继教字 2020-037 | 口腔颌面创伤救治及缺损功能性修复学习班 | 中华口腔医学会口腔颌面创伤及正颌专业委员会 | 邵益森 | 第一批 |
| 口继教字 2020-040 | 口腔护理专题讲座 | 中华口腔医学会 | 李秀娥 | 第一批 |
| 口继教字 2020-041 | 2020 年中华口腔医学会全科口腔医学专业委员会第二届全科口腔高峰论坛 | 中华口腔医学会全科口腔医学专业委员会 | 王　霄 | 第一批 |
| 口继教字 2020-042 | 第十一届微笑列车唇腭裂治疗学术大会 | 中华口腔医学会唇腭裂专业委员会 | 石　冰 | 第一批 |
| 口继教字 2020-043 | 2020 年第一次中华口腔医学会医学信息化管理分会学术年会 | 中华口腔医学会口腔医学信息化管理分会 | 曹战强 | 第一批 |
| 口继教字 2020-044 | 2020 年中华口腔医学会牙及牙槽外科专业委员会复杂牙拔除高峰论坛 | 中华口腔医学会牙及牙槽外科专业委员会 | 胡开进 | 第一批 |
| 口继教字 2020-045 | 3D 打印颌面外科手术导板技术标准专题研讨会 | 中华口腔医学会口腔颌面创伤及正颌专业委员会 | 王旭东 | 第一批 |

续表

| 项目编号 | 项目名称 | 主办单位 | 项目负责人 | 批次 |
| --- | --- | --- | --- | --- |
| 口继教字 2020-046 | 2020 年中华口腔医学会口腔颌面外科专委会口腔美容新技术新进展学术研讨会 | 中华口腔医学会口腔颌面外科专业委员会 | 陈伟辉 | 第一批 |
| 口继教字 2020-047 | 2020 年中华口腔医学会口腔麻醉学专业委员会第 15 次全国年会 | 中华口腔医学会口腔麻醉学专业委员会 | 张　惠 | 第一批 |
| 口继教字 2020-048 | 世界口腔正畸种植体支抗大会 | 中华口腔医学会口腔正畸专业委员会 | 白玉兴 | 第一批 |
| 口继教字 2020-049 | 2020 年中华口腔医学会口腔医疗服务分会第十四次全国口腔医院管理学术会议 | 中华口腔医学会口腔医疗服务分会 | 凌均棨 | 第一批 |
| 口继教字 2020-050 | 全国口腔颌面创伤正颌优秀博士论文研讨会 | 中华口腔医学会口腔颌面创伤及正颌专业委员会 | 张　益 | 第一批 |
| 口继教字 2020-051 | 2020 年中华口腔医学会口腔医学教育专业委员会第十六次学术年会 | 中华口腔医学会口腔医学教育专业委员会 | 郭传瑸 | 第一批 |
| 口继教字 2020-052 | 2020 年中华口腔医学会口腔美学专业委员会第六次口腔美学学术年会 | 中华口腔医学会口腔美学专业委员会 | 徐　欣 | 第一批 |
| 口继教字 2020-053 | 2020 年中华口腔医学会口腔医学科研管理分会第五次学术年会暨口腔医学国际学术前沿论坛 | 中华口腔医学会口腔医学科研管理分会 | 陈谦明 | 第一批 |
| 口继教字 2020-054 | 2020 年中华口腔医学会口腔修复工艺学专业委员会第十次全国口腔修复工艺学学术年会 | 中华口腔医学会口腔修复工艺学专业委员会 | 佟　岱 | 第一批 |
| 口继教字 2020-055 | 2020 中华口腔医学会口腔激光专委会第五次口腔激光医学学术会议 | 中华口腔医学会口腔激光专业委员会 | 宋应亮 | 第一批 |
| 口继教字 2020-056 | 2020 年中华口腔医学会牙周病学专业委员会第十二次全国牙周病学学术会议 | 中华口腔医学会牙周病学专业委员会 | 王勤涛 | 第一批 |
| 口继教字 2020-057 | 2020 年中华口腔医学会口腔遗传病与罕见病专业委员会第二次学术年会 | 中华口腔医学会口腔遗传病与罕见病专业委员会 | 段小红 | 第一批 |
| 口继教字 2020-058 | 2020 年中华口腔医学会口腔药学专业委员会第九次全国口腔药学学术会议 | 中华口腔医学会口腔药学专业委员会 | 刘习强 | 第一批 |
| 口继教字 2020-059 | 2020 年中华口腔医学会牙及牙槽外科专业委员会第二次全国牙槽外科学术年会 | 中华口腔医学会牙及牙槽外科专业委员会 | 胡开进 | 第一批 |

续表

| 项目编号 | 项目名称 | 主办单位 | 项目负责人 | 批次 |
| --- | --- | --- | --- | --- |
| 口继教字2020-060 | 2020年中华口腔医学会镇静镇痛专业委员会第五次全国学术年会 | 中华口腔医学会镇静镇痛专业委员会 | 万　阔 | 第一批 |
| 口继教字2020-061 | 2020年中华口腔医学会口腔预防医学专业委员会第二十次全国学术年会 | 中华口腔医学会口腔预防医学专业委员会 | 台保军 | 第一批 |
| 口继教字2020-062 | 2020年中华口腔医学会颞下颌关节病学及殆学专业委员会第17次全国颞下颌关节病学及殆学学术研讨会暨颞下颌关节外科国际学术研讨会 | 中华口腔医学会颞下颌关节病学及殆学专业委员会 | 龙　星 | 第一批 |
| 口继教字2020-063 | 2020年中华口腔医学会牙体牙髓病学专业委员会第十三次全国牙体牙髓病学学术大会 | 中华口腔医学会牙体牙髓病学专业委员会 | 边　专 | 第一批 |
| 口继教字2020-064 | 2020年中华口腔医学会口腔急诊专业委员会第五次口腔急诊学术会议 | 中华口腔医学会口腔急诊专业委员会 | 朱亚琴 | 第一批 |
| 口继教字2020-065 | 2020年中华口腔医学会口腔颌面-头颈肿瘤专业委员会第一次学术年会 | 中华口腔医学会口腔颌面-头颈肿瘤专业委员会 | 尚政军 | 第一批 |
| 口继教字2020-066 | 2020年中华口腔医学会口腔病理学专业委员会第十四次全国口腔病理学术会议 | 中华口腔医学会口腔病理学专业委员会 | 钟　鸣 | 第一批 |
| 口继教字2020-067 | 颌骨骨髓炎和骨坏死专题研讨会 | 中华口腔医学会口腔颌面创伤及正颌专业委员会 | 安金刚 | 第一批 |
| 口继教字2020-068 | 口腔修复学专题讲座 | 中华口腔医学会 | 谭建国 | 第一批 |
| 口继教字2020-069 | 口腔正畸学专题讲座 | 中华口腔医学会 | 许天民 | 第一批 |
| 口继教字2020-070 | 口腔种植学专题讲座 | 中华口腔医学会 | 王　兴 | 第一批 |
| 口继教字2020-071 | 牙周病学专题讲座 | 中华口腔医学会 | 欧阳翔英 | 第一批 |
| 口继教字2020-072 | 儿童口腔医学专题讲座 | 中华口腔医学会 | 秦　满 | 第一批 |
| 口继教字2020-073 | 牙体牙髓病学专题讲座 | 中华口腔医学会 | 岳　林 | 第一批 |

续表

| 项目编号 | 项目名称 | 主办单位 | 项目负责人 | 批次 |
| --- | --- | --- | --- | --- |
| 口继教字2020-074 | 口腔临床实用新技术新进展培训班 | 中华口腔医学会继续教育部 | 侯本祥 | 第一批 |
| 口继教字2020-075 | 牙体牙髓疾病临床技术及研究进展培训班 | 中华口腔医学会牙体牙髓病学专业委员会 | 杨德琴 | 第二批 |
| 口继教字2020-076 | 老年患者舒适化口腔诊疗策略及技巧培训班 | 中华口腔医学会老年口腔医学专业委员会 | 吕海鹏 | 第二批 |
| 口继教字2020-077 | 口腔种植理论与临床技术培训班 | 中华口腔医学会口腔种植专业委员会 | 宿玉成 | 第二批 |
| 口继教字2020-078 | 标准化种植与种植后修复技术培训班 | 中华口腔医学会口腔种植专业委员会 | 张志勇 | 第二批 |
| 口继教字2020-079 | 微创拔牙及风险控制培训班 | 中华口腔医学会口腔颌面外科专业委员会 | 梁志刚 | 第二批 |
| 口继教字2020-080 | 颌面头颈部困难气道管理技术培训班 | 中华口腔医学会口腔麻醉学专业委员会 | 邓晓明 | 第二批 |
| 口继教字2020-081 | 数字化时代口腔微创种植与风险防范研修班 | 中华口腔医学会编辑部 | 刘宏伟 | 第二批 |

注:摘自国家卫生健康委员会科技教育司全继委办发〔2020〕01号文件、全继委办发〔2020〕13号文件之附件。

# 教育部关于公布2020年高等职业教育专业设置备案和审批结果的通知

教职成函〔2020〕1号

各省、自治区、直辖市教育厅(教委),新疆生产建设兵团教育局:

根据《普通高等学校高等职业教育(专科)专业设置管理办法》(教职成〔2015〕10号),我部对2020年经各省级教育行政部门备案的高等职业教育(以下简称高职)专业设置情况进行了汇总,并依法组织对2020年申请增设国家控制的高职专业进行审批。现将备案结果和审批结果予以公布。

2020年,经各省级教育行政部门备案的非国家控制高职专业和我部审批同意新设的国家控制高职专业共计765个,专业点59 111个。其中,经各省级教育行政部门备案的非国家控制高职专业点58 821个。

备案结果数据库已与招生来源计划管理系统相衔接,数据共享,备案结果和审批结果均可在全国职业院校专业设置管理与公共信息服务平台进行查询(网址:www.zyyxzy.cn)。其中,专业名称、代码及修业年限以平台公布的内容为准。

截至2019年11月1日,我部共受理2020年拟新设国家控制的高职专业点申请449个。经过专家评议和公安部、司法部、国家卫生健康委、国家中医药局等行业主管部门审核,同意2020年增设国家控制的高职专业点290个,自2020年起可以招生,其专业名称、专业代码、修业年限等均以本通知公布的内容为准。不同意 2020 年新设国家控制的高职专业点 159 个。相关信息也可通过教育部政府服务管理平台查询(网址:gz. moe. gov. cn)。

请各省级教育行政部门严格按照本通知公布的备案结果和审批结果合理安排高职招生计划。

附件:2020 年高校增设国家控制的高职专业审批结果

中华人民共和国教育部

二〇二〇年一月十三日

附件略。

口腔医学相关名单见表 6。

**表 6　2020 年国家控制的高职专业审批同意设置的专业点(口腔医学)**

| 原序号 | 省份 | 学校名称 | 专业代码 | 专业名称 | 修业年限 |
|---|---|---|---|---|---|
| 5 | 广东省 | 惠州卫生职业技术学院 | 620102K | 口腔医学 | 三年 |
| 7 | 黑龙江省 | 伊春职业学院 | 620102K | 口腔医学 | 三年 |
| 8 | 湖北省 | 湖北三峡职业技术学院 | 620102K | 口腔医学 | 三年 |
| 9 | 湖南省 | 湖南环境生物职业技术学院 | 620102K | 口腔医学 | 三年 |
| 14 | 江苏省 | 泰州职业技术学院 | 620102K | 口腔医学 | 三年 |
| 15 | 江西省 | 赣南卫生健康职业学院 | 620102K | 口腔医学 | 三年 |
| 17 | 江西省 | 江西医学高等专科学校 | 620102K | 口腔医学 | 三年 |
| 20 | 山东省 | 菏泽家政职业学院 | 620102K | 口腔医学 | 三年 |
| 21 | 山东省 | 山东现代学院 | 620102K | 口腔医学 | 三年 |
| 22 | 山东省 | 山东中医药高等专科学校 | 620102K | 口腔医学 | 三年 |
| 23 | 山西省 | 山西卫生健康职业学院 | 620102K | 口腔医学 | 三年 |
| 25 | 四川省 | 乐山职业技术学院 | 620102K | 口腔医学 | 三年 |
| 26 | 四川省 | 四川中医药高等专科学校 | 620102K | 口腔医学 | 三年 |

注:摘自教育部教职成函〔2020〕1 号之附件。

# 中国高等学校口腔医学专业招生和培养简况

资料由我国高等学校口腔医学院系提供(尚有部分院系未提供),中国香港、澳门特别行政区和台湾省口腔医学专业招生培养简况未统计在内。统计时限从 2020 年 1 月至 2020 年 12 月。详情见表 7。

**表 7　2020 年度中国口腔医学本科生招生培养简况**

| 单位 | 在校生人数 | | | 招生人数 | | | 毕业人数 | | |
|---|---|---|---|---|---|---|---|---|---|
| | 8 年制 | 7 年制 (5+3)* | 5 年制 | 8 年制 | 7 年制 (5+3)* | 5 年制 | 8 年制 | 7 年制 | 5 年制 |
| 四川大学华西口腔医学院 | 239 | – | 953 | 30 | – | 178 | 26 | – | 189 |

续表

| 单位 | 在校生人数 | | | 招生人数 | | | 毕业人数 | | |
|---|---|---|---|---|---|---|---|---|---|
| | 8 年制 | 7 年制（5+3）* | 5 年制 | 8 年制 | 7 年制（5+3）* | 5 年制 | 8 年制 | 7 年制 | 5 年制 |
| 北京大学口腔医学院 | 181 | – | 76 | 38 | – | 44 | 57 | – | 27 |
| 上海交通大学口腔医学院 | 104 | 66 | 178 | 30 | – | 21 | – | 28 | 9 |
| 空军军医大学口腔医学院 | 132 | – | 161 | 20 | – | 45 | 8 | – | 20 |
| 武汉大学口腔医学院 | 177 | – | 119 | 185 | 43 | 33 | 6 | 23 | 51 |
| 首都医科大学口腔医学院 | – | 252 | 139 | – | 31 | 25 | – | 16 | 24 |
| 复旦大学上海口腔医学院 | – | – | 22 | – | – | 22 | – | – | – |
| 南开大学口腔医学院 | – | – | 147 | – | – | 32 | – | – | 20 |
| 天津医科大学口腔医学院 | – | 245 | 3 | – | 50 | – | – | – | 1 |
| 河北医科大学口腔医学院 | – | – | 310 | – | – | 68 | – | – | 62 |
| 华北理工大学口腔医学院 | – | – | 383 | – | – | 90 | – | – | 65 |
| 河北北方学院 | – | – | 327 | – | – | 80 | – | – | 76 |
| 山西医科大学口腔医学院 | – | – | 515 | – | – | 127 | – | – | 95 |
| 包头医学院口腔医学院 | – | – | 214 | – | – | 40 | – | – | 40 |
| 中国医科大学口腔医学院 | – | – | 324 | – | – | 64 | – | – | 64 |
| 大连医科大学口腔医学院 | – | – | 359 | – | – | 65 | – | – | 60 |
| 大连大学医学院 | – | – | 362 | – | – | 60 | – | – | 61 |
| 吉林大学口腔医学院 | – | 198 | 219 | – | 39 | 41 | – | 37 | 45 |
| 北华大学口腔医学院 | – | – | 739 | – | – | 230 | – | – | 164 |
| 佳木斯大学口腔医学院 | – | – | 304 | – | – | 60 | – | – | 60 |
| 哈尔滨医科大学口腔医学院 | – | – | 146 | – | – | 50 | – | – | 50 |
| 牡丹江医学院 | – | – | 277 | – | – | 30 | – | – | 26 |
| 同济大学口腔医学院 | – | – | 194 | – | – | 60 | – | – | 35 |
| 南京大学口腔医学院 | – | 58 | 79 | – | – | 21 | – | 13 | – |
| 南京医科大学口腔医学院 | – | 182 | 368 | – | 50 | 88 | 32 | – | 66 |
| 浙江大学口腔医学院 | – | 247 | 20 | – | 50 | 20 | – | 58 | – |
| 浙江中医药大学口腔医学院 | – | – | 512 | – | – | 93 | – | – | 90 |
| 温州医科大学口腔医学院 | – | – | 298 | – | – | 55 | – | – | 31 |
| 湖州师范学院医学院 | – | – | 211 | – | – | 45 | – | – | 50 |
| 安徽医科大学口腔医学院 | – | – | 341 | – | – | 89 | – | – | 62 |
| 皖南医学院 | – | – | 742 | – | – | 130 | – | – | 93 |

续表

| 单位 | 在校生人数 | | | 招生人数 | | | 毕业人数 | | |
|---|---|---|---|---|---|---|---|---|---|
| | 8 年制 | 7 年制（5+3）* | 5 年制 | 8 年制 | 7 年制（5+3）* | 5 年制 | 8 年制 | 7 年制 | 5 年制 |
| 福建医科大学 | – | – | 557 | – | – | 120 | – | – | 101 |
| 厦门医学院 | – | – | 320 | – | – | 64 | – | – | – |
| 南昌大学口腔医学院 | – | – | 255 | – | – | 50 | – | – | 57 |
| 山东大学口腔医学院 | – | 159 | 266 | – | 42 | 54 | – | 31 | 55 |
| 青岛大学口腔医学院 | – | – | 232 | – | – | 40 | – | – | 28 |
| 潍坊医学院口腔医学院 | – | – | 532 | – | – | 533 | – | – | 96 |
| 滨州医学院口腔医学院 | – | – | 701 | – | – | 93 | – | – | 133 |
| 郑州大学口腔医学院 | – | – | 436 | – | – | 75 | – | – | 87 |
| 华中科技大学口腔医学院 | – | – | 145 | – | – | 24 | – | – | 26 |
| 湖北科技学院五官医学院 | – | – | 531 | – | – | 63 | – | – | 103 |
| 中南大学湘雅口腔医学院 | – | 250 | 104 | – | 50 | – | – | – | 82 |
| 湖南中医药大学第一临床医学院 | – | – | 550 | – | – | 90 | – | – | 118 |
| 中山大学光华口腔医学院 | – | 244 | 322 | – | 50 | 70 | – | – | 88 |
| 暨南大学口腔医学院 | – | – | 378 | – | – | 93 | – | – | 44 |
| 深圳大学口腔医学院 | – | – | 94 | – | – | 30 | – | – | – |
| 汕头大学口腔医学院 | – | – | 168 | – | – | 30 | – | – | 28 |
| 佛山科学技术学院口腔医学院 | – | – | 446 | – | – | 168 | – | – | 95 |
| 广西医科大学口腔医学院 | – | – | 266 | – | – | 80 | – | – | 41 |
| 右江民族医学院 | – | – | 265 | – | – | 50 | – | – | 58 |
| 海南医学院 | – | – | 431 | – | – | 70 | – | – | 84 |
| 重庆医科大学口腔医学院 | – | – | 531 | – | – | 125 | – | – | 106 |
| 江汉大学医学院 | – | – | 287 | – | – | 80 | – | – | – |
| 西南医科大学口腔医学院 | – | – | 442 | – | – | 87 | – | – | 100 |
| 川北医学院 | – | – | 761 | – | – | 160 | – | – | 100 |
| 贵州医科大学口腔医学院 | – | – | 983 | – | – | 144 | – | – | 89 |
| 遵义医科大学口腔医学院 | – | – | 874 | – | – | 200 | – | – | 81 |
| 昆明医科大学口腔医学院 | – | – | 530 | – | – | 111 | – | – | 77 |
| 西安交通大学口腔医学院 | – | 25 | 264 | – | – | 68 | – | 14 | 67 |
| 西安医学院口腔医学院 | – | – | 514 | – | – | 105 | – | – | 97 |
| 兰州大学口腔医学院 | – | – | 415 | – | – | 81 | – | – | 79 |

续表

| 单位 | 在校生人数 | | | 招生人数 | | | 毕业人数 | | |
|---|---|---|---|---|---|---|---|---|---|
| | 8 年制 | 7 年制（5+3）* | 5 年制 | 8 年制 | 7 年制（5+3）* | 5 年制 | 8 年制 | 7 年制 | 5 年制 |
| 西北民族大学口腔医学院 | – | – | 424 | – | – | 91 | – | – | 79 |
| 宁夏医科大学口腔医学院 | – | – | 348 | – | – | 70 | – | – | 46 |
| 石河子大学医学院 | – | – | 333 | – | – | 64 | – | – | 77 |
| 新疆医科大学口腔医学院 | – | – | 408 | – | – | 134 | – | – | 92 |

注：* 表示因政策指导，从 2015 年开始全国不再招生 7 年制口腔医学生，故 7 年制下备注“（5+3）”，特指过渡阶段的招生状态。

## 表 8　2020 年度中国口腔医学硕士研究生招生培养简况

| 硕士学位授予单位 | 学科专业 | 指导教师人数 | 在读硕士生人数 | 招生人数 | 毕业人数 |
|---|---|---|---|---|---|
| 四川大学 | | | | | |
| | 口腔基础医学 | 16 | 63 | 16 | 11 |
| | 口腔临床医学 | 62 | 577 | 203 | 167 |
| 北京大学 | | | | | |
| | 口腔基础医学 | 1 | 6 | 3 | 1 |
| | 口腔临床医学 | 64 | 188 | 64 | 30 |
| 上海交通大学 | | | | | |
| | 口腔基础医学 | 5 | 15 | 6 | 1 |
| | 口腔临床医学 | 56 | 125 | 45 | 30 |
| 第四军医大学 | | | | | |
| | 口腔基础医学 | 11 | 8 | 3 | – |
| | 口腔临床医学 | 60 | 26 | 7 | 5 |
| | 口腔医学 | 73 | 59 | 23 | 11 |
| 武汉大学 | | | | | |
| | 口腔基础医学 | 4 | 8 | 4 | – |
| | 口腔临床医学 | 40 | 64 | 26 | 13 |
| | 口腔医学 | 68 | 237 | 89 | 69 |
| 首都医科大学 | | | | | |
| | 口腔基础医学 | 7 | 26 | 8 | 4 |
| | 口腔临床医学 | 52 | 119 | 29 | 28 |

续表

| 硕士学位授予单位 | 学科专业 | 指导教师人数 | 在读硕士生人数 | 招生人数 | 毕业人数 |
|---|---|---|---|---|---|
| 解放军医学院 | | | | | |
| | 口腔临床医学 | 16 | 34 | 13 | 9 |
| 北京协和医院 | | | | | |
| | 口腔临床医学 | 5 | 4 | – | 3 |
| 南开大学 | | | | | |
| | 口腔医学 | 21 | 68 | 27 | 19 |
| | 口腔临床医学 | 26 | 3 | 1 | 2 |
| 天津医科大学 | | | | | |
| | 口腔基础医学 | 2 | 1 | – | 2 |
| | 口腔临床医学 | 23 | 44 | 15 | 13 |
| | 口腔医学 | 29 | 142 | 59 | 44 |
| 河北医科大学 | | | | | |
| | 口腔基础医学 | 2 | 2 | 1 | 1 |
| | 口腔临床医学 | 43 | 16 | 9 | 7 |
| | 口腔医学 | 57 | 86 | 65 | 37 |
| 华北理工大学 | | | | | |
| | 口腔临床医学 | 39 | 72 | 33 | 20 |
| 山西医科大学 | | | | | |
| | 口腔临床医学 | 5 | 5 | 5 | – |
| | 口腔基础医学 | 15 | 51 | 20 | 15 |
| | 口腔医学 | 35 | 164 | 66 | 39 |
| 包头医学院 | | | | | |
| | 口腔临床医学 | 71 | 20 | – | 16 |
| 中国医科大学 | | | | | |
| | 口腔基础医学 | 10 | 16 | 11 | 2 |
| | 口腔临床医学 | 51 | 291 | 87 | 53 |
| 大连医科大学 | | | | | |
| | 口腔基础医学 | 6 | 29 | 8 | 6 |
| | 口腔临床医学 | 11 | 44 | 17 | 13 |
| 大连大学 | | | | | |
| | 口腔临床医学 | – | 53 | 11 | 19 |

续表

| 硕士学位授予单位 | 学科专业 | 指导教师人数 | 在读硕士生人数 | 招生人数 | 毕业人数 |
|---|---|---|---|---|---|
| 吉林大学 | | | | | |
| | 口腔基础医学 | 2 | 6 | – | 3 |
| | 口腔临床医学 | 27 | 82 | 21 | 24 |
| | 口腔医学 | 52 | 302 | 93 | 61 |
| 佳木斯大学 | | | | | |
| | 口腔临床医学 | 24 | 79 | 28 | 18 |
| | 口腔基础医学 | 22 | – | – | – |
| 哈尔滨医科大学附四院 | | | | | |
| | 口腔临床医学 | 3 | 14 | 6 | 3 |
| | 口腔医学 | 3 | 7 | 3 | 3 |
| 哈尔滨医科大学 | | | | | |
| | 口腔基础医学 | 3 | 3 | 3 | 2 |
| | 口腔临床医学 | 5 | 9 | 5 | 2 |
| | 口腔医学 | 28 | 94 | 39 | 36 |
| 复旦大学 | | | | | |
| | 口腔临床医学 | 10 | 16 | 4 | 3 |
| 同济大学 | | | | | |
| | 口腔基础医学 | 1 | 12 | 5 | 4 |
| | 口腔临床医学 | 13 | 77 | 24 | 25 |
| | 口腔医学 | 11 | 24 | 8 | 6 |
| 南京大学 | | | | | |
| | 口腔临床医学 | 36 | 207 | 69 | 19 |
| 南京医科大学 | | | | | |
| | 口腔基础医学 | 2 | 5 | 2 | 1 |
| | 口腔临床医学 | 54 | 374 | 106 | 84 |
| 浙江大学 | | | | | |
| | 口腔基础医学 | 4 | 1 | 1 | – |
| | 口腔临床医学 | 36 | 180 | 69 | 43 |
| 浙江中医药大学 | | | | | |
| | 口腔临床医学 | 13 | 69 | 28 | 12 |

续表

| 硕士学位授予单位 | 学科专业 | 指导教师人数 | 在读硕士生人数 | 招生人数 | 毕业人数 |
|---|---|---|---|---|---|
| 温州医科大学 | | | | | |
| | 口腔临床医学 | 20 | 114 | 66 | 18 |
| 安徽医科大学 | | | | | |
| | 口腔基础医学 | 3 | 12 | 5 | 2 |
| | 口腔临床医学 | 13 | 57 | – | – |
| | 口腔医学 | 9 | 54 | 28 | 8 |
| 皖南医学院 | | | | | |
| | 口腔医学 | 13 | 43 | 21 | 12 |
| 福建医科大学 | | | | | |
| | 口腔基础医学 | 2 | 1 | 2 | – |
| | 口腔临床医学 | 18 | 67 | 24 | 22 |
| | 口腔医学 | 27 | 95 | 40 | 25 |
| 南昌大学 | | | | | |
| | 口腔基础医学 | 18 | 24 | 11 | 4 |
| | 口腔临床医学 | 45 | 158 | 69 | 41 |
| 山东大学 | | | | | |
| | 口腔基础医学 | 5 | 12 | 4 | 2 |
| | 口腔临床医学 | 19 | 56 | 10 | 15 |
| 青岛大学 | | | | | |
| | 口腔临床医学 | 24 | 135 | 46 | 50 |
| 潍坊医学院 | | | | | |
| | 口腔基础医学 | 11 | 3 | 1 | 1 |
| | 口腔临床医学 | 21 | 28 | 9 | 10 |
| | 口腔医学 | 20 | 44 | 18 | – |
| 滨州医学院 | | | | | |
| | 口腔临床医学 | 35 | 82 | 40 | 12 |
| 郑州大学 | | | | | |
| | 口腔基础医学 | 2 | – | – | – |
| | 口腔临床医学 | 6 | 10 | 2 | 10 |
| | 口腔医学 | 47 | 125 | 48 | 29 |
| 华中科技大学 | | | | | |
| | 口腔临床医学 | 18 | 48 | 16 | 9 |

续表

| 硕士学位授予单位 | 学科专业 | 指导教师人数 | 在读硕士生人数 | 招生人数 | 毕业人数 |
|---|---|---|---|---|---|
| 中南大学 | | | | | |
| | 口腔基础医学 | 18 | 32 | 7 | 17 |
| | 口腔临床医学 | 38 | 143 | 46 | 65 |
| 湖南中医药大学 | | | | | |
| | 口腔临床医学 | 16 | 26 | 12 | 8 |
| 中山大学 | | | | | |
| | 口腔基础医学 | 15 | 14 | 5 | 2 |
| | 口腔临床医学 | 149 | 271 | 97 | 59 |
| 暨南大学 | | | | | |
| | 口腔医学 | 40 | 129 | 53 | 23 |
| 南方医科大学 | | | | | |
| | 口腔临床医学 | 33 | 64 | 26 | 11 |
| 广西医科大学 | | | | | |
| | 口腔基础医学 | 2 | 7 | 3 | 1 |
| | 口腔临床医学 | 16 | 85 | 32 | 29 |
| | 口腔医学 | 19 | 60 | 23 | 14 |
| 右江民族医学院 | | | | | |
| | 口腔临床医学 | 13 | 43 | 23 | 6 |
| 海南医学院 | | | | | |
| | 口腔临床医学 | 10 | 16 | 10 | – |
| 重庆医科大学 | | | | | |
| | 口腔基础医学 | 63 | 3 | 3 | 2 |
| | 口腔临床医学 | 71 | 82 | 35 | 21 |
| | 口腔医学 | 41 | 199 | 75 | 46 |
| 江汉大学 | | | | | |
| | 口腔基础医学 | 1 | 1 | – | – |
| 电子科技大学 | | | | | |
| | 口腔医学 | 5 | 5 | 4 | – |
| 西南医科大学 | | | | | |
| | 口腔临床医学 | 19 | 52 | 25 | 17 |
| | 口腔医学 | 22 | 59 | 25 | 21 |

续表

| 硕士学位授予单位 | 学科专业 | 指导教师人数 | 在读硕士生人数 | 招生人数 | 毕业人数 |
|---|---|---|---|---|---|
| 川北医学院 | | | | | |
| | 口腔临床医学 | 2 | 7 | 2 | 3 |
| | 口腔医学 | 11 | 38 | 25 | – |
| 贵阳医科大学 | | | | | |
| | 口腔基础医学 | 1 | 1 | – | 1 |
| | 口腔临床医学 | 7 | 15 | 8 | 3 |
| | 口腔医学 | 15 | 51 | 19 | 17 |
| 遵义医学院 | | | | | |
| | 口腔基础医学 | 10 | 8 | 7 | 2 |
| | 口腔临床医学 | 10 | 25 | 15 | 5 |
| | 口腔医学 | 40 | 142 | 59 | 27 |
| 昆明医科大学 | | | | | |
| | 口腔基础医学 | 2 | 3 | 2 | – |
| | 口腔临床医学 | 33 | 138 | 52 | 40 |
| 西安交通大学 | | | | | |
| | 口腔基础医学 | 12 | 11 | 6 | 1 |
| | 口腔临床医学 | 8 | 5 | – | 2 |
| | 口腔医学 | 19 | 77 | 45 | 18 |
| 兰州大学 | | | | | |
| | 口腔基础医学 | 5 | – | – | – |
| | 口腔临床医学 | 25 | 45 | 24 | 26 |
| | 口腔医学 | 29 | 136 | 60 | 1 |
| 宁夏医科大学 | | | | | |
| | 口腔基础医学 | 3 | – | – | – |
| | 口腔临床医学 | 25 | 69 | 30 | 16 |
| 石河子大学医学院 | | | | | |
| | 口腔临床医学 | 12 | 34 | 12 | 7 |
| 新疆医科大学 | | | | | |
| | 口腔医学 | 16 | 164 | 54 | 37 |

注：* 均为口腔医学专业教师挂靠有关学科点招生。

表9 2020年度中国口腔医学博士研究生招生培养简况

| 博士学位授予单位 | 学科专业 | 指导教师人数 | 在读博士生人数 | 招生人数 | 毕业人数 |
|---|---|---|---|---|---|
| 四川大学 | | | | | |
| | 口腔临床医学 | 5 | 53 | 18 | 5 |
| | 口腔基础医学 | 59 | 258 | 78 | 57 |
| 北京大学 | | | | | |
| | 口腔基础医学 | 3 | 7 | 3 | 1 |
| | 口腔临床医学 | 69 | 203 | 62 | 46 |
| 上海交通大学 | | | | | |
| | 口腔基础医学 | 5 | 12 | 5 | 4 |
| | 口腔临床医学 | 52 | 67 | 27 | 19 |
| 空军军医大学 | | | | | |
| | 口腔基础医学 | 6 | 5 | 1 | 3 |
| | 口腔临床医学 | 25 | 18 | 6 | 10 |
| | 口腔医学 | 23 | 24 | 7 | 3 |
| 武汉大学 | | | | | |
| | 口腔基础医学 | 15 | 52 | 14 | 16 |
| | 口腔临床医学 | 10 | 37 | 9 | 13 |
| | 口腔医学 | 23 | 20 | 17 | 5 |
| 首都医科大学 | | | | | |
| | 口腔基础医学 | 6 | 19 | 7 | 2 |
| | 口腔临床医学 | 21 | 60 | 18 | 10 |
| 解放军医学院 | | | | | |
| | 口腔临床医学 | 5 | 13 | 6 | 5 |
| 天津医科大学 | 口腔临床医学 | 2 | – | – | – |
| | 口腔基础医学 | 4 | 3 | 1 | 2 |
| | 口腔医学 | 8 | 17 | 7 | – |
| 河北医科大学 | | | | | |
| | 病理学与病理生理学 | 1 | 1 | – | 1 |
| 中国医科大学 | | | | | |
| | 口腔基础医学 | 5 | 7 | 4 | 2 |
| | 口腔临床医学 | 13 | 59 | 11 | 12 |
| 吉林大学 | | | | | |
| | 口腔临床医学 | 15 | 35 | 6 | 7 |
| | 口腔医学 | 15 | 27 | 13 | – |

续表

| 博士学位授予单位 | 学科专业 | 指导教师人数 | 在读博士生人数 | 招生人数 | 毕业人数 |
| --- | --- | --- | --- | --- | --- |
| 哈尔滨医科大学 | | | | | |
| | 口腔基础医学 | 2 | – | 2 | – |
| | 口腔临床医学 | 3 | 10 | 3 | 3 |
| | 口腔医学 | 1 | 6 | 6 | – |
| 哈尔滨医科大学附四院 | | | | | |
| | 口腔基础医学 | 1 | 1 | – | – |
| | 口腔临床医学 | 1 | 10 | – | 2 |
| 复旦大学 | | | | | |
| | 临床医学* | 3 | 4 | 1 | 2 |
| | 生物与医药* | 3 | 5 | 3 | – |
| 同济大学 | | | | | |
| | 口腔基础医学 | 2 | 10 | 2 | 2 |
| | 口腔临床医学 | 8 | 42 | 12 | 4 |
| | 口腔医学 | 2 | 3 | – | 1 |
| 南京大学 | | | | | |
| | 口腔临床医学 | 9 | 35 | 8 | 7 |
| 南京医科大学 | | | | | |
| | 口腔基础医学 | 1 | 2 | – | 1 |
| | 口腔临床医学 | 11 | 42 | 16 | 5 |
| 浙江大学 | | | | | |
| | 口腔基础医学 | 3 | 5 | 3 | – |
| | 口腔临床医学 | 12 | 31 | 16 | 9 |
| 温州医科大学 | | | | | |
| | 外科学* | 4 | 4 | 2 | – |
| 安徽医科大学 | | | | | |
| | 外科学* | 3 | 3 | 2 | – |
| | 流行病与卫生统计学* | 1 | 1 | 1 | – |
| 福建医科大学 | | | | | |
| | 口腔基础医学 | 1 | 2 | 2 | – |
| | 口腔临床医学 | 7 | 13 | 7 | 3 |
| | 口腔医学 | 7 | 13 | 9 | – |

续表

| 博士学位授予单位 | 学科专业 | 指导教师人数 | 在读博士生人数 | 招生人数 | 毕业人数 |
|---|---|---|---|---|---|
| 南昌大学 | | | | | |
| | 临床医学(牙医学) | 2 | 7 | 2 | 2 |
| 山东大学 | | | | | |
| | 口腔基础医学 | 4 | 7 | 2 | 2 |
| | 口腔临床医学 | 5 | 16 | 2 | 2 |
| 青岛大学 | | | | | |
| | 口腔临床医学 | 9 | 16 | 9 | – |
| 郑州大学 | | | | | |
| | 口腔临床医学 | 3 | 3 | – | 1 |
| 华中科技大学 | | | | | |
| | 口腔临床医学 | 5 | 11 | 3 | 3 |
| 中南大学 | | | | | |
| | 口腔临床医学 | 5 | – | – | – |
| | 口腔整形美容学 | 11 | 31 | 7 | 5 |
| 湖南中医药大学 | | | | | |
| | 口腔临床医学 | 2 | 2 | 1 | – |
| 中山大学 | | | | | |
| | 口腔基础医学 | 9 | 4 | 3 | 5 |
| | 口腔临床医学 | 39 | 110 | 38 | 15 |
| 南方医科大学 | | | | | |
| | 口腔临床医学 | 3 | 11 | – | 1 |
| 广西医科大学 | | | | | |
| | 口腔基础医学 | 2 | 4 | 2 | – |
| | 口腔临床医学 | 5 | 8 | 2 | – |
| | 口腔医学 | 6 | 40 | 20 | – |
| | 临床医学* | 5 | 9 | – | 6 |
| 重庆医科大学 | | | | | |
| | 口腔基础医学 | 7 | – | – | – |
| | 口腔临床医学 | 9 | 11 | 6 | 1 |
| | 口腔医学 | 12 | 16 | 13 | 1 |
| 昆明医科大学 | | | | | |
| | 耳鼻咽喉科* | 7 | 15 | 5 | 2 |
| 西安交通大学 | | | | | |
| | 口腔基础医学 | 12 | 13 | 3 | 2 |
| | 外科学* | 5 | 12 | 5 | – |

续表

| 博士学位授予单位 | 学科专业 | 指导教师人数 | 在读博士生人数 | 招生人数 | 毕业人数 |
|---|---|---|---|---|---|
| 新疆医科大学 | | | | | |
| | 外科学* | 3 | 22 | 7 | 2 |

注：* 均为口腔医学专业教师挂靠有关博士学科的招生。

## 表 10　2020 年度中国口腔医学博士研究生毕业生一览表

| 博士学位授予单位 | 姓名 | 性别 | 出生年月 | 获学位年月 | 所授学位专业 | 指导教师 | 毕业论文题目 |
|---|---|---|---|---|---|---|---|
| 四川大学 | | | | | | | |
| | 袁　尧 | 男 | 1992.09 | 2020.06 | 口腔基础医学 | 陈谦明 | YAP1/TAZ-TEAD 转录信号调控角质细胞增殖与分化的分子机制研究 |
| | 李明政 | 男 | 1989.08 | 2020.06 | 口腔基础医学 | 包崇云 | 巨噬细胞极化在磷酸钙陶瓷诱导骨形成中的作用及机制研究 |
| | 杨　肖 | 女 | 1990.03 | 2020.06 | 口腔基础医学 | 汤亚玲 | DEC1/DEC2 与唾液腺腺样囊性癌休眠的关系及机制初探 |
| | 石思容 | 女 | 1991.05 | 2020.06 | 细胞生物学 | 林云锋 | 四面体框架核酸在软骨再生及骨关节炎治疗中的研究应用 |
| | 汤博钰 | 男 | 1991.08 | 2020.06 | 牙体牙髓病学 | 周学东 | 牙菌斑生物膜耐 β-内酰胺类抗生素细菌的研究 |
| | 刘文静 | 女 | 1989.07 | 2020.06 | 牙体牙髓病学 | 周学东 | TGF-β1 调节骨细胞、成骨细胞细胞交流及其机制的研究 |
| | 张辰紫 | 女 | 1991.06 | 2020.06 | 牙体牙髓病学 | 周学东 | 新型小分子化合物抗口腔细菌生物膜的机制研究 |
| | 刘梦余 | 男 | 1990.09 | 2020.06 | 牙体牙髓病学 | 叶　玲 | NAD+/NADH 影响骨髓间充质干细胞能量代谢和分化的机制研究 |
| | 龚　婷 | 女 | 1990.04 | 2020.06 | 牙体牙髓病学 | 吴红崑 | 外泌体及其缓释微球在牙髓干细胞成牙本质分化的研究 |
| | 潘　洁 | 女 | 1991.02 | 2020.06 | 牙体牙髓病学 | 吴红崑 | 小型猪和鼠类动物模型在牙槽骨组织中的应用研究 |
| | 高　源 | 男 | 1988.08 | 2020.06 | 牙体牙髓病学 | 李继遥 | 吸附 HA 的仿生复合材料的构建及其诱导牙釉质再矿化的研究 |
| | 徐玮哲 | 女 | 1991.07 | 2020.06 | 牙体牙髓病学 | 黄定明 | Treg 细胞在牙周组织炎症反应中的作用机制初探 |

续表

| 博士学位授予单位 | 姓名 | 性别 | 出生年月 | 获学位年月 | 所授学位专业 | 指导教师 | 毕业论文题目 |
|---|---|---|---|---|---|---|---|
| | 张 斌 | 女 | 1989.11 | 2020.06 | 牙体牙髓病学 | 胡 涛 | 反义 vicR 调控变异链球菌胞外多糖代谢及生物膜致龋性机制的研究 |
| | 胡 筠 | 女 | 1989.08 | 2020.06 | 牙体牙髓病学 | 胡 涛 | 新型盖髓材料 BCP-A 的开发及机制研究 |
| | 陈 虹 | 女 | 1991.01 | 2020.06 | 牙体牙髓病学 | 胡 涛 | rnc 基因调控变异链球菌成熟生物膜胞外多糖 代谢机制及应用研究 |
| | 王林艳 | 女 | 1991.07 | 2020.06 | 牙体牙髓病学 | 胡 涛 | Meis2 调控小鼠上腭发育的作用机制研究 |
| | 丁隆江 | 男 | 1989.08 | 2020.06 | 牙体牙髓病学 | 张凌琳 | 儿童唾液蛋白质组学分析及唾液防龋功能多肽的构建与评价 |
| | 周 雯 | 女 | 1988.12 | 2020.06 | 牙体牙髓病学 | 程 磊 | 双阶段释放型抗菌钛植体材料防治植体周围感染的研究 |
| | 陈 慧 | 女 | 1991.03 | 2020.06 | 牙体牙髓病学 | 程 磊 | 季铵盐抗真菌的机制研究 |
| | 谢旭东 | 男 | 1990.10 | 2020.06 | 牙周病学 | 吴亚菲 | 表达 Axin2 的间充质细胞在牙骨质发育中的作用研究 |
| | 聂 敏 | 女 | 1986.02 | 2020.06 | 牙周病学 | 吴亚菲 | 光动力抗菌疗法在控制口腔菌斑生物膜中的作用 |
| | 李飞飞 | 男 | 1989.12 | 2020.06 | 儿童口腔医学 | 郑黎薇 | H3K27me3 修饰在牙上皮干细胞命运决定中的作用及机制研究 |
| | 杨华梅 | 女 | 1988.07 | 2020.06 | 口腔黏膜病学 | 陈谦明 | β-catenin/CBP 信号在口腔鳞状上皮癌变过程中的异常激活及其阻断剂抗肿瘤作用机制初探 |
| | 尹凤英 | 女 | 1988.11 | 2020.06 | 口腔黏膜病学 | 曾 昕 | 初级纤毛在口腔白斑病和口腔鳞状细胞癌的作用和机制研究 |
| | 王冏珂 | 男 | 1990.08 | 2020.06 | 口腔黏膜病学 | 曾 昕 | 甲基转移酶 SMYD2 在 p53 野生型和突变型口腔鳞状细胞癌中的作用 |
| | 刘 志 | 男 | 1991.08 | 2020.06 | 口腔颌面外科学 | 田卫东 | Smad7 在牙发育过程中调控磨牙形态大小的机制研究 |
| | 杨 艳 | 女 | 1991.08 | 2020.06 | 口腔颌面外科学 | 田卫东 | 维生素 C 对体外长期培养中人牙周膜干细胞衰老的影响及机制研究 |

续表

| 博士学位授予单位 | 姓名 | 性别 | 出生年月 | 获学位年月 | 所授学位专业 | 指导教师 | 毕业论文题目 |
|---|---|---|---|---|---|---|---|
| | 张　岩 | 男 | 1991.03 | 2020.06 | 口腔颌面外科学 | 田卫东 | 外泌体脂肪因子 NPM3 调控白色脂肪棕色化的研究 |
| | 段余峰 | 男 | 1992.06 | 2020.06 | 口腔颌面外科学 | 田卫东 | 利用单细胞转录组测序系统解析双荧光标记的小鼠牙胚的细胞亚群和发育过程 |
| | 陈　红 | 女 | 1992.02 | 2020.06 | 口腔颌面外科学 | 田卫东 | 多能牙髓再生干细胞（MDPSCs）的筛选及其在牙髓再生中的应用 |
| | 王小明 | 男 | 1991.07 | 2020.06 | 口腔颌面外科学 | 石　冰 | 小鼠胚胎腭间充质内 β-catenin 在腭发育期参与调节腭突上抬的机制研究 |
| | 张碧荷 | 女 | 1992.04 | 2020.08 | 口腔颌面外科学 | 石　冰 | VAX1、MAFB 及非编码区 SNP 与汉族人群非综合征型唇腭裂关联研究 |
| | 张博文 | 男 | 1990.06 | 2020.06 | 口腔颌面外科学 | 李龙江 | 去甲肾上腺素促进口腔鳞癌细胞恶性进展的机制研究 |
| | 邱　灵 | 女 | 1992.03 | 2020.12 | 口腔颌面外科学 | 李龙江 | 神经酰胺促唾液腺腺样囊性癌细胞凋亡相关分子通路及机制的研究 |
| | 叶　立 | 男 | 1990.09 | 2020.06 | 口腔颌面外科学 | 李龙江 | 肿瘤相关巨噬细胞经 Clec4e/Syk/NFκB 环路促进肿瘤进展的分子机制研究 |
| | 林世宇 | 男 | 1992.01 | 2020.06 | 口腔颌面外科学 | 林云锋 | DNA 四面体在糖尿病伤口愈合及干细胞甲基化中的应用研究 |
| | 孟令贤 | 女 | 1988.03 | 2020.06 | 口腔颌面外科学 | 林云锋 | 负载脱氧核酶和光敏剂的 DNA 四面体载药系统 |
| | 齐舒群 | 女 | 1989.02 | 2020.06 | 口腔颌面外科学 | 潘　剑 | 局部黏着斑激酶通过 mTORC1 信号通路促进骨祖细胞增殖 |
| | 李　蕙 | 女 | 1992.02 | 2020.08 | 口腔颌面外科学 | 刘　磊 | Dmp1 基因对下颌骨髁突发育影响及其作用机制研究 |
| | 杜　文 | 男 | 1991.04 | 2020.06 | 口腔颌面外科学 | 罗　恩 | 基于人工智能的牙颌面畸形诊断及手术方案设计系统的开发及临床应用探究 |
| | 姚　洁 | 女 | 1989.10 | 2020.06 | 口腔颌面外科学 | 汤　炜 | 基于深度学习技术的颅颌面自动定点相关软件的开发与评价 |

续表

| 博士学位授予单位 | 姓名 | 性别 | 出生年月 | 获学位年月 | 所授学位专业 | 指导教师 | 毕业论文题目 |
|---|---|---|---|---|---|---|---|
| | 屈墨濒 | 男 | 1991.07 | 2020.06 | 口腔颌面外科学 | 祝颂松 | 生物可降解甲基丙烯酸酐化明胶(GelMA)微针贴片用于经皮基因递送 |
| | 项自超 | 女 | 1991.10 | 2020.09 | 口腔颌面外科学 | 李继华 | 内质网应激参与磷酸钙陶瓷修复骨缺损的相关机理研究 |
| | 郭彦君 | 女 | 1992.06 | 2020.06 | 口腔修复学 | 宫　苹 | 降钙素基因相关肽对糖尿病大鼠种植体周血管及骨结合作用探究 |
| | 刘　飞 | 男 | 1989.09 | 2020.06 | 口腔修复学 | 王　敏 | 三叉神经损伤对 TG 和 SpVc 内甘丙肽及其受体的影响研究 |
| | 王　瑗 | 女 | 1993.10 | 2020.06 | 口腔修复学 | 袁　泉 | 酮戊二酸通过调控组蛋白甲基化改善衰老相关骨质疏松的研究 |
| | 段晓波 | 女 | 1990.09 | 2020.06 | 口腔修复学 | 袁　泉 | 终末期肾脏病血液透析患者口腔唾液微生物组的研究 |
| | 胡杉杉 | 女 | 1990.01 | 2020.06 | 口腔修复学 | 万乾炳 | 贻贝仿生口腔载药贴膜的构建及其黏附、转运和释药机理研究 |
| | 蔡　和 | 女 | 1991.06 | 2020.06 | 口腔修复学 | 梁　星 | 中老年女性的全身健康因素与牙齿保存之间关系的研究 |
| | 荀　敏 | 女 | 1991.12 | 2020.06 | 口腔修复学 | 王　航 | EGCG 交联猪小肠黏膜下层引导骨再生的研究 |
| | 热孜万·克衣木 | 女 | 1982.07 | 2020.06 | 口腔正畸学 | 赵志河 | 不同基底硬度诱导骨髓间充质干细胞成骨分化中 LA/C 的作用及其 Notch 通路调控机制研究 |
| | 黄鑫琪 | 男 | 1992.08 | 2020.06 | 口腔正畸学 | 赵志河 | circRFWD2 调控 NELL-1 介导的人脂肪干细胞成骨分化的作用及机制研究 |
| | 陈　甜 | 女 | 1990.06 | 2020.06 | 口腔正畸学 | 白　丁 | 下颌骨喙突发育不良与长面综合征形成的相关性研究 |
| | 冯　捷 | 女 | 1990.10 | 2020.06 | 口腔正畸学 | 白　丁 | 转化生长因子 β3(TGF-β3)与牙周膜成纤维细胞向肌成纤维细胞转化分子机制的探究 |
| | TAMER ZOHAIR SALMAN OMRAN | 男 | 1987.08 | 2020.06 | 口腔正畸学 | 白　丁 | 最适主观头位俯仰角度定位方法的初步研究 |
| | 杨清清 | 女 | 1988.09 | 2020.06 | 口腔正畸学 | 赖文莉 | NCKX4 在小鼠釉质发育的作用研究 |

续表

| 博士学位授予单位 | 姓名 | 性别 | 出生年月 | 获学位年月 | 所授学位专业 | 指导教师 | 毕业论文题目 |
|---|---|---|---|---|---|---|---|
| | 刘　艺 | 男 | 1989.10 | 2020.06 | 口腔正畸学 | 赖文莉 | NGF 和 Atp6v0a1 参与 CGRP 的囊泡运输调控大鼠牙移动疼痛的机理研究 |
| | 梁恒燕 | 女 | 1985.10 | 2020.09 | 口腔正畸学 | 赖文莉 | 三叉神经节神经元 NO-CGRP 信号通路调控大鼠牙移动疼痛的机制研究 |
| | 李昱煜 | 女 | 1991.06 | 2020.06 | 口腔正畸学 | 邹淑娟 | RANK Motif 2 和 Motif 3 对破骨活动的调控作用及机制研究 |
| | 吕春晓 | 女 | 1992.12 | 2020.06 | 口腔正畸学 | 邹淑娟 | 萝卜硫素对大鼠正畸牙移动所致牙根吸收修复的影响及机制研究 |
| | 陈　杰 | 男 | 1988.09 | 2020.08 | 口腔正畸学 | 郭维华 | TDM 生物支架搭载 TGF－β1/BMP4 促进功能性牙根再生相关研究 |
| | 廖利君 | 女 | 1989.10 | 2020.08 | 口腔正畸学 | 郭维华 | DAPT 诱导巨噬细胞 M2 型极化调控 异种生物牙根再生的相关研究 |
| 北京大学 | | | | | | | |
| | 逄丽萍 | 女 | 1991.02 | 2020.07 | 牙体牙髓病学 | 王晓燕 | 组蛋白甲基转移酶 KMT2D 在牙齿早期发育中的功能研究 |
| | 黄文雪 | 女 | 1991.10 | 2020.07 | 牙周病学 | 胡文杰 | 铁蛋白在牙周炎发生发展中的作用及机制研究 |
| | 石　梦 | 女 | 1991.01 | 2020.07 | 牙周病学 | 胡文杰 | 牙周炎患者口腔菌群结构与代谢组关系的初步研究 |
| | 张井然 | 女 | 1992.02 | 2020.12 | 牙周病学 | 栾庆先 | 数字化牙龈形态、颜色和基于视觉的牙周健康评价方法探究 |
| | 王贵燕 | 女 | 1991.06 | 2020.07 | 儿童口腔医学 | 秦　满 | 再植牙临床回顾及 808nm 激光对牙周膜细胞作用的研究 |
| | 王　楠 | 女 | 1990.09 | 2020.07 | 儿童口腔医学 | 赵玉鸣 | 儿童及青少年恒牙挫入的临床回顾研究与动物模型建立 |
| | 国　慧 | 女 | 1991.02 | 2020.07 | 儿童口腔医学 | 刘　鹤 | 儿童可摘式功能性间隙保持器的数字化设计和制作 |
| | 李晓霞 | 女 | 1991.02 | 2020.07 | 儿童口腔医学 | 葛立宏 | 乳牙牙髓干细胞对视网膜色素变性的治疗作用 |
| | 翟　越 | 女 | 1991.07 | 2020.07 | 儿童口腔医学 | 葛立宏 | 人 β 防御素 4 在牙髓干细胞中的表达及其抗炎与修复功能研究 |

续表

| 博士学位授予单位 | 姓名 | 性别 | 出生年月 | 获学位年月 | 所授学位专业 | 指导教师 | 毕业论文题目 |
|---|---|---|---|---|---|---|---|
| | 王　兴 | 男 | 1986.12 | 2020.07 | 口腔黏膜病学 | 刘宏伟 | ALA光动力疗法结合新靶向基因GBAS沉默治疗口腔鳞癌的实验研究 |
| | 王兆有 | 女 | 1985.12 | 2020.07 | 口腔预防医学 | 徐　韬 | 含氟涂料预防第一恒磨牙龋病效果的研究 |
| | 辛月娇 | 女 | 1990.01 | 2020.07 | 口腔预防医学 | 郑树国 | RUNX2介导的破骨细胞分化与功能调控在颅骨锁骨发育不全替牙障碍中的作用 |
| | 祝　策 | 男 | 1991.08 | 2020.07 | 口腔预防医学 | 郑树国 | 基于短期纵向研究的唾液取样方法学探索 |
| | 王逸飞 | 男 | 1993.01 | 2020.12 | 口腔颌面外科学 | 郭传瑸 | 6-磷酸葡萄糖脱氢酶在口腔鳞状细胞癌颈淋巴转移中的作用及机制研究 |
| | 赵明宇 | 男 | 1989.07 | 2020.07 | 口腔颌面外科学 | 郭传瑸 | 可降解镁合金膜在口腔引导骨再生中的研究 |
| | 朱文瑄 | 女 | 1991.09 | 2020.07 | 口腔颌面外科学 | 俞光岩 | 高IgE相关唾液腺疾病的临床病理研究 |
| | 闵赛南 | 女 | 1992.02 | 2020.12 | 口腔颌面外科学 | 俞光岩 | IgG4相关性唾液腺炎纤维化发病机制及紧密连接改变的研究 |
| | 郑　燕 | 女 | 1992.10 | 2020.07 | 口腔颌面外科学 | 林　野 | 基于lncRNA-mRNA微阵列芯片对喷砂酸蚀钛表面诱导hBMSCs成骨分化的作用及机制研究 |
| | 王晨曦 | 男 | 1991.06 | 2020.07 | 口腔颌面外科学 | 林　野 | 多巴胺在骨缺损修复中的作用机制及初步应用研究 |
| | 王　达 | 男 | 1990.09 | 2020.12 | 口腔颌面外科学 | 林　野 | 上颌窦植骨种植的长期效果研究及黏膜穿孔后二次植骨的临床分析 |
| | 孙　睿 | 男 | 1991.12 | 2020.07 | 口腔颌面外科学 | 彭　歆 | PAX1、ZNF582基因甲基化与口腔鳞状细胞癌的相关性研究 |
| | 薛竹林 | 男 | 1991.01 | 2020.07 | 口腔颌面外科学 | 王　兴 | 面部表情运动的三维动态定量研究 |
| | 赵雅君 | 女 | 1991.08 | 2020.07 | 口腔颌面外科学 | 张　益 | 人脂肪间充质干细胞三维成球机制及生物学性能研究 |

续表

| 博士学位授予单位 | 姓名 | 性别 | 出生年月 | 获学位年月 | 所授学位专业 | 指导教师 | 毕业论文题目 |
|---|---|---|---|---|---|---|---|
| | 吕婉琪 | 女 | 1991.06 | 2020.07 | 口腔颌面外科学 | 张　益 | 调节肠道菌群改善脂肪间充质干细胞治疗 1 型糖尿病效果的实验研究 |
| | 睢　意 | 女 | 1990.06 | 2020.07 | 口腔颌面外科学 | 魏世成 | 基于人下颌下腺上皮干/祖细胞的唾液腺类器官构建和唾液腺再生探索 |
| | 张亚琼 | 女 | 1992.07 | 2020.07 | 口腔颌面医学影像学 | 李　刚 | 上颌窦及下颌神经管分支解剖的锥形束 CT 研究 |
| | 杨　盼 | 女 | 1991.02 | 2020.07 | 口腔颌面医学影像学 | 李　刚 | 口腔颌面部常用 X 线检查引发人体生物学效应及与剂量相关性研究 |
| | 杨　振 | 女 | 1989.05 | 2020.07 | 口腔修复学 | 谭建国 | RGD 肽仿生修饰氧化锆对牙龈成纤维细胞和细菌生物学行为的影响 |
| | 江圣杰 | 男 | 1992.08 | 2020.07 | 口腔修复学 | 邓旭亮 | RAC1/YAP 介导细胞间刚度差驱动细胞群运动的研究 |
| | 梁薇薇 | 女 | 1991.09 | 2020.07 | 口腔修复学 | 邓旭亮 | 硅/锌双元素协同 PLGA 微球促进 CPC 支架材料成骨作用研究 |
| | 袁临天 | 男 | 1991.03 | 2020.07 | 口腔修复学 | 周永胜 | 光激发内外源性光敏剂对牙龈卟啉单胞菌的杀灭效果与机制研究 |
| | 姜雨汐 | 女 | 1988.07 | 2020.07 | 口腔修复学 | 周永胜 | 520 nm 光调控 hBMSCs 成骨分化的机制及应用研究 |
| | 李　峥 | 女 | 1991.06 | 2020.07 | 口腔修复学 | 周永胜 | 线粒体型磷酸烯醇式丙酮酸羧激酶 PCK2 在骨组织再生中的作用机制及应用研究 |
| | 邓珂慧 | 女 | 1992.09 | 2020.07 | 口腔修复学 | 周永胜 | 功能易适数字化全口义齿修复技术的自主研发与评价 |
| | 郑剑桥 | 女 | 1989.04 | 2020.07 | 口腔修复学 | 孙玉春 | 机器人自控飞秒激光精准牙体预备和种植窝洞制备的探索及生物学效应的研究 |
| | 崔圣洁 | 女 | 1990.12 | 2020.07 | 口腔正畸学 | 周彦恒 | 牙髓干细胞通过抑制 STAT1 信号通路治疗大鼠颞下颌关节骨关节炎的机制研究 |
| | 张梦琦 | 女 | 1993.02 | 2020.07 | 口腔正畸学 | 林久祥 | IRF6 基因罕见变异在两个唇腭裂家系发病中的作用与机制研究 |

续表

| 博士学位授予单位 | 姓名 | 性别 | 出生年月 | 获学位年月 | 所授学位专业 | 指导教师 | 毕业论文题目 |
|---|---|---|---|---|---|---|---|
| | 辛天艺 | 女 | 1991.10 | 2020.07 | 口腔正畸学 | 周彦恒 | 牙齿发育异常的分子遗传学及发病机制研究 |
| | 金姗姗 | 女 | 1992.10 | 2020.07 | 口腔正畸学 | 周彦恒 | 仿生矿化胶原介导内源性骨再生的骨免疫调节机制研究 |
| | 陈慧中 | 女 | 1991.10 | 2020.07 | 口腔正畸学 | 许天民 | 生理性支抗控制系统矫治器的滑动阻力及支抗控制研究 |
| | 马燕燕 | 女 | 1991.09 | 2020.07 | 口腔正畸学 | 高雪梅 | 下颌前伸对 OSAHS 患者上气道形态及功能影响的滴定式研究 |
| | 张　晔 | 女 | 1991.08 | 2020.07 | 口腔基础医学 | 李铁军 | 形态学关联的基因组和转录组综合分析鉴定腺样囊性癌发生、演进中关键分子及信号通路研究 |
| | 易思琦 | 男 | 1994.04 | 暂未获 | 牙周病学 | 栾庆先 | E2A 基因修饰对人胚胎干细胞功的影响及可能机制的初步研究 |
| | 郝　挺 | 男 | 1985.05 | 暂未获 | 口腔颌面外科学 | 甘业华 | p63 介导组蛋白脱乙酰酶调控抑癌基因 PTEN 表达及定位的研究 |
| | 刘　云 | 女 | 1991.09 | 暂未获 | 口腔修复学 | 谢秋菲 | 染料木素拮抗雌激素对咬合干扰致慢性咀嚼肌痛敏作用的机制 |
| | 冯婷婷 | 女 | 1992.02 | 暂未获 | 口腔正畸学 | 许天民 | 上颌第一磨牙生理性移动对正畸治疗及治疗后稳定性的影响 |
| | 王伟萍 | 女 | 1993.12 | 暂未获 | 牙周病学 | 欧阳翔英 | 模式识别受体 NLRC5 在牙周炎骨破坏中的作用 |
| 上海交通大学 | | | | | | | |
| | 沈洪洲 | 男 | 1991.09 | 2020.06 | 口腔临床医学 | 沈国芳 | 载 BMP2 磷酸钙骨水泥修复颅颌面骨缺损的机制与应用研究 |
| | 琚梧桐 | 男 | 1988.01 | 2020.06 | 口腔临床医学 | 钟来平 | Stathmin 1 优化口腔鳞癌 TPF 诱导化疗的机制研究 |
| | 李　晓 | 女 | 1991.10 | 2020.06 | 口腔临床医学 | 范新东 | 静脉高压诱导动静脉畸形血管生成的机制研究 |
| | 裴　君 | 女 | 1989.09 | 2020.06 | 口腔临床医学 | 冯希平 | 牙周致病菌代谢产物致 EB 病毒活化的机理研究 |
| | 杨光正 | 男 | 1990.10 | 2020.06 | 口腔临床医学 | 蒋欣泉 | 磁控微组织构建调控在组织再生中的研究与应用 |

续表

| 博士学位授予单位 | 姓名 | 性别 | 出生年月 | 获学位年月 | 所授学位专业 | 指导教师 | 毕业论文题目 |
|---|---|---|---|---|---|---|---|
| | 秦　尉 | 女 | 1989.02 | 2020.06 | 口腔临床医学 | 焦　婷 | 3D 打印 TPMS 仿生氧化锆种植体的设计及性能研究初探 |
| | 胡　月 | 女 | 1992.10 | 2020.06 | 口腔临床医学 | 徐袁瑾 | 槲皮素对骨关节炎的体内外作用及其机制研究 |
| | 刘小涵 | 女 | 1992.02 | 2020.06 | 口腔临床医学 | 杨　驰 | TMJ-ADD 关节镜盘复位疗效评价及髁突吸收病因初探 |
| | 陈欣慰 | 女 | 1992.07 | 2020.06 | 口腔临床医学 | 张善勇 | Dlk2 调控颞下颌关节骨关节炎软骨下骨中破骨细胞分化的研究 |
| | 韩　永 | 男 | 1989.09 | 2020.06 | 口腔临床医学 | 张志愿 | PD-1 单抗联合 Afatinib 治疗头颈鳞癌的实验研究 |
| | 李嘉怡 | 女 | 1991.08 | 2020.08 | 口腔临床医学 | 张志愿 | AXL 与 YAP 相互作用通过激活 STAT3 促头颈鳞癌发生发展的机制研究 |
| | 赵泽亮 | 男 | 1985.04 | 2020.12 | 口腔临床医学 | 郑家伟 | 外泌体负载的 miR-187-3p 对血管瘤干细胞普萘洛尔耐药性影响的机制研究 |
| | 赵铜超 | 男 | 1991.09 | 2020.06 | 口腔临床医学 | 钟来平 | ErbB2 信号通路在高表达 GDF15 口腔鳞癌诱导化疗中的机制研究 |
| | 李　宁 | 男 | 1980.06 | 2020.06 | 口腔临床医学 | 张修银 | 牙周炎微环境响应性抗菌多功能材料的制备和性能研究 |
| | 吴　坤 | 男 | 1989.07 | 2020.06 | 口腔基础医学 | 陈万涛 | 口腔鳞癌长链非编码 RNA RC3H2 的功能及转移预测基因谱型研究 |
| | 张　瑱 | 男 | 1989.10 | 2020.06 | 口腔基础医学 | 陈万涛 | 年轻女性舌鳞癌基因突变特点和菌群谱特征的研究 |
| | 石剑波 | 男 | 1991.09 | 2020.06 | 口腔基础医学 | 徐　骎 | 血清 miR-626 和 miR-5100 在口腔鳞状细胞癌患者预后评估中的应用 |
| | 唐艳梅 | 女 | 1990.10 | 2020.06 | 口腔医学 | 蒋欣泉 | 基于镁颗粒降解制备的可注射原位生孔水凝胶促细胞存活及血管化骨再生的研究 |
| | 连梅菲 | 女 | 1992.01 | 2020.06 | 口腔医学 | 张修银 | 成骨、抗菌不对称双层引导骨再生膜的制备及其性能研究 |
| | 史俊宇 | 男 | 1989.05 | 2020.06 | 口腔医学 | 赖红昌 | 种植修复临床并发症的队列研究 |

续表

| 博士学位授予单位 | 姓名 | 性别 | 出生年月 | 获学位年月 | 所授学位专业 | 指导教师 | 毕业论文题目 |
|---|---|---|---|---|---|---|---|
| 空军军医大学 | | | | | | | |
| | 何治一 | 女 | 1989.07 | 2020.06 | 口腔基础医学 | 金 岩 | 间充质干细胞释放凋亡小体缓解老年性骨质疏松的机制研究 |
| | 郭 皓 | 男 | 1988.10 | 2020.06 | 口腔临床医学 | 轩 昆 | 生物工程牙用于全牙再生性治疗的转化应用研究 |
| | 余 凡 | 男 | 1991.01 | 2020.06 | 口腔临床医学 | 陈吉华 | 基于纤维外脱矿与牙本质反应性粘接剂构建新型粘接体系的研究 |
| | 王 嘉 | 女 | 1991.02 | 2020.06 | 口腔临床医学 | 陈发明 | 经皮/穿黏膜种植体抗菌、促软组织封闭特异性设计及其体内外评价 |
| | 邱新毓 | 男 | 1991.01 | 2020.06 | 口腔基础医学 | 金 岩 | 骨髓间充质干细胞释放凋亡细胞外囊泡促进皮肤愈合过程中血管化的机制研究 |
| | 陈 骥 | 男 | 1990.12 | 2020.06 | 口腔临床医学 | 李德华 | 发育与再生中 $Gli1^+$ 细胞维持 H 型血管的作用与机制研究 |
| | 李春绒 | 女 | 1982.02 | 2020.06 | 口腔临床医学 | 金作林 | Periostin 介导雌激素调控卵巢摘除大鼠骨髓基质细胞成骨分化的机制研究 |
| | 苏忠平 | 男 | 1983.03 | 2020.06 | 口腔临床医学 | 何黎升 | BMP-1 修饰 BMSCs 细胞膜片促进牵张成骨的实验研究 |
| | 蒙 萌 | 男 | 2000.01 | 2020.06 | 口腔临床医学 | 张少锋 | 离子交换强韧化效应对齿科饰瓷磨损行为的影响 |
| | 刘 瑾 | 女 | 1991.03 | 2020.06 | 口腔医学 | 高 勃 | 细胞外囊泡在骨髓间充质干细胞治疗皮肤创伤中的作用研究 |
| | 冯晓珂 | 女 | 1989.11 | 2020.06 | 口腔医学 | 赵铱民 | 聚醚醚酮表面及内部改良结构与组织结合的应用研究 |
| | 刘安琪 | 女 | 1991.03 | 2020.06 | 口腔医学 | 金 岩 | $Gli1^+$ 细胞在正畸牙移动中的作用研究 |
| | 段彦盛 | 男 | 1978.01 | 2020.12 | 口腔临床医学 | 宋应亮 | 选择性激光熔覆钛种植体在 2 型糖尿病状态下骨结合能力的相关研究 |
| | 贾 森 | 男 | 1988.11 | 2020.12 | 口腔临床医学 | 胡开进 | 纳米羟基磷灰石表面垂直介孔硅涂层的构建及其在骨缺损再生中的应用研究 |

续表

| 博士学位授予单位 | 姓名 | 性别 | 出生年月 | 获学位年月 | 所授学位专业 | 指导教师 | 毕业论文题目 |
| --- | --- | --- | --- | --- | --- | --- | --- |
| | 丁明超 | 男 | 1982.06 | 2020.12 | 口腔临床医学 | 刘彦普 | NDRG2/Akt 通路通过 ASCT2 调控黏液表皮样癌代谢重编程和上皮-间质转变的机制研究 |
| | 唐震宇 | 男 | 1975.11 | 2020.12 | 口腔基础医学 | 赵信义 | 高透 Y-TZP 全锆冠对天然牙磨损的研究 |
| 武汉大学 | | | | | | | |
| | 张　娟 | 女 | 1982.11 | 2020.07 | 口腔修复学 | 贺　红 | 药物对矫治器表面白色念珠菌的抑制效果的体外化学方法研究 |
| | 倪一峰 | 男 | 1987.07 | 2020.07 | 口腔颌面外科学 | 李祖兵 | CCN2 和 JAK2 信号通路通过自噬促进炎症环境中成骨细胞生存的实验研究 |
| | 陈潇婕 | 女 | 1990.04 | 2020.07 | 口腔临床医学 | 周　刚 | PD-L1 单克隆抗体修饰的全反式维甲酸纳米药在口腔上皮异常增生和口腔鳞状细胞癌中的作用及机制研究 |
| | 杨　乐 | 女 | 1986.07 | 2020.07 | 牙体牙髓病学 | 边　专 | 非综合征型先天缺牙致病基因的筛查 & 病例报告 |
| | 王　曼 | 女 | 1991.06 | 2020.07 | 口腔临床医学 | 王贻宁 | 珍珠母形成机制启发下的一种“自下而上”的修复脱矿牙本质的方法 |
| | 武郭敏 | 女 | 1991.10 | 2020.07 | 口腔临床医学 | 王贻宁 | 改良丝素蛋白/聚己内酯纳米纤维膜的　制备及其皮肤再生或骨再生性能的研究 |
| | 赵婷婷 | 女 | 1991.11 | 2020.07 | 口腔临床医学 | 贺　红 | 儿童腺样体扁桃体肥大与颌面部发育的相关性研究 |
| | 赵　钦 | 男 | 1989.07 | 2020.07 | 口腔临床医学 | 张玉峰 | T 细胞和巨噬细胞对双相磷酸钙(BCP)成骨作用的影响及机制研究 |
| | 邓　天 | 男 | 1990.06 | 2020.07 | 口腔临床医学 | 张玉峰 | 近红外响应的混合价态铂纳米颗粒的抗菌效果研究 |
| | 高　倩 | 女 | 1990.12 | 2020.07 | 牙体牙髓病学 | 边　专 | 牙源性角化囊性瘤发病分子机制的研究进展 |
| | 孙雪飞 | 男 | 1988.05 | 2020.07 | 牙体牙髓病学 | 边　专 | PIEZO1 介导成牙本质细胞机械转导及 VEGFA 调控牙髓干细胞迁移机制研究 |

续表

| 博士学位授予单位 | 姓名 | 性别 | 出生年月 | 获学位年月 | 所授学位专业 | 指导教师 | 毕业论文题目 |
|---|---|---|---|---|---|---|---|
| | 杨 倩 | 女 | 1990.12 | 2020.07 | 牙体牙髓病学 | 彭 彬 | Er:YAG 激光冲洗技术清理根管的体外研究 |
| | 孙雅楠 | 女 | 1991.11 | 2020.07 | 牙体牙髓病学 | 贾 荣 | SRSF3 调控口腔鳞癌对紫杉醇敏感性及与 SRSF9 协同调控 PKM 可变剪接的研究 |
| | 李慧敏 | 女 | 1991.04 | 2020.07 | 口腔颌面外科学 | 龙 星 | 靶向糖酵解酶 PFKFB3 抑制头颈鳞癌的生长和转移 |
| | 王 琳 | 女 | 1988.08 | 2020.07 | 口腔颌面外科学 | 尚政军 | 个性化设计的股前外侧肌皮瓣在半舌切除术后舌功能性重建中的应用 |
| | 程 鑫 | 男 | 1990.02 | 2020.07 | 口腔颌面外科学 | 李祖兵 | AG490 在小鼠骨髓巨噬细胞中抑制 IL-34 介导的破骨细胞形成 |
| | 毛 亮 | 男 | 1989.11 | 2020.07 | 口腔颌面外科学 | 孙志军 | SRC 家族激酶在口腔鳞癌免疫逃逸中的作用与机制 |
| | 潘苏洵 | 女 | 1991.04 | 2020.07 | 口腔临床医学 | 李成章 | 白介素 22、25 在牙周炎的表达及整合素 α5β1 的构建 |
| | 陈睿莹 | 女 | 1991.10 | 2020.07 | 口腔临床医学 | 王贻宁 | CXCL12 - CXCR4/CXCR7 通路对种植体异物反应的免疫调控作用研究 |
| | 黄丽媛 | 女 | 1990.12 | 2020.07 | 口腔临床医学 | 黄 翠 | PCSK9 在骨稳态中的作用机制研究 |
| | 王 芳 | 女 | 1992.01 | 2020.07 | 口腔临床医学 | 周 刚 | mTOR/HIF1α/PLD2 介导的 T 细胞免疫代谢在口腔扁平苔藓中的作用及机制研究 |
| | 王晓璇 | 女 | 1992.09 | 2020.07 | 口腔临床医学 | 曹正国 | miR-155-3p 和 miR-181b-5p 分别介导肿瘤坏死因子 alpha 调控成牙骨质细胞分化和炎症反应的分子机制研究 |
| | 张 倩 | 女 | 1992.07 | 2020.07 | 牙体牙髓病学 | 陈 智 | 增强子调控成牙/成骨分化的机制研究 |
| | 夏厚福 | 男 | 1991.04 | 2020.07 | 口腔颌面外科学 | 赵怡芳 | 口腔鳞癌细胞外囊泡 miRNA 调控肿瘤血管生成的机制研究及其动态过程可视化 |
| | 姜二辉 | 男 | 1990.01 | 2020.07 | 口腔颌面外科学 | 尚政军 | 肿瘤微囊泡介导的癌-成纤维细胞代谢对话促进口腔鳞癌进展的机制研究 |

续表

| 博士学位授予单位 | 姓名 | 性别 | 出生年月 | 获学位年月 | 所授学位专业 | 指导教师 | 毕业论文题目 |
|---|---|---|---|---|---|---|---|
| | 陈　磊 | 男 | 1992.10 | 2020.07 | 口腔颌面外科学 | 孙志军 | NLRP3 炎性小体/IL-1β 信号促进头颈鳞癌进展的研究 |
| | 武　磊 | 男 | 1992.06 | 2020.07 | 口腔颌面外科学 | 孙志军 | CD47-SIRPα 信号轴调控头颈鳞状细胞癌免疫逃逸的研究 |
| | 姚陈敏 | 女 | 1991.10 | 2020.12 | 口腔临床医学 | 黄　翠 | 通用型粘接剂的优化及其机制研究 |
| | 王海胜 | 男 | 1991.05 | 2020.12 | 牙体牙髓病学 | 陈　智 | CD47 分子在成牙本质细胞炎性损伤修复中的作用机制 |
| | 沈娇乡 | 女 | 1984.01 | 2020.12 | 口腔医学 | 贾　荣 | RUNX2 外显子 5 的可变剪接调控与牙周膜和牙髓干细胞分化 & 病例报告 |
| | 谢灵芝 | 女 | 1987.01 | 2020.12 | 口腔医学 | 杜民权 | 牙周病药物治疗 RCT 摘要质量评价 & 病例报告 |
| | 夏春鹏 | 男 | 1972.08 | 2020.12 | 口腔医学 | 贺　红 | Specific Protein 1 通过调节 noggin 促进牙髓干细胞向成骨细胞分化的研究 & 病例报告 |
| | 许　凯 | 男 | 1982.09 | 2020.12 | 口腔医学 | 龙　星 | 长链非编码 RNA PVT1 通过 miR-211-3p 调控炎性滑膜细胞 TNF-α 对颞下颌关节软骨细胞凋亡的作用 & 病例报告 |
| | 郭丰源 | 男 | 1988.01 | 2020.12 | 口腔医学 | 孙志军 | 生物钟基因 PER2 在口腔鳞状细胞癌中的表达及作用研究 |
| 首都医科大学 | | | | | | | |
| | 李国情 | 女 | 1990.01 | 2020.07 | 口腔颌面外科学 | 王松灵 | RUNX2-Fibulin1-Wnt/β-catenin 通路在小型猪前牙垂直替换及 TGFβ/BMP/SHH 通路在磨牙序列发育中的作用研究 |
| | 刘惠娜 | 女 | 1988.10 | 2020.07 | 口腔基础医学 | 范志朋 | SIRT7/RBM6/PLXDC2-OT 复合体对间充质干细胞功能影响及调控机制的研究 |
| | 杨　扬 | 男 | 1991.11 | 2020.07 | 口腔颌面外科学 | 韩正学 | 硝酸盐——氧化氮的体外转化机制研究 |
| | 易　桥 | 女 | 1989.11 | 2020.07 | 口腔颌面外科学 | 王松灵 | Sialin 蛋白的初步结构生物学研究及人牙本质分级结构和动态机械性能研究 |

续表

| 博士学位授予单位 | 姓名 | 性别 | 出生年月 | 获学位年月 | 所授学位专业 | 指导教师 | 毕业论文题目 |
|---|---|---|---|---|---|---|---|
| | 赵　斌 | 男 | 1990.11 | 2020.07 | 口腔颌面外科学 | 王松灵 | 无机硝酸盐对口腔肿瘤放疗敏感性影响及硅酸盐生物陶瓷对牙髓干细胞成牙/成骨分化影响的研究 |
| | 韩楠楠 | 女 | 1987.08 | 2020.07 | 口腔内科学 | 刘　怡 | 口腔致病菌与益生菌的相互作用对间充质干细胞及伤口愈合的功能影响及机制研究 |
| | 贾　璐 | 女 | 1990.09 | 2020.07 | 口腔内科学 | 刘　怡 | 牙龈卟啉单胞菌和鼠李糖乳杆菌经 TLR4 和 TLR2 调控炎症中 Th17/Treg 平衡 |
| | 史梦寒 | 女 | 1991.01 | 2020.07 | 口腔内科学 | 孙　正 | NOTCH-PAX9 通路在酒精介导的口腔和上消化道鳞癌的分析机制研究 |
| | 高　尚 | 女 | 1990.01 | 2020.07 | 口腔修复学 | 陈　溯 | 氢化二氧化钛纳米管对巨噬细胞功能的影响 |
| | 赵泽晴 | 女 | 1991.02 | 2020.07 | 口腔正畸学 | 白玉兴 | 人牙周膜干细胞在负载人血小板裂解液的磷酸钙-壳聚糖支架上的成骨作用的实验研究 |
| | 谷颖之 | 女 | 1990.05 | 2020.07 | 口腔正畸学 | 白玉兴 | 双相磷酸钙骨水泥支架材料的构建及其用于牙/骨组织工程的研究 |
| | 王小予 | 女 | 1992.02 | 2020.07 | 口腔基础医学 | 胡　颖 | 利用动物模型研究 ANO5 基因突变导致 Gnadodiaphyseal Dysplasia 致病机制 |
| 解放军医学院 | | | | | | | |
| | 杨　烁 | 男 | 1990.02 | 2020.06 | 口腔临床医学 | 温　宁 | 人脐带间充质干细胞外泌体联合纳米羟基磷灰石增强海藻酸钠/透明质酸水凝胶在骨再生中的应用 |
| | 贾婷婷 | 女 | 1987.09 | 2020.06 | 口腔临床医学 | 郭　斌 | MiR-99a 通过调控 mTORtch 信号通路影响口腔鳞状细胞癌细胞增殖、凋亡的功能机制研究 |
| | 郭树琴 | 女 | 1986.11 | 2020.06 | 口腔临床医学 | 温　宁 | 碳和氮气浸没注入氧化锆材料的体外生物学活性评价 |
| | 毛小菲 | 女 | 1990.12 | 2020.06 | 口腔临床医学 | 郭　斌 | 2 型糖尿病环境中 BMAL1 调控 p53 在 BMSCs 成骨分化的机制 |

续表

| 博士学位授予单位 | 姓名 | 性别 | 出生年月 | 获学位年月 | 所授学位专业 | 指导教师 | 毕业论文题目 |
|---|---|---|---|---|---|---|---|
| | 赵　睿 | 男 | 1987.11 | 2020.06 | 口腔临床医学 | 张海钟 | 基于 LEF1. Notch1 和 XPR1 蛋白的舌鳞状细胞癌患者颈淋巴结转移预测模型的建立及验证 |
| 天津医科大学 | | | | | | | |
| | 史澍睿 | 男 | 1991.01 | 2020.06 | 口腔医学 | 李长义 | 基于光学疗法的多功能纳米载药体系靶向口腔鳞状细胞癌的协同作用研究 |
| | 宋立婷 | 女 | 1990.03 | 2020.06 | 口腔医学 | 李长义 | 血清淀粉样蛋白 A 对免疫细胞趋化性调节在牙周炎中的作用 |
| 河北医科大学 | | | | | | | |
| | 田松波 | 男 | 1975.11 | 2020.06 | 病理学与病理生理学 | 王　洁 | CGF 促进牙髓组织修复重建的实验及临床研究 |
| 中国医科大学 | | | | | | | |
| | 张媛媛 | 女 | 1981.03 | 2020.07 | 口腔临床医学 | 张　扬 | miR-21 在 PAOO 加速正畸牙齿移动中的作用机制研究 |
| | 金　实 | 女 | 1986.11 | 2020.07 | 口腔临床医学 | 张　扬 | 新型医用可降解镁合金(Mg-2Zn-0.5Zr-0.5Nd/Y)的材料性能、生物相容性和抗菌性研究 |
| | 李　倩 | 女 | 1986.06 | 2020.07 | 口腔临床医学 | 潘亚萍 | 具核梭杆菌降低铜绿假单胞菌抗生素敏感性并加重肺上皮细胞炎症反应的研究 |
| | 易　新 | 女 | 1982.11 | 2020.07 | 口腔基础医学 | 周　青 | 低强度脉冲超声波抑制髁突软骨下骨 TGF-β1/Smad3 通路改善颞下颌关节骨关节炎的研究 |
| | 俞天佳 | 女 | 1990.09 | 2020.07 | 口腔临床医学 | 吴　琳 | 介孔二氧化硅纳米粒子搭载钙磷离子用于牙本质小管封闭和间接盖髓的实验研究 |
| | 潘续萌 | 女 | 1990.05 | 2020.07 | 口腔临床医学 | 刘　奕 | 核纤层蛋白 A 前体的累积在早衰中的作用及相关机制研究 |
| | 张树伟 | 女 | 1989.11 | 2020.07 | 口腔临床医学 | 潘亚萍 | 具核梭杆菌通过 lncRNA MIR4435-2HG/miR-296-5p/Akt2/SNAI1 信号通路促进口腔上皮细胞发生上皮间充质转化 |

续表

| 博士学位授予单位 | 姓名 | 性别 | 出生年月 | 获学位年月 | 所授学位专业 | 指导教师 | 毕业论文题目 |
|---|---|---|---|---|---|---|---|
| | 阿迪尔 | 男 | 1981.01 | 2020.07 | 口腔临床医学 | 刘　奕 | 激光法涂层并改善氧化锆基底材料与饰面瓷结合性能的研究 |
| | 芬妮可 | 女 | 1984.03 | 2020.07 | 口腔临床医学 | 刘　奕 | 新型表面涂层技术改善氧化锆及其复合材料粘接性能的研究 |
| | 王小玢 | 女 | 1989.04 | 2020.07 | 口腔基础医学 | 钟　鸣 | microRNA-99a-5p 通过靶向 FGFR3 调控口腔鳞状细胞癌增殖、侵袭及转移的功能机制研究 |
| | 朱　姝 | 女 | 1981.06 | 2020.07 | 口腔临床医学 | 陈　旭 | 脱落乳牙干细胞移植缓解慢性脑缺血大鼠认知功能障碍的作用与机制研究 |
| | 郭佳杰 | 男 | 1987.02 | 2020.07 | 口腔临床医学 | 仇丽鸿 | N-(3-氧代十二烷酰基)-L-高丝氨酸内酯通过调控胞内钙离子的释放模式影响成骨细胞凋亡和分化 |
| | 蔡坤展 | 男 | 1991.03 | 2020.07 | 口腔临床医学 | 吴　琳 | 低强度脉冲超声波激发钛酸钡压电信号提高表面成骨细胞生物学反应的研究 |
| | 郑　颖 | 女 | 1985.06 | 2020.07 | 口腔临床医学 | 刘　奕 | LncRNA DANCR 在舌鳞癌侵袭转移中的机制研究 |
| 吉林大学 | | | | | | | |
| | 孙晓琳 | 女 | 1986.01 | 2020.06 | 口腔临床医学 | 周延民 | 磁靶向自供氧纳米粒子介导的抗菌光动力疗法对牙周菌斑生物膜的影响 |
| | 李　雪 | 女 | 1991.01 | 2020.06 | 口腔临床医学 | 周延民 | 多形貌纳米二氧化铈改性纯钛种植体表面的抗菌抗炎性能的研究 |
| | 王家凤 | 女 | 1982.10 | 2020.06 | 口腔临床医学 | 张志民 | 纳米探针在牙髓干细胞牙向分化机制中的应用研究 |
| | 郭晓伟 | 女 | 1991.11 | 2020.06 | 口腔临床医学 | 朱　松 | 不同功能性聚氨酯的合成及其在牙本质-复合树脂粘接界面的应用 |
| | 王梓霖 | 男 | 1991.08 | 2020.12 | 口腔临床医学 | 孙宏晨 | Vc-PEI CDots 通过激活 TGF-β/p38/Snail 通路诱导上皮间充质转化促进表皮愈合的研究 |
| | 刘秀菊 | 女 | 1988.07 | 2020.12 | 口腔临床医学 | 朱　松 | 氧化锆陶瓷表面构建外延过渡层提高粘接质量的研究 |
| | 胡　月 | 女 | 1991.08 | 2020.12 | 口腔临床医学 | 孙宏晨 | ACVR1 介导的 BMP 信号通路对小鼠骨重塑的作用及机理研究 |

续表

| 博士学位授予单位 | 姓名 | 性别 | 出生年月 | 获学位年月 | 所授学位专业 | 指导教师 | 毕业论文题目 |
|---|---|---|---|---|---|---|---|
| 哈尔滨医科大学 | | | | | | | |
| | 张　爽 | 女 | 1991.02 | 2020.06 | 口腔临床医学 | 牛玉梅 | 应用脐带间充质干细胞再生牙髓样组织的实验研究 |
| | 张巍巍 | 女 | 1983.06 | 2020.06 | 口腔临床医学 | 牛玉梅 | 整合素α6 对人牙髓干细胞干性及成牙本质向 分化影响的机制研究 |
| | 母晓丹 | 女 | 1990.08 | 2020.06 | 口腔临床医学 | 牛玉梅 | 定向纤维蛋白水凝胶及牙髓干细胞在面神经修复中的应用 |
| 哈尔滨医科大学附四院 | | | | | | | |
| | 齐　峰 | 男 | 1982.05 | 2020.11 | 口腔临床医学 | 毕良佳 | 盐酸巴马汀介导的光动力疗法对口腔鳞状细胞癌的抗肿瘤作用 |
| | 宋玉琦 | 女 | 1980.04 | 2020.11 | 口腔临床医学 | 毕良佳 | 华卟啉钠结合 390-400nm LED 对牙龈卟啉单胞菌光动力灭活效果的研究 |
| 复旦大学 | | | | | | | |
| | 潘　杰 | 男 | 1983.08 | 2020.06 | 临床口腔医学 | 刘月华 | 温敏水凝胶包载过表达 PDGF-BB 的人牙周膜干细胞修复大鼠牙槽骨缺损的研究 |
| | 於丽明 | 女 | 1983.02 | 2020.11 | 临床口腔医学 | 刘月华 | 缺氧通过 ROS/NF-κB/HIF-1α 途径诱导 OSAHS 小鼠成肌细胞焦亡的研究 |
| 同济大学 | | | | | | | |
| | 俞宛璐 | 女 | 1989.11 | 2020.07 | 口腔临床医学 | 苏俭生 | 激活成骨通路对双膦酸盐相关颌骨骨坏死的治疗效果研究 |
| | 王雅冰 | 男 | 1989.11 | 2020.07 | 口腔临床医学 | 苏俭生 | 功能化核交联星型高分子 LA-CCS/TEMPO 的构建及其治疗骨质疏松小鼠相关骨疾病的实验研究 |
| | 蔡明详 | 男 | 1991.03 | 2020.07 | 口腔基础医学 | 孙　瑶 | 基于骨基质蛋白的酸性多肽在促进骨生成中的作用研究 |
| | 董少杰 | 男 | 1992.06 | 2020.07 | 口腔基础医学 | 林开利 | 3D 打印支架在骨肉瘤治疗与骨缺损修复的应用研究 |
| | 唐　燚 | 女 | 1989.06 | 2020.07 | 口腔临床医学 | 康非吾 | HIF-1α 在小鼠下颌截骨术后局部骨加速中的作用机制研究 |

续表

| 博士学位授予单位 | 姓名 | 性别 | 出生年月 | 获学位年月 | 所授学位专业 | 指导教师 | 毕业论文题目 |
|---|---|---|---|---|---|---|---|
| | 李庆帆 | 女 | 1990.09 | 2020.07 | 口腔临床医学 | 王佐林 | IL-4/氧化石墨烯复合涂层通过诱导巨噬细胞极化影响种植体骨结合的实验研究 |
| | 夏　鹍 | 女 | 1982.03 | 2020.12 | 口腔医学 | 张　旗 | 多功能自组装多肽支架的构建及促进牙本质牙髓复合体再生的研究 |
| 南京大学 | | | | | | | |
| | 赵星星 | 女 | 1992.02 | 2020.08 | 口腔医学 | 胡勤刚 | $CD68^{+}$CAFs 调控 Tregs 细胞募集影响口腔鳞癌进程的研究 |
| | 杨细虎 | 男 | 1985.07 | 2020.08 | 口腔医学 | 胡勤刚 | 代谢组学评价口腔鳞状细胞癌外科安全切缘的研究 |
| | 张　贺 | 女 | 1993.09 | 2020.12 | 口腔医学 | 孙卫斌 | $Fe_3O_4$@GO 复合纳米材料调节活性氧并促进干细胞体外成骨的研究 |
| | 吴　娟 | 女 | 1982.12 | 2020.08 | 口腔医学 | 孙卫斌 | 牙周型 Ehlers-Danlos 综合征家系的致病基因定位与功能研究 |
| | 张　爽 | 女 | 1993.04 | 2020.08 | 口腔医学 | 闫福华 | 手性金纳米颗粒调节自噬促进骨再生的研究 |
| | 江　倩 | 女 | 1992.10 | 2020.06 | 口腔医学 | 李　煌 | FGFR2 基因多态性与骨性错㸦畸形发病风险的相关性及机制研究 |
| | 金玉琴 | 女 | 1986.11 | 暂未获 | 口腔医学 | 胡勤刚 | 应力刺激 PDLFs 通过 PDGF-BB/PDGFRβ 调控正畸牙移动的实验研究 |
| 南京医科大学 | | | | | | | |
| | 王　琼 | 女 | 1987.08 | 2020.06 | 口腔基础医学 | 刘来奎 | HSF1 调控 DNAJB1 在口腔鳞癌恶性生物学行为中的作用及其机制研究 |
| | 张　驰 | 男 | 1991.10 | 2020.06 | 口腔临床医学 | 王　林 | 基于全基因组的人脸侧貌关联分析和预测模型的研究 |
| | 贺凡真 | 女 | 1991.12 | 暂未获 | 口腔临床医学 | 徐　艳 | miR7-2-3p 通过调节 CTLA-4 促进牙周炎发生发展作用的机制初探 |

续表

| 博士学位授予单位 | 姓名 | 性别 | 出生年月 | 获学位年月 | 所授学位专业 | 指导教师 | 毕业论文题目 |
|---|---|---|---|---|---|---|---|
| 浙江大学 | | | | | | | |
| | 孙　苗 | 女 | 1989.09 | 2020.03 | 口腔临床医学 | 王慧明 | 可降解高强度含镁硅酸盐骨内植物的增材制造与生物应用的实验研究 |
| | 张雷青 | 女 | 1989.05 | 2020.03 | 口腔临床医学 | 傅柏平 | 阿仑膦酸钠诱导仿生矿化 |
| | 王超炜 | 女 | 1990.01 | 2020.06 | 口腔临床医学 | 王慧明 | 褪黑素通过调控成骨/破骨分化平衡延缓骨质疏松症进程的机制研究 |
| | 龚佳幸 | 女 | 1992.02 | 2020.06 | 口腔临床医学 | 王慧明 | 基于 DLP 打印技术的组织工程牙髓重建及其生物学性能评估 |
| | 劳玮炜 | 女 | 1992.01 | 2020.06 | 口腔临床医学 | 李晓东 | 环境氧活性对纯钛表面氧化层影响的研究 |
| | 施　莹 | 女 | 1992.05 | 2020.06 | 口腔临床医学 | 傅柏平 | 粘接辅助矿化及其相转变的实验研究 |
| | 徐安恬 | 女 | 1992.03 | 2020.06 | 口腔临床医学 | 何福明 | 纯钛种植体掺锶微纳米表面调节巨噬细胞极化影响骨整合的研究 |
| | 席　月 | 女 | 1992.06 | 2020.08 | 口腔临床医学 | 杨国利 | Wnt 和 TGF-β 信号通路在 1,25 $(OH)_2D_3$ 调控骨稳态中的作用及机制 |
| | 舒　畅 | 女 | 1992.02 | 2020.12 | 口腔临床医学 | 李晓东 | 纳米 ACP 原位再沉积辅助牙本质粘接 |
| 福建医科大学 | | | | | | | |
| | 吴敏婧 | 女 | 1990.06 | 2020.07 | 口腔临床医学 | 黄晓晶 | 脂磷壁酸 D-丙氨酰化调控变异链球菌致龋力及相关机制研究 |
| | 张雨晴 | 女 | 1992.07 | 2020.07 | 口腔临床医学 | 陈　江 | Ti-(0-25 wt%)Nb 合金作为口腔种植体材料的机械学和生物学相容性 |
| | 张思慧 | 女 | 1983.03 | 2020.07 | 口腔临床医学 | 陈　江 | 咬合紊乱伴慢性不可预估性应激对大鼠抑郁症影响的研究 |
| 南昌大学 | | | | | | | |
| | 何　薇 | 女 | 1987.7 | 2020.06 | 临床医学(牙医学) | 邱嘉旋 | 植入镁对大鼠牙周炎作用的实验研究 |
| | 王　芳 | 女 | 1985.10 | 2020.06 | 临床医学(牙医学) | 邱嘉旋 | 辣木皮乙醇提取物调控 ROS/p38 信号转导抑制头颈鳞癌 |

续表

| 博士学位授予单位 | 姓名 | 性别 | 出生年月 | 获学位年月 | 所授学位专业 | 指导教师 | 毕业论文题目 |
|---|---|---|---|---|---|---|---|
| 山东大学 | | | | | | | |
| | 马丹 | 女 | 1987.07 | 2020.06 | 口腔临床医学 | 张君 | 川续断皂苷Ⅵ促进人牙周膜干细胞增殖和成骨向分化的机制研究 |
| | 俎廷建 | 女 | 1982.10 | 2020.06 | 口腔基础医学 | 吴训伟 | 人真皮成纤维细胞ATF3抑制恶性黑色素瘤增殖与迁移作用与机制的研究 |
| | 郑德华 | 男 | 1989.03 | 2020.06 | 口腔临床医学 | 张君 | EPO对AGEs诱导下PDLSCs生物学行为的调控作用 |
| | 康文燕 | 女 | 1990.12 | 2020.06 | 口腔基础医学 | 冯强 | 具核梭杆菌对牙龈源性细胞生物学活性的影响与抗具核梭杆菌药物的筛选及作用机制研究 |
| 郑州大学 | | | | | | | |
| | 闫波 | 男 | 1980.11 | 2020.06 | 临床口腔医学 | 曹选平 | 葛根素抑制PMMA颗粒诱导破骨细胞形成及骨溶解的机制研究 |
| 华中科技大学 | | | | | | | |
| | 谢梦茹 | 女 | 1992.12 | 2020.06 | 外科学 | 陈莉莉 | BMAL1介导牙龈卟啉单胞菌促动脉粥样硬化作用的机理研究 |
| | 余少玲 | 女 | 1993.02 | 2020.06 | 外科学 | 陈莉莉 | 钟基因BMAL1通过Hedgehog通路调控下颌骨髁突发育 |
| | 泰普乐 | 男 | 1988.01 | 2020.06 | 外科学 | 毛靖 | Evaluation of Periodontal Health Changes and measurement Of Interleukin-1 and Interleukin-6 i n Gingival Crevicular Fluid after Orthodontic Band and Bond during Orthodontic Treatment |
| 中南大学 | | | | | | | |
| | 彭倩 | 女 | 1989.08 | 2020.06 | 口腔整形美容学 | 唐瞻贵 | 硼化Ti6Al4V/HA复合种植体材料的制备和性能研究 |
| | 谢长青 | 男 | 1989.02 | 2020.06 | 口腔整形美容学 | 唐瞻贵 | 槟榔碱诱导PA28γ表达上调及活化MEK1/ERK信号通路的机制研究 |
| | 吴振寰 | 男 | 1989.05 | 2020.12 | 口腔整形美容学 | 谢晓莉 | 牙髓干细胞来源外泌体对根尖诱导出血干细胞神经向分化的功能机制研究 |

续表

| 博士学位授予单位 | 姓名 | 性别 | 出生年月 | 获学位年月 | 所授学位专业 | 指导教师 | 毕业论文题目 |
|---|---|---|---|---|---|---|---|
| | 方小丹 | 女 | 1984.03 | 2020.06 | 口腔整形美容学 | 唐瞻贵 | 长链非编码 RNA-DNM3OS 在口腔鳞状细胞癌中作用及机制研究 |
| | 彭秋实 | 男 | 1992.01 | 2020.12 | 口腔整形美容学 | 徐　普 | circRNA_0000140 suppresses oral squamous cell carcinoma growth and metastasis by targeting miR-31 to inhibit Hippo signaling pathway |
| 中山大学 | | | | | | | |
| | 康晓宁 | 女 | 1985.08 | 2020.06 | 口腔医学 | 彭　云 | 人乳牙牙髓干细胞对小鼠抑郁样行为的干预效果及其免疫调节机制的研究 |
| | 涂少勤 | 男 | 1986.12 | 2020.06 | 口腔医学 | 林正梅 | LncRNA CALB2 竞争性结合 miR-30b-3p 促进人牙髓干细胞成牙本质向分化的研究 |
| | 陈　焕 | 女 | 1990.08 | 2020.06 | 口腔医学 | 王　彦 | Klotho 改善人牙周膜干细胞氧化应激损伤及保护组织再生能力的研究 |
| | 刘冠琪 | 女 | 1990.11 | 2020.06 | 口腔医学 | 陈泽涛 | 免疫微环境协同调控牙周膜韧带细胞多向修复潜能的研究 |
| | 李媛媛 | 女 | 1991.08 | 2020.06 | 口腔医学 | 程　斌 | 他克莫司通过 NFAT3/SPFQ/NONO-cMYC 轴抑制头颈鳞癌发生发展的机制研究 |
| | 张　驰 | 女 | 1990.12 | 2020.06 | 口腔医学 | 夏　娟 | 应激诱导蛋白 SESN1 调控头颈鳞状细胞癌增殖及转移的机制研究 |
| | 曹依娜 | 女 | 1989.06 | 2020.06 | 口腔医学 | 林焕彩 | 变异链球菌囊泡的特性及其在生物膜形成中的作用 |
| | 何莉红 | 女 | 1992.02 | 2020.06 | 口腔医学 | 夏　娟 | 外泌体 miR-24-3p 和 miR-146b-5p 在口腔鳞癌发展中的作用及其诊断价值研究 |
| | 孙佳栋 | 男 | 1992.09 | 2020.06 | 口腔医学 | 张志光 | miRNA-24 在 IL-1β 抑制颞下颌关节滑膜间充质干细胞成软骨分化中的调控作用研究 |
| | 姚依彤 | 女 | 1992.01 | 2020.06 | 口腔医学 | 赵　克 | 丝素蛋白/聚乙醇酸骨组织工程支架的构建及其生物学性能研究 |
| | 李俊达 | 男 | 1991.12 | 2020.06 | 口腔医学 | 林正梅 | 脱细胞人牙髓基质水凝胶对牙髓干细胞行为影响的体外研究 |

续表

| 博士学位授予单位 | 姓名 | 性别 | 出生年月 | 获学位年月 | 所授学位专业 | 指导教师 | 毕业论文题目 |
|---|---|---|---|---|---|---|---|
| | 刘　芹 | 女 | 1990.03 | 2020.06 | 口腔医学 | 程　斌 | 羧酸酯酶 2 调控口腔鳞癌脂代谢重编程的实验研究 |
| | 彭建敏 | 女 | 1989.10 | 2020.06 | 口腔医学 | 程　斌 | 高脂饮食促进口腔黏膜上皮恶性转化的作用及机制初探 |
| | 高思勇 | 男 | 1990.04 | 2020.06 | 口腔医学 | 廖贵清 | PDGF-BB 治疗大鼠双膦酸盐相关性颌骨坏死的实验研究 |
| | 李群星 | 男 | 1991.07 | 2020.06 | 口腔医学 | 王　智 | Pik3ip1 对 $CD8^+$ T 细胞抗肿瘤免疫应答的作用及机制研究 |
| | 史善伟 | 男 | 1989.12 | 2020.06 | 口腔医学 | 廖贵清 | 针对 mTOR 信号通路及亚细胞器能量合成治疗口腔癌的机制研究 |
| | 陈冠辉 | 男 | 1991.12 | 2020.06 | 口腔医学 | 余东升 | 环状 RNA CircATRNL1 对口腔鳞状细胞癌放射敏感性的影响及其机制研究 |
| | 李一鸣 | 女 | 1991.10 | 2020.06 | 口腔医学 | 余东升 | 含硒纳米基因载体负载 miR-132-3p 抑制剂修饰钛表面促进骨结合的实验研究 |
| | 刘远翔 | 男 | 1991.01 | 2020.06 | 口腔医学 | 陈卓凡 | 氟化猪骨源性羟基磷灰石用于修复实验动物骨缺损效果的研究 |
| 南方医科大学 | | | | | | | |
| | 黄颖荷 | 女 | 1974.10 | 2020.06 | 临床医学（口腔） | 周　磊 | 20(S)羟基胆固醇与辛伐他汀启动 Raf/MEK/ERK 信号通路促进成骨的研究 |
| 广西医科大学 | | | | | | | |
| | 何　璇 | 女 | 1989.05 | 2020.07 | 临床医学（口腔） | 周　诺 | HIF-1α 诱导下 lncRNA（TCONS_00072170）-miRNA143-KRAS 调控内皮祖细胞参与牵张成骨血管形成的机制研究 |
| | 蒋兰岚 | 女 | 1985.07 | 2020.07 | 临床医学（口腔） | 陶人川 | 基于多组学的 2 型糖尿病伴牙周炎患者龈下微生物及 T 淋巴细胞免疫研究 |
| | 曹　勇 | 男 | 1984.01 | 2020.07 | 临床医学（口腔） | 于大海 | 小鼠口腔癌淋巴道转移模型肿瘤细胞进化关系及高频突变基因临床相关性的研究 |

续表

| 博士学位授予单位 | 姓名 | 性别 | 出生年月 | 获学位年月 | 所授学位专业 | 指导教师 | 毕业论文题目 |
|---|---|---|---|---|---|---|---|
| | 刘 迪 | 男 | 1990.06 | 暂未获 | 临床医学(口腔) | 周 诺 | 三七总皂苷调控 TGF-β1/Smads 信号传导促进牵张成骨新骨形成的机制研究 |
| | 谢庆条 | 男 | 1986.09 | 暂未获 | 口腔临床医学 | 周 诺 | MiR-21 通过靶向调控 EPCs 中 TGFβ2 基因影响牵张成骨血管新生的研究 |
| | 陈文瑨 | 女 | 1990.08 | 暂未获 | 口腔临床医学 | 陈文霞 | LPS-人牙髓干细胞外泌体在牙髓再生中的作用及机制研究 |
| 重庆医科大学 | | | | | | | |
| | 危晶晶 | 女 | 1983.03 | 2020.12 | 口腔医学 | 宋锦璘 | 二甲双胍抑制 NGFR 诱导的口腔鳞癌细胞增殖的作用及机制研究 |
| | 帐福军 | 男 | 1970.09 | 2020.07 | 临床医学 | 杨 凯 | 头颈部鳞状细胞癌预后预测免疫基头因对的筛选及模型建立 |
| 昆明医科大学 | | | | | | | |
| | 吴剑花 | 女 | 1987.02 | 2020.07 | 耳鼻咽喉科学 | 何永文 | 蒿甲醚体外抗舌鳞癌的作用和机制研究 |
| | 屈倩倩 | 女 | 1989.09 | 2020.07 | 耳鼻咽喉科学 | 许 彪 | 奥科呋喃抗骨肉瘤作用及机制实验研究 |
| 西安交通大学 | | | | | | | |
| | 李 晔 | 女 | 1988.03 | 2020.06 | 口腔生物医学 | 李 昂 | Lin28/let-7a/IGF2BP2 促进人牙髓细胞增殖的分子机制研究 |
| | 孔婷婷 | 女 | 1989.04 | 2020.06 | 口腔生物医学 | 朱波峰 | 新型碳量子点复合材料在 MCF-7 细胞靶向成像及 OSCC 光动力治疗中的应用研究 |

**表 11　2020 年度中国口腔医学 8 年制毕业生一览表**

| 博士学位授予单位 | 姓名 | 性别 | 出生年月 | 获学位年月 | 所授学位专业 | 指导教师 | 毕业论文题目 |
|---|---|---|---|---|---|---|---|
| 四川大学 | | | | | | | |
| | 崔 晨 | 女 | 1993.02 | 2020.08 | 牙体牙髓病学 | 周学东 | 甲状旁腺激素对颞下颌关节骨关节炎髁突改变的研究 |

续表

| 博士学位授予单位 | 姓名 | 性别 | 出生年月 | 获学位年月 | 所授学位专业 | 指导教师 | 毕业论文题目 |
|---|---|---|---|---|---|---|---|
| | 林　瑜 | 女 | 1993.10 | 2020.06 | 牙体牙髓病学 | 叶　玲 | Wnt7b 对小鼠软骨稳态维持的作用研究 |
| | 钟　婷 | 女 | 1994.12 | 2020.06 | 牙体牙髓病学 | 胡　涛 | 二氧化硅粉尘对口腔牙体牙周健康状况的影响及机制研究 |
| | 傅裕杰 | 男 | 1994.07 | 2020.06 | 牙体牙髓病学 | 黄定明 | 基于下颌第一磨牙根管系统三维解剖数据的微创髓腔入路设计与生物力学分析 |
| | 姜文韬 | 男 | 1994.01 | 2020.06 | 牙体牙髓病学 | 张凌琳 | 抗菌肽 GH12 生态防龋效应及其机制研究 |
| | 朱乘光 | 男 | 1994.02 | 2020.06 | 牙体牙髓病学 | 程　磊 | 青蒿素与益康唑协同抗白色念珠菌作用研究 |
| | 唐　兢 | 女 | 1995.02 | 2020.06 | 牙周病学 | 吴亚菲 | 牙龈卟啉单胞菌与伴放线放线杆菌对小鼠不良妊娠结局的影响 |
| | 关淑元 | 女 | 1994.03 | 2020.06 | 儿童口腔医学 | 郑黎薇 | 特发性甲状旁腺功能减退症对牙萌出的影响 |
| | 唐　帆 | 女 | 1993.09 | 2020.06 | 口腔黏膜病学 | 陈谦明 | 可注射 isoG 核苷水凝胶的构建及防治口腔白斑病癌变应用初探 |
| | 杨　津 | 女 | 1995.05 | 2020.06 | 口腔黏膜病学 | 周红梅 | 口腔癌相关成纤维细胞关键 lncRNA 的生物学功能及其调控机制研究 |
| | 吴　昊 | 男 | 1994.06 | 2020.06 | 口腔颌面外科学 | 田卫东 | 可见光响应型光催化 $TiO_2$-x 硬质膜用于感染种植体表面深度清洁研究 |
| | 黄汉尧 | 男 | 1994.01 | 2020.06 | 口腔颌面外科学 | 石　冰 | 单侧唇裂鼻整复的生物力学机制探索 |
| | 马晶鑫 | 男 | 1993.06 | 2020.06 | 口腔颌面外科学 | 李龙江 | 游离皮瓣修复口腔颌面缺损的微循环监测及血管危象分析 |
| | 吴敬飔 | 男 | 1992.10 | 2020.06 | 口腔颌面外医学 | 梁新华 | 青蒿素诱导血管正常化抑制口腔鳞癌生长的研究 |
| | 许春炜 | 男 | 1993.04 | 2020.06 | 口腔颌面外科学 | 罗　恩 | 基于人工智能的正颌外科手术合板设计与初步应用效果评估 |
| | 王　宇 | 男 | 1993.12 | 2020.06 | 口腔颌面外科学 | 李继华 | EPO/PDA 修饰的新型 BCP 陶瓷促进骨及血管再生的作用研究 |
| | 程　杰 | 男 | 1994.01 | 2020.08 | 口腔颌面外科学 | 汤　炜 | 增强现实技术外科辅助系统的精确性研究及其在口腔颌面外科中的应用 |

续表

| 博士学位授予单位 | 姓名 | 性别 | 出生年月 | 获学位年月 | 所授学位专业 | 指导教师 | 毕业论文题目 |
|---|---|---|---|---|---|---|---|
| | 陈晖璐 | 女 | 1994.04 | 2020.06 | 口腔修复学 | 宫　苹 | 浓缩生长因子调控受损下牙槽神经再生及雪旺细胞髓鞘化研究 |
| | 陆秋语 | 女 | 1994.08 | 2020.06 | 口腔修复学 | 王　敏 | 生物钟基因 Bmal1 与 Clock 对小鼠牙周炎的调控作用研究 |
| | 罗洪科 | 女 | 1993.05 | 2020.06 | 口腔修复学 | 袁　泉 | 生长分化因子 11 调控细胞成脂分化的研究 |
| | 朱　舟 | 男 | 1993.12 | 2020.06 | 口腔修复学 | 万乾炳 | 不同粒径 Mg-MOF74 生物安全性及成血管/成骨性能评价 |
| | 张介冰 | 男 | 1993.12 | 2020.06 | 口腔修复学 | 莫安春 | 多层 $Ti_3C_2Tx$ MXene 自支撑薄膜引导骨再生的探索性研究 |
| | 孙冬瑗 | 女 | 1995.01 | 2020.08 | 口腔修复学 | 梁　星 | L/DL-聚乳酸/生物活性玻璃纤维复合材料的长期动物实验研究 |
| | 廖雨薇 | 女 | 1994.05 | 2020.06 | 口腔正畸学 | 赵志河 | LncRNA-H19 对人脂肪干细胞成骨分化调控机制的研究 |
| | 杨　虹 | 女 | 1994.05 | 2020.06 | 口腔正畸学 | 赖文莉 | ASIC3 调控大鼠牙移动疼痛的机制研究 |
| | 张　程 | 女 | 1994.07 | 2020.06 | 口腔正畸学 | 邹淑娟 | STAT3 参与介导间歇性 PTH 调控伴牙周炎正畸牙移动牙槽骨稳态的研究 |
| 北京大学 | | | | | | | |
| | 李晓礼 | 男 | 1992.02 | 2020.07 | 口腔颌面外科学 | 张　益 | 下颌骨弥漫性硬化性骨髓炎的临床研究 |
| | 冯莎蔚 | 女 | 1993.01 | 2020.06 | 儿童口腔医学 | 刘　鹤 | 乳牙数字化参考牙冠模型的初步构建 |
| | 钟雯婕 | 女 | 1994.08 | 2020.06 | 口腔正畸学 | 林久祥 | 唇腭裂家系 PTCH1 致病突变的鉴定与相关突变特征研究 |
| | 姜又升 | 女 | 1994.06 | 2020.06 | 牙体牙髓病学 | 高学军 | 上颌前磨牙髓腔固位冠修复的三维有限元分析 |
| | 杨　洋 | 男 | 1994.12 | 2020.06 | 口腔修复学 | 谭建国 | 大气压冷等离子体处理促进氧化锆表面抑菌的研究 |
| | 王彦瑾 | 女 | 1994.11 | 2020.06 | 口腔组织病理学 | 李铁军 | 844 例牙源性角化囊肿的临床病理研究及其与正角化牙源性囊肿对比分析 |
| | 尤鹏越 | 女 | 1994.02 | 2020.06 | 口腔修复学 | 王新知 | 脱细胞猪心包膜促进成骨作用的体内外研究 |

续表

| 博士学位授予单位 | 姓名 | 性别 | 出生年月 | 获学位年月 | 所授学位专业 | 指导教师 | 毕业论文题目 |
|---|---|---|---|---|---|---|---|
| | 李静芝 | 女 | 1994.10 | 2020.06 | 儿童口腔医学 | 葛立宏 | TGF-β1 和 TGF-β2 对根尖牙乳头干细胞和骨髓间充质干细胞成牙本质及成骨分化的调控作用研究 |
| | 刘潇倩 | 女 | 1994.01 | 2020.07 | 口腔修复学 | 冯海兰 | 支抗钉支持的无牙颌数字化种植导板精度评价 |
| | 魏迪洋 | 女 | 1994.07 | 2020.06 | 口腔正畸学 | 李巍然 | 干扰素调节因子 6 蛋白结构及其功能研究 |
| | 张栌丹 | 女 | 1994.08 | 2020.06 | 口腔修复学 | 孙玉春 | 植入式微型无线供电蓝光 LED 治疗两种口腔感染性疾病的可行性实验研究 |
| | 张　众 | 男 | 1994.01 | 2020.06 | 牙周病学 | 孟焕新 | 重度牙周炎病史对植体周软硬组织健康及植体周炎影响途径的探讨 |
| | 李婧宜 | 女 | 1995.01 | 2020.06 | 牙体牙髓病学 | 董艳梅 | 生物活性玻璃和美洛昔康对炎症微环境下牙髓的修复作用 |
| | 胡鑫浓 | 女 | 1994.04 | 2020.06 | 口腔正畸学 | 谷　岩 | 骨性Ⅲ类错𬌗伴下颌偏斜患者后牙颊舌侧牙槽骨厚度的 CBCT 研究 |
| | 张一凡 | 女 | 1993.08 | 2020.06 | 口腔颌面外科学 | 林　野 | 单颗后牙种植椅旁数字化修复的随机对照临床研究 |
| | 张创为 | 男 | 1994.06 | 2020.06 | 牙周病学 | 胡文杰 | 上前牙龈乳头缺陷影响因素的初步研究 |
| | 李永韬 | 男 | 1994.02 | 2020.12 | 儿童口腔医学 | 赵玉鸣 | 表没食子儿茶素没食子酸酯对人牙髓干细胞生物学性能及炎症牙髓组织修复的影响 |
| | 高　雅 | 女 | 1995.08 | 2020.07 | 口腔颌面外科学 | 张建国 | $^{125}$I 放射性粒子组织间植入近距离放射治疗在腮腺腺样囊性癌的临床应用 |
| | 朱厚维 | 男 | 1994.07 | 2020.06 | 口腔颌面外科学 | 蔡志刚 | 颌骨重建术后种植义齿修复临床效果的初步研究 |
| | 朱正达 | 男 | 1995.01 | 2020.06 | 口腔黏膜病学 | 华　红 | 红色诺卡氏菌细胞壁骨架治疗糜烂型口腔扁平苔藓的疗效与安全性及机制初探 |

续表

| 博士学位授予单位 | 姓名 | 性别 | 出生年月 | 获学位年月 | 所授学位专业 | 指导教师 | 毕业论文题目 |
|---|---|---|---|---|---|---|---|
| | 高晓敏 | 男 | 1994.01 | 2020.06 | 牙体牙髓病学 | 岳　林 | 牙髓干细胞外泌体对根尖牙乳头干细胞定向分化作用的研究 |
| | 王延峰 | 男 | 1994.06 | 2020.12 | 牙周病学 | 栾庆先 | 新型龈下超声尖结合茶多酚对慢性牙周炎疗效的研究 |
| | 杨乔林 | 女 | 1993.05 | 2020.06 | 口腔正畸学 | 李巍然 | 长链非编码 RNA GAS5 在牙周膜干细胞炎症应答和成骨分化中的作用研究 |
| | 范一鸣 | 男 | 1993.03 | 2020.06 | 口腔颌面外科学 | 林　野 | 全牙弓种植即刻固定修复的临床长期效果研究 |
| | 罗　昊 | 男 | 1994.07 | 2020.06 | 牙体牙髓病学 | 王晓燕 | 椅旁 CAD/CAM 可切削修复材料抛光的影响因素及机理研究 |
| | 郭雨思 | 女 | 1994.04 | 2020.06 | 口腔修复学 | 邓旭亮 | 线粒体转移对骨髓间充质干细胞功能及骨缺损修复效果影响的研究 |
| | 游　浪 | 男 | 1994.05 | 2020.06 | 口腔修复学 | 周永胜 | 无牙颌合适唇支撑三维虚拟预测方法的研究 |
| | 张　誉 | 男 | 1993.06 | 2020.06 | 口腔颌面外科学 | 蔡志刚 | 导航技术辅助下颌骨修复重建的应用与精确性研究 |
| | 高　璐 | 女 | 1994.05 | 2020.06 | 口腔正畸学 | 谷　岩 | 中国人群腭中缝生长发育过程的形态特点分期及与各生长发育评估指标相关性的初步研究 |
| | 李蕊婕 | 女 | 1994.06 | 2020.07 | 儿童口腔医学 | 秦　满 | 碘化钾增强光动力法应用于牙髓再生治疗根管消毒的实验研究 |
| | 周　伟 | 男 | 1994.12 | 2020.06 | 口腔颌面外科学 | 张　益 | 下颌骨颏部骨折联合双侧髁突囊内骨折的三维有限元研究 |
| | 吴慧竞 | 女 | 1995.02 | 2020.07 | 口腔预防医学 | 徐　韬 | 我国 12 ~ 15 岁青少年口腔卫生服务利用状况及公平性分析 |
| | 王　爽 | 女 | 1993.07 | 2020.06 | 儿童口腔医学 | 刘　鹤 | iRoot BP Plus 在乳牙牙髓切断术中的应用 |
| | 冯梦绮 | 女 | 1994.03 | 2020.06 | 口腔正畸学 | 高雪梅 | 非靶向和靶向定量质谱联合分析 OSAHS 唾液蛋白的研究 |
| | 朱　原 | 女 | 1994.06 | 2020.06 | 口腔修复学 | 周永胜 | LAMA2 调控人间充质干细胞成骨分化的作用及机制 |

续表

| 博士学位授予单位 | 姓名 | 性别 | 出生年月 | 获学位年月 | 所授学位专业 | 指导教师 | 毕业论文题目 |
|---|---|---|---|---|---|---|---|
| | 霍芃呈 | 男 | 1995.10 | 2020.07 | 牙周病学 | 孟焕新 | 牙周基础治疗对伴糖尿病牙周炎患者局部与系统炎症的调控及代谢的影响 |
| | 闫乐 | 女 | 1995.08 | 2020.06 | 牙周病学 | 胡文杰 | 超声龈下清创术与超声龈下清创联合手工根面平整术治疗重度牙周炎临床效果的随机分口对照研究 |
| | 周行红 | 女 | 1995.06 | 2020.06 | 口腔颌面外科学 | 张建国 | 北京市居民对口腔癌相关知识的认知调查 |
| | 朱忆颖 | 女 | 1993.12 | 2020.06 | 口腔颌面外科学 | 俞光岩 | 非肥胖糖尿病小鼠局部应用环孢素 A 对下颌下腺分泌功能及炎症的影响 |
| | 白珊珊 | 女 | 1995.01 | 2020.06 | 口腔修复学 | 谢秋菲 | 咬合干扰致口颌面痛敏行为及下行调制机制的研究 |
| | 刘朋 | 男 | 1993.11 | 2020.06 | 牙周病学 | 唐志辉 | 三维生物打印牙龈成纤维细胞/ADM/GSA 复合体的生物学评价 |
| | 李虎 | 男 | 1992.07 | 2020.06 | 口腔颌面外科学 | 王兴 | 女性上颌前突下颌后缩畸形双颌手术后侧貌美学及软硬组织三维变化评价 |
| | 李忠义 | 男 | 1994.08 | 2020.06 | 口腔修复学 | 孙玉春 | 上前牙诊断饰面制作及刚性约束导板辅助贴面牙体预备的精度评价 |
| | 王顺吉 | 男 | 1993.11 | 2020.06 | 口腔颌面外科学 | 彭歆 | 股前外侧皮瓣修复口腔颌面部缺损术后皮瓣体积变化的临床研究 |
| | 蒋亦然 | 女 | 1993.10 | 2020.06 | 口腔正畸学 | 许天民 | 建立青少年拔牙矫治客观判断支抗强度的预测模型 |
| | 李凤茹 | 女 | 1993.09 | 2020.07 | 口腔正畸学 | 江久汇 | 正畸用热压膜材料理化性能的初步研究 |
| | 曹春玲 | 女 | 1994.03 | 2020.06 | 牙体牙髓病学 | 王晓燕 | 可注射羟乙基壳聚糖基单/双网络水凝胶对 hDPCs 成牙本质向分化的作用 |
| | 蓝璘 | 男 | 1994.09 | 2020.07 | 口腔颌面外科学 | 张益 | 个性化 3D 打印多孔钛修复体重建颧上颌骨缺损的临床前研究 |
| | 王倩 | 女 | 1995.04 | 2020.07 | 口腔黏膜病学 | 刘宏伟 | 无创检查用于口腔潜在恶性疾患诊断和随访的研究 |

续表

| 博士学位授予单位 | 姓名 | 性别 | 出生年月 | 获学位年月 | 所授学位专业 | 指导教师 | 毕业论文题目 |
|---|---|---|---|---|---|---|---|
| | 路　畅 | 男 | 1993.07 | 2020.10 | 牙周病学 | 欧阳翔英 | 大学生菌斑性龈炎龈下菌群特征及其治疗后 1 周、4 周变化 |
| | 游文喆 | 女 | 1995.03 | 2020.06 | 儿童口腔医学 | 夏　斌 | 基于人工智能的牙菌斑识别系统的建立 |
| | 杜文瑜 | 女 | 1993.10 | 2020.06 | 口腔修复学 | 姜　婷 | 缺氧模拟物甲磺酸去铁胺促进骨组织再生血管化进程的研究 |
| | 孙现涛 | 男 | 1991.08 | 2020.06 | 口腔颌面外科学 | 王　兴 | Delaire 头影测量分析法在正颌外科手术优先治疗模式中的应用研究 |
| | 张敏娟 | 女 | 1991.01 | 2020.06 | 口腔颌面外科学 | 傅开元 | 颞下颌关节紊乱病患者生活质量影响因素研究 |
| | 张瑞娟 | 女 | 1991.09 | 2020.06 | 口腔预防医学 | 郑树国 | RATEA16 自组装多肽水凝胶缓释 VEGF 和 BMP-2 促进体外成血管和成骨 |
| | 樊壮壮 | 男 | 1993.05 | 2020.06 | 口腔修复学 | 冯海兰 | 先天性缺牙患者 LRP6 基因突变检测和 Lrp6 基因在牙齿发育中的动态表达 |
| | 郭绎白 | 女 | 1994.08 | 暂未获 | 牙体牙髓病学 | 梁宇红 | 颈部缺损根管治疗牙不同方式修复后的抗力及三维有限元研究 |
| 空军军医大学 | | | | | | | |
| | 赵　辛 | 男 | 1994.06 | 2020.06 | 口腔医学 | 王小竞 | 牙周膜干细胞在乳牙生理性根吸收过程中通过 NK 细胞进行免疫调节作用的研究 |
| | 罗梦琳 | 女 | 1994.04 | 2020.06 | 口腔医学 | 陈吉华 | miR-21a 通过调控巨噬细胞极化实现抗炎、促成骨双向功能的实验研究 |
| | 闫　宁 | 男 | 1994.09 | 2020.06 | 口腔医学 | 张玉梅 | 生物功能化修饰的镁作为高强度可降解 GBR 膜的可行性研究 |
| | 张浩霖 | 男 | 1994.11 | 2020.06 | 口腔医学 | 金作林 | 正畸治疗对牙齿颜色的影响 |
| | 张　宇 | 男 | 1993.08 | 2020.06 | 口腔医学 | 胡开进 | 下颌阻生第三磨牙拔除后第二磨牙远中牙槽骨缺损的防治研究 |
| | 夏　宇 | 女 | 1994.08 | 2020.06 | 口腔医学 | 陈发明 | 不同表型巨噬细胞外泌体对骨髓间充质干细胞增殖和分化的影响 |

续表

| 博士学位授予单位 | 姓名 | 性别 | 出生年月 | 获学位年月 | 所授学位专业 | 指导教师 | 毕业论文题目 |
|---|---|---|---|---|---|---|---|
| 武汉大学 | | | | | | | |
| | 廖楚芳 | 女 | 1995.05 | 2020.06 | 口腔医学 | 王贻宁 | 骨硬化蛋白在拉应力刺激下对成牙本质 样细胞分化的作用机制研究 & 临床病例报告 |
| | 潘嘉雯 | 女 | 1996.09 | 2020.06 | 口腔医学 | 贺　红 | miR-146a-5p 在成牙骨质细胞炎症反应中的作用 & 正畸病例报告 |
| | 徐士涵 | 女 | 1994.06 | 2020.06 | 口腔医学 | 曹正国 | 整合素 α9 在慢性牙周炎中的作用机制研究 & 临床病例报告 |
| | 许胡笛 | 女 | 1994.12 | 2020.06 | 口腔医学 | 张玉峰 | 磷酸三钙和富血小板纤维蛋白调节巨噬细胞极化的机制研究 & 病例报告 |
| | 胡　晴 | 女 | 1993.02 | 2020.12 | 口腔医学 | 施　斌 | 单颗上前牙唇侧骨壁部分缺损拔牙窝的即刻种植效果的临床研究及病例报告 |
| | 陈霈渝 | 女 | 1993.10 | 2020.12 | 口腔医学 | 王家伟 | YAP1 在短暂 TNF-α 刺激促进成软骨细胞分化中的作用及机制研究 & 病例报告 |

（本文编辑　吴　婷）

## 科学研究

# 中国医学科学院学术咨询委员会增聘学部委员

2020 年 12 月 18 日，中国医学科学院发布“中国医学科学院学术咨询委员会 2020 年增聘学部委员名单”，王松灵教授、周学东教授入选学部委员。

为贯彻落实习近平总书记“努力把中国医学科学院建设成为我国医学科技创新体系的核心基地”的重要指示精神，中国医学科学院于 2019 年 8 月成立学术咨询委员会，邀请在医学卫生健康领域取得杰出成就、享有卓著声誉的专家作为学部委员，为国家医学科技创新体系与核心基地的建设、国家医学卫生健康事业的发展提供战略咨询和智力支撑。学术咨询委员会设置覆盖医学卫生健康主要科技领域的六个学部，包括：临床医学部，口腔学部，基础医学与生物学部，药学部，卫生健康与环境学部，生物医学工程与信息学部。

**表 1　中国医学科学院学术咨询委员会 2020 年增聘学部委员名单（口腔学部）***

| 原序号 | 姓名 | 研究方向 | 单位 |
|---|---|---|---|
| 13 | 王松灵 | 口腔医学 | 首都医科大学 |
| 14 | 周学东（女） | 口腔医学 | 四川大学华西口腔医院 |

注：* 同一学部内按学部委员姓名拼音字母顺序排列。

# 2019 年度中华口腔医学会优秀专业委员会（分会）考评

8 月 31 日，中华口腔医学会在上海颁布了对 38 个专业委员会（分会）2019 年度工作综合考评的结果，考评内容涉及组织管理、学术交流、财务工作、会员发展与服务、党建工作等，通过逐项打分以及综合评价，9 个专业委员会（分会）获得综合优秀奖，2 个专业委员会（分会）获得单项优秀奖，5 位秘书获得专委会（分会）优秀秘书奖，考评结果如下：

**2019 年度考评综合优秀奖**

口腔种植专业委员会（宿玉成）

儿童口腔医学专业委员会（秦满）

口腔预防医学专业委员会（台保军）

口腔正畸专业委员会（白玉兴）

口腔修复学专业委员会（陈吉华）

牙周病学专业委员会（王勤涛）

口腔急诊专业委员会（朱亚琴）

牙体牙髓病学专业委员会（边专）

民营口腔医疗分会（贺周）

**2019 年度考评单项优秀奖——口腔医学发展贡献奖**

口腔医学科研管理分会（邓旭亮）

口腔医学教育专业委员会（郭传瑸）

**2019 年度优秀秘书**（按姓氏笔画排序）

口腔预防医学专委会学术秘书（司燕）

口腔急诊专委会工作秘书（刘艳丽）

口腔种植专委会学术秘书（刘倩）

口腔正畸专委会工作秘书（张宁）

口腔科研管理分会学术秘书（单艳华）

# 中华口腔医学会科技奖

8月31日,2020中华口腔医学科技奖颁奖仪式在上海举办。中华口腔医学会科技奖在2013年正式批准,每两年评审一次,是面向全国口腔医学领域设立的经常性科学技术奖。中华口腔医学会科技奖该奖开展以来影响力逐渐扩大,目前已被纳入到中国医院、中国医学院校科技量值等口腔医学相关评估体系中,同时中华口腔医学会科技奖持续获得直推国家科技奖的资格。

今年是中华口腔医学科技奖第4次评审,本次共收到推荐项目22项,其中全国口腔医学院校推荐18项,省级口腔医学会推荐4项。经过形式审查,22项进入初评。经过推荐、初评、公示、终评、答辩、确认等环节,最终9个获奖项目从22个推荐项目中脱颖而出,本次评奖评出一等奖1项、二等奖3项、三等奖5项。详情见表2。

**表2 2020中华口腔医学会科技奖获奖项目**

| 获奖 | 编号 | 项目名称 | 第一完成单位 | 完成人 |
|---|---|---|---|---|
| 一等奖 | CSA20200101-1 | 口腔骨丢失/骨缺损再生和修复的应用基础研究 | 北京大学口腔医学院 | 周永胜 刘 燕 杨瑞莉 刘云松 张 萍 吕珑薇 周彦恒 施松涛 葛雯姝 张 晓 等 |
| 二等奖 | CSA20200201-1 | 生理性支抗控制理论的提出及矫治系统的研发与推广应用 | 北京大学口腔医学院 | 许天民 韩 冰 林久祥 姜若萍 陈 贵 陈 斯 苏 红 陈贤明 张晓芸 宋广瀛 等 |
| 二等奖 | CSA20200202-1 | 龋源性牙髓病损伤修复机制及治疗策略 | 空军军医大学第三附属医院 | 余 擎 何文喜 程小刚 蒋文凯 王 玮 邝 容 倪龙兴 王胜朝 田 宇 王捍国 等 |
| 二等奖 | CSA20200203-1 | 脂肪源性间充质干细胞定向分化机制与组织再生研究 | 四川大学华西口腔医院 | 林云锋 张 陶 彭 强 李 果 廖金凤 郝丽英 |
| 三等奖 | CSA20200301-1 | 非综合征型唇腭裂的遗传易感性及其机制研究 | 南京医科大学附属口腔医院 | 王 林 潘永初 张卫兵 江宏兵 马 兰 李丹丹 杜一飞 钱雅婧 王 华 王宇婷 |
| 三等奖 | CSA20200302-1 | 牙髓及根尖周组织修复再生的基础研究及应用 | 同济大学附属口腔医院 | 张 旗 葛少华 陈 旭 陈文霞 蒋备战 郑黎薇 葛剑平 杨晓娟 闫香珍 李许演 等 |
| 三等奖 | CSA20200303-1 | 口腔种植修复生物材料的相关基础及临床研究 | 重庆医科大学附属口腔医院 | 季 平 宋锦璘 戴红卫 杨 生 王 超 高 翔 付 钢 黄元丁 吴庆庆 陈 陶 等 |

续表

| 获奖 | 编号 | 项目名称 | 第一完成单位 | 完成人 |
|---|---|---|---|---|
| 三等奖 | CSA20200304-1 | 超显微外科临床技术体系的建立及其在口腔颌面-头颈部修复的应用 | 上海交通大学 | 何　悦　蒋灿华　王慧明　刘　冰　侯劲松　李劲松　刘忠龙　李晓光　艾松涛　等 |
| 三等奖 | CSA20200305-1 | 颅骨锁骨发育不全牙齿替换障碍的机制研究及临床应用 | 北京大学 | 郑树国　张趁英　王笑喆　孙翔宇　刘　阳　闫文娟　王衣祥　施相如 |

# 第十六届中国青年科技奖

中国青年科技奖，是 1987 年由中央组织部、人事部、中国科协在钱学森的提议下共同设立并组织实施，奖励 40 岁以下、从事自然科学和交叉科学的青年科技工作者，每两年评选一次，每届获奖人数不超过 100 名。

2020 年 10 月 15 日，为深入贯彻习近平新时代中国特色社会主义思想，大力实施创新驱动发展战略和人才强国战略，培养造就一批具有国际水平的战略科技人才、科技领军人才，表彰在国家经济发展、社会进步和科技创新中做出突出贡献的青年科技人才，激发广大青年科技工作者的创新创造创业热情，中共中央组织部、人力资源社会保障部、中国科协、共青团中央联合发布文件“科协发组字〔2020〕24 号”，即“关于表彰第十六届中国青年科技奖获奖者的决定”，决定授予孙明波等 100 名同志中国青年科技奖，其中包括 10 名中国青年科技奖特别奖项。希望受到表彰的获奖者珍惜荣誉、再接再厉，在建设世界科技强国的征程上做出新的更大贡献。

**表 3　中国青年科技奖获奖人选名单（口腔医学）**

| 姓名 | 工作单位 | 时间 | 批次 |
|---|---|---|---|
| 叶　玲 | 四川大学 | 2020 年 | 第十六届 |
| 林云锋 | 四川大学 | 2013 年 | 第十三届 |
| 周学东 | 华西医科大学 | 1995 年 | 第四届 |

四川大学华西口腔医学院/华西口腔医院叶玲教授喜获该殊荣。叶玲教授团队长期从事骨/牙生物学基础研究及牙髓再生的临床研究。围绕“牙髓修复再生及根尖周骨质缺损修复”这两个核心技术难题，系统研究了骨/牙修复再生中的分子调控机制，揭示表观遗传、能量代谢在间充质干细胞命运选择中的重要作用，对骨、牙疾病治疗具有潜在价值。

# 华夏医学科技奖（口腔医学）

华夏医疗保健国际交流促进科技奖（以下称华夏医学科技奖）是经科技部和国家科

学技术奖励工作办公室批准，由中国医疗保健国际交流促进会(以下简称中国医促会)设立和主办的全国性医学奖项。主要奖励在基础医学、临床医学、预防医学与卫生学、药学、中医中药学等在医疗和保健科技领域中推动自主创新、科技研究、成果产业化等方面做出突出贡献的个人和单位。

华夏医学科技奖于 2010 年启动，每年评选一次。华夏医学科技奖的设立，对激励医学工作者攀登科技高峰，提高我国临床诊疗水平，促进推广和普及先进的临床诊疗技术，起到了强有力的促进作用。口腔医学相关项目见表 4。

**表 4　历年华夏医学科技奖获奖人选名单(口腔医学)**

| 时间 | 项目 | 第一获奖单位 | 成员 | 获奖 |
|---|---|---|---|---|
| 2020 年 | 牙周炎与动脉粥样硬化的相关机制及天然药物干预治疗的研究 | 北京大学 | 栾庆先　蔡　宇　轩　艳　于　寰　曾佳骏　王啸轩　张　勇 | 三等奖 |
| 2020 年 | 牙种植修复关键界面生物力学损伤机理及临床防治研究 | 四川大学 | 于海洋　朱旻昊　杨帮成　高姗姗　蔡振兵　甘雪琦　张保荣　朱卓立 | 三等级 |
| 2019 年 | 脂肪源性间充质干细胞定向分化机制研究 | 四川大学 | 林云锋　蔡潇潇　张　陶　彭　强　李　果 | 三等奖 |
| 2018 年 | 放射性颌骨坏死的诊治研究 | 上海交通大学 | 何　悦　侯劲松　李晓光　刘　冰　黄洪章　刘忠龙　姜钧健　马春跃　张陈平　张志愿 | 二等奖 |
| 2018 年 | 提高口腔颌面部骨缺损修复与再生能力的新材料与基础研究 | 四川大学 | 万乾炳　王　剑　陈文川　裴锡波　陈俊宇 | 三等奖 |
| 2017 年 | 中国唇腭裂序列治疗模式的建立与推广 | 四川大学 | 石　冰　李精韬　李承浩　贾仲林　尹　恒　龚彩霞　郑　谦　李　杨 | 三等奖 |
| 2017 年 | 牙周病的致病机制及其再生治疗技术的应用 | 上海交通大学 | 束　蓉　宋忠臣　谢玉峰　程　岚　林智恺　刘大力　葛琳华　宋爱梅 | 三等奖 |
| 2016 年 | 口腔微生物、炎症因子与牙体牙周疾病致病机制的研究 | 上海交通大学 | 梁景平　黄正蔚　姜　葳　刘　斌　夏文薇　王　娟　李超伦　汪　嘉　张明珠　马　瑞 | 二等奖 |
| 2015 年 | 基于数字外科技术建立眼眶骨折诊断与治疗系统的研究 | 北京大学 | 张　益　张智勇　贺洋安　金　刚　邹立东 | 三等奖 |
| 2014 年 | 牙周炎与全身疾病相关关系及相应治疗策略的研究 | 北京大学 | 孟焕新　章锦才　束　蓉　闫福华　杨丕山　吴亚菲　潘亚萍　王勤涛　李成章　欧阳翔英 | 二等奖 |

续表

| 时间 | 项目 | 第一获奖单位 | 成员 | 获奖 |
|---|---|---|---|---|
| 2013 年 | 牙颌面畸形的正颌正畸联合治疗-临床与基础研究 | 上海交通大学 | 沈国芳　房　兵　王旭东　唐友盛　朱　敏　张诗雷　蔡　鸣　于洪波　张文斌 | 二等奖 |
| 2012 年 | 口腔鳞癌发生发展及转移的分子机制与防治研究 | 四川大学 | 李龙江　梁新华　江　潞　陈谦明　张　壮　王　智　曾　昕　李　一　韩　波　黄灿华 | 二等奖 |
| 2011 年 | 疑难牙髓根尖周疾病诊治高新技术的基础和临床研究 | 四川大学 | 周学东　施文元　薛　晶　邹　玲　王人可　叶　玲　黄定明　李继遥　张　岚 | 二等奖 |
| 2011 年 | 牙齿发育异常的病因机制研究 | 北京大学 | 冯海兰　王　莹　赵红珊　宋书娟　张晓霞　韩　冬　吴　华　曲　红 | 三等奖 |

# 2019 年中国高被引学者榜单（口腔医学）

2020 年 5 月 7 日，爱思唯尔（Elsevier）正式发布了 2019 年中国高被引学者（Chinese Most Cited Researchers）榜单。随着中国在国际科研领域的影响力和地位不断提高，引领全球学术进步的各领域杰出学者也不断涌现。这是自 2015 年开始，爱思唯尔第六次正式发布“中国高被引学者”榜单。高被引学者评选主要基于第一作者和通信作者文献。研究者作为通信作者或第一作者发表论文的被引总次数在该学科中国大陆地区所有研究者中处于顶尖水平，也意味着研究者在其研究领域具有世界级影响力，其科研成果为该领域发展做出了较大贡献。本次入选口腔医学领域高被引学者榜单如下：

**牙医学**

凌均棨　中山大学
古丽莎　中山大学
周学东　四川大学
张成飞　北京大学
张玉峰　武汉大学
彭　彬　武汉大学
林焕彩　中山大学
王松灵　首都医科大学
王美青　中国人民解放军空军军医大学
王贻宁　武汉大学
程　磊　四川大学
范　兵　武汉大学
谢秋菲　北京大学
赖红昌　上海交通大学
边　专　武汉大学
钟来平　上海交通大学
陈吉华　中国人民解放军空军军医大学

**医学**

张志愿　上海交通大学
胡　静　四川大学
郑利民　中山大学
陈发明　中国人民解放军空军军医大学

# 中国科协办公厅关于公布第五届中国科协青年人才托举工程入选者名单的通知

科协办函学字〔2020〕87 号

各全国学会、协会、研究会：

根据《中国科协青年人才托举工程管理办法》《中国科协青年人才托举工程实施管理细则》和《中国科协办公厅关于开展第五届中国科协青年人才托举工程项目申报工作的通知》要求，经专家推荐、项目实施单位遴选、入选公示等程序，确定丁玎等 331 名青年科技工作者入选第五届中国科协青年人才托举工程（不包含特殊科技领域入选者）。现将以上入选者名单予以公布。

希望入选的青年科技工作者弘扬优良传统，坚定创新自信、矢志报国、攻坚克难，不断提升基础研究水平和原始创新能力，勇于攀登科技高峰，积极推动产学研深度融合，为建设世界科技强国，实现中华民族伟大复兴的中国梦贡献青春力量。

中国科协办公厅

2020 年 9 月 4 日

附件略。

口腔医学相关名单见表 5。

表 5　第五届中国科协青年人才托举工程入选者名单（口腔医学）*

| 序号 | 姓名 | 研究领域 | 所在单位 | 遴选学会（学会联合体） |
|---|---|---|---|---|
| 128 | 李永亮 | 口腔颌面疾病其他科学问题 | 北京大学 | 中华口腔医学会 |
| 221 | 周　榕 | 头颈部及颌面肿瘤 | 上海交通大学 | 中华口腔医学会 |
| 243 | 赵雪峰 | 口腔颌面疾病其他科学问题 | 四川大学 | 中华口腔医学会 |

# 2020 年口腔医学期刊新型冠状病毒相关研究论文

针对世界突发的新型冠状病毒，2020 年国内口腔医学期刊发表相关研究成果，经统计列表 6。

表 6　2020 年口腔医学期刊发表新型冠状病毒相关研究论文

| 作者 | 题名 | 刊名 | 年 | 卷 | 期 | 页码 |
|---|---|---|---|---|---|---|
| Xian Peng, Xin Xu, Yuqing Li, et al | Transmission routes of 2019-nCoV and controls in dental practice | International Journal of Oral Science | 2020 | 12 | 1 | 25 ~ 30 |

**续表**

| 作者 | 题名 | 刊名 | 年 | 卷 | 期 | 页码 |
|---|---|---|---|---|---|---|
| Hao Xu, Liang, zhong, Jiaxin Deng, et al | High expression of ACE2 receptor of 2019-nCoV on the epithelial cells of oral mucosa | International Journal of Oral Science | 2020 | 12 | 1 | 77 ~ 81 |
| Ruoshi Xu, Bomiao Cui, Xiaobo Duan, et al | Saliva: potential diagnostic value and transmission of 2019-nCoV | International Journal of Oral Science | 2020 | 12 | 2 | 83 ~ 88 |
| 毕小琴, 熊茂婧, 陈丽先, 等 | 新型冠状病毒肺炎疫情下口腔颌面外科的护理防控 | 国际口腔医学杂志 | 2020 | 47 | 2 | 244 ~ 248 |
| 易俭如, 罗梦奇, 尹一佳, 等 | 新型冠状病毒肺炎流行期降低口腔诊疗中气溶胶传播风险的策略 | 国际口腔医学杂志 | 2020 | 47 | 3 | 362 ~ 365 |
| 华成舸, 刘治清, 王晴, 等 | 从新型冠状病毒肺炎疫情防控看传染病流行期口腔门诊管理策略 | 华西口腔医学杂志 | 2020 | 38 | 2 | 117 ~ 121 |
| 尹长伟, 陈占伟, 邹虎威, 等 | 新型冠状病毒肺炎疫情下口腔颌面外科 21 例恶性肿瘤患者的治疗分析 | 口腔颌面外科杂志 | 2020 | 30 | 3 | 175 ~ 179 |
| 丁远森, 孙家悦, 陆家瑜, 等 | 口腔急诊医务工作者应对新型冠状病毒感染的防控管理规范 | 口腔颌面外科杂志 | 2020 | 30 | 2 | 96 ~ 100 |
| 刘伟龙, 李承浩, 石冰 | 口腔颌面外科手术合并 2019 新型冠状病毒感染的管理策略 | 口腔颌面外科杂志 | 2020 | 30 | 1 | 5 ~ 8 |
| 黄萌, 王婧, 赵长铭, 等 | 新型冠状病毒疫情期间综合医院口腔科门诊诊疗的感染控制与特点 | 口腔颌面修复学杂志 | 2020 | 21 | 3 | 176 ~ 180 |
| 刘传霞, 付纪, 郝一龙, 等 | 新型冠状病毒肺炎疫情期间口腔黏膜病的管理策略 | 口腔疾病防治 | 2020 | 28 | 3 | 178 ~ 183 |
| 李梅, 陈奕帆, 成凡平, 等 | 新型冠状病毒肺炎疫情期间口腔科门诊管理策略 | 口腔疾病防治 | 2020 | 28 | 7 | 409 ~ 415 |
| 王晓茜, 杨菁菁, 孙志达, 等 | 新型冠状病毒肺炎疫情中口腔专科医院分级精准感染防控管理策略 | 口腔医学 | 2020 | 40 | 4 | 289 ~ 292 |
| 高诗雨, 朱宇驰, 万林忠, 等 | 新型冠状病毒肺炎疫情下口腔癌患者在院发热的鉴别及处理 | 口腔医学 | 2020 | 40 | 7 | 581 ~ 584 |
| 赵丹, 余静静, 刘平先, 等 | 新型冠状病毒传播期间 191 例武汉口腔急诊患者临床特点 | 口腔医学研究 | 2020 | 36 | 2 | 98 ~ 103 |
| 李美胜, 王森 | 新型冠状病毒肺炎疫情期口腔颌面外科全身麻醉管理 | 口腔医学研究 | 2020 | 36 | 2 | 104 ~ 106 |
| 唐璟, 刘朝阳, 唐祎, 等 | 新型冠状病毒肺炎防控期间综合医院口腔科住院病人管理的思考 | 临床口腔医学杂志 | 2020 | 36 | 4 | 242 ~ 243 |

续表

| 作者 | 题名 | 刊名 | 年 | 卷 | 期 | 页码 |
| --- | --- | --- | --- | --- | --- | --- |
| 冯晓康,韩俊,陶优,等 | 新型冠状病毒肺炎疫情下口腔正畸患者的应急管理 | 临床口腔医学杂志 | 2020 | 36 | 4 | 244～245 |
| 张铮,郑雨燕,彭宏,等 | 新型冠状病毒肺炎防疫期口腔科优化诊疗项目与防护管理 | 临床口腔医学杂志 | 2020 | 36 | 5 | 303～305 |
| 许来俊,何圆培 | 新型冠状病毒肺炎防疫期牙体牙髓病科的防控及诊疗 | 临床口腔医学杂志 | 2020 | 36 | 5 | 305～307 |
| 田思维,李玲,何细飞,等 | 新型冠状病毒肺炎疫情下方舱医院安全管理模式实践 | 临床口腔医学杂志 | 2020 | 36 | 5 | 308～310 |
| 梅银娥,钟丽霞,郭伟,等 | 新型冠状病毒肺炎疫情期间 356 例口腔急诊患者临床分析 | 临床口腔医学杂志 | 2020 | 36 | 6 | 363～365 |
| 彭洁丽,罗玲,田也,等 | 新型冠状病毒肺炎疫情下口腔急诊的防控策略 | 临床口腔医学杂志 | 2020 | 36 | 6 | 366～367 |
| 赵妍,蔡霞,李晓军 | 新型冠状病毒肺炎疫情防控阶段的牙周诊疗策略 | 临床口腔医学杂志 | 2020 | 36 | 6 | 368～371 |
| 沈雪敏,吴岚,王宇峰,等 | 新型冠状病毒感染疫情防控阶段口腔黏膜病诊疗的专家建议 | 上海口腔医学 | 2020 | 29 | 2 | 118～122 |
| 廖骞,李钟仁,陶疆,等 | 新型冠状病毒肺炎疫情期间口腔急诊的管理与防控建议 | 上海口腔医学 | 2020 | 29 | 2 | 123～126 |
| 朱凌,王晶波,余强,等 | 上海市新型冠状病毒肺炎防疫阶段口腔放射防控规范化专家共识 | 上海口腔医学 | 2020 | 29 | 4 | 431～434 |
| 宋健,刘治清,王晴,等 | 新型冠状病毒肺炎疫情期间口腔医务人员口罩的选择和使用建议 | 上海口腔医学 | 2020 | 29 | 4 | 435～439 |
| 曾艺旋,李志华,朱嘉,等 | 江西省口腔医学生新型冠状病毒肺炎疫情关注度及知识知晓横断面调查 | 上海口腔医学 | 2020 | 29 | 5 | 544～549 |
| 张艳霞,刘雯,孔亮,等 | 新型冠状病毒肺炎疫情期口腔医院防护标准(一)——工作人员防护 | 实用口腔医学杂志 | 2020 | 36 | 2 | 157～161 |
| 刘奘,张艳霞,孟凡辉,等 | 新型冠状病毒肺炎疫情期口腔医院防护标准(二)——空间管理 | 实用口腔医学杂志 | 2020 | 36 | 2 | 162～165 |
| 何芳丽,樊海兵,孔亮,等 | 新型冠状病毒肺炎疫情期口腔医院防护标准(三)——防护物资配备 | 实用口腔医学杂志 | 2020 | 36 | 2 | 166～171 |
| 关素敏,孔亮,侯锐,等 | 新型冠状病毒肺炎疫情期口腔医院防护标准(四)——口罩选择标准 | 实用口腔医学杂志 | 2020 | 36 | 2 | 172～175 |
| 张毅,何芳丽,侯锐,等 | 新型冠状病毒肺炎疫情期口腔医院防护标准(五)——防护服选择标准 | 实用口腔医学杂志 | 2020 | 36 | 2 | 176～179 |
| 侯锐,关素敏,闫舰飞,等 | 新型冠状病毒肺炎疫情期口腔医院防护标准(六)——消毒剂选择标准 | 实用口腔医学杂志 | 2020 | 36 | 2 | 180～183 |

续表

| 作者 | 题名 | 刊名 | 年 | 卷 | 期 | 页码 |
| --- | --- | --- | --- | --- | --- | --- |
| 李广文,李卉,李刚,等 | 新型冠状病毒肺炎疫情期口腔医院防护标准(七)——生物气溶胶的防控 | 实用口腔医学杂志 | 2020 | 36 | 2 | 184~187 |
| 郝宝莲,卢倩,侯锐,等 | 新型冠状病毒肺炎疫情期口腔医院防护标准(八)——口腔诊疗器械处理 | 实用口腔医学杂志 | 2020 | 36 | 2 | 188~191 |
| 刘雯,张艳霞,郝宝莲,等 | 新型冠状病毒肺炎疫情期口腔医院防护标准(九)——医疗污染物处理 | 实用口腔医学杂志 | 2020 | 36 | 2 | 192~194 |
| 张琪,李子涵,韩冰,等 | 新型冠状病毒肺炎疫情期口腔医院防护标准(十)——喷溅治疗室管理 | 实用口腔医学杂志 | 2020 | 36 | 2 | 195~198 |
| 王君俊,张旻,陈永进,等 | 新型冠状病毒肺炎疫情期口腔医院防护标准(十一)——口腔急诊应急管理 | 实用口腔医学杂志 | 2020 | 36 | 2 | 199~202 |
| 韩冰,张琪,李子涵,等 | 新型冠状病毒肺炎疫情期口腔医院防护标准(十二)——口腔门诊流程管理 | 实用口腔医学杂志 | 2020 | 36 | 2 | 203~206 |
| 马婕,陆金标,郭俊,等 | 新型冠状病毒肺炎疫情期口腔医院防护标准(十三)——口腔颌面外科病房流程管理 | 实用口腔医学杂志 | 2020 | 36 | 2 | 207~211 |
| 许浩坤,田敏,何婀妮,等 | 新型冠状病毒肺炎疫情期口腔医院防护标准(十四)——学生管理建议 | 实用口腔医学杂志 | 2020 | 36 | 2 | 212~214 |
| 仇珺,张艳霞,段建红,等 | 新型冠状病毒肺炎疫情期口腔医院防护标准(十五)——实验室管理 | 实用口腔医学杂志 | 2020 | 36 | 2 | 215~217 |
| 范晓敏,刘晓燕,魏维娜,等 | 新型冠状病毒肺炎疫情期口腔医院护理管理规范(一)——口腔门诊护理规范及实践 | 实用口腔医学杂志 | 2020 | 36 | 2 | 218~220 |
| 廖习坪,张春谊,贺娇,等 | 新型冠状病毒肺炎疫情期口腔医院护理管理规范(二)——住院病房护理规范及实践 | 实用口腔医学杂志 | 2020 | 36 | 2 | 221~223 |
| 栗茜,吴丽飞,支福娜,等 | 新型冠状病毒肺炎疫情期口腔医院护理管理规范(三)——颌面外科手术护理流程及实践 | 实用口腔医学杂志 | 2020 | 36 | 2 | 224~226 |
| 刘敏,马婕,田磊,等 | 新型冠状病毒肺炎疫情期口腔医院护理管理规范(四)——颌面外科急诊患者护理规范及实践 | 实用口腔医学杂志 | 2020 | 36 | 2 | 227~230 |
| 韩冰,胡文华,轩昆,等 | 新型冠状病毒肺炎疫情期口腔医院护理管理规范(五)——喷溅治疗的护理配合与防护 | 实用口腔医学杂志 | 2020 | 36 | 2 | 231~234 |
| 孙艳青,韩冰,李刚,等 | 新型冠状病毒肺炎疫情期口腔医院护理管理规范(六)——拍片室的护理管理及运行 | 实用口腔医学杂志 | 2020 | 36 | 2 | 235~237 |

续表

| 作者 | 题名 | 刊名 | 年 | 卷 | 期 | 页码 |
|---|---|---|---|---|---|---|
| 刘蕊,贺娇,刘玺,等 | 新型冠状病毒肺炎疫情期口腔医院护理管理规范(七)——护理人力资源管理实践 | 实用口腔医学杂志 | 2020 | 36 | 2 | 238~240 |
| 尚谦慧,周瑜,曾昕,等 | 氯喹/羟氯喹抗病毒作用及其临床应用 | 实用口腔医学杂志 | 2020 | 36 | 2 | 241~246 |
| 王宏伟,齐素青,张超,等 | 新型冠状病毒感染疫情期间口腔正畸科优化诊疗项目及感染防控管理 | 实用口腔医学杂志 | 2020 | 36 | 2 | 256~258 |
| 郑雪莉 | 新型冠状病毒肺炎疫情下颌面多间隙感染诊疗的思考 | 实用口腔医学杂志 | 2020 | 36 | 2 | 259~260 |
| 岳磊,杨威,霍海洋,等 | 新型冠状病毒肺炎疫情期口腔颌面部间隙感染的特点及诊治体会 | 实用口腔医学杂志 | 2020 | 36 | 2 | 261~263 |
| 周莉娜,黄萍,任鸿艳 | 新型冠状病毒疫情期口腔患者细菌培养标本的检验策略 | 实用口腔医学杂志 | 2020 | 36 | 2 | 266~270 |
| 刘冰,堵亚茹,黄香河,等 | 新型冠状病毒肺炎防控期间口腔专科医院门急诊工作管理探讨 | 现代口腔医学杂志 | 2020 | 34 | 2 | 113~115 |
| 薛菲,刘国香,曾葭,等 | 新冠病毒疫情期间口腔诊疗机构防控策略 | 现代口腔医学杂志 | 2020 | 34 | 5 | 293~295 |
| 中华口腔医学会口腔颌面外科专业委员会 | 口腔颌面外科手术在新型冠状病毒感染流行期管理的专家意见 | 中国口腔颌面外科杂志 | 2020 | 18 | 2 | 97~99 |
| 张天嘉,刘婷,罗淞元,等 | 新型冠状病毒防控阶段口腔颌面创伤管理策略 | 中国口腔颌面外科杂志 | 2020 | 18 | 2 | 100~104 |
| 郭宇轩,丛丙峰,陆金标,等 | 新型冠状病毒肺炎疫情下 25 例口腔颌面外科急诊患者临床分析 | 中国口腔颌面外科杂志 | 2020 | 18 | 2 | 105~110 |
| 薛洋,韩冰,潘剑,等 | 新型冠状病毒感染防控时期口腔外科门诊诊疗的专家建议 | 中国口腔颌面外科杂志 | 2020 | 18 | 3 | 199~203 |
| 刘婷,袁卫军,王旭东,等 | 新型冠状病毒肺炎疫情期间口腔颌面创伤门急诊护理策略 | 中国口腔颌面外科杂志 | 2020 | 18 | 3 | 204~209 |
| 赵泽亮,Meng L,Hua F,等 | 2019 冠状病毒病(COVID~19):牙科和口腔医学的新兴和未来挑战 | 中国口腔颌面外科杂志 | 2020 | 18 | 3 | 218 |
| 中华口腔医学会口腔医疗服务分会 | 关于新型冠状病毒肺炎疫情期间口腔门诊诊疗工作防控的建议 | 中国口腔医学继续教育杂志 | 2020 | 23 | 2 | 65~68 |
| 中华口腔医学会口腔黏膜病专业委员会 | 新型冠状病毒肺炎疫情期间口腔溃疡等黏膜病的防治及护理专家建议 | 中国口腔医学继续教育杂志 | 2020 | 23 | 2 | 69~72 |

续表

| 作者 | 题名 | 刊名 | 年 | 卷 | 期 | 页码 |
|---|---|---|---|---|---|---|
| 中华口腔医学会口腔药学专业委员会 | 新型冠状病毒肺炎疫情下口腔医院调剂药师的感染防控策略 | 中国口腔医学继续教育杂志 | 2020 | 23 | 2 | 73～75 |
| 中华口腔医学会口腔急诊专业委员会 | 新型冠状病毒肺炎疫情防控阶段口腔急诊诊疗的专家建议 | 中国口腔医学继续教育杂志 | 2020 | 23 | 2 | 76～80 |
| 中华口腔医学会口腔修复学专业委员会 | 新型冠状病毒肺炎防疫期间口腔修复诊疗的专家建议 | 中国口腔医学继续教育杂志 | 2020 | 23 | 2 | 81～87 |
| 中华口腔医学会口腔预防医学专业委员会 | 护口腔健康 促全身健康 抗新冠肺炎——新型冠状病毒感染肺炎防控期的口腔保健 | 中国口腔医学继续教育杂志 | 2020 | 23 | 2 | 90～91 |
| 赵昕霞,滕立钊,黄蓓,等 | 新型冠状病毒肺炎疫情下提高口腔种植门诊诊疗工作的安全性 | 中国口腔种植学杂志 | 2020 | 25 | 1 | 26～31 |
| 梁玉洁,廖贵清 | 新型冠状病毒肺炎疫情下口腔癌患者诊疗及康复策略 | 中华口腔医学研究杂志(电子版) | 2020 | 14 | 1 | 4～8 |
| 古丽莎,龚启梅,周玉竹,等 | 新型冠状病毒肺炎疫情期间对急性牙痛临床诊疗工作的防控建议 | 中华口腔医学研究杂志(电子版) | 2020 | 14 | 1 | 9～13 |
| 黄秋雨,梁玉洁,章小缓,等 | 新型冠状病毒肺炎防控时期口腔颌面外科病房诊疗模式的构建与运行 | 中华口腔医学研究杂志(电子版) | 2020 | 14 | 2 | 76～81 |
| 章小缓,钟凡,向媛媛,等 | 新型冠状病毒肺炎疫情期间口腔门诊管理与感染防控对策 | 中华口腔医学研究杂志(电子版) | 2020 | 14 | 2 | 82～87 |
| 陶小安, 陈晰娟, 陈小冰,等 | 新型冠状病毒肺炎疫情期间口腔黏膜疾病管理与诊疗的思考及建议 | 中华口腔医学研究杂志(电子版) | 2020 | 14 | 3 | 144～148 |
| 李智勇, 孟柳燕 | 口腔诊疗中新型冠状病毒感染的防控 | 中华口腔医学杂志 | 2020 | 55 | 4 | 217～222 |
| 瞿星, 周学东 | 新型冠状病毒肺炎防疫期口腔患者的心理干预 | 中华口腔医学杂志 | 2020 | 55 | 4 | 235～240 |
| 唐鹤淑, 姚志清, 王义梅 | 新型冠状病毒肺炎疫情期口腔专科感染防控的应急管理 | 中华口腔医学杂志 | 2020 | 55 | 4 | 246～248 |
| 李冰, 孙惠, 白雪,等 | 新型冠状病毒疫情初期口腔颌面外科的病区管理 | 中华老年口腔医学杂志 | 2020 | 18 | 2 | 113～114+123 |

续表

| 作者 | 题名 | 刊名 | 年 | 卷 | 期 | 页码 |
| --- | --- | --- | --- | --- | --- | --- |
| 刘静，温涛，颜丽，等 | 由新型冠状病毒疫情引发的关于口腔科防护服的选择与思考 | 中华老年口腔医学杂志 | 2020 | 18 | 3 | 178 ~ 183 |
| 代艳虹，王本材，韩素勤，等 | 新型冠状病毒肺炎疫情期间口腔线上诊疗的分析与思考 | 中华老年口腔医学杂志 | 2020 | 18 | 4 | 238 ~ 241 |

注：按期刊汉语拼音字母排序。

# 田卫东教授当选国际生物材料科学与工程学会联合会（IUSBSE）Fellow

2020 年 12 月 11 日，第 11 次世界生物材料大会开幕，四川大学华西口腔医学院田卫东教授当选国际生物材料科学与工程学会联合会授予的“生物材料科学与工程 Fellow”（FBSE，Fellow of Biomaterials Science and Engineering）。该终身荣誉获得者由各国生物材料学会推荐、世界顶级专家逐级筛选出，每四年选举一次。入选者为世界生物材料科学与工程领域取得杰出成就的科学家。

**田卫东**

四川大学华西口腔医学院二级教授、主任医师、博士生导师，四川大学华西口腔医院颌面创伤与整形外科主任、口腔再生医学国家地方联合工程实验室主任、口腔转化医学教育部工程研究中心主任、口腔疾病研究国家重点实验室 PI。长期从事口腔颌面软硬组织再生与修复分子机制的研究，针对口腔颌面部软硬组织缺损和牙缺失这一临床常见并亟待解决的难题进行了系统深入的研究，在牙生长发育机制的研究中提出成体局部微环境具有诱导胚胎发育期干细胞分化为相应组织的新观点，对成体干细胞牙向分化机制的研究，为解决牙髓、牙周、生物牙根再生的种子细胞开辟了新途径；率先在国内开展脂肪干细胞的研究，系统研究脂肪基质干细胞成脂、成软骨和成骨分化的分子机制，脂肪移植的血管化、脂肪移植的干细胞机制，为脂肪干细胞转化应用提供了新思路。已发表 SCI 文章 175 篇，连续 5 年入选 Elsevier 发布的“中国高被引（Most Cited Chinese Researchers）”（医学）榜单。以第一申请人获国家发明专利 19 项，以第一完成人获教育部科技进步一等奖、四川省科技进步奖（自然科学类）一等奖、四川省科技进步二等奖各 1 项，并获军队科技进步一等奖、华夏医学科技奖一等奖各 1 项。

# 树兰医学青年奖

树兰医学奖是由郑树森院士和李兰娟院士发起，联袂社会各界人士共同设立的，旨在发展我国医学教育、扶植新秀、奖掖群贤，进一步推动我国医药卫生事业的发展，从而促使我国医学科学技术早日跻身世界一流行列。每年评审一次，包括树兰医学奖、树兰医学青年奖、树兰医学提名人奖、树兰医学青年奖提名人奖等奖励内容。口腔医学相关获奖名单见表 7。

表 7　树兰医学青年奖获奖者名单(口腔医学)*

| 时间 | 姓名 | 年龄 | 专业 | 单位 |
|---|---|---|---|---|
| 第七届 | 钟来平 | 43 岁 | 口腔医学(颌面外科学) | 上海交通大学 |
| 第六届 | 袁　泉 | 39 岁 | 口腔医学(口腔种植学) | 四川大学 |
| 第五届 | 牛丽娜 | 35 岁 | 口腔医学(口腔修复学) | 中国人民解放军空军军医大学 |
| 第三届 | 邓旭亮 | 44 岁 | 口腔医学(口腔修复学) | 北京大学 |
| 第二届 | 蒋欣泉 | 44 岁 | 口腔医学(口腔修复) | 上海交通大学附属第九人民医院 |

注:* 摘自历年树兰医学青年奖获奖者名单。

# 关于公布中国博士后科学基金第 67 批面上资助获资助人员名单的通知

中博基字〔2020〕5 号

各有关博士后设站单位:

根据《2020 年度中国博士后科学基金资助指南》,中国博士后科学基金会对第 67 批面上资助专家评审结果进行了公示。公示期间,有 4 位博士后研究人员退站,不予资助。本批次共资助 3 703 人,其中"西部地区博士后人才资助计划"资助 100 人。现对北京大学郑洁等获资助人员名单予以公布(见附件)。军队系统获资助人员名单另行公布。

附件:

1. 第 67 批面上资助获资助人员名单
2. 第 67 批面上资助西部博士后人才资助计划获资助人员名单

中国博士后科学基金会

2020 年 7 月 7 日

附件略。

口腔医学第 67 批、第 68 批获资助人员名单见表 8、表 9。

表 8　中国博士后科学基金第 67 批面上资助获资助人员名单*

| 资助编号 | 省 份 | 姓 名 | 博士后编号 | 设站单位 | 一级学科 | 资助金额 |
|---|---|---|---|---|---|---|
| 2020M670069 | 北京市 | 刘　佳 | 242360 | 北京大学医学部 | 口腔医学 | 8 |
| 2020M670070 | 北京市 | 郑晓娜 | 250120 | 北京大学医学部 | 口腔医学 | 8 |
| 2020M670865 | 吉林省 | 卢　晴 | 251028 | 吉林大学 | 口腔医学 | 8 |
| 2020M671162 | 上海市 | 王　威 | 241399 | 上海交通大学医学院 | 口腔医学 | 8 |
| 2020M672523 | 湖南省 | 高　兴 | 248480 | 中南大学 | 口腔医学 | 8 |
| 2020M672548 | 广东省 | 罗海芸 | 221258 | 广东省佛山市顺德区第一人民医院 | 口腔医学 | 8 |
| 2020M672743 | 广东省 | 陈艾婕 | 247616 | 南方医科大学 | 口腔医学 | 8 |
| 2020M673017 | 广东省 | 冯智慧 | 241523 | 中山大学 | 口腔医学 | 8 |
| 2020M673018 | 广东省 | 高现灵 | 241680 | 中山大学 | 口腔医学 | 8 |
| 2020M673019 | 广东省 | 胡钦朝 | 241533 | 中山大学 | 口腔医学 | 8 |

续表

| 资助编号 | 省 份 | 姓 名 | 博士后编号 | 设站单位 | 一级学科 | 资助金额 |
|---|---|---|---|---|---|---|
| 2020M673020 | 广东省 | 李 侃 | 243340 | 中山大学 | 口腔医学 | 8 |
| 2020M673021 | 广东省 | 刘润恒 | 242073 | 中山大学 | 口腔医学 | 8 |
| 2020M673022 | 广东省 | 王 茜 | 241542 | 中山大学 | 口腔医学 | 8 |
| 2020M673023 | 广东省 | 曾秉辉 | 241520 | 中山大学 | 口腔医学 | 8 |
| 2020M673024 | 广东省 | 王艺羲 | 251143 | 中山大学 | 口腔医学 | 8 |
| 2020M673264 | 四川省 | 经 典 | 218122 | 四川大学 | 口腔医学 | 8 |
| 2020M673265 | 四川省 | 李波儿 | 225099 | 四川大学 | 口腔医学 | 8 |
| 2020M673266 | 四川省 | 郑 欣 | 218125 | 四川大学 | 口腔医学 | 8 |

注：* 摘自 2020 年 7 月 7 日中国博士后科学基金第 67 批面上资助名单公布附件，军队系统获资助人员名单略。

**表 9　中国博士后科学基金第 68 批面上资助获资助人员名单 ***

| 资助编号 | 省 份 | 姓 名 | 博士后编号 | 设站单位 | 一级学科 | 资助金额 |
|---|---|---|---|---|---|---|
| 2020M680139 | 广东省 | 刘冠琪 | 259672 | 中山大学 | 口腔医学 | 12 |
| 2020M680140 | 广东省 | 陈冬茹 | 241543 | 中山大学 | 口腔医学 | 12 |
| 2020M680262 | 北京市 | 睢 意 | 256870 | 北京大学医学部 | 口腔医学 | 8 |
| 2020M680263 | 北京市 | 崔圣洁 | 256845 | 北京大学医学部 | 口腔医学 | 8 |
| 2020M680264 | 北京市 | 江圣杰 | 256844 | 北京大学医学部 | 口腔医学 | 8 |
| 2020M680265 | 北京市 | 李永亮 | 250171 | 北京大学医学部 | 口腔医学 | 8 |
| 2020M681020 | 辽宁省 | 杨淑德 | 258818 | 中国医科大学 | 口腔医学 | 8 |
| 2020M681341 | 上海市 | 吴祥冰 | 242592 | 上海交通大学医学院 | 口腔医学 | 8 |
| 2020M681401 | 上海市 | 陈袁伟 | 228580 | 同济大学 | 口腔医学 | 8 |
| 2020M681896 | 浙江省 | 龚佳幸 | 262427 | 浙江大学 | 口腔医学 | 8 |
| 2020M681897 | 浙江省 | 唐 帆 | 262423 | 浙江大学 | 口腔医学 | 8 |
| 2020M682052 | 安徽省 | 王艳青 | 243119 | 中国科学技术大学 | 口腔医学 | 8 |
| 2020M682914 | 广东省 | 姜雨汐 | 263678 | 深圳市龙岗中心医院 | 口腔医学 | 8 |
| 2020M683130 | 广东省 | 郭嘉文 | 237924 | 中山大学 | 口腔医学 | 8 |
| 2020M683131 | 广东省 | 杨 博 | 241507 | 中山大学 | 口腔医学 | 8 |
| 2020M683132 | 广东省 | 吴湘楠 | 241452 | 中山大学 | 口腔医学 | 8 |
| 2020M683202 | 广东省 | 欧玲伶 | 236413 | 暨南大学 | 口腔医学 | 8 |
| 2020M683265 | 重庆市 | 胡杉杉 | 264990 | 重庆医科大学 | 口腔医学 | 8 |
| 2020M683266 | 重庆市 | 李玲婕 | 251311 | 重庆医科大学 | 口腔医学 | 8 |
| 2020M683267 | 重庆市 | 庞骁霄 | 251310 | 重庆医科大学 | 口腔医学 | 8 |

续表

| 资助编号 | 省 份 | 姓 名 | 博士后编号 | 设站单位 | 一级学科 | 资助金额 |
|---|---|---|---|---|---|---|
| 2020M683271 | 重庆市 | 陈　亮 | 252456 | 重庆医科大学 | 口腔医学 | 8 |
| 2020M683328 | 四川省 | 郭雨晨 | 240614 | 四川大学 | 口腔医学 | 8 |
| 2020M683329 | 四川省 | 刘　飞 | 264789 | 四川大学 | 口腔医学 | 8 |
| 2020M683330 | 四川省 | 侯　毅 | 264788 | 四川大学 | 口腔医学 | 8 |
| 2020M683331 | 四川省 | 胡芝爱 | 237314 | 四川大学 | 口腔医学 | 8 |
| 2020M683332 | 四川省 | 贾小玥 | 241093 | 四川大学 | 口腔医学 | 8 |
| 2020M683333 | 四川省 | 张博文 | 264808 | 四川大学 | 口腔医学 | 8 |
| 2020M683334 | 四川省 | 朱　舟 | 265047 | 四川大学 | 口腔医学 | 8 |

注：*摘自 2020 年 11 月 3 日中国博士后科学基金第 68 批面上资助名单公布附件，军队系统获资助人员名单略。

# 中国高等院校口腔医学院和口腔医院获科技成果奖简况

本栏目收录范围主要为中华人民共和国各部委、省(自治区)、直辖市和中国人民解放军军级以上单位授予的口腔医学科技成果奖。详情见表 10。

**表 10　2020 年度中国高等院校口腔医学院(系)和口腔医院科技成果获奖一览表**

| 获奖项目名称 | 主要完成单位 | 获奖人员 | 奖励名称与等级 | 授奖部门 |
|---|---|---|---|---|
| 基于干细胞和生物材料的软骨再生与修复研究 | 四川大学 | 林云锋　蔡潇潇　石思容　邵晓茹　廖金凤　彭　强 | 高等学校科学研究优秀成果奖自然科学二等奖 | 中华人民共和国教育部 |
| 儿童龋病的病因及防治新技术研究 | 四川大学 | 邹　静　李小兵　郑黎薇　李雨庆　黄睿洁　张　琼　尹　伟　王　艳　周　媛 | 中华医学科技三等奖 | 中华医学会 |
| 基于牙源性干细胞的口腔组织再生及系统性疾病治疗的研究 | 北京大学口腔医院 | 葛立宏　秦　满　赵玉鸣　王媛媛　杨　媛　杨　杰　贾维茜　余　湜 | 中华医学科技奖三等奖 | 中华医学会 |
| 生理性支抗控制理论的提出及矫治系统的研发与推广应用 | 北京大学口腔医学院 | 许天民　韩　冰　林久祥　姜若萍　陈　贵　陈　斯　苏　红　陈贤明　张晓芸　宋广瀛　等 | 北京医学科技二等奖 | 北京医学会 |

**续表**

| 获奖项目名称 | 主要完成单位 | 获奖人员 | 奖励名称与等级 | 授奖部门 |
|---|---|---|---|---|
| 颞下颌关节疾病诊疗关键技术体系的创建与应用 | 四川大学 | 祝颂松 罗　恩 李运峰 李继华 周陈晨 邹淑娟 叶　斌 姜　楠 毕瑞野 刘　尧 | 四川省科学技术进步奖科技进步类一等奖 | 四川省人民政府 |
| 基于精准导航和力反馈控制的智能颅颌面手术机器人 | 上海交通大学医学院 | 张诗雷 | 全国临床创新与发明大赛特等奖 | 中国医学装备学会、医视中国网 |
| — | 上海交通大学医学院附属第九人民医院 | 房　兵 | 上海"医树科技创新奖"临床医学科技创新奖一等奖 | 上海市女医师协会 |
| 新型定制个体化系列颌骨牵引器的研制 | 上海交通大学医学院 | 夏　寒 姜　虹 汪　昕 汪邦芳 鲍　伟 蔡　鸣 张　鉴 熊屏欧 阳颖星 王　静 | 上海市医务职工科技创新"星光计划"一等奖 | 上海市医务工会 |
| 放射治疗(头颈口腔)辅助装置 | 上海交通大学医学院 | 涂文勇 石慧烽 毕　帆 | 中国医疗器械创新创业大赛医院项目专场赛二等奖 | 医疗器械产业技术创新战略联盟 |
| 口腔用钛的表面功能修饰关键技术及应用 | 空军军医大学第三附属医院 | 张玉梅 王勤涛 袁思波 宋　文 赵领洲 余　森 憨　勇 韩建业 梅盛林 闫　钧 | 陕西省科技进步奖一等奖 | 陕西省科技厅 |
| 微型便携式多功能输液系统 | 空军军医大学第三附属医院 | 徐　礼 鲜同鸣 张　进 刘　蕊 孙绪德 高昌俊 徐　浩 闵　玲 李相文 | 陕西省科技工作者创新创业大赛一等奖 | 陕西省科学技术协会 |
| 一种脂肪来源基质血管成分的提取装置及其提取方法 | 空军军医大学第三附属医院 | 孔　亮 李云鹏 张　凯 蔡卜磊 刘富伟 高　晔 王　乐 侯　燕 靳　丹 吕前欣 | 陕西省科技工作者创新创业大赛二等奖 | 陕西省科学技术协会 |
| 仿生矿化与硬组织再生修复 | 空军军医大学第三附属医院 | 牛丽娜 | 国际牙科研究协会百年新兴领袖奖 | 国际牙科研究协会 |
| RANTES and SDF-1 Are Keys in Cell-based Therapy of Osteoarthritis of the Temporomandibular Joint | 空军军医大学第三附属医院 | 王美青 | 国际牙科学会(IADR)百年大庆"发现号"封面论文奖 | 国际牙科研究协会 |
| 医教研协同理念指导下口腔医学生综合素质培养体系的构建与实践 | 中国医科大学 | 孙宏晨 白晓峰 周　青 张忠提 史　册 徐晓薇 倪世磊 乔春燕 李道伟 | 辽宁省教学成果一等奖 | 辽宁省教育厅 |

续表

| 获奖项目名称 | 主要完成单位 | 获奖人员 | 奖励名称与等级 | 授奖部门 |
|---|---|---|---|---|
| 口腔种植界面材料的基础与临床研究 | 天津医科大学口腔医院 | 李长义　张　旭　张　溪　李　莺　隋　磊　刘子豪　马士卿　高　平 | 天津市科技进步二等奖 | 天津市人民政府 |
| 天然产物壳聚糖、柠檬精油在龋病防治中的研发与应用 | 天津医科大学口腔医院 | 张　旭　张向宇　陈　阵　刘　颖　阙克华 | 天津市科技进步三等奖 | 天津市人民政府 |
| “微种植体-直丝弓双槽沟舌侧托槽”正畸矫治系统的分析及应用 | 山西医科大学口腔医学院 | 武秀萍 | 山西省科技进步二等奖 | 山西省科技厅 |
| 牙周炎及其干预措施对动脉粥样硬化的影响研究 | 山西医科大学口腔医学院 | 任秀云 | 山西省科技进步一等奖 | 山西省教育厅 |
| 厚朴酚对碳酸饮料导致牙齿脱矿的再矿化作用的研究 | 河北医科大学口腔医院 | 李春年　梁向阳　孔晶晶　殷亮亮　于丽贤　代鑫鹏 | 河北省中医药学会科学技术二等奖 | 河北省中医药学会 |
| 牙髓牙本质复合体对 Er：YAG 激光备洞的反应 | 河北医科大学口腔医院 | 李　涛　董福生　杨冬茹　杨运田　刘　莉 | 河北医学科技奖二等奖 | 河北省医学会 |
| 核壳型多药载药缓释体系的研制及临床应用 | 吉林大学口腔医院 | 刘志辉　王博蔚　刘定坤　金　鑫　金巨楼　卢亚东　李凌锋　王占义　王敬龙　徐一驰　等 | 吉林省科学技术奖二等奖 | 吉林省科学技术奖励委员会 |
| 非综合征性唇腭裂疾病的发病因素及发病机制研究 | 哈尔滨医科大学口腔医学院 | 宋　涛　郭　嫱　史金娜　张　伟　张　冰 | 黑龙江省科技进步二等奖 | 黑龙江省人民政府 |
| 腮腺肿瘤面神经保护临床应用推广及口腔颌面部肿瘤发生预后分析 | 哈尔滨医科大学口腔医学院 | 胡腾龙　王　伟　于　洋　刘　俊　田　兵 | 黑龙江省科技进步二等奖 | 黑龙江省人民政府 |
| 儿童口腔健康管理模式的实践与创新 | 复旦大学附属口腔医院·上海市口腔医院 | 刘月华　张　颖　曾晓莉　王　艳　陈　栋　陈　骊　张　皓　李远远　李　强　笪东欣 | 上海市预防医学会科学技术二等奖 | 上海市预防医学会 |
| 低剂量高性能口腔颌面锥形束 CT 成像关键技术及应用 | 南京医科大学附属口腔医院 | 严　斌　胡轶宁　张光东　谢理哲　吴大明　李劲生　孙志达 | 江苏省科学技术奖三等奖 | 江苏省人民政府 |
| 口腔颌面锥形束 CT 成像关键技术的创新及相关转化医学研究 | 南京医科大学附属口腔医院 | 严　斌　吴大明　谢理哲　张光东　孙志达　胡轶宁　王东苗　李劲生　唐　慧 | 江苏省医学科技奖二等奖 | 江苏省医学会 |

续表

| 获奖项目名称 | 主要完成单位 | 获奖人员 | 奖励名称与等级 | 授奖部门 |
|---|---|---|---|---|
| “手术优先”正颌正畸联合矫治成人骨性Ⅲ类错𬌗畸形 | 南京医科大学附属口腔医院 | 程 杰 袁 华 江宏兵 | 江苏省医学新技术引进奖一等奖 | 江苏省卫生健康委员会 |
| 基于普通话音韵特征的腭裂术后语音障碍诊治策略的研究 | 南京医科大学附属口腔医院 | 施星辉 李 盛 姜成惠 | 江苏省医学新技术引进奖二等奖 | 江苏省卫生健康委员会 |
| 辅助正畸诊断治疗的综合立体分析方法 | 南京医科大学附属口腔医院 | 王震东 李青奕 侯 伟 | 江苏省医学新技术引进奖二等奖 | 江苏省卫生健康委员会 |
| 口腔颌面锥形束 CT 三维影像数据库在复杂牙髓病精准诊疗中的应用 | 南京医科大学附属口腔医院 | 吴大明 孙 超 冷迪雅 | 江苏省医学新技术引进奖二等奖 | 江苏省卫生健康委员会 |
| 牙及牙列重度磨损的数字化、微创化咬合重建修复 | 南京大学医学院附属口腔医院 | 骆小平 孟翔峰 张 红 钱冬冬 魏 煦 黄丽娟 丁 虹 张 蕾 任冬锋 | 江苏省科学技术三等奖 | 江苏省人民政府 |
| 微创牙周诊疗技术在重度牙周炎患牙保存中的应用 | 南京大学医学院附属口腔医院 | 闫福华 谭葆春 李丽丽 | 江苏省医学新技术引进一等奖 | 江苏省卫生健康委员会 |
| 数字化三维诊断指导下的阻生牙矫治体系 | 南京大学医学院附属口腔医院 | 李 煌 季 骏 贺智凤 | 江苏省医学新技术引进一等奖 | 江苏省卫生健康委员会 |
| 新分型视角下顽固性复发性口腔溃疡的精准治疗策略 | 南京大学医学院附属口腔医院 | 王文梅 段 宁 王 翔 | 江苏省医学新技术引进二等奖 | 江苏省卫生健康委员会 |
| 计算机导航技术在邻近颅底病变手术中的应用 | 南京大学医学院附属口腔医院 | 孙国文 卢明星 陈 欣 | 江苏省医学新技术引进二等奖 | 江苏省卫生健康委员会 |
| 基于基因测序技术的综合诊断路径在口腔罕见病及遗传性疾病中的应用 | 南京大学医学院附属口腔医院 | 陈 斌 吴 娟 吴文蕾 | 江苏省医学新技术引进二等奖 | 江苏省卫生健康委员会 |
| 微纳结构介导的光敏组织工程新技术及其生物学行为调控的机制研究 | 浙江大学医学院附属口腔医院 | 王慧明 俞梦飞 刘 超 程 逵 董灵庆 | 浙江省科学技术奖三等奖 | 浙江省科技厅 |
| 常用牙科合金再生循环利用的系列研究 | 福建医科大学附属口腔医院 | 程 辉 张长源 王颖卉 林泓磊 江 磊 | 福建省科技进步奖三等奖 | 福建省人民政府 |

续表

| 获奖项目名称 | 主要完成单位 | 获奖人员 | 奖励名称与等级 | 授奖部门 |
| --- | --- | --- | --- | --- |
| Nano-$TiO_2$@PDA 在可见光下用于牙齿美白的应用研究 | 南昌大学附属口腔医院 | 廖　岚 | 江西医学科技奖一等奖 | 江西省医学会 |
| 生物材料研发及在组织修复再生中的应用 | 山东大学 | 葛少华　李建华　邵金龙　王　兵　马保金　李筱媛 | 山东医学科技奖一等奖 | 山东省医学科技奖励委员会 |
| 以生物稳定性为导向的口腔种植新策略 | 山东大学 | 徐　欣　张东姣　文　勇　马晓妮 | 山东医学科技奖二等奖 | 山东省医学科技奖励委员会 |
| Wnt 信号通路在高脂血症种植体骨结合中的机制研究 | 山东大学 | 蓝　菁　王志峰　李传花　郭美画　刘奇博 | 山东省高等学校优秀科研成果奖二等奖 | 山东省教育厅 |
| YAP/TAZ 调控牙发育及牙周膜干细胞增殖分化的研究 | 山东大学 | 文勇徐　欣　顾　伟　亭　张　冰　孙白羽 | 山东省高等学校优秀科研成果奖三等奖 | 山东省教育厅 |
| 凝集素样氧化低密度脂蛋白-1 在种植体周围炎中的作用机制研究 | 青岛大学附属医院 | 张　倩　刘　杰　马　雷　柏娜谈飞　徐海涛　袁慕洁 | 山东省医学科技奖三等奖 | 山东省卫生健康委员会 |
| 牙龈间充质干细胞对伴高脂血症的牙周炎的治疗作用及机制研究 | 青岛大学附属医院 | 徐全臣　王志国　袁昌青　吉秋霞　孙　艳　于新波　李　玮 | 山东省医学科技奖三等奖 | 山东省卫生健康委员会 |
| 功能矫形治疗在口腔颜面畸形现代综合治疗中的临床转化及基础探索 | 青岛大学附属医院 | 袁　晓　阎　潇　张　强　任大鹏　田一弘 | 山东省高等学校科学技术奖一等奖 | 山东省教育厅 |
| 数字化及 3D 打印技术在游离腓骨瓣重建颌面骨中的应用 | 郑州大学 | 何　巍　高　宁　付　坤　李　星　蔡菁华　王烨华　刘一鸣　李文鹿　林　楠 | 河南省科学技术进步三等奖 | 河南省人民政府 |
| 非编码 RNA 在头颈肿瘤发生中机制及分子分型诊断办法 | 郑州大学 | 孙　强　赵军方　苏　蕾　孙明磊　孙建礼　刘　飞　王　茜 | 河南省科学技术进步三等奖 | 河南省人民政府 |
| 骨性错颌畸形精准防治策略的研发和推广应用 | 华中科技大学 | 陈莉莉　林久祥　邵龙泉 | 湖北省成果推广二等奖 | 湖北省科技厅 |
| 牙釉质发育不全的基础研究及临床运用 | 华中科技大学 | 丁玉梅　宋亚玲　吴　轲 | 湖北省科技进步二等奖 | 湖北省科技厅 |
| 口腔癌与癌前病变分子机制研究 | 中南大学 | 王　洁　闵安杰　苏　彤　蒋灿华　李　宁　翦新春 | 湖南省自然科学奖三等奖 | 湖南省人民政府 |

**续表**

| 获奖项目名称 | 主要完成单位 | 获奖人员 | 奖励名称与等级 | 授奖部门 |
|---|---|---|---|---|
| 口腔疣状癌的基础与临床研究 | 中南大学 | 唐瞻贵　王月红　刘欧胜　全宏志　方小丹　邓智元　彭　倩 | 湖南省科技进步奖三等奖 | 湖南省人民政府 |
| 个性化舌侧矫治器 3D 打印技术研究与产业化 | 暨南大学附属第一医院 | 孔卫东　杨永强　李祖安　王红卫　黄伟红　李舒舒　孔德明　张　武　林　巍 | 广东医学科技奖三等奖 | 广东省医学会 |
| 肿瘤特异性 T 细胞抗肿瘤方法学研究 | 广西医科大学 | 卢小玲　姜晓斌　刘爱群　杨晓梅　万瑞荣　侯小琼　莫凤珍 | 广西科学技术奖二等奖 | 广西壮族自治区人民政府 |
| 共同危险因素策略下的口腔疾病防控 | 广西医科大学 | 曾晓娟　高学军 | 广西社会科学奖二等奖 | 广西壮族自治区人民政府 |
| 载药口腔黏膜纳米贴 | 西安医学院 | 刘昌奎　薛　洋　郭　芳　黄　硕　刘　平　刘　川　马　洋　范国辉　崔　宁　胡开进 | 陕西省科技工作者创新创业大赛一等奖 | 陕西省科学技术协会 |
| 生物功能化骨-种植体界面的基础及应用研究 | 重庆医科大学 | 季　平　杨　生　王　超　高　翔　陈　陶 | 重庆市医学会医学科技奖一等奖 | 重庆市医学会 |
| 提高牙体粘接性能的相关研究及临床应用 | 西南医科大学附属口腔医院 | 郭　玲　刘　敏　范丽苑　兰玉燕　谢翠柳 | 四川省医学科技奖三等奖 | 四川省医学会 |
| 口腔鳞癌早期诊断试剂、试剂盒及其应用 | 石河子大学 | 曾妍徐　江郑军　周　政　袁武梅　赵　娟　张　杰　余芯乐　郑志红　沈玉凤 | 优秀产品奖 | 中国国际高新技术成果交易会组委会 |
| 牙及牙列重度磨损的数字化、微创化咬合重建修复 | 南京大学医学院附属口腔医院 | 骆小平　孟翔峰　张　红　钱冬冬　魏　煦　黄丽娟　丁　虹　张　蕾　任冬锋 | 江苏省科学技术三等奖 | 江苏省人民政府 |
| 微创牙周诊疗技术在重度牙周炎患牙保存中的应用 | 南京大学医学院附属口腔医院 | 闫福华　谭葆春　李丽丽 | 江苏省医学新技术引进一等奖 | 江苏省卫生健康委 |
| 数字化三维诊断指导下的阻生牙矫治体系 | 南京大学医学院附属口腔医院 | 李　煌　季　骏　贺智凤 | 江苏省医学新技术引进一等奖 | 江苏省卫生健康委 |
| 新分型视角下顽固性复发性口腔溃疡的精准治疗策略 | 南京大学医学院附属口腔医院 | 王文梅　段　宁　王　翔 | 江苏省医学新技术引进二等奖 | 江苏省卫生健康委 |
| 计算机导航技术在邻近颅底病变手术中的应用 | 南京大学医学院附属口腔医院 | 孙国文　卢明星　陈　欣 | 江苏省医学新技术引进二等奖 | 江苏省卫生健康委 |

续表

| 获奖项目名称 | 主要完成单位 | 获奖人员 | 奖励名称与等级 | 授奖部门 |
|---|---|---|---|---|
| 基于基因测序技术的综合诊断路径在口腔罕见病及遗传性疾病中的应用 | 南京大学医学院附属口腔医院 | 陈　斌　吴　娟　吴文蕾 | 江苏省医学新技术引进二等奖 | 江苏省卫生健康委 |
| 一种新型颌骨骨支架材料的研究与制备 | 西北民族大学 | 周建业 | 青海省海西州科技创新奖三等奖 | 海西蒙古族藏族自治州人民政府 |

# 获奖项目简介

## 祝颂松教授科研团队项目

——颞下颌关节疾病诊疗关键技术体系的创建与应用

该项目荣获四川省科学技术进步奖科技进步类一等奖。主要完成人：祝颂松、罗恩、李运峰、李继华、周陈晨、邹淑娟、叶斌、姜楠、毕瑞野、刘尧。

颞下颌关节疾病是最常见的口腔疾病，严重影响患者呼吸、进食等，显著降低生存质量，甚至危及生命。如何实现疾病早期诊断、突破诊疗技术瓶颈、实现关节功能重建与颜面重塑是本领域的国际前沿和难点。项目组率先创建颞下颌关节疾病诊疗关键技术体系并推广应用，社会经济效益显著。

（1）创建颞下颌关节疾病治疗新模式。攻克了传统关节手术仅“恢复张闭口”的局限性，实现了关节功能重建与颜面重塑的最佳治疗效果。新模式成功治疗患者一万余例，治疗周期由 2 ~ 3 年缩短至 1 年以内、复发率从 20% ~ 40% 降至 5%，使我国颞下颌关节疾病治疗达到国际一流水平。

（2）建立颞下颌关节疾病数字化全流程诊疗新体系。实现颞下颌关节疾病全流程数字化诊疗，大幅降低手术难度、显著提高诊疗精确性，使手术误差降低 50%、手术时间缩短 20% ~ 30%，有力促进了我国颞下颌关节疾病诊疗技术的推广普及。

（3）揭示颞下颌关节破坏与修复分子新机制。发现 Notch 信号通路与软骨下骨改建在颞下颌关节疾病进程中的关键调控作用；干细胞骨及软骨向分化可促进关节骨软骨修复；BMP-2 凝胶或联合 Nell-1 蛋白可促进牵张新骨形成；构建表面微—纳米结构共存钛植入体，显著提高骨内植体稳定性，为关键技术突破提供理论支撑

项目成果发表论文 87 篇，主编及参编专著 8 部；授权专利及软件著作 8 项；主办国家级继教班等 19 次，培训人员 12 000 人次、专业人才七十余人；项目成果在全国推广应用，极大促进我国颞下颌关节病的规范诊疗，确立了我国在颞下颌关节疾病诊疗上的国际引领地位。

## 张玉梅教授科研团队项目

——口腔用钛的表面功能修饰关键技术及应用

该项目荣获陕西省科学技术进步一等奖。主要完成人:张玉梅、王勤涛、袁思波、宋文、赵领洲、余森、憨勇、韩建业、梅盛林、闫钧。

本项目在6项国家自然科学基金、1项青年“863”项目及2项陕西省科技项目等支持下,经十余年研究探索,突破了口腔用钛表面功能化修饰的关键技术难题,在提高骨形成能力、对抗细菌感染、力学性能适配等方面形成了一系列新技术和新方法,有效提高了口腔用钛的临床使用功效。同时结合我国钛材优势,积极研发国产医用钛合金及牙科钛种植体。主要创新内容如下:

(1)率先在钛表面制备了模拟自然骨组织的微米坑/纳米管梯度涂层结构,阐明了其生物活性影响因素及调控机制,形成了钛表面仿生化结构制备的新策略。

(2)首次将RNAi技术引入钛表面处理,突破了钛种植体表面加载siRNA/miRNA的关键技术瓶颈,为提升钛表面高效、靶向的骨诱导活性提供了新策略。

(3)摸索出钛表面载银的新工艺,兼顾了抗菌-细胞活性-软组织封闭多种临床需求,形成了钛表面抗菌涂层构建的新技术。

(4)根据口腔用钛临床应用的环境力学特性,率先开发出力学性能与体内应用环境更为匹配的新型口腔用钛材及表面结构处理工艺,延长了修复体临床使用寿命。

本项目研究成果共发表论文一百余篇,含SCI论文54篇,IF大于5以上的22篇,其中IF大于10以上的6篇;被Progress of Polymer Science、Chemical Reviews、Trends Biotechnol等国际著名期刊广泛引用,累积他引1 209次,单篇最高201次,ESI高被引论文1篇,2篇代表作入选Global Medical Discovery关键科学论文;积极推动研究成果的推广转化,建立了新型医用钛丝、棒材加工的企业标准和生产工艺规范,获批国家发明专利5项,实用新型专利2项,外观设计专利21项;主编、副主编专著7部;研究内容获全国优秀博士学位论文1篇、陕西省及全军优秀博士学位论文3篇、全军优秀硕士学位论文5篇。

## 徐礼鲜教授科研团队项目

——微型便携式多功能输液系统

该项目荣获陕西省创新创业大赛一等奖,主要完成人:徐礼鲜、同鸣、张进、刘蕊、孙绪德、高昌俊、徐浩、闵玲、李相文。

静脉输液方法最早可追溯到1628年,William首次提出的血液循环理论。1656年,英国Christophe首次通过羽毛管给药成功揭开静脉输液的序幕。现代输液起源于19世纪,至20世纪初逐渐形成一套较完整的操作流程,现为临床最常用、最直接和最有效的治疗方法之一。然而至今,临床输液方式仍停留180多年前依赖液体重力输注模式,输液架在实际输液中存在如下缺点:①活动不方便:高举输液瓶,限制伤员基本活动;②转运困难:野外、院外以担架、救护车、飞机等转运中,液体摆动过大,速度不稳定,安全隐患大;③不能精确定量:输液夹不能准确定量、定速和快速输注。

本微型便携式多功能输液装系统(MPMIS)采用液体不易被压缩、压力平衡和流体力学原理,通过微耗能工程和自动控制技术,实现智能化输注系统包括 7 个核心技术:①输注动力转换技术:采用超高能电源和微耗能工程技术将电能转变为动能,一次充电可连续工作 10 h;②膜盒输注技术:在机械输注动力作用下,膜盒推动液体定向流动;③微量气体自动识别与锁定技术:当管道内气体≥0.3 ml 可以自动识别,立即启动锁定功能;④防血液返流技术:输注结束,系统立即启动压力平衡功能,防止血液返流;⑤分级自动预警技术:当液体量达 50 ml、30 ml 或者结束时,自动启动分级声光预警;⑥液体量动态可视技术:可以自收集液体量的动态参数,中心显示器实时显示直径 600 米内液体量动态变化;⑦精确定量输注技术:自动控制系统能够执行输液指令,15～1 200 ml/h 精确可控,误差小于5%。

MPMIS 主要特点:①便携:改变传统输注动力,不依赖液体重量,不需输液架,不需额外电源,体积小于 0.51 $dm^3$,重量小于 560 g,首次实现便携式输液;②舒适:首次实现输液可便身携带,无论静态或动态均不影响输液,适用于各种环境下的输液;③安全:首次实现异常气体锁定、防止血液返流、液体量动态可视、自动分级预警和速度精确调控等智能化输注系统。

本成果来源于陕西省重大难题攻关计划和军队重点项目,核心技术已获 10 项专利,其中 6 个发达国家专利,现已完成达到国家标准的成熟样机。第三方评价本成果法律环境稳定,知识产权权属明确,国际国内首创,技术创新独具特色,竞争优势明显,属于世界输液器领域更新换代新产品。2020 年获陕西省科技工作者创新创业大赛技术一等奖。

## 段小红教授教学团队项目

——新学科新课程(口腔遗传病学的创立与实践)

该项目荣获陕西省高等教育教学成果一等奖,由空军军医大学口腔医学院口腔生物学教研室主任段小红教学团队领衔。

人类单基因遗传病约 6 000～7 000 种,近三分之一都具有显著的口腔颌面部特征,通常病情复杂且症状严重,口腔医生作为首诊医生掌握这些疾病尤为重要,但传统口腔医学专业针对此类疾病无对应的学科以及课程体系,主要体现在无教材、无教学团队、更无教学方法,“三无”现象致使口腔医学生进入临床后不认识、不会治遗传性口腔疾病。段小红教学团队自 2004 年开始,15 年砥砺求索,使“三无”变为“三有”,创立了口腔遗传病学课程以及口腔遗传病学学科,重塑了我国口腔医学生培养课程体系.注重线上课程对教学的推动作用,制作并运营了国内首部《口腔遗传病学》慕课课程,并开创性地制作国内首个口腔遗传病检索 APP“搜病”辅助教学,这些教学探索收到了良好的反响,并获得 2019 年陕西省精品在线开放课程认定与陕西省高等教育教学成果奖一等奖。

与此同时,教研室也开展了《口腔生物学》教学改革的探索。通过深入调研厘清我国口腔生物学发展历程,分析国内外口腔生物学学科内涵与教学模式的差异,对传统口腔生物学的教学内容进行了开创性的解构,建立了一套完全不同于传统本科教学体系的新型研究生口腔生物学课程内容。

# 关于 2020 年度国家自然科学基金申请项目评审结果的通告

国科金发计〔2020〕64 号

2020 年国家自然科学基金项目申请集中接收期间，国家自然科学基金委员会（以下简称自然科学基金委）共接收项目申请 269 671 项，经初审及复审后共受理 267 541 项。根据《国家自然科学基金条例》、国家自然科学基金相关项目管理办法以及专家评审意见，自然科学基金委 2020 年第 19 次委务会议决定资助面上项目 14 773 项、重点项目 737 项、重大项目 1 项、重点国际（地区）合作研究项目 102 项、青年科学基金项目 13 771 项、优秀青年科学基金项目（含港澳）625 项、创新研究群体项目 37 项、地区科学基金项目 2 260 项、部分联合基金项目（NSAF 联合基金、天文联合基金和大科学装置科学研究联合基金）180 项，合计 32 486 项。由于面向因抗击疫情延误申请的一线科研人员定向开放申请，医学领域面上项目、青年科学基金项目和地区科学基金项目，以及集中接收期间接收的其他类型项目正在评审或审批过程中。

依托单位科学基金管理人员和申请人可于 9 月 18 日以后登录科学基金网络信息系统（https://isisn.nsfc.gov.cn）查询相关申请项目评审结果。自然科学基金委将向相关依托单位寄发纸质项目资助结果通知，并附资助项目清单和不予资助项目清单；还将以电子邮件形式向申请人发送申请项目批准资助通知、不予资助通知以及专家评审意见，发送使用的电子邮箱地址为 report@pro.nsfc.gov.cn，发送时间为 2020 年 9 月 18 ~25 日。

请申请人务必确保提供的电子邮箱畅通有效，以便及时接收相关信息，否则由此产生的相关法律责任由申请人自行承担。

申请人如对不予资助决定有异议，并有明确的理由，可向自然科学基金委提出不予资助项目复审申请，相关注意事项详见附件。医学领域面上项目、青年科学基金项目和地区科学基金项目不予资助项目的复审工作注意事项将另行通知。

欢迎各依托单位和科研人员对国家自然科学基金项目评审工作提出意见和建议。

附件：2020 年度国家自然科学基金不予资助项目复审工作注意事项

国家自然科学基金委员会

2020 年 9 月 17 日

# 中国高等院校口腔医学院和口腔医院获科研基金资助简况

本栏目收录范围主要为中华人民共和国名部委、省（自治区）、直辖市和中国人民解放军军级以上单位授予的口腔医学科研基金项目，市级、校级以及立项无资助的项目均未统计。详情见表 11。

**表 11　2020 年度中国高等院校口腔医学院(系)和口腔医院获科研基金资助一览表**

| 项目名称 | 项目负责人 | 单位 | 基金或资助类目全称 | 批准号或编号 | 资助金额(万元) |
|---|---|---|---|---|---|
| 颅颌干细胞免疫调节及组织再生在牙周病治疗中的新策略 | 施松涛 | 中山大学 | 广东省科技计划“珠江人才计划”引进创新创业项目 | 2019ZT08Y485 | 2 000.00 |
| 飞秒激光微创手术机器人系统 | 喻俊志 | 北京大学 | 国家重点研发计划项目 | 2020YFB1312800 | 1 120.00 |
| 高端植介入器械和组织工程产品研发-高精度 3D 打印梯度纳米复合材料的口腔颌面软硬组织复杂缺损同期修复的应用研究 | 谢志坚 | 浙江大学 | 浙江省重点研发计划 | 2021C03059 | 1 000.00 |
| 新型医用材料及产品研发-新型抗菌、成骨活性种植系统的研发 | 杨国利 | 浙江大学 | 浙江省重点研发计划 | 2021C03113 | 620.00 |
| 口腔及耳鼻喉疾病诊治新技术研究-口腔黏膜癌前损害光动力治疗中干细胞标志疗效预判体系的建立与应用 | 陈谦明 | 浙江大学 | 浙江省重点研发计划 | 2021C03074 | 540.00 |
| 老年常见临床问题防控技术有效集成及综合示范研究 | 包崇云 | 四川大学 | 国家重点研发计划项目 | 2020YFC2009005 | 525.80 |
| 牙髓组织损伤修复和再生的表观遗传分子网络解析及其增强策略 | 胡　涛 | 四川大学 | 国家自然科学基金区域创新发展联合基金 | U20A20365 | 260.00 |
| miR-550a-3-5p/YAP 信号轴介导口腔鳞癌脂肪酸氧化重编程调控淋巴结转移的分子机制 | 梁新华 | 四川大学 | 国家自然科学基金面上项目 | 82073000 | 55.00 |
| 口腔鳞癌微环境中 PA28γ 通过 BCLAF1 调控 CTLA-4 促进免疫逃逸的机制与意义 | 李　敬 | 四川大学 | 国家自然科学基金面上项目 | 82072999 | 55.00 |
| 机体对微环境氧感知与材料诱导骨形成相关性及机制研究 | 包崇云 | 四川大学 | 国家自然科学基金面上项目 | 82071166 | 55.00 |
| miR-21@ZIF-8 复合体协同调控 β-catenin 促进糖尿病骨病骨缺损修复的作用机制研究 | 裴锡波 | 四川大学 | 国家自然科学基金面上项目 | 82071164 | 55.00 |
| LncRNA 介导 Piezo1 感知应力刺激调控糖尿病牙槽骨重建的机制研究 | 邹淑娟 | 四川大学 | 国家自然科学基金面上项目 | 82071150 | 56.00 |
| 胶质细胞 Kir4.1 调控神经损伤后口腔颌面部感觉功能异常的研究 | 沈颉飞 | 四川大学 | 国家自然科学基金面上项目 | 82071149 | 55.00 |

续表

| 项目名称 | 项目负责人 | 单位 | 基金或资助类目全称 | 批准号或编号 | 资助金额（万元） |
| --- | --- | --- | --- | --- | --- |
| CGRP 介导的牙槽骨—神经交互对话通过招募 BMSCs 调控正畸牙移动骨改建的机制研究 | 赖文莉 | 四川大学 | 国家自然科学基金面上项目 | 82071147 | 55.00 |
| PIEZO1 介导感觉神经纤维调控牙槽骨重塑的机制 | 白　丁 | 四川大学 | 国家自然科学基金面上项目 | 82071146 | 55.00 |
| PEKK/nano-HA 种植体—骨配副的抗微动损伤优势及生物—力学匹配协同机制研究 | 于海洋 | 四川大学 | 国家自然科学基金面上项目 | 82071145 | 55.00 |
| 炎症状态下髁突软骨干细胞对下颌骨生长发育的调控机制研究 | 祝颂松 | 四川大学 | 国家自然科学基金面上项目 | 82071139 | 55.00 |
| 颞下颌关节骨关节炎骨重塑失衡中 USP10 调控 H 型血管生成的效应及机制研究 | 解　亮 | 四川大学 | 国家自然科学基金面上项目 | 82071137 | 55.00 |
| $Gli1^+$间充质干细胞-H 型血管耦联效应在牙周炎治疗中的作用和机制研究 | 王　骏 | 四川大学 | 国家自然科学基金面上项目 | 82071127 | 55.00 |
| SLC7A11 介导的铁死亡调控对口腔白斑病光动力治疗的增效作用及其分子机制研究 | 但红霞 | 四川大学 | 国家自然科学基金面上项目 | 82071125 | 56.00 |
| 口腔白斑相关成纤维细胞关键节点 lncRNA 抑制白念珠菌的作用机制及靶向干预研究 | 周红梅 | 四川大学 | 国家自然科学基金面上项目 | 82071124 | 56.00 |
| circRNA. 33186-miRNA127-5p 信号轴调控伴糖尿病牙周炎发生发展及机制研究 | 丁　一 | 四川大学 | 国家自然科学基金面上项目 | 82071121 | 56.00 |
| 白色念珠菌与致龋菌的交互作用影响根面龋进展的机制研究 | 邹　玲 | 四川大学 | 国家自然科学基金面上项目 | 82071111 | 55.00 |
| Map1b 介导的 Wnt5a 通路调控成骨细胞分化及功能的作用机制研究 | 杨　静 | 四川大学 | 国家自然科学基金面上项目 | 82071108 | 53.00 |
| 季铵盐通过激活双组分信号系统进行杀菌及耐药机制的研究 | 程　磊 | 四川大学 | 国家自然科学基金面上项目 | 82071106 | 55.00 |
| 肌肉胞外囊泡通过转运糖酵解酶诱导骨骼干细胞葡萄糖代谢重编程及其机制研究 | 廖　立 | 四川大学 | 国家自然科学基金面上项目 | 82071092 | 55.00 |
| $PDGFR\alpha+Gli1^+$成体骨骼干细胞亚群的鉴定及其在颌骨稳态中的作用和机制研究 | 石　玉 | 四川大学 | 国家自然科学基金面上项目 | 82071091 | 55.00 |

续表

| 项目名称 | 项目负责人 | 单位 | 基金或资助类目全称 | 批准号或编号 | 资助金额（万元） |
|---|---|---|---|---|---|
| 口腔微生物组-宿主共代谢调控黏膜免疫微环境机制研究 | 廖　工 | 四川大学 | 国家自然科学基金面上项目 | 32071462 | 58.00 |
| 由内化 HA 纳米晶体的成骨细胞介导的促早期成骨作用及机制研究 | 李西宇 | 四川大学 | 国家自然科学基金面上项目 | 32071335 | 55.00 |
| 牙周细菌 c-di-AMP 促进动脉粥样硬化发生发展的分子机制研究 | 彭　显 | 四川大学 | 国家自然科学基金面上项目 | 32070120 | 58.00 |
| Rap2/Hippo/Yap 力学信号转导通路调控 TMJOA 病理进程的分子机制研究 | 方　婕 | 四川大学 | 国家自然科学基金青年科学基金 | 32000928 | 24.00 |
| 蛋白磷酸酶 3 催化亚基 γ 对口腔鳞癌细胞干性的调控机制与临床意义研究 | 江宇辰 | 四川大学 | 国家自然科学基金青年科学基金 | 82002888 | 24.00 |
| 衰老期巨噬细胞经 TGF-β/PI3K 通路调控口腔癌干细胞休眠-苏醒平衡的机制研究 | 吴芳龙 | 四川大学 | 国家自然科学基金青年科学基金 | 82002884 | 24.00 |
| SOX2 阳性肿瘤干细胞在口腔鳞癌放化疗耐受中的作用原理及靶向潜能研究 | 张雪峰 | 四川大学 | 国家自然科学基金青年科学基金 | 82002877 | 24.00 |
| 功能化仿生纳米纤维微球调控内源性干细胞促进牙周再生的研究 | 胡芝爱 | 四川大学 | 国家自然科学基金青年科学基金 | 82001108 | 24.00 |
| NANOZR 种植体表面 ZIF-8/ZA 载药涂层促进骨质疏松状态下骨结合的作用及机制研究 | 罗　锋 | 四川大学 | 国家自然科学基金青年科学基金 | 82001107 | 24.00 |
| WR1065 通过 ASK1/JNK 通路防治种植体周放射性微血管损伤的研究 | 黄　波 | 四川大学 | 国家自然科学基金青年科学基金 | 82001090 | 24.00 |
| USP7 去泛素化 FoxO1 介导巨噬细胞免疫应答在种植体骨结合中的机制研究 | 熊　毅 | 四川大学 | 国家自然科学基金青年科学基金 | 82001084 | 24.00 |
| TGF-β1/Smad2/3 介导 HTRA1 在颞下颌关节骨关节炎软骨退变中的作用及机制研究 | 刘晨璐 | 四川大学 | 国家自然科学基金青年科学基金 | 82001074 | 24.00 |
| Sirtuin-7 调控牙周牙槽骨改建的机制研究 | 张德茂 | 四川大学 | 国家自然科学基金青年科学基金 | 82001062 | 24.00 |
| 口腔黏膜间质“网状支架”经 Smad7/Rac1 通路对放射性口炎再上皮化的驱动机制研究 | 罗晶晶 | 四川大学 | 国家自然科学基金青年科学基金 | 82001061 | 24.00 |
| 以 RIP3 为核心的程序性细胞坏死在牙周炎中的作用和机制研究 | 岳　源 | 四川大学 | 国家自然科学基金青年科学基金 | 82001060 | 24.00 |

续表

| 项目名称 | 项目负责人 | 单位 | 基金或资助类目全称 | 批准号或编号 | 资助金额（万元） |
|---|---|---|---|---|---|
| IGFBP2 高表达口腔上皮干细胞亚群在口腔白斑病衍进中作用及机制研究 | 徐　浩 | 四川大学 | 国家自然科学基金青年科学基金 | 82001059 | 24.00 |
| MPC 介导代谢重编程调控破骨细胞分化及骨吸收的机制研究 | 李波儿 | 四川大学 | 国家自然科学基金青年科学基金 | 82001040 | 24.00 |
| IL-6/STAT3/Hepcidin 通路调控巨噬细胞 M1 极化参与 P. gingivalis 导致根尖周炎骨破坏的机制研究 | 谭学莲 | 四川大学 | 国家自然科学基金青年科学基金 | 82001037 | 24.00 |
| 双能前体细胞 FAPs 经 Hic1 调控颅颌面肌肉再生成肌-成纤维平衡的机制研究 | 程　旭 | 四川大学 | 国家自然科学基金青年科学基金 | 82001031 | 24.00 |
| 细胞外微环境硬度变化对牙髓干细胞分化为神经元样细胞并促成骨的影响机制 | 白明茹 | 四川大学 | 国家自然科学基金青年科学基金 | 82001020 | 24.00 |
| N6AMT1 介导 DNA-6mA 甲基化调控间充质干细胞成骨分化的机制研究 | 尹　贝 | 四川大学 | 国家自然科学基金青年科学基金 | 82001019 | 24.00 |
| Hedgehog 信号通路调控 1 型糖尿病骨表型及骨愈合能力的机制研究 | 胡　沛 | 四川大学 | 国家自然科学基金青年科学基金 | 82001018 | 24.00 |
| USP34 通过 NF-κB 信号通路调控巨噬细胞极化和颌骨损伤修复的机制研究 | 郭雨晨 | 四川大学 | 国家自然科学基金青年科学基金 | 82001017 | 24.00 |
| TP-APR 阶段缓释电纺纤维支架促进牙周炎相关牙槽骨缺损修复的研究 | 刘　瑶 | 四川大学 | 国家自然科学基金青年科学基金 | 82001016 | 24.00 |
| Gαs 调控成骨-软骨细胞转分化影响颅颌面发育的机制研究 | 徐若诗 | 四川大学 | 国家自然科学基金青年科学基金 | 82001001 | 24.00 |
| VEGF 多肽修饰的多功能聚醚醚酮/磷酸三钙支架的制备及骨缺损修复的研究 | 谢　璐 | 四川大学 | 国家自然科学基金青年科学基金 | 52002255 | 24.00 |
| 非编码 RNA 转录后调控变异链球菌糖代谢及致龋性的机制研究 | 胡　涛 | 四川大学 | 四川省国际科技创新合作重点项目 | 2020YFH0010 | 50.00 |
| 双相磷酸钙生物活性材料在牙周骨质缺损修复中的引导再生作用及机制研究 | 杨　惠 | 四川大学 | 四川省国际科技创新合作项目 | 2020YFH0112 | 20.00 |
| 介孔硅富集纳米光敏剂用于氧化应激辅助的光学诊疗 | 周蓉卉 | 四川大学 | 四川省科技创新苗子工程重点项目 | 2020JDRC0056 | 10.00 |
| FoxO1/mTORC1 信号介导自噬效应在种植体骨结合中的机制研究 | 熊　毅 | 四川大学 | 四川省科技创新苗子工程重点项目 | 2020JDRC0055 | 10.00 |

**续表**

| 项目名称 | 项目负责人 | 单位 | 基金或资助类目全称 | 批准号或编号 | 资助金额（万元） |
|---|---|---|---|---|---|
| 缺氧微环境调控涎腺腺样囊性癌播散肿瘤细胞休眠和远处转移的分子机制 | 汤亚玲 | 四川大学 | 四川省科技创新人才项目 | 2020JDRC0018 | 20.00 |
| 生长分化因子 11 通过调控颌骨干细胞分化影响拔牙窝愈合的机制研究 | 刘蔚晴 | 四川大学 | 四川省科技创新人才项目 | 2020JDRC0023 | 20.00 |
| 基于单宁酸/$Mg^{2+}$复合纳米颗粒改性聚己内酯纤维支架的构建及骨免疫调节机制研究 | 何　敏 | 四川大学 | 四川省科技创新人才项目 | 2020JDRC0020 | 20.00 |
| 基于全生命周期口腔健康的四川省甘阿凉三州居民和医务人员的科普培训 | 刘　帆 | 四川大学 | 四川省科普培训项目 | 2020JDKP0016 | 25.00 |
| 大数据背景下多维体验式口腔科普培训体系构建及实施策略 | 喻　婷 | 四川大学 | 四川省科普培训项目 | 2020JDKP0018 | 40.00 |
| 《学龄期儿童口腔保健科普绘本》创作 | 王洁雪 | 四川大学 | 四川省科普作品创作项目 | 2020JDKP0030 | 20.00 |
| 口腔疾病数字诊疗新技术援疆示范应用与推广 | 汤　炜 | 四川大学 | 四川省区域创新合作项目 | 2020YFQ0012 | 50.00 |
| 咬合功能分析为导向的口腔修复在青海地区的推广示范应用 | 魏　娜 | 四川大学 | 四川省区域创新合作项目 | 2020YFQ0008 | 100.00 |
| 低氧微环境对口腔白斑病光动力治疗疗效的影响及作用机制 | 陈谦明 | 四川大学 | 四川省省院省校重大前言项目 | 2020YFSY0009 | 78.00 |
| 牙周炎微生物组通过 γδ T-TAM 免疫轴调控口腔鳞癌进展的临床及机制研究 | 李　燕 | 四川大学 | 四川省省院省校重大前言项目 | 2020YFSY0008 | 78.00 |
| 根面龋中微生物的交互作用机制及其应用研究 | 邹　玲 | 四川大学 | 四川省省院省校重点项目 | 2020YFSY0019 | 39.00 |
| 口腔颌面部神经损伤中 Kir4.1 介导的三叉神经节神经元-卫星胶质细胞交互对话机制研究 | 沈颉飞 | 四川大学 | 四川省应用基础需求引导项目 | 2020YJ0224 | 40.00 |
| 一种新型的鱼鳞胶原屏障膜在牙周组织再生中的应用研究 | 丁　一 | 四川大学 | 四川省应用基础需求引导项目 | 2020YJ0242 | 40.00 |
| 脂肪基质细胞异质性及其 $CD168^+$ CD32b-亚群的研究 | 刘　磊 | 四川大学 | 四川省应用基础需求引导项目 | 2020YJ0278 | 10.00 |
| circCTTN 调控人脐带间充质干细胞成骨分化的机制研究 | 陈文川 | 四川大学 | 四川省应用基础需求引导项目 | 2020YJ0228 | 40.00 |
| 微动对糖尿病状态下种植体骨结合的影响及机制研究 | 朱卓立 | 四川大学 | 四川省应用基础需求引导项目 | 2020YJ0297 | 10.00 |

续表

| 项目名称 | 项目负责人 | 单位 | 基金或资助类目全称 | 批准号或编号 | 资助金额（万元） |
|---|---|---|---|---|---|
| 克霉唑抑制变异链球菌的分子机制研究及活性优化 | 张　琼 | 四川大学 | 四川省应用基础需求引导项目 | 2020YJ0296 | 10.00 |
| 白色念珠菌-粪肠球菌跨域互作促根管治疗后疾病的机制探究 | 何金枝 | 四川大学 | 四川省应用基础需求引导项目 | 2020YJ0240 | 36.00 |
| 钛表面糖响应 PPARγ 基因控释涂层的制备及其对成骨相关细胞功能影响的分子机制研究 | 彭　琳 | 四川大学 | 四川省应用基础需求引导项目 | 2020YJ0292 | 10.00 |
| Mettl3 介导的 m6A 修饰调控 Nestin 阳性干细胞来源 H 型血管生成在颅颌面骨骼创伤修复中的效应及机制研究 | 解　亮 | 四川大学 | 四川省应用基础需求引导项目 | 2020YJ0286 | 10.00 |
| 青蒿素逆转白色念珠菌耐药的机制研究 | 任　彪 | 四川大学 | 四川省应用基础需求引导项目 | 2020YJ0227 | 40.00 |
| 非综合征型腭裂新易感基因的致病机制研究 | 贾仲林 | 四川大学 | 四川省应用基础需求引导项目 | 2020YJ0211 | 65.00 |
| 蛋白激酶 D1 调控口腔鳞癌多药耐药的免疫逃逸及其作用机制 | 陈　娇 | 四川大学 | 四川省应用基础需求引导项目 | 2020YJ0290 | 10.00 |
| CircTPST2 通过与蛋白质互作和吸附 miRNA 双重机制调控 OSCC 耐药的研究 | 李　敬 | 四川大学 | 四川省应用基础研究自由探索项目 | 2020YJ0102 | 10.00 |
| 兼具肿瘤治疗及骨缺损修复的可注射复合水凝胶的构建及其生物学效应的应用基础研究 | 廖金凤 | 四川大学 | 四川省应用基础研究自由探索项目 | 2020YJ0065 | 10.00 |
| 经 TNF-α/Nf-κB 调控髁突软骨干细胞参与颞下颌关节软骨发育与修复的机制研究 | 毕瑞野 | 四川大学 | 四川省应用基础研究自由探索项目 | 2020YJ0045 | 10.00 |
| 仿生防龋四川省青年科技创新研究团队 | 张凌琳 | 四川大学 | 四川省青年科技创新研究团队 | 2020JDTD0014 | 70.00 |
| 口腔黏膜癌变机理及其防治 | 江　潞 | 四川大学 | 四川省杰出青年科技人才 | 2020JDJQ0013 | 50.00 |
| 牙种植体手术的实测实量关键临床技术及产业化 | 于海洋 | 四川大学 | 四川省重点研发项目 | 2020YFS0040 | 100.00 |
| 双功能核苷水凝胶防治口腔黏膜癌变的效果和分子机制研究 | 但红霞 | 四川大学 | 四川省重点研发项目 | 2020YFS0044 | 100.00 |
| EGF/VEGF 复合纤维蛋白缓释凝胶与富血小板血浆治疗药物性颌骨坏死的实验研究 | 潘　剑 | 四川大学 | 四川省重点研发项目 | 2020YFS0182 | 20.00 |

续表

| 项目名称 | 项目负责人 | 单位 | 基金或资助类目全称 | 批准号或编号 | 资助金额（万元） |
|---|---|---|---|---|---|
| 靶向调控周细胞 PDGFRα 信号通路复合 OCP-GO/CS 支架在颅颌面骨缺损修复中的影响及应用研究 | 王　军 | 四川大学 | 四川省重点研发项目 | 2020YFS0173 | 20.00 |
| 富 LncRNA-SELL 的肿瘤细胞源性外泌体促进口腔鳞癌侵袭转移的机制 | 梁新华 | 四川大学 | 四川省重点研发项目 | 2020YFS0171 | 20.00 |
| 焦亡相关 Caspase 及其影响的锌指蛋白 A20 在预警牙龈炎-牙周炎转归中的作用研究 | 程　然 | 四川大学 | 四川省重点研发项目 | 2020YFS0178 | 20.00 |
| Bmal1 调控骨骼衰老的机制研究 | 谭　震 | 四川大学 | 四川省重点研发项目 | 2020YFS0184 | 20.00 |
| 硬度敏感性 miRNA 介导脂肪基质干细胞形成骨软骨复合体的研究 | 张　陶 | 四川大学 | 四川省重点研发项目 | 2020YFS0176 | 20.00 |
| STAT1/STAT3 分子对话机制介导高血压加重牙周炎骨吸收作用的研究 | 李津乐 | 四川大学 | 四川省重点研发项目 | 2020YFS0174 | 20.00 |
| 基于 CFG-DPSCs 复合体的自体干细胞再生性牙髓治疗效果的研究 | 高　波 | 四川大学 | 四川省重点研发项目 | 2020YFS0202 | 20.00 |
| 肿瘤干细胞外泌体在口腔鳞状细胞癌放疗抵抗中的关键作用及阻断研究 | 姚　洋 | 四川大学 | 四川省重点研发项目 | 2020YFS0172 | 20.00 |
| 牙髓细胞膜包被纳米粒子促 MTA 修复炎性牙髓的新技术研究 | 何利邦 | 四川大学 | 四川省重点研发项目 | 2020YFS0180 | 20.00 |
| circMCM3AP 靶向 miR-6881-3p 调控人脂肪干细胞成骨分化的机制研究 | 赵志河 | 四川大学 | 四川省重点研发项目 | 2020YFS0170 | 20.00 |
| 基于力学微环境制备骨诱导性干细胞外泌体及其应用研究 | 苏晓霞 | 四川大学 | 四川省重点研发项目 | 2020YFS0177 | 20.00 |
| 基于氮化碳量子点靶向纳米药物的合成及其对舌鳞癌细胞多模式杀伤作用的研究 | 郝丽英 | 四川大学 | 四川省重点研发项目 | 2020YFS0073 | 20.00 |
| 基于口腔颌面影像大数据的人工智能辅助诊断研究与远程云影像应用示范 | 游　梦 | 四川大学 | 四川省重点研发项目 | 2020YFS0045 | 100.00 |
| 个性化定制式美学自锁正畸矫治系统的研发及成果转化 | 廖　文 | 四川大学 | 四川省重点研发项目 | 2020YFS0087 | 20.00 |
| 新型可注射式牙囊干细胞外泌体缓释制剂治疗牙周炎的相关研究 | 郭淑娟 | 四川大学 | 四川省重点研发项目 | 2020YFS0175 | 20.00 |

续表

| 项目名称 | 项目负责人 | 单位 | 基金或资助类目全称 | 批准号或编号 | 资助金额（万元） |
|---|---|---|---|---|---|
| 3D 打印聚氨酯/羟基磷灰石复合生物材料构建及用于颅颌面骨缺损修复的研究 | 李继华 | 四川大学 | 四川省重点研发项目 | 2020YFS0079 | 20.00 |
| 数字化 3D 打印导板技术引导精准修复磨牙沟裂龋的临床研究 | 张　敏 | 四川大学 | 四川省重点研发项目 | 2020YFS0183 | 20.00 |
| Gli1 骨骼干细胞亚群在颅颌面骨损伤修复中的作用及机制研究 | 石　玉 | 四川大学 | 四川省中央引导地方科技发展项目 | 2020ZYD001 | 50.00 |
| 口腔红斑病光动力治疗规范的建立和应用 | 曾　昕 | 四川大学 | 中国医学科学院临床与转化医学研究基金 | 2020-I2M-C&T-A-023 | 100.00 |
| 生物组装微环境与细胞、组织间的相互作用机制 | 卫　彦 | 北京大学 | 国家重点研发计划项目 | 2020YFA0710401 | 454.00 |
| 口腔氧化锆种植体研发及关键性能评价研究 | 韩建民 | 北京大学 | 国家重点研发计划项目 | 2019YFE0101100 | 321.00 |
| 手术机器人总体设计及五自由度飞秒激光微型机器人 | 原福松 | 北京大学 | 国家重点研发计划项目 | 2020YFB1312801 | 314.00 |
| 牙科智能设计与仿生制造医学关键技术研究及临床验证 | 孙玉春 | 北京大学 | 国家重点研发计划项目 | 2019YFB1706904 | 256.00 |
| 颅颌面部肿瘤治疗的医学临床验证 | 刘筱菁 | 北京大学 | 国家重点研发计划项目 | 2019YFB1311304 | 150.00 |
| 矿化胶原仿生骨修复小儿颌面部骨缺损畸形的临床研究 | 马　莲 | 北京大学 | 国家重点研发计划课题 | 2020YFC1107603 | 86.00 |
| 仿生磨耗全氧化锆陶瓷口腔修复体的摩擦学设计与跨尺度制造 | 孙玉春 | 北京大学 | 国家自然科学基金重点项目 | 52035001 | 300.00 |
| 口腔生物材料 | 张学慧 | 北京大学 | 国家自然科学基金优秀青年科学基金项目 | 82022016 | 120.00 |
| 炎症微环境在唾液腺功能低下中的作用机制 | 俞光岩 | 北京大学 | 国家自然科学基金国际（地区）合作与交流项目 | 8201101075 | 5.00 |
| LAP2α 通过 STAT3/NF-κB 信号轴调节人脂肪干细胞成骨分化的机制研究 | 汤祎熳 | 北京大学 | 国家自然科学基金青年科学基金项目 | 82001013 | 24.00 |
| CCD 综合征致病基因 RUNX2 突变通过 LncRNA-ROD 调控破骨细胞分化的分子机制 | 刘　阳 | 北京大学 | 国家自然科学基金青年科学基金项目 | 82001029 | 24.00 |

续表

| 项目名称 | 项目负责人 | 单位 | 基金或资助类目全称 | 批准号或编号 | 资助金额（万元） |
|---|---|---|---|---|---|
| 变异链球菌中骨架蛋白 FtsZ 对青霉素结合蛋白 PBP2b 和 PBP2x 的调控机制研究 | 李永亮 | 北京大学 | 国家自然科学基金青年科学基金项目 | 82001039 | 24.00 |
| 青少年整平上颌补偿曲线影响支抗控制的机制探索与验证 | 苏　红 | 北京大学 | 国家自然科学基金青年科学基金项目 | 82001080 | 24.00 |
| 基于深度卷积神经网络的错颌畸形牙列解剖特征自动识别关键技术研究 | 宋广瀛 | 北京大学 | 国家自然科学基金青年科学基金项目 | 82001082 | 24.00 |
| 成人骨性Ⅲ类颜面偏斜患者颅面软硬组织几何形态测量学量化评价 | 范　祎 | 北京大学 | 国家自然科学基金青年科学基金项目 | 82001091 | 24.00 |
| He 气冷等离子体处理高透氧化锆材料对牙龈附着的影响及机制研究 | 杨　洋 | 北京大学 | 国家自然科学基金青年科学基金项目 | 82001100 | 24.00 |
| BM-MSCs 在双网络水凝胶共培养体系促血管化骨修复中的时空调控作用及机制研究 | 杨聪翀 | 北京大学 | 国家自然科学基金青年科学基金项目 | 82001104 | 24.00 |
| 口腔鳞癌中 NK 细胞/趋化因子/树突状细胞轴调控淋巴结转移的机制研究 | 谢　尚 | 北京大学 | 国家自然科学基金青年科学基金项目 | 82002878 | 24.00 |
| Kv1.3 钾通道介导仿生电学微环境调控骨修复早期免疫反应的作用研究 | 郑晓娜 | 北京大学 | 国家自然科学基金青年科学基金项目 | 32000952 | 24.00 |
| WNT10A 调控恒牙胚发育的机制及基因转座子治疗先天性缺牙的研究 | 冯海兰 | 北京大学 | 国家自然科学基金面上项目 | 82071076 | 53.00 |
| 蛋白质去泛素化酶 USP42 在人间充质干细胞成骨分化中的作用和分子机理研究 | 葛雯姝 | 北京大学 | 国家自然科学基金面上项目 | 82071089 | 55.00 |
| Pg-LPS 刺激血小板释放微粒对单核细胞作用及促动脉粥样硬化的机制研究 | 路瑞芳 | 北京大学 | 国家自然科学基金面上项目 | 82071116 | 55.00 |
| 铁蛋白重链在宿主牙周组织应对牙龈卟啉单胞菌挑战中的作用及其机制研究 | 侯建霞 | 北京大学 | 国家自然科学基金面上项目 | 82071117 | 55.00 |
| NLRC5 在间充质干细胞增殖、归巢、成骨分化中的作用及机制研究 | 欧阳翔英 | 北京大学 | 国家自然科学基金面上项目 | 82071118 | 56.00 |
| 环状 RNA has_circ_0001461 调控牙周炎骨吸收的作用和机制研究 | 郑云飞 | 北京大学 | 国家自然科学基金面上项目 | 82071119 | 55.00 |
| MiR-124-3p 经调控 claudin-1 在 A 型肉毒毒素抑制下颌下腺分泌的机制研究 | 蔡志刚 | 北京大学 | 国家自然科学基金面上项目 | 82071133 | 56.00 |

续表

| 项目名称 | 项目负责人 | 单位 | 基金或资助类目全称 | 批准号或编号 | 资助金额（万元） |
|---|---|---|---|---|---|
| 延髓头端腹内侧—三叉神经脊束核神经环路参与咬合干扰致慢性咀嚼肌痛敏的机制研究 | 谢秋菲 | 北京大学 | 国家自然科学基金面上项目 | 82071138 | 56.00 |
| 长链非编码 RNA-SNHG5 调控正畸牙根吸收的作用及机制研究 | 李巍然 | 北京大学 | 国家自然科学基金面上项目 | 82071142 | 56.00 |
| 力-生化耦合信号在三维手性微环境调控干细胞命运选择中的作用与机制 | 卫　彦 | 北京大学 | 国家自然科学基金面上项目 | 82071161 | 56.00 |
| 基于深度学习的三维颜面正中矢状平面智能构建算法研究 | 赵一姣 | 北京大学 | 国家自然科学基金面上项目 | 82071171 | 55.00 |
| 基于图卷积网络研究正畸牙齿移动改变面部软组织三维形态的机制 | 许天民 | 北京大学 | 国家自然科学基金面上项目 | 82071172 | 56.00 |
| 基于机器学习的口腔正畸三维预测系统研究 | 周彦恒 | 北京大学 | 国家自然科学基金面上项目 | 62076011 | 59.00 |
| 可摘局部义齿智能设计系统研究 | 邓旭亮 | 北京大学 | 北京市科技计划项目 | Z201100005620004 | 120.00 |
| 弹性仿生人工颞下颌关节突假体的研发与验证 | 许向亮 | 北京大学 | 北京市科技计划项目 | Z201100005520055 | 38.00 |
| CAD/CAM 纤维增强树脂桩核一体化修复体的优化与验证 | 徐明明 | 北京大学 | 北京市科技计划项目 | Z201100005420031 | 40.00 |
| Le Fort Ⅲ型截骨牵引治疗综合征性颅缝早闭面中部发育不足的关键问题研究 | 刘筱菁 | 北京大学 | 首都卫生发展科研专项 | 首发 2020-1-4101 | 70.00 |
| 数字化外科技术辅助下的以咬合为导向的颌骨功能性重建 | 单小峰 | 北京大学 | 首都卫生发展科研专项 | 首发 2020-2-4102 | 30.00 |
| 新型超声龈下刮治结合给药工作尖的开发和临床应用评价 | 栾庆先 | 北京大学 | 首都卫生发展科研专项 | 首发 2020-2-4103 | 30.00 |
| 后牙种植固定修复体咬合接触强度的数字化精准控制技术及其临床效果评价 | 张　磊 | 北京大学 | 首都卫生发展科研专项 | 首发 2020-2-4104 | 30.00 |
| 牙菌斑自动判断及早期龋远程诊断的研究 | 夏　斌 | 北京大学 | 首都卫生发展科研专项 | 首发 2020-2-4105 | 20.00 |
| 关节盘复位联合前伸位合垫修复颞下颌关节骨关节病髁突骨缺损有效性研究 | 雷　杰 | 北京大学 | 首都卫生发展科研专项 | 首发 2020-4-4106 | 19.70 |

续表

| 项目名称 | 项目负责人 | 单位 | 基金或资助类目全称 | 批准号或编号 | 资助金额（万元） |
| --- | --- | --- | --- | --- | --- |
| 组蛋白 H3R2 对称性双甲基转移酶 PRMT7 维持间充质干细胞干性的表观遗传机制研究 | 张　萍 | 北京大学 | 北京市自然科学基金面上项目 | 7202233 | 20.00 |
| 脂肪干细胞通过 TGF-β1 促进软组织愈合干预双膦酸盐颌骨骨坏死发生的作用及机制 | 张　益 | 北京大学 | 北京市自然科学基金面上项目 | 7202234 | 20.00 |
| 厚朴酚对念珠菌免疫原性表达及宿主固有免疫反应的作用及其机制研究 | 周培茹 | 北京大学 | 北京市自然科学基金青年项目 | 7204330 | 10.00 |
| α 烯醇化酶在原发性舍格伦综合征发病机制中的作用研究 | 魏　攀 | 北京大学 | 北京市自然科学基金青年项目 | 7204331 | 10.00 |
| 基本药物制度对合理用药行为影响与制度优化研究-基于计划行为理论的北京市样本分析 | 郭志刚 | 北京大学 | 北京市自然科学基金青年项目 | 9204031 | 9.00 |
| 正畸移动牙颌后的面容虚拟化生 | 高雪梅 | 北京大学 | 北京市自然科学基金海淀原始创新联合基金 | L192068 | 28.00 |
| 基于新型药物基因组学的头颈癌多维度异质性研究与治疗策略发掘 | 孙树洋 | 上海交通大学 | 国家自然科学基金重点项目 | 82030085 | 297.00 |
| 口腔黏膜上皮界面炎症微环境中的 $CD4^{+}$TRIM21hiT 细胞经 IL-6/Jak-Stat3 信号通路调控调节性 T 细胞功能的机制研究 | 唐国瑶 | 上海交通大学 | 国家自然科学基金国际（地区）合作与交流项目 | 82020108010 | 248.00 |
| 口腔颌面部血管化骨再生 | 张文杰 | 上海交通大学 | 国家自然科学基金优秀青年科学基金 | 82022015 | 120.00 |
| 组织特异性增强子调控 Sox9 在下颌骨精确性时空表达及参与 Pierre-Robin 综合征发生的机制研究 | 代杰文 | 上海交通大学 | 国家自然科学基金面上项目 | 82071097 | 58.00 |
| 基于单细胞测序研究 $Fat4^{+}$ 细胞亚群在正畸应力调控牙槽骨骨改建中的作用机制及谱系发生 | 江凌勇 | 上海交通大学 | 国家自然科学基金面上项目 | 82071083 | 56.00 |
| DLD 经 ROS 调控自噬稳态在颞下颌关节盘移位伴软骨退变中的作用及分子机制研究 | 杨　驰 | 上海交通大学 | 国家自然科学基金面上项目 | 82071134 | 56.00 |
| 多功能骨修复膜通过诱导内源性再生促进牙槽位点保存的作用及机制研究 | 张文杰 | 上海交通大学 | 国家自然科学基金面上项目 | 32071361 | 56.00 |

续表

| 项目名称 | 项目负责人 | 单位 | 基金或资助类目全称 | 批准号或编号 | 资助金额（万元） |
|---|---|---|---|---|---|
| 光调控双网络鱼明胶复合水凝胶的仿生构建及其促颞下颌关节盘穿孔修复的多效作用与免疫机制 | 孙 皎 | 上海交通大学 | 国家自然科学基金面上项目 | 82072070 | 56.00 |
| 导电性石墨烯弹性支架促进功能性骨骼肌再生及其机制研究 | 陆家瑜 | 上海交通大学 | 国家自然科学基金面上项目 | 82071160 | 56.00 |
| Ano5 突变抑制 PS 暴露影响骨代谢平衡导致 FGC 发生的机制研究 | 秦兴军 | 上海交通大学 | 国家自然科学基金面上项目 | 82071099 | 55.00 |
| mRNA 甲基化与小细胞外囊泡在阿替洛尔治疗婴幼儿血管瘤中的作用与机制研究 | 郑家伟 | 上海交通大学 | 国家自然科学基金面上项目 | 82071130 | 55.00 |
| 乳酸/lincRNA-p21/PKM2 正反馈环路促进 TP53 突变型口腔鳞癌恶性进展的机制研究 | 杨 溪 | 上海交通大学 | 国家自然科学基金面上项目 | 82072980 | 55.00 |
| 口腔鳞癌细胞趋化 pDC 促进淋巴结转移前微环境形成的分子机制研究 | 阮 敏 | 上海交通大学 | 国家自然科学基金面上项目 | 82072983 | 55.00 |
| 头颈鳞癌中胆固醇合成代谢重编程影响癌蛋白 EZH2 抑制剂敏感性的机制研究 | 王 旭 | 上海交通大学 | 国家自然科学基金面上项目 | 82073384 | 55.00 |
| 基于 miR-21/mTOR/HIF1α 信号轴研究丹灯纳米合剂通过活血化瘀双重作用防治口腔黏膜癌变的机制 | 刘 伟 | 上海交通大学 | 国家自然科学基金面上项目 | 82074502 | 55.00 |
| PDGF-BB/PI3K 信号轴在高糖引发 GSK-3β 介导的成骨抑制过程中的调控机理 | 刘加强 | 上海交通大学 | 国家自然科学基金面上项目 | 82071081 | 55.00 |
| 转录因子 Six1/Six2 通过 BMP 信号通路调控上下颌突铰链区发育在颌骨黏连发生中的作用机制 | 王旭东 | 上海交通大学 | 国家自然科学基金面上项目 | 82071096 | 55.00 |
| 激活自噬促骨质疏松性骨缺损修复生物陶瓷的设计与机制研究 | 林开利 | 上海交通大学 | 国家自然科学基金面上项目 | 82072396 | 55.00 |
| 应力激活 circRNA_GCN1L1 引发炎症和力反应失衡协同促进颞下颌骨关节炎发生的机制研究 | 何冬梅 | 上海交通大学 | 国家自然科学基金面上项目 | 32071313 | 55.00 |
| 槲皮素/介孔生物活性玻璃缓释系统介导巨噬细胞 miR-21a-5p/PDCD4/NF-κB 通路调控牙周炎骨缺损修复的研究 | 徐袁瑾 | 上海交通大学 | 国家自然科学基金面上项目 | 82071082 | 55.00 |

续表

| 项目名称 | 项目负责人 | 单位 | 基金或资助类目全称 | 批准号或编号 | 资助金额（万元） |
| --- | --- | --- | --- | --- | --- |
| Dlk2/Syap1 调控破骨细胞分化促进颞下颌关节骨关节炎的分子机制研究 | 张善勇 | 上海交通大学 | 国家自然科学基金面上项目 | 82071135 | 55.00 |
| 牙周膜细胞通过外泌体 miRNA-9-5p 调控巨噬细胞炎症反应介导力刺激下牙槽骨吸收的机制研究 | 胥　春 | 上海交通大学 | 国家自然科学基金面上项目 | 82071157 | 55.00 |
| 变异链球菌经磷酸转移酶系统对密度感应信号分子 AI-2 的转运及作用机制的研究 | 黄正蔚 | 上海交通大学 | 国家自然科学基金面上项目 | 82071104 | 55.00 |
| 基于 STAT3 调控的 Th17/Treg 免疫失衡在牙周炎所致认知损害中的作用探究 | 宋忠臣 | 上海交通大学 | 国家自然科学基金面上项目 | 82071112 | 55.00 |
| 适配体与铁基纳米酶复合物的特异性靶向抗菌功能研究 | 唐子圣 | 上海交通大学 | 国家自然科学基金面上项目 | 82071105 | 53.00 |
| CAFs 源性 TNFα 上调口腔鳞癌 HLA-E 表达促进 NK 免疫逃逸的机制研究 | 王晓宁 | 上海交通大学 | 国家自然科学基金青年科学基金 | 32000552 | 24.00 |
| LncRNA HCLS1 - 1/hsa - miR - 107/HOXC10 轴调控 EMT 促进口腔鳞癌侵袭转移的机制研究 | 任振虎 | 上海交通大学 | 国家自然科学基金青年科学基金 | 82002851 | 24.00 |
| 原位喷涂式光热-免疫治疗凝胶用于头颈鳞癌术后精准治疗的研究 | 黄小娟 | 上海交通大学 | 国家自然科学基金青年科学基金 | 82002853 | 24.00 |
| 基于分子分型的口腔黏膜黑色素瘤免疫谱分析及 TIL 治疗潜力研究 | 周　榕 | 上海交通大学 | 国家自然科学基金青年科学基金 | 82002862 | 24.00 |
| 口腔癌相关成纤维细胞外泌体-B7H3 抑制 NK 细胞杀伤作用及机制 | 秦　星 | 上海交通大学 | 国家自然科学基金青年科学基金 | 82002935 | 24.00 |
| 联合芬顿反应诱导和细胞周期阻滞的杂化纳米颗粒的制备及其介导的光动力治疗在口腔癌中的应用 | 朱　婷 | 上海交通大学 | 国家自然科学基金青年科学基金 | 82003177 | 24.00 |
| ITPR1 通过 EDN-DLX5/6 信号轴导致鳃弓综合征发生的机制研究 | 柳稚旭 | 上海交通大学 | 国家自然科学基金青年科学基金 | 82001027 | 24.00 |
| 微纳结构和活性硅离子协同促进 BMSCs 干性维持用于下颌骨再生的机制研究 | 赵灿灿 | 上海交通大学 | 国家自然科学基金青年科学基金 | 82001006 | 24.00 |
| 过表达 TLR2 促进骨髓间充质干细胞修复牙周炎骨缺损的作用及其机制研究 | 周　琴 | 上海交通大学 | 国家自然科学基金青年科学基金 | 32000973 | 24.00 |

续表

| 项目名称 | 项目负责人 | 单位 | 基金或资助类目全称 | 批准号或编号 | 资助金额（万元） |
|---|---|---|---|---|---|
| METTL3 通过 m6A 修饰活化 FOXO3-自噬轴在 BMSCs 衰老中的调节作用和机制研究 | 戈 旌 | 上海交通大学 | 国家自然科学基金青年科学基金 | 32000976 | 24.00 |
| BST-2 调控糖酵解在舍格伦综合征 B 细胞体液免疫应答中的机制研究 | 王保利 | 上海交通大学 | 国家自然科学基金青年科学基金 | 82001064 | 24.00 |
| 碳纳米管增强型 PEEK 在颞下颌关节假体中的应用及其促 Al-BMSCs 骨向分化的机制研究 | 郑吉驷 | 上海交通大学 | 国家自然科学基金青年科学基金 | 82001068 | 24.00 |
| GSDMD 介导的牙周膜干细胞焦亡在牙周炎致病机制中的作用 | 陈 秦 | 上海交通大学 | 国家自然科学基金青年科学基金 | 32000513 | 24.00 |
| 自然杀伤细胞改善免疫缺陷下骨修复迟缓的补偿作用及机制研究 | 史俊峰 | 上海交通大学 | 国家自然科学基金青年科学基金 | 32000812 | 24.00 |
| 镁离子通过钙敏感受体调控自噬影响 BMSCs 分化矿化作用及机制研究 | 王桂芳 | 上海交通大学 | 国家自然科学基金青年科学基金 | 82001011 | 24.00 |
| 磁控联合低幅高频振动构建干细胞膜片促进骨再生的作用及机制研究 | 陆跃智 | 上海交通大学 | 国家自然科学基金青年科学基金 | 82001009 | 24.00 |
| 增强甘露糖代谢促进巨噬细胞对粪肠球菌的吞噬作用以影响根尖周炎发病的机制探究 | 魏立帆 | 上海交通大学 | 国家自然科学基金青年科学基金 | 82001033 | 24.00 |
| Ce-MBG 纳米微球功能化钛种植体表面促进糖尿病鼠骨结合的研究 | 张晓梦 | 上海交通大学 | 国家自然科学基金青年科学基金 | 82001098 | 24.00 |
| WTAP 介导 m6A RNA 甲基化调控牙釉质发育的机制探索 | 谢芙蓉 | 上海交通大学 | 国家自然科学基金青年科学基金 | 32000571 | 24.00 |
| 溶血磷脂酰肌醇/GPR55 信号抑制肝星状细胞分子伴侣介导自噬促进肝纤维化的作用和机制研究 | 金 敏 | 上海交通大学 | 国家自然科学基金青年科学基金 | 82000567 | 24.00 |
| 口腔黏膜恶性黑色素瘤肿瘤微环境的免疫谱分析及其治疗潜力的研究 | 周 榕 | 上海交通大学 | 中国科协青年人才托举工程 | 2019QNRC001 | 45.00 |
| 酸敏性 microRNA 纳米载药微球通过调控巨噬细胞 M1/M2 极化功能优化成骨微环境的功效及机制研究 | 李 岩 | 上海交通大学 | 中国博士后科学基金会特别资助 | 2020T130420 | 18.00 |
| 促成骨的干细胞源外泌体筛选、应用及其基于 lncRNA-miRNA-mRNA 共表达网络的机制研究 | 林 丹 | 上海交通大学 | 中国博士后科学基金会特别资助 | 2020T130422 | 18.00 |
| GSDMD 介导的牙周膜干细胞焦亡在牙周炎致病机制中的作用 | 陈 秦 | 上海交通大学 | 中国博士后科学基金会面上资助 | 2020M671140 | 8.00 |

续表

| 项目名称 | 项目负责人 | 单位 | 基金或资助类目全称 | 批准号或编号 | 资助金额（万元） |
|---|---|---|---|---|---|
| miR-26a 促进大面积骨缺损修复的机制研究 | 李　岩 | 上海交通大学 | 中国博士后科学基金会面上资助 | 2019M661564 | 8.00 |
| 多功能骨修复膜通过 MagT1/Erk/HIF-1α 信号轴促进原位快速骨再生的作用及机制研究 | 张文杰 | 上海交通大学 | 上海市科学技术委员会启明星 | 20QA1405700 | 40.00 |
| 基于单细胞测序研究 Fat4+细胞亚群在正畸应力调控牙槽骨骨改建中的作用机制及谱系发生 | 江凌勇 | 上海交通大学 | 上海市科学技术委员会青年学带 | 20XD1422300 | 40.00 |
| 力学传导基因 Piezo2 和 Trvp4 在创伤性颞下颌关节异位骨化中的作用机制研究 | 代杰文 | 上海交通大学 | 上海市科学技术委员会浦江计划 D 类 | 2020PJD026 | 30.00 |
| 颞下颌关节紊乱病诊治新技术的临床研究 | 何冬梅 | 上海交通大学 | 上海市科学技术委员会 | 20Y11903900 | 30.00 |
| 无创 DNA 定量分析技术评估口腔黏膜癌变风险的模型构建及前瞻性应用研究 | 施琳俊 | 上海交通大学 | 上海市科学技术委员会 | 20Y11903700 | 30.00 |
| 全牙列口腔种植导航精度的临床研究 | 邹德荣 | 上海交通大学 | 上海市科学技术委员会 | 20Y11903800 | 30.00 |
| 颅颌面外科便携头戴式混合现实导航设备样机研发 | 张诗雷 | 上海交通大学 | 上海市科学技术委员会 | 20S31902200 | 25.00 |
| 具有翼外肌附着功能的人工颞下颌关节假体的研发 | 何冬梅 | 上海交通大学 | 上海市科学技术委员会 | 20S31902500 | 25.00 |
| 口腔种植体周围感染性疾病的标准化治疗体系构建 | 钱姝娇 | 上海交通大学 | 上海市科学技术委员会 | 20WZ2500300 | 20.00 |
| MicroRNA-130b-YAP 轴在增龄性颌骨骨再生中的作用及机制研究 | 张　雷 | 上海交通大学 | 上海自然科学基金 | 20ZR1432200 | 20.00 |
| 天然藻类提取物 dc-porphyran 靶向调控 LPS/TLRs 通路抑制骨质疏松种植体周围炎的机制研究 | 王宇华 | 上海交通大学 | 上海自然科学基金 | 20ZR1431900 | 20.00 |
| 基于 STAT3 调控的 Th17/Treg 免疫失衡在牙周炎所致认知损害中的作用初探 | 宋忠臣 | 上海交通大学 | 上海自然科学基金 | 20ZR1431800 | 20.00 |
| 钽修饰钛表面激活 ILK/STAT5/rno_circ_007919 信号轴调控间充质干细胞成骨分化的机制研究 | 史俊宇 | 上海交通大学 | 上海自然科学基金 | 20ZR1431700 | 20.00 |
| Circ-RPL41 调控 Beclin1 和 RUNX1 促进人牙髓干细胞成牙本质分化机制研究 | 纪　芳 | 上海交通大学 | 上海自然科学基金 | 20ZR1431300 | 20.00 |

续表

| 项目名称 | 项目负责人 | 单位 | 基金或资助类目全称 | 批准号或编号 | 资助金额（万元） |
| --- | --- | --- | --- | --- | --- |
| 含铜钛合金定制颌骨牵引器的研制及其局部抗菌与促进成骨作用的机制研究 | 蔡　鸣 | 上海交通大学 | 上海自然科学基金 | 20ZR1431000 | 20.00 |
| 系统性红斑狼疮伴牙周炎小鼠模型的建立和评估 | 陆尔奕 | 上海交通大学 | 上海市科学技术委员会项目 | 201409006300 | 20.00 |
| 骨髓基质细胞外泌体 miR-455 在掺锂生物玻璃陶瓷促进软骨再生中的调控作用及机制研究 | 刘　璐 | 上海交通大学 | 上海市科学技术委员会扬帆计划 | 20YF1422400 | 20.00 |
| HA 沉积的 AgNPs-PEEK 多孔材料负载 Al-BMSCs 个性化修复牙槽骨缺损的研究 | 郑吉驷 | 上海交通大学 | 上海市科学技术委员会扬帆计划 | 20YF1422500 | 20.00 |
| 含铁金属杂化纳米颗粒联合 CDK 抑制剂增强光动力治疗口腔癌的研究 | 朱　婷 | 上海交通大学 | 上海市科学技术委员会扬帆计划 | 20YF1424200 | 20.00 |
| 近红外光响应凝胶 $Bi_2S_3$-COL 控释 FTY720 极化 M2 巨噬细胞促进骨再生及机制研究 | 王进兵 | 上海交通大学 | 上海市科学技术委员会扬帆计划 | 20YF1422600 | 20.00 |
| Bach1 经 Wnt/$Ca^{2+}$ 信号通路调控 BMSC 成骨分化影响上颌窦窦内成骨的机制研究 | 钱姝娇 | 上海交通大学 | 上海市科学技术委员会扬帆计划 | 20YF1423200 | 20.00 |
| CAFs 上调口腔鳞癌细胞抑制性配体表达促进 NK 杀伤抵抗的效应及机制研究 | 王晓宁 | 上海交通大学 | 上海市科学技术委员会扬帆计划 | 20YF1424300 | 20.00 |
| 协同刺激分子 B7-H3 介导口腔鳞癌相关成纤维细胞抑制 NK 细胞杀伤活性及机制研究 | 秦　星 | 上海交通大学 | 上海市科学技术委员会扬帆计划 | 20YF1424100 | 20.00 |
| LncRNA TCONS 通过调控 MUC1 蛋白 O-糖基化修饰促进唾液腺黏液表皮样癌转移的机制研究 | 卢　浩 | 上海交通大学 | 上海市科学技术委员会扬帆计划 | 20YF1423300 | 20.00 |
| m6A RNA 甲基化调控成釉细胞分化影响釉质发育的机制研究 | 谢芙蓉 | 上海交通大学 | 上海市科学技术委员会扬帆计划 | 20YF1423100 | 20.00 |
| MicroRNA-138 在正畸牵张力下牙周膜细胞成骨分化中调控机制的研究 | 赵　丹 | 上海交通大学 | 上海市科学技术委员会扬帆计划 | 20YF1424800 | 20.00 |
| 系统性红斑狼疮伴牙周炎小鼠模型的建立和评估 | 陆尔奕 | 上海交通大学 | 上海市科学技术委员会项目 | 201409006300 | 20.00 |
| 重组骨形成蛋白 2 复合磷酸钙人工骨用于牙槽骨缺损的临床试验研究 | 蒋欣泉 | 上海交通大学 | 上海申康医院重大临床研究项目 | SHDC2020CR2042B | 240.00 |
| 功能性下颌骨重建新技术的研发与临床研究 | 张陈平 | 上海交通大学 | 上海申康医院重大临床研究项目 | SHDC2020CR3008A | 130.00 |

续表

| 项目名称 | 项目负责人 | 单位 | 基金或资助类目全称 | 批准号或编号 | 资助金额（万元） |
| --- | --- | --- | --- | --- | --- |
| 新型下颌矫形器治疗青少年小下颌畸形的临床随机对照研究 | 房　兵 | 上海交通大学 | 上海申康医院重大临床研究项目 | SHDC2020CR3009A | 130.00 |
| 3D 打印国产全颞下颌关节假体的优化制备与评价 | 张善勇 | 上海交通大学 | 上海申康医院重大临床研究项目 | SHDC2020CR3060B | 100.00 |
| 口腔种植外科导航系统研发及临床前评价 | 吴轶群 | 上海交通大学 | 上海申康医院重大临床研究项目 | SHDC2020CR3049B | 100.00 |
| 基于无创 DNA 技术评价口腔黏膜癌变风险的前瞻性探索性研究 | 施琳俊 | 上海交通大学 | 上海申康医院重大临床研究青年项目 | SHDC2020CR4082 | 50.00 |
| 放疗同期联合特瑞普利单抗（PD-1 抗体）对比单纯放疗治疗高龄头颈鳞癌术后中高危患者的单中心、随机对照探索性临床研究 | 李彬彬 | 上海交通大学 | 上海申康医院重大临床研究项目青年项目 | SHDC2020CR4012 | 50.00 |
| 关节功能殆板联合正颌正畸治疗模式对特发性课突吸收患者术后稳定性的随机对照研究 | 江凌勇 | 上海交通大学 | 上海申康医院重大临床研究项目青年项目 | SHDC2020CR4084 | 50.00 |
| 口腔科互联网医疗服务规范化运营模式的构建 | 杜　勤 | 上海交通大学 | 上海申康医院临床管理优化项目 | SHDC12020626 | 2.00 |
| 重组骨形成蛋白 2 复合磷酸钙人工骨用于牙槽骨缺损的临床试验研究 | 高益鸣 | 上海交通大学 | 上海申康医院发展中心项目 | SHDC2020CR2042B | 50.00 |
| 上海市老年口腔健康管理服务模式的建立与推广应用 | 陈　曦 | 上海交通大学 | 上海市卫生健康委员会老龄化和妇儿健康专项 | 2020YJZX0114 | 50.00 |
| 口腔苔藓样损害基于局部免疫应答类型的临床/病理分类和应用研究 | 王宇峰 | 上海交通大学 | 上海市卫生健康委员会面上项目 | 202040458 | 10.00 |
| 自体荧光诊断高风险口腔黏膜潜在恶性病变的数字化标准建立及前瞻性应用研究 | 施琳俊 | 上海交通大学 | 上海市卫生健康委员会面上项目 | 202040457 | 10.00 |
| 光动力疗法联合血府逐瘀胶囊治疗气滞血瘀型口腔白斑病的随机对照研究 | 沈雪敏 | 上海交通大学 | 上海市卫生健康委员会中西医结合项目 | ZHYY-ZXYJHZX-202016 | 10.00 |
| “医苑新星”青年医师人才（专科）培养资助计划 | 张文杰 | 上海交通大学 | 上海市卫生健康委员会青年医师人才培养项目 | - | 5.00 |
| 基于纳米微结构力学芯片的正畸力监测与牙移动轨迹建模的研究 | 谢千阳 | 上海交通大学 | 上海市卫生健康委员会青年项目 | 20204Y0459 | 5.00 |

续表

| 项目名称 | 项目负责人 | 单位 | 基金或资助类目全称 | 批准号或编号 | 资助金额（万元） |
|---|---|---|---|---|---|
| MUC1 靶向 HIF-1α 通路调控唾液腺黏液表皮样癌侵袭转移的分子机制研究 | 刘胜文 | 上海交通大学 | 上海市卫生健康委员会青年项目 | 20204Y0456 | 5.00 |
| 丹栀逍遥片治疗灼口综合征的临床研究——项随机对照试验 | 周海文 | 上海交通大学 | 上海市卫生健康委员会中医药科研项目 | 2020LP023 | 4.00 |
| 老年口腔健康流动服务模式与技术措施 | 曹均凯 | 解放军总医院 | 国家重点研发计划项目 | 2020YFC2008906 | 360.00 |
| circRNA_0002060 抑制 miR-145 调节 TGF-β/Wnt 信号通路对骨质疏松种植体骨结合影响的机制研究 | 张 戎 | 解放军总医院 | 国家自然科学基金青年科学基金 | 82001076 | 24.00 |
| circ_0002060 经 miR-145 对骨质疏松症种植骨结合的影响 | 张 戎 | 解放军总医院 | 中国博士后科学基金 | 2020T130744 | 18.00 |
| Enpp1 通过 cGAS-STING 和腺苷信号通路调控头颈鳞癌免疫抑制的作用机制研究 | 马 超 | 北京协和医院 | 国家自然科学基金青年项目 | 82002894 | 24.00 |
| 基于多模态影像融合重建的口腔疾病精准诊疗技术研发及应用研究 | 王鸿鹏 | 天津市口腔功能重建重点实验室 | 天津市重点研发计划科技支撑重点项目 | 20YFZCSY00830 | 50.00 |
| 中性粒细胞外泌体携带 microRNA-223 对牙周膜干细胞成骨分化的调控及其机制研究 | 张 正 | 天津市口腔功能重建重点实验室 | 天津市自然科学基金青年项目 | 20JCQNJ000200 | 6.00 |
| AIE 纳米探针在牙髓干细胞中的示踪研究 | 申 静 | 天津市口腔功能重建重点实验室 | 天津市自然科学基金面上项目 | 20JCYBJ001140 | 10.00 |
| S1P 及其受体在压应力牙周膜细胞诱导破骨细胞生成中的作用 | 颜 艳 | 天津市口腔功能重建重点实验室 | 天津市自然科学基金面上项目 | 20JCYBJ001130 | 10.00 |
| 衰老相关蛋白 NAP1L2 在间充质干细胞介导牙周组织再生中的作用和表观遗传机制研究 | 刘大勇 | 天津医科大学 | 国家自然科学基金面上项目 | 82071079 | 56.00 |
| circRBM39 通过 IGF2BP3/m6A/GLUT1 轴调控口腔鳞癌糖酵解的机制研究 | 赵 伟 | 天津医科大学 | 国家自然科学基金青年项目 | 82002889 | 24.00 |

续表

| 项目名称 | 项目负责人 | 单位 | 基金或资助类目全称 | 批准号或编号 | 资助金额（万元） |
|---|---|---|---|---|---|
| 河北省口腔疾病临床医学研究中心创新能力提升 | 杨冬茹 | 河北医科大学 | 河北省科技计划临床医学研究中心专项 | 20577717D | 100.00 |
| CircRNAUSP10 调控 Notch 信号通路在 OSAHS 及其 MAD 治疗中对动脉内 皮影响机制的研究 | 卢海燕 | 河北医科大学 | 河北省自然科学基金项目 | H2020206465 | 10.00 |
| 多囊蛋白与 mTOR 细胞信号通路在成釉细胞瘤中的临床、病理相关性及调节机制 | 李向军 | 河北医科大学 | 河北省自然科学基金项目 | H2020206387 | 10.00 |
| Integrinβ1 通过 IGF-1 信号通路介导咬合紊乱所致髁突软骨改变的机制研究 | 王　雯 | 河北医科大学 | 河北省自然科学基金青年基金 | H2020206226 | 6.00 |
| PAD 技术治疗口腔白色念珠菌病的研究 | 刘　庆 | 河北医科大学 | 河北省省级科技计划项目 | 20377799D | 5.00 |
| 人工牙即刻种植复合 CGF 技术临床策略 | 任贵云 | 河北医科大学 | 河北省省级科技计划项目 | 20377747D | 5.00 |
| CGF、EPO 对牙髓细胞的保护作用及临床观察 | 李春年 | 河北医科大学 | 河北省省级科技计划项目 | 20377761D | 5.00 |
| 先天缺牙 PAX9 基因新突变位点筛查及致病机制研究 | 任嘉宝 | 河北医科大学 | 河北省省级科技计划项目 | 203777108D | 5.00 |
| 河北医科大学口腔医院新型仿生再矿化材料研发团队 | 马　哲 | 河北医科大学 | 河北省政府资助优秀人才培养项目 | 2020048149-2（MXZB00349） | 30.00 |
| ROS-AMPK-PGC-1α 通路在矫治器治疗 OSA 对颏舌肌影响中的调控作用 | 卢海燕 | 河北医科大学 | 河北省政府资助优秀人才培养项目 | 2020048149-2（MXZB00348） | 20.00 |
| 3D 打印联合组织工程技术在颌骨大型囊性病变术后缺损修复中的应用研究 | 李向军 | 河北医科大学 | 河北省政府资助优秀人才培养项目 | 2020048149-2（MXZB00347） | 15.00 |
| 冠修复体对不同种类龈沟液标志物影响的研究 | 张　钊 | 河北医科大学 | 河北省政府资助优秀人才培养项目 | 2020048149-2（MXZB00350） | 8.00 |
| 数字化口腔种植导板技术在老年失牙患者中的临床应用 | 石培凯 | 河北医科大学 | 河北省财政厅老年病防治科研项目 | 361029（MXZB00340） | 3.00 |
| 牙龈卟啉单胞菌与牙周组织互作机制的研究 | 梁蓓蓓 | 河北医科大学 | 河北省自然科学研究青年基金项目 | QN2020258 | 3.00 |
| 数字化技术辅助下颌骨肿瘤切除重建术后咀嚼肌群生物力学研究 | 李向军 | 河北医科大学 | 河北省医学适用技术跟踪项目 | GZ2020044 | 2.00 |
| 重度磨耗患者个性化下颌运动数据的获取方法及研究 | 李　宁 | 河北医科大学 | 河北省医学科学研究课题计划 | 20200127 | 1.00 |

续表

| 项目名称 | 项目负责人 | 单位 | 基金或资助类目全称 | 批准号或编号 | 资助金额（万元） |
|---|---|---|---|---|---|
| 渗透树脂作为衬层剂应用于乳牙充填术的基础研究 | 张洪月 | 河北医科大学 | 河北省医学科学研究课题计划 | 20200128 | 1.00 |
| 儿童肥胖症与口腔菌群及其代谢产物的相关性研究 | 梁蓓蓓 | 河北医科大学 | 河北省医学科学研究课题计划 | 20201192 | 0.50 |
| 下颌运动轨迹记录仪在颞下颌关节紊乱病修复治疗中的应用 | 赵　琛 | 河北医科大学 | 河北省医学科学研究课题计划 | 20201193 | 0.50 |
| 低能量激光应用于重度牙周炎骨再生的研究 | 何　颖 | 河北医科大学 | 河北省医学科学研究课题计划 | 20201194 | 0.50 |
| IRoot 应用于手术截根和狭长形根管充填的封闭效果研究 | 张　淳 | 河北医科大学 | 河北省医学科学研究课题计划 | 20201195 | 0.50 |
| 前牙单端全瓷粘接桥的三维有限元分析研究 | 李美康 | 河北医科大学 | 河北省医学科学研究课题计划 | 20201196 | 0.50 |
| 综合口腔护理干预对预防婴幼儿龋及不良习惯的临床效果研究 | 李　健 | 河北医科大学 | 河北省医学科学研究课题计划 | 20201197 | 0.50 |
| 发育不良相关的重度低龄儿童龋危险因素的相关性研究 | 刘红英 | 河北医科大学 | 河北省医学科学研究课题计划 | 20201198 | 0.50 |
| 渗透树脂用于氟斑牙治疗的美学效果研究 | 谷　希 | 河北医科大学 | 河北省医学科学研究课题计划 | 20201199 | 0.50 |
| 四手操作技术配合牙周内窥镜下牙周基础治疗的应用 | 郭　静 | 河北医科大学 | 河北省医学科学研究课题计划 | 20201200 | 0.50 |
| 手机电磁辐射对大学生颊黏膜上皮细胞微核发生率的影响 | 许丽华 | 河北医科大学 | 河北省医学科学研究课题计划 | 20201201 | 0.50 |
| 综合护理干预在儿童乳牙活髓切断术中的应用 | 赵彩云 | 河北医科大学 | 河北省医学科学研究课题计划 | 20201202 | 0.50 |
| 生物陶瓷材料应用于乳磨牙深龋间接盖髓的临床效果评价 | 王惠敏 | 河北医科大学 | 河北省医学科学研究课题计划 | 20201203 | 0.50 |
| 不同胚层起源骨髓间充质干细胞的外泌体通过 miR-181a-5p 调控 Hoxa11 影响跨胚层游离骨移植的机制研究 | 王　兴 | 山西医科大学 | 国家自然科学基金面上面目 | 82071155 | 55.00 |
| 前扣带皮层尾侧部参与牙源性疼痛大鼠痛情绪调节的作用机制研究 | 余飞燕 | 山西医科大学 | 国家自然科学基金青年项目 | 82001075 | 24.00 |
| 对伴有心脑血管疾病的牙周炎进行口腔有创干预前的预警指标研究 | 任秀云 | 山西医科大学 | 山西省科技厅中央引导地方科技发展资金资助项目 | – | 20.00 |

续表

| 项目名称 | 项目负责人 | 单位 | 基金或资助类目全称 | 批准号或编号 | 资助金额（万元） |
|---|---|---|---|---|---|
| 微种植体万向定位仪 | 李　冰 | 山西医科大学 | 山西省科技厅省级专利推广实施资助专项 | 20200711 | 20.00 |
| 一种新型安全超声工作尖的转化与推广 | 葛学军 | 山西医科大学 | 山西省科技厅科技成果转化培育项目 | 2020CG031 | 20.00 |
| 牙周炎及其干预措施对动脉粥样硬化的影响研究 | 任秀云 | 山西医科大学 | 山西省教育厅高等学校优秀成果培育项目 | 2020KJ014 | 15.00 |
| 可注射丝素蛋白/氧化石墨烯复合凝胶的制备及性能 | 王　璐 | 山西医科大学 | 山西省教育厅高等学校科技创新项目 | 2020L0207 | 2.00 |
| 大蓟外泌体样纳米颗粒抑制牙龈卟啉单胞菌致病性的机制研究 | 赵　静 | 山西医科大学 | 山西省教育厅高等学校科技创新项目 | 2020L0209 | 2.00 |
| 口腔修复二硅酸锂-玻璃陶瓷的基础研发 | 武　啸 | 山西医科大学 | 山西省教育厅高等学校科技创新项目 | 2020L0210 | 2.00 |
| 大鼠下颌偏斜状态下咬肌和夹肌肌梭形态学及肌梭传入神经元兴奋性变化的相关研究 | 都冰丽 | 山西医科大学 | 山西省教育厅高等学校科技创新项目 | 2020L0211 | 2.00 |
| 复合生长因子的细菌纤维素/明胶支架修复牙周炎牙槽骨丧失的研究 | 刘海燕 | 山西医科大学 | 山西省教育厅高等学校科技创新项目 | 2020L0212 | 2.00 |
| 基于高通量测序研究骨膜蛋 白对骨髓间充质干细胞自噬及凋亡的作用机制 | 米雁翎 | 山西医科大学 | 山西省教育厅高等学校科技创新项目 | 2020L0213 | 2.00 |
| BMP2 基因修饰的 BMSC 在缝牵引区新骨形成中的作用和机制 | 张斌斌 | 山西医科大学 | 山西省教育厅高等学校科技创新项目 | 2020L0214 | 2.00 |
| 无托槽隐形矫治前牙转矩的探究 | 薛美荣 | 山西医科大学 | 山西省教育厅高等学校科技创新项目 | 2020L0215 | 2.00 |
| IL-23 在骨皮质切开术辅助正畸牙移动过程中的变化及作用研究 | 杜丽玲 | 山西医科大学 | 山西省教育厅高等学校科技创新项目 | 2020L0216 | 2.00 |
| 基于口腔专业人才培养的重大传染病信息知识服务平台研究—以新型冠状病毒肺炎为例 | 侯如霞 | 山西医科大学 | 山西省教育厅高等学校科技创新项目 | 2020L0217 | 2.00 |
| LIPUS 激活 miR-17-3p/Wnt5a 通路调控多孔材料内成骨细胞分化的机制研究 | 冯丽芳 | 华北理工大学 | 河北省自然科学基金 | H2020209156 | 6.00 |
| 构建肌腱特异性 Cre 工具小鼠研究咬肌-肌腱-下颌相互作用调控下颌形态发育的分子机制 | 肖　晶 | 大连医科大学 | 国家自然科学基金面上项目 | 81970922 | 52.00 |

续表

| 项目名称 | 项目负责人 | 单位 | 基金或资助类目全称 | 批准号或编号 | 资助金额（万元） |
|---|---|---|---|---|---|
| ACVR1—RhoGTP 酶信号在成牙本质细胞极化及牙本质矿化中的作用机理研究 | 史　册 | 吉林大学 | 国家自然科学基金面上项目 | 81970903 | 55.00 |
| 缓释黄连素水凝胶靶向 TLR4 通路在调控固有免疫应答及治疗牙周炎中的作用及机制研究 | 徐晓薇 | 吉林大学 | 国家自然科学基金面上项目 | 81970946 | 55.00 |
| 光功能化上转换纳米粒子的控制合成及其在牙周光动力抑菌治疗中应用的基础研究 | 刘　敏 | 吉林大学 | 国家自然科学基金面上项目 | 51972138 | 60.00 |
| 转录因子 Barx1 调控 Dlx5 介导 PDA 促正畸牙骨质再生的分子机制 | 包幸福 | 吉林大学 | 国家自然科学基金青年基金 | 81901036 | 21.00 |
| 益生植物乳杆菌抑制白色念珠菌的分子机制 | 王东阳 | 吉林大学 | 国家自然科学基金青年基金 | 81902044 | 20.00 |
| 多孔二氧化硅纳米粒子携带 BMP-2 基因通过自噬作用促进骨缺损再生的研究 | 徐晓薇 | 吉林大学 | 吉林省科技厅计划项目 | 20200201611JC | 10.00 |
| 羟基磷灰石纳米晶的控制合成及其构成支架结构与骨髓间充质干细胞在组织工程骨构建中应用的基础研究 | 刘　敏 | 吉林大学 | 吉林省科技厅计划项目 | 20200201439JC | 10.00 |
| ERK5 信号通路在正畸牙移动过程中成骨作用机制研究 | 张　祎 | 吉林大学 | 吉林省科技厅计划项目 | 20200201344JC | 10.00 |
| 骨髓源性外泌体介导的 miRNAs 在衰老 MSCs 命运决定中的作用及机理研究 | 史　册 | 吉林大学 | 吉林省科技厅计划项目 | 20200201527JC | 10.00 |
| 熊果酸通过 MAPK 信号通路对成牙骨质细胞功能调节机制的相关研究 | 姜　欢 | 吉林大学 | 吉林省科技厅计划项目 | 20200201348JC | 10.00 |
| 耐水解光固化生漆酚粘接剂的研究 | 朱　松 | 吉林大学 | 吉林省科技厅计划项目 | 20200201425JC | 10.00 |
| PDA 纳米酶调节牙骨质再生的分子机制研究 | 包幸福 | 吉林大学 | 吉林省科技厅计划项目 | 20200201358JC | 10.00 |
| 基于冰模板法的多级骨修复支架材料仿生一体化构建与性能研究 | 周延民 | 吉林大学 | 吉林省科技厅计划项目 | 20200201302JC | 10.00 |
| 牙髓干细胞分化成牙体牙髓组织变化过程的研究 | 张志民 | 吉林大学 | 吉林省科技厅计划项目 | 20200201318JC | 10.00 |
| 基于口腔细胞中气体信号分子检测的早期口腔癌诊断研究 | 王成坤 | 吉林大学 | 吉林省科技厅计划项目 | 20200201460JC | 10.00 |

续表

| 项目名称 | 项目负责人 | 单位 | 基金或资助类目全称 | 批准号或编号 | 资助金额（万元） |
| --- | --- | --- | --- | --- | --- |
| ENO1 对肿瘤相关巨噬细胞分泌因子的调控在口腔鳞癌侵袭转移中的作用及机制研究 | 李　波 | 吉林大学 | 吉林省科技厅计划项目 | 20200201329JC | 10.00 |
| 基于上转换荧光的光动力学纳米材料构建及其对种植体周围炎作用的研究 | 王　林 | 吉林大学 | 吉林省科技厅计划项目 | 20200201356JC | 10.00 |
| 氧化锌-多壁碳纳米管双层膜的构建及生物学性能评价 | 付　丽 | 吉林大学 | 吉林省科技厅计划项目 | 20200201592JC | 10.00 |
| 二氧化铈修饰的纯钛表面通过调节巨噬细胞极化促进成骨的研究 | 李春艳 | 吉林大学 | 吉林省科研厅计划项目 | 20200201317JC | 10.00 |
| 载新型纳米材料二甲双胍碳量子点缓释系统的构建及其活髓保存作用的机制和应用研究 | 李　毅 | 吉林大学 | 吉林省科技厅计划项目 | 20200201409JC | 10.00 |
| 高效 PAMAM 衍生物介导 miR-23b 递送抗牙周炎的效应及机制研究 | 胡　敏 | 吉林大学 | 吉林省科技厅计划项目 | 20200201307JC | 10.00 |
| 原位注射型 IL-1ra 水凝胶合成及其治疗合并糖尿病大鼠牙周炎的实验研究 | 王　雷 | 吉林大学 | 吉林省科技厅计划项目 | 20200201389JC | 10.00 |
| DNA 甲基化表观遗传学修饰与口腔鳞癌分子流行病学研究 | 周　娜 | 吉林大学 | 吉林省科技厅计划项目 | 20200201416JC | 10.00 |
| 用于引导骨再生的纳米羟基磷灰石涂覆的稀土镁合金 | 张　艳 | 吉林大学 | 吉林省科技厅计划项目 | 20200404174YY | 30.00 |
| 多尺度/功能改性透明质酸支架载 TGF-β1 在牙髓干细胞分化/干性维持中作用和机理研究 | 李祥伟 | 吉林大学 | 吉林省科技厅计划项目 | 20200404132YY | 30.00 |
| BSA 改性 DBM 骨支架材料的研制及临床前期研究 | 刘志辉 | 吉林大学 | 吉林省科技厅计划项目 | 20200708127YY | 50.00 |
| ω-3 不饱和脂肪酸介导 TLRs/NF-κB 途径对种植体周围炎的治疗作用 | 孟维艳 | 吉林大学 | 吉林省科技厅计划项目 | 20200404108YY | 30.00 |
| 超分子水凝胶载间充质干细胞诱导根尖周膜新附着再生 | 洪丽华 | 吉林大学 | 吉林省科技厅计划项目 | 20200404184YY | 28.00 |
| IL-18 通过抑制细胞自噬促进舌鳞癌细胞的焦亡的研究 | 刘炜炜 | 吉林大学 | 吉林省科技厅计划项目 | 20200801077GH | 12.00 |
| 姜黄素对周围神经损伤修复及拔牙窝愈合影响的实验研究 | 赵静辉 | 吉林大学 | 吉林省科技厅计划项目 | 20200403094SF | 12.00 |
| 改变肿瘤微环境的下颌骨临界瘤治疗新技术 | 孙　宾 | 吉林大学 | 吉林省科技厅计划项目 | 20200403119SF | 10.00 |

续表

| 项目名称 | 项目负责人 | 单位 | 基金或资助类目全称 | 批准号或编号 | 资助金额（万元） |
|---|---|---|---|---|---|
| 吉林省口腔正畸临床医学研究中心 | 胡　敏 | 吉林大学 | 吉林省科技厅计划项目 | 20200603007SF | 45.00 |
| 基于干细胞与天然磷灰石支架的仿生牙根构建 | 倪世磊 | 吉林大学 | 吉林省科技厅计划项目 | 20200403110SF | 12.00 |
| 种植体周围疾病的微创诊疗技术 | 李红艳 | 吉林大学 | 吉林省科技厅计划项目 | 20200403093SF | 12.00 |
| 纳米锶羟基磷灰石复合材料的研发与应用 | 张志民 | 吉林大学 | 吉林省发展与改革委员会项目 | 2020C029-2 | 25.00 |
| 巨噬细胞来源 EVs 对自身细胞增殖作用及其机制的研究 | 韩光红 | 吉林大学 | 吉林省教育厅项目 | JJKH20201107KJ | 5.00 |
| micro-CT 分析小鼠下颌骨形态与骨质量参数随生长发育的变化研究 | 魏晓曦 | 吉林大学 | 吉林省教育厅项目 | JJKH20201108KJ | 5.00 |
| 水激光促进正畸后牙釉质再矿化的研究 | 公柏娟 | 吉林大学 | 吉林省教育厅项目 | JJKH20201109KJ | 5.00 |
| HSP27 对肿瘤相关巨噬细胞分泌因子的调控在口腔鳞癌侵袭转移中的作用及机制研究 | 李　波 | 吉林大学 | 吉林省教育厅项目 | JJKH20201110KJ | 2.50 |
| 3D 打印载淫羊藿苷的聚乙烯醇/β-磷酸三钙复合支架修复颅颌面部大段骨缺损的研究 | 韩　冰 | 吉林大学 | 吉林省教育厅项目 | JJKH20201112KJ | 2.50 |
| 可肾脏清除的过渡金属硫化物用于高安全性肿瘤治疗 | 赵　斌 | 吉林大学 | 吉林省教育厅项目 | JJKH20201113KJ | 2.50 |
| 仿生可注射水凝胶用于牙髓-牙本质复合体再生研究 | 刘利君 | 吉林大学 | 吉林省教育厅项目 | JJKH20201114KJ | 2.50 |
| 硫酸软骨素修饰聚乙烯亚胺递送寡核苷酸对牙周炎免疫调节作用的研究 | 郑　义 | 吉林大学 | 吉林省教育厅项目 | JJKH20201115KJ | 2.50 |
| 光功能化上转化纳米粒子牙周抑菌性能的基础研究 | 刘　敏 | 吉林大学 | 吉林省教育厅项目 | JJKH20201116KJ | 2.50 |
| ING4 通过泛素化降解 SP1 抑制口腔鳞状细胞癌进程的相关机制研究 | 崔　智 | 吉林大学 | 吉林省教育厅项目 | JJKH20201117KJ | 2.50 |
| 应用系列化护理措施改善下颌骨骨折术后患者功能恢复的效果研究 | 刘东玲 | 吉林大学 | 吉林省教育厅项目 | JJKH20201126KJ | 2.50 |
| 延续护理框架下儿童龋病照顾者照顾需求的质性研究 | 杨　华 | 吉林大学 | 吉林省教育厅项目 | JJKH20201127KJ | 2.50 |

续表

| 项目名称 | 项目负责人 | 单位 | 基金或资助类目全称 | 批准号或编号 | 资助金额（万元） |
| --- | --- | --- | --- | --- | --- |
| 光敏型纳米纤维伤口敷料用于治疗皮肤破损感染的研究 | 李晓燕 | 吉林大学 | 吉林省教育厅项目 | JJKH20201027KJ | 5.00 |
| 多通道 3D 打印大尺寸血管化骨支架材料的一体化制备及其促骨再生作用研究 | 周延民 | 吉林大学 | 吉林省财政厅医疗卫生人才项目 | jcsz2020304-1 | 20.00 |
| 3D 打印用抗菌改性聚芳醚酮复合材料的研制和性能研究 | 张志民 | 吉林大学 | 吉林省财政厅医疗卫生人才项目 | jcsz2020304-2 | 20.00 |
| 基于生物力学的正颌术后软组织形态预测模型的建立 | 胡　敏 | 吉林大学 | 吉林省财政厅医疗卫生人才项目 | jcsz2020304-3 | 20.00 |
| 含银 EMT 分子筛的口腔粘接剂防止继发龋的研究 | 王　林 | 吉林大学 | 吉林省财政厅医疗卫生人才项目 | jcsz2020304-4 | 15.00 |
| 生物玻璃/聚乳酸复合多功能骨组织工程支架的构建 | 董树君 | 吉林大学 | 吉林省财政厅医疗卫生人才项目 | jcsz2020304-5 | 15.00 |
| 二甲双胍碳点诱导细胞自噬调控牙髓干细胞成牙本质细胞向分化及迁移的机制研究 | 李　毅 | 吉林大学 | 吉林省财政厅医疗卫生人才项目 | jcsz2020304-6 | 15.00 |
| 贻贝仿生牙本质预处理剂的制备与评价 | 朱　松 | 吉林大学 | 吉林省财政厅医疗卫生人才项目 | jcsz2020304-7 | 15.00 |
| 3D 打印载二甲双胍的 BCP/COL/PVA 支架修复骨缺损的研究 | 韩　冰 | 吉林大学 | 吉林省财政厅医疗卫生人才项目 | jcsz2020304-8 | 15.00 |
| 长白山灵芝多糖活性组分对牙周炎的防治作用及机制 | 申玉芹 | 吉林大学 | 吉林省财政厅医疗卫生人才项目 | jcsz2020304-9 | 15.00 |
| 载淫羊藿苷的明胶/β-TCP 仿松质骨支架促骨再生的机制研究 | 吴国民 | 吉林大学 | 吉林省财政厅医疗卫生人才项目 | jcsz2020304-10 | 10.00 |
| 过氧化铜纳米点对口腔鳞癌 EMT 的作用及机制研究 | 王战鑫 | 吉林大学 | 吉林省财政厅医疗卫生人才项目 | jcsz2020304-11 | 10.00 |
| 可变价态纳米酶通过调节巨噬细胞极化消除种植体周围炎的研究 | 李春艳 | 吉林大学 | 吉林省财政厅医疗卫生人才项目 | jcsz2020304-12 | 10.00 |
| 纳米氧化锌/石墨烯改性聚醚醚酮抗菌及抗炎性能研究 | 赵静辉 | 吉林大学 | 吉林省财政厅医疗卫生人才项目 | jcsz2020304-13 | 10.00 |
| 智能纳米探针在牙髓干细胞分化机制中的应用研究 | 王家凤 | 吉林大学 | 吉林省财政厅医疗卫生人才项目 | jcsz2020304-14 | 10.00 |
| 双功能 3D 打印支架的构建及对感染性骨缺损骨重建的研究 | 蔡　青 | 吉林大学 | 吉林省财政厅医疗卫生人才项目 | jcsz2020304-15 | 10.00 |

续表

| 项目名称 | 项目负责人 | 单位 | 基金或资助类目全称 | 批准号或编号 | 资助金额（万元） |
|---|---|---|---|---|---|
| LncRNA SNHG17/miR-384 轴对口腔鳞状细胞癌细胞增殖、凋亡、侵袭的影响及机制研究 | 乔春燕 | 吉林大学 | 吉林省财政厅医疗卫生人才项目 | jcsz2020304-16 | 10.00 |
| 有机-无机杂化玻璃鳞片增强型树脂的制备与评价 | 贺　玺 | 吉林大学 | 吉林省财政厅医疗卫生人才项目 | jcsz2020304-17 | 10.00 |
| 用于口腔细胞缺氧微环境下硝基还原酶活性监测的近红外复合纳米荧光传感器的构建 | 焦　珊 | 吉林大学 | 吉林省财政厅医疗卫生人才项目 | jcsz2020304-18 | 10.00 |
| 具有抗菌和骨诱导活性的 3D 打印掺锶 β-磷酸三钙骨修复支架的制备与研究 | 段蒙娜 | 吉林大学 | 吉林省财政厅医疗卫生人才项目 | jcsz2020304-19 | 10.00 |
| 在 TMJOA 微环境下自噬作用调控 ASCs 功能机制的研究 | 李男男 | 吉林大学 | 吉林省财政厅医疗卫生人才项目 | jcsz2020304-20 | 10.00 |
| 载 TGF-β1 的透明质酸-壳聚糖水凝胶促进软骨再生机制的研究 | 张明君 | 吉林大学 | 吉林省财政厅医疗卫生人才项目 | jcsz2020304-21 | 10.00 |
| 机械载荷对小鼠关节软骨内稳态的影响与机制研究 | 齐慧川 | 吉林大学 | 吉林省财政厅医疗卫生人才项目 | jcsz2020304-22 | 5.00 |
| mTORC1 信号在颅底软骨联合细胞增殖与分化中的作用 | 魏晓曦 | 吉林大学 | 吉林省财政厅医疗卫生人才项目 | jcsz2020304-23 | 5.00 |
| D-谷氨酸通过 Xc-/GPX4 信号通路抑制铁死亡对种植体周围炎的治疗作用 | 李保胜 | 吉林大学 | 吉林省财政厅医疗卫生人才项目 | jcsz2020304-24 | 5.00 |
| 新型原位负载 PDA@ Aspirin 功能化单核细胞的响应性 3D 打印骨支架对口腔种植手术中感染性骨缺损的修复作用和机制 | 张一迪 | 吉林大学 | 吉林省财政厅医疗卫生人才项目 | jcsz2020304-25 | 5.00 |
| 3D 打印磷酸钙改性 PLGA 乳液复合支架修复骨缺损的研究 | 徐志民 | 吉林大学 | 吉林省财政厅医疗卫生人才项目 | jcsz2020304-26 | 5.00 |
| 基于骨微环境构筑“可注射”仿生纳米纤维促骨再生研究 | 刘利君 | 吉林大学 | 吉林省财政厅医疗卫生人才项目 | jcsz2020304-27 | 5.00 |
| 负载 VEGF PLGA/nHA/Gelatin 双层膜促进骨形成的体外研究 | 付　丽 | 吉林大学 | 吉林省卫生健康技术创新项目 | 2019Q023 | 3.00 |
| 载黄连素明胶——羟基磷灰石缓释系统的构建及应用的研究 | 李　毅 | 吉林大学 | 吉林省卫生健康技术创新项目 | 2019Q034 | 3.00 |
| 上颌骨骨性扩弓配合前方牵引治疗骨性Ⅲ类错殆畸形的三维有限元和临床研究 | 朱宪春 | 吉林大学 | 吉林省卫生健康技术创新项目 | 2019Q024 | 3.00 |

续表

| 项目名称 | 项目负责人 | 单位 | 基金或资助类目全称 | 批准号或编号 | 资助金额（万元） |
| --- | --- | --- | --- | --- | --- |
| 提高正颌外科精准性关键技术的攻关研究 | 吴国民 | 吉林大学 | 吉林省卫生健康技术创新项目 | 2019Q031 | 5.00 |
| 口腔扁平苔藓序列诊治推广的研究 | 蔡　研 | 吉林大学 | 吉林省卫生健康适宜技术推广项目 | 2019Q007 | 2.00 |
| 牙周基础治疗的规范化操作 | 刘　敏 | 吉林大学 | 吉林省卫生健康适宜技术推广项目 | 2019Q008 | 2.00 |
| 甲苯胺蓝与 Lugol's 液联合应用早期诊断口腔黏膜恶性疾病 | 李　琛 | 吉林大学 | 吉林省卫生健康适宜技术推广项目 | 2019Q006 | 2.00 |
| 黄连素靶向 TLR4 通路在治疗牙周炎中的作用及机制研究 | 徐晓薇 | 吉林大学 | 吉林省卫生健康青年科技项目 | 2019Q014 | 2.00 |
| ACVR1-Rho GTP 酶信号对成牙本质细胞极化及牙本质矿化的作用机理研究 | 史　册 | 吉林大学 | 吉林省卫生健康青年科技项目 | 2019Q013 | 2.00 |
| 橡皮障在牙体治疗中的应用 | 孙淑芬 | 吉林大学 | 吉林省卫生健康适宜技术扶贫项目 | 2020FP036 | 2.00 |
| 引导骨再生术在颌骨囊肿手术中的应用 | 刘炜炜 | 吉林大学 | 吉林省卫生健康适宜技术扶贫项目 | 2020FP030 | 2.00 |
| 口腔鳞状细胞癌时辰化疗药物的合理使用 | 刘炜炜 | 吉林大学 | 吉林省药物临床合理使用项目 | - | 2.00 |
| 颞下颌关节疾病围手术期的药物合理应用 | 李明贺 | 吉林大学 | 吉林省药物临床合理使用项目 | - | 2.00 |
| 吉林省儿童窝沟封闭项目的实施现况和效果评价 | 王　瑞 | 吉林大学 | 吉林省卫生健康研究项目 | 2020JK001 | 14.00 |
| 无托槽隐形矫治技术粘接操作规范 | 朱宪春 | 吉林大学 | 吉林省地方标准项目 | DBXM087-2020 | 5.00 |
| 灵芝免疫调节蛋白作为治疗口腔鳞癌创新药物的开发研究 | 李明贺 | 吉林大学 | 吉林省中医药科研项目 | 2020126 | 1.00 |
| Notch 信号途径对人牙囊细胞增殖、分化调控机理的研究 | 赵　刚 | 佳木斯大学 | 黑龙江省自然科学基金面上项目 | LH2020H005 | 10.00 |
| 种植导航结合机械臂——自动种植机器人研究与应用 | 周立波 | 佳木斯大学 | 黑龙江省青年创新人才培养计划项目 | UNPYSCT-2020057 | 10.00 |
| 戊酸雌二醇联合激光治疗口腔糜烂型扁平苔藓的可行性研究 | 胡　静 | 佳木斯大学 | 黑龙江省省属高等学校科研项目 | 2020-KYYWF-0295 | 3.00 |
| 超细晶钛基钙磷/壳聚糖口腔种植体材料的构建及体外性能研究 | 迟艳霞 | 佳木斯大学 | 黑龙江省省属高等学校科研项目 | 2020-KYYWF-0296 | 3.00 |

续表

| 项目名称 | 项目负责人 | 单位 | 基金或资助类目全称 | 批准号或编号 | 资助金额（万元） |
|---|---|---|---|---|---|
| CAD/CAM 技术在 MDT 模式下儿童口腔舒适化治疗中的临床应用研究 | 赵　玥 | 佳木斯大学 | 黑龙江省省属高等学校基本科研业务费项目 | 2020-KYYWF-0297 | 3.00 |
| 3D 打印医用金属颌骨内固定钛板应用基础研究 | 王心彧 | 佳木斯大学 | 黑龙江省卫生健康委员会课题 | 2020-314 | 0.30 |
| 5-HT2A 受体在前额叶皮质参与口面部疼痛的机制研究 | 莫宏兵 | 佳木斯大学 | 黑龙江省卫生健康委员会课题 | 2020-315 | 0.30 |
| 底涂剂 Z- PRIMETM PLUS 和 DX. MZ Link 对 CAD/CAM 氧化锆陶瓷粘接性能影响的研究 | 侯玉泽 | 佳木斯大学 | 黑龙江省卫生健康委员会课题 | 2020-316 | 0.30 |
| 维生素 D 调控 GPXs 对涎腺腺样囊性癌耐药性的影响 | 宁尚波 | 佳木斯大学 | 黑龙江省卫生健康委员会课题 | 2020-317 | 0.30 |
| Irootbp plus 与 MTA 用于牙髓再生机制的研究 | 孔　宇 | 佳木斯大学 | 黑龙江省卫生健康委员会课题 | 2020-318 | 0.30 |
| 蒲公英提取物对口腔鳞癌细胞的作用及机制的研究 | 戴辛鹏 | 佳木斯大学 | 黑龙江省卫生健康委员会课题 | 2020-319 | 0.30 |
| 数字化印模与传统印模在根管印模制取时精度的对比分析 | 肖媛媛 | 佳木斯大学 | 黑龙江省卫生健康委员会课题 | 2020-320 | 0.30 |
| MAEA rs6815464 基因多态性影响牙周炎及骨质疏松症相关性研究 | 车玉兰 | 哈尔滨医科大学附属第四医院 | 黑龙江省博士后项目 | LBH-Z20173 | 5.00 |
| 基于 MRM 的组蛋白变体相对定量方法及其在拟南芥愈伤组织转化中的研究 | 金　红 | 复旦大学 | 国家自然科学基金面上项目 | 32070605 | 58.00 |
| 肥胖加重慢性间歇性低氧经 HIF-1α 致上气道扩张肌糖代谢紊乱的研究 | 刘月华 | 复旦大学 | 国家自然科学基金面上项目 | 82071153 | 53.00 |
| 脂肪组织来源外泌体中 miR-142-3p 对肥胖相关性牙周炎的作用和机制研究 | 陈　思 | 复旦大学 | 国家自然科学基金青年项目 | 82001056 | 24.00 |
| 雌激素及其受体参与颞下颌关节骨关节炎性别差异的机制研究 | 薛心彤 | 复旦大学 | 上海市科委扬帆计划 | 20YF1442400 | 20.00 |
| 微种植钉辅助 Herbst 治疗恒牙早期安氏 II1 下颌后缩高角病例的疗效研究 | 潘　杰 | 复旦大学 | 上海市科委医学创新研究专项 | 20Y11904100 | 20.00 |
| 自体牙骨粉联合浓缩生长因子在拔牙位点保存中的临床应用研究 | 杨志诚 | 复旦大学 | 上海市卫生健康委临床研究面上项目 | 202040497 | 10.00 |
| 下颌第二磨牙阻生患者的颌骨形态特征研究 | 许　衍 | 复旦大学 | 上海市卫生健康委临床研究面上项目 | 202040495 | 10.00 |

**续表**

| 项目名称 | 项目负责人 | 单位 | 基金或资助类目全称 | 批准号或编号 | 资助金额（万元） |
| --- | --- | --- | --- | --- | --- |
| 基于深度学习的口腔 CBCT 图像边缘识别及其临床应用研究 | 邬雪颖 | 复旦大学 | 上海市卫生健康委临床研究面上项目 | 202040494 | 10.00 |
| 早期冠部牙隐裂分级诊断及治疗的实验研究 | 胡玉凤 | 复旦大学 | 上海市卫生健康委临床研究面上项目 | 202040492 | 10.00 |
| 光动力疗法在瘘管型前牙根尖周病中的消毒效果研究 | 杨国峰 | 复旦大学 | 上海市卫生健康委临床研究青年项目 | 20204Y0496 | 5.00 |
| 中重度牙周炎移位牙的多学科诊疗模式探索及疗效评估 | 孙良奕 | 复旦大学 | 上海市卫生健康委临床研究青年项目 | 20204Y0493 | 5.00 |
| 口腔健康行为干预对社区轻度认知功能障碍的老年人认知功能和生活质量影响的研究 | 张　颖 | 复旦大学 | 上海市卫生健康委老龄化和妇儿健康研究专项 | 2020YJZX0117 | 50.00 |
| 自闭症儿童舒适化口腔治疗和维护干预新模式 | 冯靳秋 | 复旦大学 | 上海市卫生健康委老龄化和妇儿健康研究专项 | 2020YJZX0218 | 34.00 |
| 上海市儿童口呼吸状况及其相关危险因素研究 | 李远远 | 复旦大学 | 上海市卫生健康委优秀青年人才项目 | GWV-10.2-YQ16 | 23.58 |
| 中度 OSAHS 患儿口腔正畸治疗与扁桃体腺样体切除术疗效比较的前瞻性随机对照研究 | 刘月华 | 复旦大学 | 上海申康医院第二轮临床三年行动计划 | SHDC 2020CR2043B | 240.00 |
| 数字化转型环境下的口腔医院成本精细化管理研究 | 吴　丹 | 复旦大学 | 上海申康医院管理研究项目 | 2020SKMR-47 | 1.00 |
| 口腔门急诊诊疗区气溶胶多级管控策略及实践 | 陈正启 | 复旦大学 | 上海申康医院临床管理优化项目 | SHDC12020629 | 1.00 |
| 基于大数据 DIP 模型的口腔专科病种管理体系的构建与探索 | 陈　栋<br>钱程辉 | 复旦大学 | 上海申康医院临床管理优化项目 | SHDC12020629 | 2.00 |
| 伴全身疾病的牙周炎的队列数据库及生物样本库建立 | 王佐林 | 同济大学 | 上海申康医院发展中心项目 | SHDC2020CR5015-002 | 375.00 |
| 人工智能牙体牙髓病诊疗辅助系统的研发和临床应用 | 张　旗 | 同济大学 | 上海申康医院发展中心项目 | SHDC2020CR3058B | 100.00 |
| 基于多模态数据融合的可视化下颌运动在牙列重度磨耗患者咬合功能评估中的应用研究 | 刘伟才 | 同济大学 | 上海申康医院发展中心项目 | SHDC2020CR4088 | 100.00 |
| 数字化导板引导下的微骨穿刺技术在加速正畸牙移动中的应用与推广 | 康非吾 | 同济大学 | 上海申康医院发展中心项目 | SHDC12020113 | 100.00 |

续表

| 项目名称 | 项目负责人 | 单位 | 基金或资助类目全称 | 批准号或编号 | 资助金额（万元） |
|---|---|---|---|---|---|
| 无托槽隐形矫治力对牙周炎患者牙周状态影响的临床研究 | 廖崇珊 | 同济大学 | 中华口腔医学会项目 | CSA-O2020-03 | 10.00 |
| 光热响应黑磷/PCL负载MSCs外泌体在炎性骨缺损修复中的免疫作用及机制研究 | 廖崇珊 | 同济大学 | 上海市科委2020浦江人才项目 | 20PJ1414400 | 30.00 |
| 个性化3D打印导板引导下微创骨皮质切开与微骨穿刺辅助加速正畸牙移动的临床研究 | 康非吾 | 同济大学 | 上海市科委医学创新项目 | 20Y11904000 | 30.00 |
| 罗伊氏乳杆菌辅助治疗吸烟慢性牙周炎患者的疗效分析 | 罗礼君 | 同济大学 | 上海市科委医学创新项目 | 20Y11904200 | 25.00 |
| EDA/EDAR信号通路调控转录因子NKX2-3在牙胚发育中的作用机制研究 | 韩　雪 | 同济大学 | 国家自然科学基金青年项目 | 82000995 | 24.00 |
| MSCs外泌体miR-181a调控Th17/Treg介导炎性牙槽骨缺损修复的机制研究 | 廖崇珊 | 同济大学 | 国家自然科学基金青年项目 | 82001008 | 24.00 |
| MIR-711/FOXK1调控细胞能量代谢对间充质干细胞成骨分化及增龄性骨丢失的作用和机制研究 | 张　敏 | 同济大学 | 国家自然科学基金青年项目 | 82001024 | 24.00 |
| DNA甲基转移酶Dnmt3b调控髁突软骨干细胞分化治疗颞下颌关节骨关节炎的作用及机制研究 | 周　玥 | 同济大学 | 国家自然科学基金青年项目 | 82001069 | 24.00 |
| 初级纤毛信号转运对TMJ-OA软骨细胞分化的影响 | 李功臣 | 同济大学 | 国家自然科学基金青年项目 | 82001070 | 24.00 |
| α-KG介导芳香烃受体AhR调节巨噬细胞极化在牙周炎症中的作用及机制 | 罗礼君 | 同济大学 | 国家自然科学基金面上项目 | 82071123 | 55.00 |
| 种植体表面分层负载衣康酸与ZnO-NPs分时双向调控炎症反应及协同抗菌的机制 | 俞懿强 | 同济大学 | 国家自然科学基金面上项目 | 82071159 | 56.00 |
| 无毒界面改性CF/PEEK牙种植复合材料生物相容性及对BMSCS生物学影响的研究 | 范　震 | 同济大学 | 上海市卫生健康委员会项目 | 202040094 | 10.00 |
| 核壳结构介孔二氧化硅负载掺铜磷酸钙在活髓保存中的效应及机制研究 | 颜燕宏 | 同济大学 | 上海市卫生健康委员会项目 | 20204Y0097 | 10.00 |
| 基于体素的拟合测量比较CGF凝胶与CGF提取液进行牙槽嵴位点保存的疗效 | 许舒宇 | 同济大学 | 上海市卫生健康委员会项目 | 20204Y0278 | 5.00 |

续表

| 项目名称 | 项目负责人 | 单位 | 基金或资助类目全称 | 批准号或编号 | 资助金额（万元） |
|---|---|---|---|---|---|
| 光热响应黑磷/PCL 纳米支架协同外泌体修复炎性骨缺损的实验研究 | 廖崇珊 | 同济大学 | 上海市卫生健康委员会项目 | 20204Y0098 | 5.00 |
| 颅颌面发育畸形易感基因 MYO1H 在颌骨发育中作用的研究 | 孙榕榕 | 同济大学 | 上海市卫生健康委员会项目 | 20204Y0096 | 5.00 |
| pH 双向智能响应型复合水凝胶促进颌面部腔隙型骨缺损修复的研究 | 林淑贤 | 同济大学 | 上海市卫生健康委员会项目 | 202040095 | 5.00 |
| 基于 CBCT 实现患牙三维可视化与微创开髓设计的应用研究 | 张　旗 | 同济大学 | 上海市卫生健康委员会项目 | 202040282 | 10.00 |
| 健康口腔 阳光少年——儿童和青少年口腔保健科普教育课程和课件开发 | 蒋备战 | 同济大学 | 上海市科学技术委员会科普专项 | 20DZ2310600 | 20.00 |
| 高效、精准、智能、微创——数字化新技术助力口腔健康 | 俞懿强 | 同济大学 | 上海市科学技术委员会科普专项 | 20DZ2310900 | 20.00 |
| 基于 AI 筛选技术的促成骨多肽筛选和功能研究 | 孙　瑶 | 同济大学 | 上海市科技创新行动计划项目 | 20XD1424000 | 40.00 |
| 初级纤毛决定牙齿状态的关键作用 | 孙　瑶 | 同济大学 | 国家自然科学基金 | 82061130222 | 50.00 |
| Vsu/Rt-VIImo 内 BPNs 参与调控双侧咬肌运动的机制 | 刘伟才 | 同济大学 | 上海市自然科学基金 | 20ZR1463000 | 20.00 |
| MYO1H 尾部 TH1 结构域在下颌骨早期软骨内成骨中的作用及机制 | 孙榕榕 | 同济大学 | 上海市科学技术委员会扬帆计划 | 20YF1453500 | 20.00 |
| 基于细胞纤毛功能缺陷的牙齿遗传病动物模型建立研究 | 孙　瑶 | 同济大学 | 上海市科学技术委员会动物专项 | 201409006400 | 20.00 |
| 构建 lncRNA-EPS 基因敲除的牙釉质发育不全小鼠模型及其机制研究 | 苏俭生 | 同济大学 | 上海市科学技术委员会动物专项 | 201409006400 | 20.00 |
| 具有感知功能生物活性牙种植体的技术研究 | 王佐林 | 同济大学 | 上海市科学技术委员会配套项目 | 208007020 | 39.00 |
| 硬组织生物矿化 | 孙　瑶 | 同济大学 | 上海市科学技术委员会配套项目 | 208014144 | 8.46 |
| 难治性根尖周炎中 HK1 依赖性糖酵解与 NLRP3 信号通路交互作用的分子机制 | 杨卫东 | 南京大学 | 江苏省自然科学基金 | BK20201119 | 10.00 |
| 适时诱导巨噬细胞 M2 极化的 miRNA 功能化钛种植体的构建及其成骨效应研究 | 张　力 | 南京大学 | 江苏省自然科学基金 | BK20200147 | 20.00 |
| 智能纳米载药系统递送氟/氟激动剂调节龋病相关菌群及机制研究 | 廖　莹 | 南京大学 | 江苏省自然科学基金 | BK20200148 | 20.00 |

续表

| 项目名称 | 项目负责人 | 单位 | 基金或资助类目全称 | 批准号或编号 | 资助金额（万元） |
|---|---|---|---|---|---|
| C1R 基因新突变 c.265T>C 导致牙周病型 Ehlers-Danlos 综合征的机制研究 | 吴　娟 | 南京大学 | 江苏省自然科学基金 | BK20200149 | 20.00 |
| 外泌体介导组蛋白乙酰转移酶 GCN5 促进牙周再生的机制研究 | 冀　堃 | 南京大学 | 江苏省自然科学基金 | BK20200150 | 20.00 |
| 代谢组学评价口腔鳞癌外科安全切缘的研究 | 泥艳红 | 南京大学 | 江苏省重点研发计划 | BE2020628 | 50.00 |
| 生物活性可降解锌镁合金材料研制及其在颌面骨修复的应用研究 | 牟永斌 | 南京大学 | 江苏省重点研发计划 | BE2020629 | 50.00 |
| 智能氟/氟激动剂纳米递送系统的构建及其调节氟转运的作用及机制研究 | 廖　莹 | 南京大学 | 国家自然科学基金 | 82001035 | 24.00 |
| 炎症微环境下 BACH1 调控人牙周膜细胞修复牙周骨缺损的作用及机制研究 | 袁志瑶 | 南京大学 | 国家自然科学基金 | 82001050 | 24.00 |
| 基于免疫-成骨/成牙骨质-破骨细胞间的 crosstalk 探讨 Nell-1@AuNPs 纳米复合物对骨/牙骨质再生及牙周炎的骨免疫治疗作用 | 倪　璨 | 南京大学 | 国家自然科学基金 | 82001051 | 24.00 |
| AhR/IDO 信号轴在 Pg 牙龈素调节 T 细胞失衡促进动脉粥样硬化中的作用及机制研究 | 杨　洁 | 南京大学 | 国家自然科学基金 | 82001111 | 24.00 |
| 低氧募集 TAMs 分泌 MIP-5 促进口腔鳞癌进展及化疗耐受的机制研究 | 韩生伟 | 南京大学 | 国家自然科学基金 | 82002864 | 24.00 |
| 肿瘤相关成纤维细胞 ITGB2 依赖的乳酸释放调控赖氨酸乳酸化修饰促进口腔鳞癌复发的机制研究 | 张晓昕 | 南京大学 | 国家自然科学基金 | 82002865 | 24.00 |
| MIR143HG 协同 miR-143/145 调控 BMSCs 干性在颌骨骨稳态中的作用与机制 | 徐荣耀 | 南京医科大学 | 国家自然科学基金青年基金 | 82001012 | 24.00 |
| ROS 响应性纳米介孔硅控药系统的构建及其用于牙周再生调控的效果及机制探究 | 任双双 | 南京医科大学 | 国家自然科学基金青年基金 | 82001049 | 24.00 |
| TAF11 基因突变在非综合征型唇腭裂发病中的作用及其机制研究 | 李丹丹 | 南京医科大学 | 国家自然科学基金青年基金 | 82001088 | 24.00 |
| 基质硬度通过细胞自噬对新生血管稳态的调控作用和机制研究 | 薛昌越 | 南京医科大学 | 国家自然科学基金青年基金 | 82001099 | 24.00 |

续表

| 项目名称 | 项目负责人 | 单位 | 基金或资助类目全称 | 批准号或编号 | 资助金额（万元） |
|---|---|---|---|---|---|
| 慢性牙周炎记忆 B 细胞分泌 TGF-β1 抑制 Prx1+间充质细胞成骨分化的作用机制研究 | 孙　雯 | 南京医科大学 | 国家自然科学基金面上项目 | 82071086 | 55.00 |
| 巨噬细胞经内质网应激 IRE1α 通路加速正畸牙移动的机制研究 | 严　斌 | 南京医科大学 | 国家自然科学基金面上项目 | 82071143 | 55.00 |
| 超级增强子招募 YAP/TEAD4/BRD4 复合体激活 LIF 转录促进口腔鳞癌肿瘤干细胞干性维持的分子机制 | 程　杰 | 南京医科大学 | 国家自然科学基金面上项目 | 82072991 | 55.00 |
| 牙周致病菌在肠道慢性炎症状态下的异位定植及其临床干预技术研究 | 徐　艳 | 南京医科大学 | 江苏省重点研发计划社会发展面上项目 | BE2020707 | 50.00 |
| 口腔鳞癌“类器官模型+多组学分析”精准化疗平台研发 | 程　杰 | 南京医科大学 | 江苏省重点研发计划社会发展面上项目 | BE2020706 | 50.00 |
| lncRNA_NEAT1 调控线粒体膜通透性影响糖尿病 BMSCs 衰老及成骨分化的机制研究 | 张　平 | 南京医科大学 | 江苏省自然科学基金面上项目 | BK20201350 | 10.00 |
| 构建基于活性氧调节的 Res-MSN@ $CeO_2$ 新型纳米控药体系用于牙周治疗的研究 | 任双双 | 南京医科大学 | 江苏省自然科学基金青年基金 | BK20200665 | 20.00 |
| 基于发音气流速率的腭咽闭合能力个体化预测模型的研究 | 姜成惠 | 南京医科大学 | 江苏省自然科学基金青年基金 | BK20200666 | 20.00 |
| 含铜离子纤维蛋白水凝胶抑制 DPSCs 表达 CBX7 促进牙本质-牙髓复合体再生的作用及机制研究 | 周芷萱 | 南京医科大学 | 江苏省自然科学基金青年基金 | BK20200667 | 20.00 |
| Rdh10 基因缺陷-乙醇环境危险因素共同作用导致腭裂的致病机制研究 | 王　琦 | 浙江大学 | 国家自然科学基金青年项目 | 82001028 | 24.00 |
| 具核梭杆菌诱导巨噬细胞外泌体 miR-155 调控内皮细胞功能促进动脉粥样硬化的机制研究 | 王倩婷 | 浙江大学 | 国家自然科学基金青年项目 | 82001045 | 24.00 |
| 白色念珠菌毒力因子 Sap7p 介导致病菌丝侵入宿主上皮细胞的致病机制研究 | 杨海萍 | 浙江大学 | 国家自然科学基金青年项目 | 82001046 | 24.00 |
| FGF2 调控血管生成异常在口腔扁平苔藓中的作用与潜在临床意义 | 郝一龙 | 浙江大学 | 国家自然科学基金青年项目 | 82001047 | 24.00 |

续表

| 项目名称 | 项目负责人 | 单位 | 基金或资助类目全称 | 批准号或编号 | 资助金额（万元） |
| --- | --- | --- | --- | --- | --- |
| 牙龈卟啉单胞菌 PAD 酶催化 LL37 瓜氨酸化在类风湿关节炎发生发展中的作用 | 程子健 | 浙江大学 | 国家自然科学基金青年项目 | 82001048 | 24.00 |
| 富羟基纤维素和聚电解质协同诱导胶原仿生矿化的机理研究 | 王　喆 | 浙江大学 | 国家自然科学基金青年项目 | 82001097 | 24.00 |
| 新型光控流体组织工程材料促进种植体周骨缺损修复的作用及机制研究 | 王慧明 | 浙江大学 | 国家自然科学基金国际(地区)合作与交流项目 | 82020108011 | 248.00 |
| RHOA/LATS1 在生物材料所属物理性征促进成骨作用中的机制研究 | 俞梦飞 | 浙江大学 | 国家自然科学基金面上项目 | 82071085 | 56.00 |
| 3B-PEG 可注射水凝胶/Nell-1 体系构建及其对颞下颌关节骨关节炎治疗应用的研究 | 施洁珺 | 浙江大学 | 浙江省公益技术应用社发领域项目 | LGF21H140003 | 10.00 |
| 基于 AgNPs/PTFE 复合材料的新型牙椅水路抗菌管路的研发与应用 | 俞雪芬 | 浙江大学 | 浙江省公益技术应用社发领域项目 | LGF21H190003 | 10.00 |
| 生物材料负载的 $Gli1^+$ 细胞在颅缝再生中的作用及机制研究 | 俞梦飞 | 浙江大学 | 浙江省杰出青年科学基金项目 | LR21H140001 | 80.00 |
| 基于多源数据融合的龋病分级辅助诊断模型研究 | 朱海华 | 浙江大学 | 浙江省自然科学基金联合基金项目 | LZY21F030002 | 10.00 |
| 锶锌共修饰种植体表面通过 STAT3/HIF-1α 通路调控 Th17 细胞功能在骨整合中的作用及机制研究 | 周　川 | 浙江大学 | 浙江省自然科学基金探索项目 | LQ21H140001 | 10.00 |
| 构建新型仿生矿化体系以提高树脂粘接耐久性的策略研究 | 陈　怡 | 浙江大学 | 浙江省自然科学基金探索项目 | LY21H140002 | 10.00 |
| 正畸牙移动中 Periostin/αVβ3/FAK 调控牙槽骨-牙周膜界面组织改建的功能及机制研究 | 徐　黎 | 浙江大学 | 浙江省自然科学基金探索项目 | LQ21H140004 | 10.00 |
| 干性维持的间充质干细胞通过分泌 VEGF 并激活 Notch1 信号通路促进血管内皮细胞血管生成的作用及机制研究 | 周　颖 | 浙江大学 | 浙江省自然科学基金探索项目 | LQ21H140003 | 10.00 |
| 二氧化钛的原子结构和空间构型调控 BMSC 成骨向分化的机制研究 | 刘　宇 | 浙江大学 | 浙江省自然科学基金探索项目 | LQ21H140002 | 10.00 |
| 氧化锆种植体表面类蜂巢状结构的构建及生物功能化 | 刘劲松 | 温州医科大学 | 国家自然科学基金面上项目 | 82071170 | 55.00 |

续表

| 项目名称 | 项目负责人 | 单位 | 基金或资助类目全称 | 批准号或编号 | 资助金额（万元） |
|---|---|---|---|---|---|
| 变异链球菌耐氟菌株影响牙菌斑微生态的机制研究 | 孙　妍 | 温州医科大学 | 国家自然科学基金青年项目 | 82001041 | 24.00 |
| TRPM2/PGAM5 介导线粒体功能障碍促进牙周炎发生的机制研究 | 黄盛斌 | 温州医科大学 | 浙江省自然科学基金杰出青年项目 | LR21H140002 | 80.00 |
| TRPA1/PGC1-α 介导的线粒体功能障碍在伴糖尿病牙周炎发生中的作用及机制研究 | 孙晓瑜 | 温州医科大学 | 浙江省自然科学基金 | LY21H140003 | 10.00 |
| 多功能自修复耐磨涂层预防钛种植体机械并发症及骨质疏松性病理松动的研究 | 沈新坤 | 温州医科大学 | 浙江省自然科学基金 | LY21H180006 | 10.00 |
| 具有骨靶向局部药物缓释功能种植体的应用研究 | 刘劲松 | 温州医科大学 | 浙江省科技厅公益技术研究项目 | LGF21H140004 | 10.00 |
| HT/Gel-MAA/BioCaP 载药体系的构建及促牙本质再生的应用基础研究 | 潘乙怀 | 温州医科大学 | 浙江省科技厅公益技术研究项目 | LGF21H140005 | 10.00 |
| PDA@ Curdlan 智能响应型水凝胶药物控释体系的构建及光热协同抗菌应用 | 邓　辉 | 温州医科大学 | 浙江省科技厅公益技术研究项目 | LGF21H140006 | 10.00 |
| 基于长效有序缓控释系统的构建及其在牙髓再生中的应用研究 | 罗丽花 | 温州医科大学 | 浙江省科技厅公益技术研究项目 | LGF21H140007 | 10.00 |
| 龋病预防新策略“特异性抗菌——矿化平衡调控”功能的牙齿亲和性抗菌肽的构建 | 李全利 | 安徽医科大学 | 国家自然科学基金项目（香港联合资助） | 8201101019 | 98.00 |
| 原位构建糖皮质激素负载和一氧化氮释放双功能涂层用于血管支架表面改性研究 | 李向阳 | 安徽医科大学 | 国家自然科学基金青年项目 | 32000932 | 24.00 |
| 慢性牙周炎相关外泌体携带 lncRNAGAS5 通过 miR-200c-3p/SCD-1 轴加重非酒精性脂肪肝的研究 | 邢　田 | 安徽医科大学 | 国家自然科学基金青年项目 | 82000552 | 24.00 |
| 新型防龋制剂——“抗菌-矿化平衡调控”功能的釉质靶向抗菌肽的研究 | 曹　颖 | 安徽医科大学 | 安徽省重点研究与开发项目 | 202004j07020041 | 30.00 |
| 类成釉器组织工程支架的构建及其在釉质再生中的研究 | 曹　颖 | 安徽医科大学 | 安徽省自然科学基金面上项目 | 2008085MH254 | 12.00 |
| 人根尖牙乳头干细胞三维培养模型的构建及其促进颅骨缺损修复的研究 | 张　菁 | 安徽医科大学 | 安徽省自然科学基金面上项目 | 2008085MH255 | 12.00 |
| miR-30b 调控电压门控钠离子通道 Nav1.3 参与三叉神经痛的研究 | 徐文华 | 安徽医科大学 | 安徽省自然科学面上项目 | 2008085MH297 | 12.00 |

续表

| 项目名称 | 项目负责人 | 单位 | 基金或资助类目全称 | 批准号或编号 | 资助金额（万元） |
|---|---|---|---|---|---|
| 仿荷叶超疏水结构牙齿表面的构建及其生物清污效能的评价 | 郑顺丽 | 安徽医科大学 | 安徽省自然科学基金青年项目 | 2008085QH374 | 10.00 |
| miR-27a 通过 YAP1 调控牙髓干细胞成骨分子机制的研究 | 周黎明 | 安徽医科大学 | 安徽高校科学研究重点项目 | KJ2020A0166 | 6.00 |
| 长三角视野下安徽省口腔专科医疗联合体的构建及发展策略研究 | 陈　然 | 安徽医科大学 | 安徽高校人文社会科学研究项目 | SK2020A0153 | 2.00 |
| 高糖微环境下糖基化终末产物对前成骨细胞 MC3T3-E1 分化过程的影响以及相关作用机制的研究 | 邓　超 | 皖南医学院 | 安徽省高校优秀拔尖人才项目 | Gxyq2020024 | 3.00 |
| 新型抗菌纳米微沟槽钛种植体研发 | 陈　江 | 福建医科大学 | 福建省科技创新联合资金项目 | 2019Y9031 | 100.00 |
| 槲皮素对牙本质脱矿有机基质稳定作用的机制研究 | 于　皓 | 福建医科大学 | 福建省科技创新联合资金项目 | 2019Y9030 | 40.00 |
| CAD/CAM 二矽酸锂玻璃陶瓷超薄贴面改色效果的研究 | 王颖卉 | 福建医科大学 | 福建省自然科学基金面上项目 | 2020J01645 | 7.00 |
| 自体牙来源骨移植材料在正畸减数拔牙中对位点保存的应用研究 | 郭建斌 | 福建医科大学 | 福建省自然科学基金面上项目 | 2020J01646 | 7.00 |
| 咬合紊乱伴慢性温和应激型肠道菌群改变对抑郁症影响的研究 | 张思慧 | 福建医科大学 | 福建省自然科学基金面上项目 | 2020J01647 | 7.00 |
| 绿茶提取物表没食子儿茶素-3-没食子酸酯(EGCG)通过 Notch 信号通路抗舌癌实验研究 | 魏　华 | 福建医科大学 | 福建省自然科学基金面上项目 | 2020J01648 | 7.00 |
| 多生牙来源根尖乳头干细胞体外诱导骨向分化并应用于临床修复 | 姚　军 | 福建医科大学 | 福建省自然科学基金面上项目 | 2020J01649 | 7.00 |
| 功能化聚己内酯生物支架实现牙周组织再生的实验研究 | 骆　凯 | 福建医科大学 | 福建省卫生健康委员会创新课题 | 2020CXA048 | 15.00 |
| 色氨酸代谢中间物犬尿氨酸对头颈部鳞癌肿瘤微环境中巨噬细胞募集及分化的调节作用 | 郑大利 | 福建医科大学 | 福建省卫生健康委员会创新课题 | 2020CXA049 | 15.00 |
| 牙龈间充质干细胞构建组织工程化牙龈结缔组织用于牙龈退缩的体内外研究 | 林敏魁 | 福建医科大学 | 福建省卫生健康委员会创新课题 | 2020CXA050 | 15.00 |
| 正畸治疗中摇椅形唇弓的力学仿真分析 | 苏杰华 | 福建医科大学 | 福建省卫生健康委员会创新课题 | 2020CXB028 | 12.00 |

续表

| 项目名称 | 项目负责人 | 单位 | 基金或资助类目全称 | 批准号或编号 | 资助金额（万元） |
|---|---|---|---|---|---|
| Exendin-4 对 2 型糖尿病骨代谢及种植体周围骨结合的影响 | 林　东 | 福建医科大学 | 福建省卫生健康委员会创新课题 | 2020CXB029 | 12.00 |
| Wnt 信号通路调节人牙周膜干细胞成骨分化及其在牙周病生物治疗中的应用 | 苏柏华 | 福建医科大学 | 福建省卫生健康委员会创新课题 | 2020CXB030 | 12.00 |
| 数字化引导下的 Masquelet 技术联合浓缩生长因子重建颌骨缺损研究 | 吴　烨 | 福建医科大学 | 福建省卫生健康委员会创新课题 | 2020CXB031 | 12.00 |
| 颌垫压低过萌磨牙的临床与神经肌肉分析 | 雷　群 | 福建医科大学 | 福建省卫生健康委员会项目 | 2020GGA059 | 10.00 |
| 种植牙冠修复时基台设计和材料选择的研究 | 林　捷 | 福建医科大学 | 福建省卫生健康委员会项目 | 2020GGA060 | 10.00 |
| 不同胚层来源成骨细胞对骨髓巨噬细胞的生物学调控作用 | 陈玉玲 | 福建医科大学 | 福建省卫生健康委员会项目 | 2020GGA061 | 10.00 |
| 颌骨囊内受累牙牙髓血管神经保存与再生的基础研究 | 牛　刚 | 福建医科大学 | 福建省卫生健康委员会 | 2020GGB036 | 10.00 |
| 双重生物学功能树脂材料防龋作用的研究 | 周　雯 | 福建医科大学 | 福建省卫生健康委员会青年课题 | 2020QNB031 | 4.00 |
| 牙髓血管再生术在牙根未发育完全成年恒牙的应用研究 | 胡　佳 | 福建医科大学 | 福建省教育厅中青年教师教育项目 | JAT200129 | 2.00 |
| 肉桂醛在牙周炎治疗中的潜在作用研究 | 欧艳晶 | 福建医科大学 | 福建省教育厅中青年教师教育项目 | JAT200150 | 2.00 |
| 种植体表面形貌对巨噬细胞免疫调节作用的研究 | 丘雨蓓 | 福建医科大学 | 福建省教育厅中青年教师教育项目 | JAT200152 | 2.00 |
| Nd:YAG 激光联合 Flariesse 保护漆对牙骨质抗酸性能的影响及减少根面平整术后牙本质过敏症的作用 | 伍晓红 | 福建医科大学 | 福建省教育厅中青年教师教育项目 | JAT200158 | 2.00 |
| 碱热-季铵化修饰钛植体材料的生物活性初探 | 周　雯 | 福建医科大学 | 福建省教育厅中青年教师教育项目 | JAT200168 | 2.00 |
| 细胞外基质蛋白调控牙周组织中 I 型胶原纤维选择性矿化的机制的探索性研究 | 左起亮 | 厦门医学院 | 国家自然科学基金青年科学基金 | 82001021 | 48.00 |
| 不同咬合板治疗颞下颌关节紊乱病对患者上气道影响的研究 | 郑雅心 | 厦门医学院 | 福建省卫生健康青年科研课题 | 2020QNB076 | 6.00 |
| Circ-Foxo3 在牙周炎进程中的作用机制研究 | 许铭炎 | 厦门医学院 | 福建省医学创新课题立项 | 2020CXB055 | 24.00 |

续表

| 项目名称 | 项目负责人 | 单位 | 基金或资助类目全称 | 批准号或编号 | 资助金额（万元） |
| --- | --- | --- | --- | --- | --- |
| Keratin92 抑制 BMP 信号调控牙发育的分子机制研究 | 杨 健 | 南昌大学 | 国家自然科学基金项目 | 82060193 | 34.00 |
| 静磁场作用下 LncRNA 作为 ceRNA 介导 miR-466d 靶向抑制 MMP13 促进成骨分化的作用机制研究 | 童 菲 | 南昌大学 | 国家自然科学基金项目 | 82060198 | 34.00 |
| 中央引导地方经济发展项目——上海交通大学医学院第九人民医院国家临床医学江西分中心 | 杨 健 | 南昌大学 | 江西省科技计划项目 | 20201ZDG02005 | 20.00 |
| 应用于临床病理诊断的黏附载玻片的研制 | 魏俊超 | 南昌大学 | 江西省科技计划项目 | 20202BBG73012 | 10.00 |
| 利用 PDX 模型研究绿原酸对舌癌生长及转移的影响及其机制 | 胡晓萍 | 南昌大学 | 江西省科技计划项目 | 20202BABL206-067 | 3.00 |
| 低能量微波照射对正畸牙移动后牙周组织改建作用及其机制的研究 | 唐 镇 | 南昌大学 | 江西省科技计划项目 | 20202BABL206-068 | 3.00 |
| 血浆环状 RNA 作为口腔扁平苔藓癌变预测新型标志物的研究 | 黄 臻 | 南昌大学 | 江西省科技计划项目 | 20202BBGL7313 | 3.00 |
| 基于 CAD/CAM 技术构建全冠功能 性咬合面形态的研究 | 曾利伟 | 南昌大学 | 江西省科技计划项目 | 20202BBGL73121 | 3.00 |
| 应用于临床病理诊断的黏附载玻片的研制 | 刁伟宏 | 南昌大学 | 江西省科技计划项目 | 20202BBG73012 | 10.00 |
| 钛植入物表面抗感染复合涂层的构建及其作用研究 | 桑 婷 | 南昌大学 | 江西省科技计划项目 | 20203BBGL73156 | 3.00 |
| 疫情防控常态化下口腔综合治疗台水路消毒控制措施的效果研究 | 占莉琳 | 南昌大学 | 江西省科技计划项目 | 20203BBGL73157 | 3.00 |
| NEK2 调控 SRSF1 在口腔鳞状细胞癌 EMT 中的临床病理研究 | 陈蔚华 | 南昌大学 | 江西省科技计划项目 | 20203BBGL73158 | 3.00 |
| 奥美拉唑-MB-Sema3A 黏附性可注射水凝胶介导的光动力在耐药菌感染的牙周炎治疗中的应用研究 | 宋 莉 | 南昌大学 | 国家自然科学基金项目 | 82060203 | 35.00 |
| 神经血管化的牙周膜干细胞膜片实现牙周组织再生的作用及其机制研究 | 魏福兰 | 山东大学 | 国家自然科学基金面上项目 | 82071080 | 56.00 |
| Ⅱ型蛋白激酶 G 通过下调 PLC/IP3/$Ca^{2+}$轴拮抗内质网应激改善糖尿病种植体骨结合的研究 | 徐 欣 | 山东大学 | 国家自然科学基金面上项目 | 82071148 | 56.00 |

续表

| 项目名称 | 项目负责人 | 单位 | 基金或资助类目全称 | 批准号或编号 | 资助金额（万元） |
|---|---|---|---|---|---|
| 苯乙双胍通过 AMPK 激活 Calcineurin/NFAT 抑制角质形成细胞促炎因子的表达 | 吴训伟 | 山东大学 | 国家自然科学基金面上项目 | 82073470 | 56.00 |
| 牙周炎发病过程中微生态的动态演替规律与致病机制研究 | 冯　强 | 山东大学 | 国家自然科学基金面上项目 | 82071122 | 55.00 |
| PGRN 通过肿瘤坏死因子受体对牙周炎性环境下巨噬细胞极化的调控作用 | 杨丕山 | 山东大学 | 国家自然科学基金面上项目 | 82071126 | 55.00 |
| 低收缩自修复抗菌复合树脂的构建策略及机制研究 | 吴峻岭 | 山东大学 | 国家自然科学基金面上项目 | 82071165 | 55.00 |
| 微环境驱动纳米芬顿反应器的构建及控制致龋生物膜研究 | 李建华 | 山东大学 | 国家自然科学基金青年项目 | 82001042 | 24.00 |
| 负载 SDF-1 的牙龈素响应型材料促进原位牙周组织再生的研究 | 刘世岳 | 山东大学 | 国家自然科学基金青年项目 | 82001055 | 24.00 |
| 柯萨奇病毒区域性流行遗传进化规律研究 | 陈　鹏 | 山东大学 | 国家自然科学基金青年项目 | 82003510 | 24.00 |
| Treg 细胞治疗慢性牙周炎的作用及 7 “Treg-Th17 偏移”现象的表观遗传调控 | 刘红蕊 | 山东大学 | 泰山学者青年专家项目 | tsqn202103177 | 100.00 |
| 牙周组织再生中低氧预处理策略的建立及其相关免疫机制研究 | 于　洋 | 山东大学 | 泰山学者青年专家项目 | tsqn202103176 | 100.00 |
| 受控缓释 SDF-1 的应激抗菌响应型温敏材料促进牙周组织原位再生的研究 | 刘世岳 | 山东大学 | 山东省自然科学基金青年项目 | ZR2020QH158 | 15.00 |
| 下颌前移矫治器对阻塞性睡眠呼吸暂停低通气综合征的影响及机制研究 | 陈　荟 | 山东大学 | 山东省自然科学基金青年项目 | ZR2020QH161 | 13.00 |
| EphB4/EphrinB2 介导的牙周膜干细胞/巨噬细胞交互作用及其在实验性牙周炎炎症控制和牙周再生中的应用 | 宋爱梅 | 山东大学 | 山东省自然科学基金面上项目 | ZR2020MH184 | 10.00 |
| 节律基因 Bmal1 通过 Dll4/Notch 信号通路调控髁突炎性血管新生的机制研究 | 赵华强 | 山东大学 | 山东省自然科学基金面上项目 | ZR2020MH190 | 10.00 |
| 可控二氧化钛微纳结构通过 Dkk1、Dkk2 影响成骨分化的机理研究 | 李晓岩 | 山东大学 | 山东省自然科学基金面上项目 | ZR2020MH191 | 10.00 |
| 镁离子调节 OPN 介导的细胞自噬在 TMJOA 中的作用及其机制研究 | 林雪芬 | 山东大学 | 山东省自然科学基金面上项目 | ZR2020MH189 | 10.00 |
| 一氧化碳通过 microRNA-195-5p/Wnt3a 通路促进人牙周膜干细胞成骨分化的研究 | 宋　晖 | 山东大学 | 山东省自然科学基金面上项目 | ZR2020MH186 | 10.00 |

续表

| 项目名称 | 项目负责人 | 单位 | 基金或资助类目全称 | 批准号或编号 | 资助金额（万元） |
|---|---|---|---|---|---|
| circRNA-X 通过靶作用于 microRNA-21 调控颌骨来源骨髓间充质干细胞成骨分化及小鼠颌骨再生的机制研究 | 王　红 | 山东大学 | 山东省自然科学基金青年基金 | ZR2020QH156 | 7.00 |
| 丝素蛋白-抗菌钛引导骨/组织再生膜的研发 | 王　兵 | 山东大学 | 广东省基础与应用基础研究基金 | 2020A1515110851 | 10.00 |
| 新型冠状病毒时空动态进化规律及毒力表型差异的分子流行病学研究 | 陈　鹏 | 山东大学 | 中国博士后科学基金 | 2020T1300672X | 18.00 |
| 口腔用可抗菌、促凝血的多功能涂层研发 | 邵金龙 | 山东大学 | 山东省博士后创新项目 | 202001009 | 10.00 |
| Eldecalcitol 诱导“迷你型塑造”骨形成的机制研究 | 李敏启 | 山东大学 | 日健中外制药有限公司 | 1350020003 | 38.30 |
| 脱细胞真皮基质在口腔软组织中的应用 | 徐　欣 | 山东大学 | 上海宝锦医疗器械销售中心 | 1350020002 | 15.00 |
| 新时代高校思政师资队伍评价机制研究 | 葛少华 | 山东大学 | 山东省社科规划研究专项 | 20CSZJ43 | 1.00 |
| 多源信息融合的隐形矫治器力学特征分析及临床疗效评价的研究 | 刘　洋 | 青岛大学 | 国家自然科学基金青年项目 | 82001086 | 24.00 |
| 牙龈间充质干细胞外泌体通过交叉调控 Wnt 和 NF-κB 信号通路促进牙周组织再生的作用及机 制研究 | 徐全臣 | 青岛大学 | 山东省自然科学基金面上项目 | - | 20.00 |
| 重组 Amelogenin 多肽 TRAP 调节早期牙釉质龋仿生再矿化行为及机制研究 | 楚金普 | 郑州大学 | 国家自然科学基金联合项目 | U2004108 | 50.00 |
| 甜茶甙对变异链球菌生物膜致龋特性的影响及机制研究 | 楚金普 | 郑州大学 | 河南省自然科学基金面上项目 | 202300410448 | 10.00 |
| 引导骨再生用镁合金膜的制备、降解调控及其骨诱导效应研究 | 朱娟芳 | 郑州大学 | 河南省重点研发与推广专项项目 | 202102310075 | 10.00 |
| miR-21/NF-κB 信号轴持续活化介导口腔白斑癌变中免疫逃逸的机制及效应 | 孙　强 | 郑州大学 | 河南省卫生健康科技创新杰出青年人才项目 | YXKC202030 | 15.00 |
| 分泌性卷曲相关蛋白在牙髓干细胞增殖与分化中的作用研究 | 王　静 | 郑州大学 | 河南省高等学校重点科研项目 | 20A320035 | 3.00 |
| 隐适美 G6 和 G6e 在拔牙病例中的临床疗效对比 | 崔淑霞 | 郑州大学 | 河南省高等学校重点科研项目 | 20A320080 | 3.00 |
| 黄连素抑制牙龈卟啉单胞菌的分子生物学机制及辅助治疗牙周炎的有效性研究 | 薛　鹏 | 郑州大学 | 河南省高等学校重点科研项目 | 20A320082 | 3.00 |

续表

| 项目名称 | 项目负责人 | 单位 | 基金或资助类目全称 | 批准号或编号 | 资助金额（万元） |
|---|---|---|---|---|---|
| 唾液腺腺样囊性癌通过富含 LncRNA MALAT-1 的外泌体重塑飞翼之前微环境的研究 | 孙明磊 | 郑州大学 | 河南省省部共建重点项目 | SBGJ202002067 | 8.00 |
| miR-103-lncRNA NKILA/SALL4 信号轴对头颈癌细胞增殖及转移调节机制 | 孙　强 | 郑州大学 | 河南省省部共建重点项目 | SBGJ202002071 | 8.00 |
| 二甲双胍复合硫酸钙的新型成骨的材料性能及成骨机制研究 | 李　锐 | 郑州大学 | 河南省省部共建重点项目 | SBGJ202002073 | 8.00 |
| 下颌第三磨牙近中阻生的临床研究 | 乔义强 | 郑州大学 | 河南省省部共建重点项目 | SBGJ202002074 | 8.00 |
| TDM/α-CSH/HA-COL-I 复合人工骨材料的制备及其修复骨缺损实验的研究 | 刘一鸣 | 郑州大学 | 河南省省部共建重点项目 | SBGJ202002075 | 8.00 |
| 自噬介导免疫调控改善骨质疏松条件下种植体骨结合的作用机制研究 | 郑小菲 | 郑州大学 | 河南省省部共建青年项目 | SBGJ202003039 | 4.00 |
| I 型 BMP 受体 ACVRI 通过 FhoGTPase 调控牙本质形成的机理研究 | 张　雪 | 郑州大学 | 河南省省部共建青年项目 | SBGJ202003047 | 4.00 |
| 基于骨组织生物节律的骨缺损再生修复机制研究 | 陈莉莉 | 华中科技大学 | 国家自然科学基金重点研发项目 | 82030070 | 297.00 |
| 生物钟调控颌面骨组织细胞外基质形成的机理 | 陈莉莉 | 华中科技大学 | 湖北省科技厅创新群体项目 | 2020CFA014 | 50.00 |
| 颅颌面发育畸形人群的生物节律变化特征及早期防治策略 | 陈莉莉 | 华中科技大学 | 湖北省卫生健康委员会创新团队项目 | WJ2019C001 | 30.00 |
| 口腔颌面发育畸形的临床防治新技术研发 | 杨　成 | 华中科技大学 | 湖北省科技厅重点研发项目 | 2020BCA072 | 200.00 |
| BMAL1 通过影响葡萄糖代谢调控颅颌面骨缺损再生的机制和功能研究 | 周　鑫 | 华中科技大学 | 国家自然科学基金青年项目 | 82001026 | 24.00 |
| 间质-肿瘤细胞“代谢共栖”促进口腔鳞癌干细胞特性的机制研究 | 胡传宇 | 华中科技大学 | 国家自然科学基金青年项目 | 82002893 | 24.00 |
| 纳米氧化铈改性 PEEK 调控单核细胞促种植体骨整合的机制研究 | 陈美玲 | 华中科技大学 | 国家自然科学基金 | 82001093 | 24.00 |
| 生物钟核心基因 Bmal1 在牙周炎发生发展中的作用及机制研究 | 丁玉梅 | 华中科技大学 | 湖北省卫生健康委员会面上项目 | 2020CFB787 | 5.00 |
| 不同胚层来源的骨髓间充质干细胞分泌的外泌体在颌骨大面积缺损修复中的作用及机制研究 | 胡　丽 | 华中科技大学 | 湖北省卫生健康委员会青年人才项目 | WJ2019Q036 | 4.00 |

续表

| 项目名称 | 项目负责人 | 单位 | 基金或资助类目全称 | 批准号或编号 | 资助金额（万元） |
|---|---|---|---|---|---|
| 生物钟核心基因 Bmal1 调控下颌骨软骨内成骨的机制性研究 | 刘加荣 | 华中科技大学 | 湖北省卫生健康委员会面上项目 | WJ2019M157 | 2.00 |
| 牙齿发育与替换 | 吴晓珊 | 中南大学 | 国家自然科学基金优秀青年基金 | 82022014 | 120.00 |
| PARD6A 介导细胞极性改变激活 YAP 促进 OSF 形成的机制研究 | 方厂云 | 中南大学 | 国家自然科学基金面上项目 | 82071129 | 55.00 |
| 牙髓干细胞通过 TGF-β 调控调节性 NK 细胞治疗 1 型糖尿病的机制研究 | 燕　飞 | 中南大学 | 国家自然科学基金青年项目 | 82001004 | 24.00 |
| 基于牙髓干细胞修复牙周炎性骨缺损的关键技术研究 | 刘欧胜 | 中南大学 | 湖南省科技厅重点项目 | 2020SK2056 | 80.00 |
| 湖南省湖湘青年科技创新人才项目 | 陈晓婧 | 中南大学 | 湖南省科技厅人才计划 | 2020RC3064 | 50.00 |
| 纳米珍珠粉复合人工骨对人成骨细胞的 影响及成骨相关基因的表达及蛋白合成的影响研究 | 徐　普 | 中南大学 | 国家自然科学基金地区科学基金项目 | 82060194 | 35.00 |
| 牙用生物活性材料 | 陈晓婧 | 中南大学 | 湖南省芙蓉青年学者项目 | 湘教通［2020］58号 | 25.00 |
| 湖湘青年英才项目(抗疫专项) | 王月红 | 中南大学 | 湖南省自然科学基金人才项目 | - | 10.00 |
| 口腔鳞癌颈部淋巴结转移相关 lncRNAs 的筛选与功能研究 | 蒋灿华 | 中南大学 | 湖南省自然科学基金面上项目 | 2020JJ4881 | 10.00 |
| 牙髓干细胞通过 IL-33/ST2 治疗炎症性肠病的机制研究 | 刘欧胜 | 中南大学 | 湖南省自然科学基金面上项目 | 2020JJ4123 | 10.00 |
| 槟榔碱诱导 PDE4A/PDE7A 调控细胞内的 cAMP/cGMP 平衡促进口腔上皮的纤维化加速肿瘤恶变 | 张　博 | 中南大学 | 湖南省自然科学基金项目科卫联合 | 2020jj8109 | 10.00 |
| lncRNA MALAT1/miR-203 调控 FAK 介导 TGF-β 通路引起口腔黏膜下纤维化的机制研究 | 王月红 | 中南大学 | 湖南省自然科学基金面上项目 | 2020JJ4458 | 5.00 |
| 变异链球菌 dexA 基因突变株作为益生菌调控龋病发展的机制与应用研究 | 阳　燕 | 中南大学 | 湖南省自然科学基金面上项目 | 2020JJ4459 | 5.00 |
| MFB 调控 OSF 免疫微环境的分子机制研究 | 全宏志 | 中南大学 | 湖南省自然科学基金面上项目 | 2020JJ4457 | 5.00 |

续表

| 项目名称 | 项目负责人 | 单位 | 基金或资助类目全称 | 批准号或编号 | 资助金额（万元） |
|---|---|---|---|---|---|
| Osteoglycin-Hh/Wnt 通路在根尖牙乳头干细胞调控牙囊干细胞的多能性及分化状态中的机制 | 吴晓珊 | 中南大学 | 湖南省自然科学基金面上项目 | 2020JJ5931 | 5.00 |
| Sema4D-PlexinB1-RhoA-ROCK 轴调控 DDM 诱导牙周膜干细胞成血管分化作用机制研究 | 申　婷 | 中南大学 | 湖南省自然科学基金青年项目 | 2020JJ5406 | 5.00 |
| 黄连素对牙周炎的抑制作用及相关机制研究 | 陈　珺 | 中南大学 | 湖南省自然科学基金青年项目 | 2020JJ5404 | 5.00 |
| miR-21 入核调控 pre-miR-145 表达在促发巨噬细胞极化参与 OSF 上皮异常增殖中的作用机制 | 潘　灏 | 中南大学 | 湖南省自然科学基金青年项目 | 2020JJ5405 | 5.00 |
| 双重光响应性复合纳米体系实现牙周炎的分阶段抗菌-成骨综合序列治疗 | 张灵玲 | 中南大学 | 湖南省自然科学基金青年项目 | 2020JJ5407 | 5.00 |
| 结合基因多态性研究法医第三磨牙牙龄鉴定新方法 | 刘　颖 | 中南大学 | 湖南省自然科学基金青年项目 | 2020JJ5787 | 5.00 |
| KIF5A/TFE3 调节自噬促进口腔鳞癌侵袭转移的效应及分子机制研究 | 范腾飞 | 中南大学 | 湖南省自然科学基金青年项目 | 2020JJ5804 | 5.00 |
| 新型低弹模锆铌钛合金齿科种植体材料的制备及生物学性能研究 | 欧平花 | 中南大学 | 湖南省自然科学基金青年项目 | 2020JJ5862 | 5.00 |
| 牙周膜干细胞外泌体 miR-92a-3p 通过 Mfn1/ROS/HIF1α/LDHA 通路调节巨噬细胞代谢和破骨分化 | 王　彦 | 中山大学 | 国家自然科学基金面上项目 | 82071120 | 55.00 |
| 氧化锆基台丝素蛋白涂层对周围结缔组织结构和封闭性的改进及作用机制 | 赵　克 | 中山大学 | 国家自然科学基金面上项目 | 82071156 | 56.00 |
| 钛表面新型长效/可再生抗菌涂层的精准制备及其构效机制研究 | 李　彦 | 中山大学 | 国家自然科学基金面上项目 | 82071158 | 53.00 |
| CMC 仿生矿化支架表面化学和形貌的调控及其促骨缺损修复的研究 | 麦　穗 | 中山大学 | 国家自然科学基金面上项目 | 82071162 | 55.00 |
| 基于调控巨噬细胞 HIF 的仿缺氧水凝胶体系构建及其成骨/破骨稳态调节机制和凹坑型牙槽骨缺损修复应用 | 陈泽涛 | 中山大学 | 国家自然科学基金面上项目 | 82071167 | 55.00 |
| m6A 去甲基转移酶 FTO 调控 LDHA 增强有氧糖酵解促进口腔鳞癌恶性进展的机制 | 侯劲松 | 中山大学 | 国家自然科学基金面上项目 | 82072994 | 55.00 |
| 中枢神经系统远程启动及调控舌鳞癌微环境程序性坏死的作用机制 | 梁玉洁 | 中山大学 | 国家自然科学基金面上项目 | 82072995 | 55.00 |

续表

| 项目名称 | 项目负责人 | 单位 | 基金或资助类目全称 | 批准号或编号 | 资助金额（万元） |
|---|---|---|---|---|---|
| 超级增强子驱动“CYTOR-FOSL1 正反馈环路”促进口腔鳞癌 Tumor budding 转移的研究 | 王　成 | 中山大学 | 国家自然科学基金面上项目 | 82073265 | 55.00 |
| 磁性氧化石墨烯介导 CircATRNL1 促进铁死亡提高口腔鳞癌放射敏感性的实验研究 | 余东升 | 中山大学 | 国家自然科学基金面上项目 | 82073378 | 55.00 |
| 内质网应激通过线粒体自噬介导间充质干细胞成骨向分化的机制研究 | 唐翠竹 | 中山大学 | 国家自然科学基金青年项目 | 82001003 | 24.00 |
| AI606473/DNMT1/Lhx8 调控轴在糖尿病骨髓间充质干细胞自我更新潜能调节中的作用 | 王伟财 | 中山大学 | 国家自然科学基金青年项目 | 82001005 | 24.00 |
| 糖尿病所致 TNFR1 低甲基化及表达上调加重牙周炎的作用及机制研究 | 朱文俊 | 中山大学 | 国家自然科学基金青年项目 | 82001043 | 24.00 |
| CD36 介导上皮细胞脂代谢失衡在口腔白斑发生发展中的作用与机制研究 | 胡钦朝 | 中山大学 | 国家自然科学基金青年项目 | 82001044 | 24.00 |
| 口腔牙龈卟啉单胞菌感染通过促进神经元铁死亡损害学习记忆功能的分子机制 | 王艺羲 | 中山大学 | 国家自然科学基金青年项目 | 82001054 | 24.00 |
| 基于生物切片技术和仿生矿化策略的骨单位分级结构构建与皮质骨修复性能研究 | 杨　涛 | 中山大学 | 国家自然科学基金青年项目 | 82001094 | 24.00 |
| 钙内流介导氟化羟磷灰石调控巨噬细胞线粒体代谢促进 PDLSCs 成骨分化的机制 | 吴夏怡 | 中山大学 | 国家自然科学基金青年项目 | 82001095 | 24.00 |
| ALN 定点修饰的 PDD 复合缓释系统在牙周内源性再生中的作用和机制研究 | 高现灵 | 中山大学 | 国家自然科学基金青年项目 | 82001096 | 24.00 |
| 氟化猪骨源羟基磷灰石增强线粒体氧化磷酸化诱导巨噬细胞 M2 极化促进成骨的作用及机制 | 杨　博 | 中山大学 | 国家自然科学基金青年项目 | 82001109 | 24.00 |
| 联合 TAPE 组织黏合剂及 bioskiving 技术构建组织工程化牙周复合体及其修复性能研究 | 杨　涛 | 中山大学 | 中国博士后科学基金 | 214824 | 18.00 |
| mTOR 缺失引起成釉器囊性变的机制研究 | 郑金绚 | 中山大学 | 中国博士后科学基金 | 215307 | 18.00 |
| 变异链球菌淀粉样纤维的聚合机理及关键聚合位点研究 | 陈冬茹 | 中山大学 | 中国博士后科学基金 | 2020M680140 | 12.00 |

续表

| 项目名称 | 项目负责人 | 单位 | 基金或资助类目全称 | 批准号或编号 | 资助金额（万元） |
|---|---|---|---|---|---|
| "减磨/维稳"纹理化种植体-基台界面的构建及其作用机制研究 | 郭嘉文 | 中山大学 | 中国博士后科学基金 | 2020M683130 | 8.00 |
| 线粒体 OXPHOS 介导的巨噬细胞 M2 极化在 FPHA 促进 BMSCs 成骨中的作用及机制 | 杨　博 | 中山大学 | 中国博士后科学基金 | 2020M683131 | 8.00 |
| 溶血磷脂酸通过 LPAR1/PKC 信号通路促进拔牙创骨细胞炎症因子生成与骨修复的研究 | 吴湘楠 | 中山大学 | 中国博士后科学基金 | 2020M683132 | 8.00 |
| 兼具募集干细胞和调节骨改建功能的复合凝胶缓释系统诱导牙周组织内源性再生 | 高现灵 | 中山大学 | 中国博士后科学基金 | 241680 | 8.00 |
| CD36 介导线粒体脂代谢失衡在口腔上皮恶性转化中的作用与机制研究 | 胡钦朝 | 中山大学 | 中国博士后科学基金 | 241533 | 8.00 |
| 神经酰胺结合破骨细胞表面 CD300lf 受体影响牙周炎骨稳态的机制研究 | 王　茜 | 中山大学 | 中国博士后科学基金 | 241542 | 8.00 |
| 应用免疫调节策略实现屏障胶原膜的个性化降解调控 | 刘润恒 | 中山大学 | 中国博士后科学基金 | 242073 | 8.00 |
| RNA 去甲基化酶 Alkbh5 介导 lncRNA Crnde 的 m6A 修饰促进巨噬细胞炎性免疫反应在牙髓炎中的作用研究 | 冯智慧 | 中山大学 | 中国博士后科学基金 | 241523 | 8.00 |
| 神经元铁死亡介导口腔 Pg 感染损害学习记忆功能的分子机制 | 王艺羲 | 中山大学 | 中国博士后科学基金 | 251143 | 8.00 |
| 炎性微环境中 EZH1/EZH2 竞争调控舌鳞癌细胞重编程的作用机制 | 李　侃 | 中山大学 | 中国博士后科学基金 | 243340 | 8.00 |
| DLX3 基因突变引起毛发-牙-骨综合征的机制及利用光遗传学治疗的研究 | 曾秉辉 | 中山大学 | 中国博士后科学基金 | 241520 | 8.00 |
| 基于双向调控成骨-破骨的 CXCL-8/Wnt3a 双重缓释型 3D 打印仿生材料用于牙槽骨再生的产品研发 | 谭家莉 | 中山大学 | 广东省国际科技合作领域项目 | 2020A0505100034 | 50.00 |
| 儿童牙外伤优秀科普作品创作 | 赵　玮 | 中山大学 | 广东省科技创新普及领域项目 | 2020A1414050020 | 3.00 |
| LncRNAMEG3 介导 EZH2/DNMT1/Wnt 调控人牙囊干细胞成骨分化的表观遗传机制研究 | 吴莉萍 | 中山大学 | 广东省自然科学基金面上项目 | 2020A1515010154 | 10.00 |
| Cdc42-mTOR 信号网络介导牙源性上皮细胞自噬-凋亡调控牙发育的机制研究 | 郑金绚 | 中山大学 | 广东省自然科学基金面上项目 | 2020A1515010059 | 10.00 |

续表

| 项目名称 | 项目负责人 | 单位 | 基金或资助类目全称 | 批准号或编号 | 资助金额（万元） |
|---|---|---|---|---|---|
| 钛表面黄芩素涂层的构建及其抗菌成骨性能研究 | 李 彦 | 中山大学 | 广东省自然科学基金面上项目 | 2020A1515011426 | 10.00 |
| BMSC 通过 Rspo1-LGR4 轴启动辐射后防御修复的作用及机制 | 陈晓丹 | 中山大学 | 广东省自然科学基金面上项目 | 2020A1515010025 | 10.00 |
| LncRNA DANCR 竞争性结合 miR-216a 在牙髓修复再生中的作用及机制 | 陈玲玲 | 中山大学 | 广东省自然科学基金面上项目 | 2020A1515010148 | 10.00 |
| pgn_0361 调控牙龈卟啉单胞菌牙龈蛋白酶糖基化修饰的分子机制研究 | 刘红艳 | 中山大学 | 广东省自然科学基金面上项目 | 2020A1515010315 | 10.00 |
| Shh/Gli1/Lin28a 通路调控牙乳头干细胞促进牙髓再生修复的作用和机制研究 | 张 文 | 中山大学 | 广东省自然科学基金面上项目 | 2020A1515010239 | 10.00 |
| 口腔鳞癌中 HPVE6-CYLD 调控 NF-kB 信号通路机制与意义的研究 | 徐 萌 | 中山大学 | 广东省自然科学基金面上项目 | 2020A1515010529 | 10.00 |
| 种植体表面掺锶聚多巴胺纳米粒多功能膜体外模拟骨质疏松高 ROS 状态下促成骨抑破骨作用及机理 | 滕 伟 | 中山大学 | 广东省自然科学基金面上项目 | 2020A1515011207 | 10.00 |
| circRNA-33287 调控 3D 生物打印支架修复骨缺损的机制研究 | 刘湘宁 | 暨南大学 | 广东省自然科学基金面上项目 | 2021A1515010882 | 10.00 |
| γδT 细胞衰竭诱导双膦酸盐相关颌骨坏死及其外泌体促进骨缺损愈合的作用机制研究 | 欧玲伶 | 暨南大学 | 广东省自然科学基金面上项目 | 2021A1515012155 | 10.00 |
| 可缓释一氧化氮的超分子水凝胶的构建及其牙周炎治疗研究 | 张 武 | 暨南大学 | 广东省自然科学基金面上项目 | 2021A1515011213 | 10.00 |
| 界面嵌合型钛基复合种植体的构建及骨结合作用研究 | 石海山 | 暨南大学 | 广东省医学科研基金项目 | A2021502 | 0.50 |
| BMSCs 外泌体 miRNA 介导柚皮苷促骨质疏松症牙种植骨结合的机制研究 | 李泽键 | 暨南大学 | 广东省中医药局科研项目 | 20201107 | 0.50 |
| rGO 两性水凝胶支架通过生物氧化介导的微丝聚合调控 Hippo/YAP 通路促血管生成的机制研究 | 邵龙泉 | 南方医科大学 | 国家自然科学基金面上项目 | 52072167 | 58.00 |
| p38MAPK/PGC-1α 激活线粒体能量代谢在 SrBG 促进衰老巨噬细胞免疫调控成骨中的机制研究 | 赵夫健 | 南方医科大学 | 国家自然科学基金青年项目 | 32000933 | 24.00 |
| ITGA5/ATG5-FAK/AKT/ERK 信号轴调控 PDLSCs 成骨分化的机制研究 | 王 贺 | 南方医科大学 | 国家自然科学基金青年项目 | 82000994 | 24.00 |

续表

| 项目名称 | 项目负责人 | 单位 | 基金或资助类目全称 | 批准号或编号 | 资助金额（万元） |
| --- | --- | --- | --- | --- | --- |
| CaMK Ⅱ/TAK1/αTAT1 介导的微管乙酰化进程在纳米氧化锌促骨生成中的机制研究 | 刘　嘉 | 南方医科大学 | 国家自然科学基金青年项目 | 82001077 | 24.00 |
| 自噬流紊乱诱导 mtDNA 氧化损伤在氧化石墨烯致中枢神经焦亡的调控机制 | 冯晓黎 | 南方医科大学 | 国家自然科学基金青年项目 | 82001298 | 24.00 |
| $Ca^{2+}$/Miro 介导的线粒体碎片化诱发自噬流受阻在纳米氧化锌致胎盘炎症中的调控作用 | 张艳丽 | 南方医科大学 | 国家自然科学基金青年项目 | 82001647 | 24.00 |
| 小胶质细胞呼吸爆发在纳米氧化锌致神经元自噬性死亡中的机制研究 | 刘　嘉 | 南方医科大学 | 中国博士后科学基金 | 2020T130278 | 18.00 |
| 线粒体生物合成在纳米氧化锌促周围神经再生中的机制研究 | 刘　嘉 | 南方医科大学 | 中国博士后科学基金面上项目 | 2020M672730 | 8.00 |
| CaSR/p38 MAPK/PGC-1α 激活线粒体能量代谢在 SrBG 促进衰老巨噬细胞免疫调控成骨中的机制研究 | 赵夫健 | 南方医科大学 | 中国博士后科学基金面上项目 | 2020M672732 | 8.00 |
| Neurexin-PSD95-Neuroligin 通路在 ZnO NPs 引起的脑组织炎症致味觉感知异常的机制研究 | 陈艾婕 | 南方医科大学 | 中国博士后科学基金面上项目 | 2020M672743 | 8.00 |
| MIC60 介导的线粒体稳态失衡在 ZnO NPs 致胎盘炎症中的调控机制 | 张艳丽 | 南方医科大学 | 广东省区域联合基金青年项目 | 2019A1515110088 | 10.00 |
| 面向老年骨缺损修复的有序免疫调控生物活性材料的构建与性能研究 | 赵夫健 | 南方医科大学 | 广东省区域联合基金青年项目 | 2019A1515110480 | 10.00 |
| 自噬溶酶体功能障碍诱导 mtROS 在石墨烯致中枢神经焦亡中的调控机制 | 冯晓黎 | 南方医科大学 | 广东省区域联合基金青年项目 | 2019A1515110635 | 10.00 |
| 3D 打印手术导板辅助下的显微根尖手术微创治疗在南疆地区推广 | 邱小玲 | 南方医科大学 | 广东省科技厅省级农村科技项目 | KTP2020352 | 6.00 |
| 中老年牙体缺损保留性修复的临床保健研究 | 高　海 | 南方医科大学 | 广东省卫生健康委员会医学科研基金 | C2020073 | 1.00 |
| 笑气吸入镇静应用于口腔特需门诊的临床研究 | 任　飞 | 南方医科大学 | 广东省卫生健康委员会医学科研基金 | C2020074 | 1.00 |
| 氧化石墨烯诱导自噬流障碍调控神经细胞 caspase 1 依赖性死亡的研究 | 冯晓黎 | 南方医科大学 | 广东省卫生健康委员会医学科研基金 | A2020131 | 1.00 |
| P(VDF-TrFE)/BG 仿生复合支架用于牙槽嵴骨增量的应用研究 | 赵夫健 | 南方医科大学 | 广东省卫生健康委员会医学科研基金 | A2020107 | 1.00 |

续表

| 项目名称 | 项目负责人 | 单位 | 基金或资助类目全称 | 批准号或编号 | 资助金额（万元） |
|---|---|---|---|---|---|
| HDAC2/FOXO1/TWIST1 信号通路调控上皮间充质转换在口腔鳞癌中的作用及机制 | 梁雪艺 | 南方医科大学 | 广东省卫生健康委员会医学科研基金 | A2020182 | 1.00 |
| 自噬-溶酶体系统功能异常在 ZnO NPs 致胎盘炎症中的调控作用 | 张艳丽 | 南方医科大学 | 广东省卫生健康委员会医学科研基金 | A2020227 | 0.50 |
| 多模态影像数据中独立牙齿空间变换配准融合分析研究 | 杨　烁 | 南方医科大学 | 广东省卫生健康委员会医学科研基金 | A2020458 | 0.50 |
| 牙周炎影响 TGF-β/smads 信号的活化加速肥胖相关肾病的机理研究 | 陈　沛 | 南方医科大学 | 广东省卫生健康委员会医学科研基金 | A2020435 | 0.50 |
| LINC00319 参与 CCL18 调控口腔鳞癌侵袭转移的机制研究 | 姜　啸 | 南方医科大学 | 广东省卫生健康委员会医学科研基金 | A2020625 | 0.50 |
| 紫外光致敏纯钛蛋白质吸附及兔血管内皮祖细胞生物学效应 | 刘伟珍 | 南方医科大学 | 广东省卫生健康委员会医学科研基金 | A2020517 | 0.50 |
| 种植固定修复后食物嵌塞的情况分析及解决方案 | 陈祈月 | 南方医科大学 | 广东省卫生健康委员会医学科研基金 | A2020333 | 0.50 |
| 水凝胶负载 GMSCs 外泌体修复大鼠面神经损伤的实验研究 | 毛　琴 | 南方医科大学 | 广东省卫生健康委员会医学科研基金 | A2020475 | 0.50 |
| 炎症微环境中自噬调控根尖乳头干细胞成牙本质分化的机制研究 | 熊华翠 | 南方医科大学 | 广东省卫生健康委员会医学科研基金 | A2020461 | 0.50 |
| 基于生物力学研究 sCXCL16/CXCR6 轴促 OSCC 迁移的线粒体 ATP 能量生成机制 | 杨　画 | 佛山科学技术学院 | 广东省医学科学技术研究基金项目 | A2020466 | 3.00 |
| 基于生物力学研究 sCXCL16/CXCR6 轴促 OSCC 迁移的线粒体 ATP 能量生成机制 | 杨　画 | 佛山科学技术学院 | 广东省基础与应用基础研究基金项目 | 2020A1515111201 | 10.00 |
| 肿瘤/DC 融合细胞疫苗促进纳米抗体 CAR-T 细胞抗肿瘤研究 | 卢小玲 | 广西医科大学 | 国家重点研发计划项目 | 2019YFE0117300 | 274.00 |
| 广西实验动物质量能力提升基地建设 | 廖红兵 | 广西医科大学 | 中央引导地方科技发展专项 | 桂科 ZY20198024 | 80.00 |
| HIF-1α 诱导下 LncRNA（TCONS_00072170）-miR143-KRAS 调控内皮祖细胞与牵张成骨血管形成的机制研究 | 周　诺 | 广西医科大学 | 国家自然科学基金面上项目 | 82071098 | 53.00 |
| SDF-1/CXCR4 介导的 PI3K/Akt 信号通路对巨噬细胞调控牙髓新生组织细胞外基质的作用机制 | 陈文霞 | 广西医科大学 | 国家自然科学基金地区基金项目 | 82060201 | 34.00 |
| DEFB1 和 PART1 遗传变异调控对龋病发生的影响机制研究 | 曾晓娟 | 广西医科大学 | 国家自然科学基金地区基金项目 | 82060202 | 34.00 |

续表

| 项目名称 | 项目负责人 | 单位 | 基金或资助类目全称 | 批准号或编号 | 资助金额（万元） |
| --- | --- | --- | --- | --- | --- |
| 基于 miR-100-5p/mTOR 信号通路探讨 hUCMSCs 来源外泌体对牙髓损伤修复的作用及机制 | 吴　煜 | 广西医科大学 | 国家自然科学基金地区基金项目 | 82060200 | 34.00 |
| 环状 RNAcircANKRD36 靶向 miR-498 调控颌骨巨噬细胞 M1 极化在糖尿病牙槽骨缺损愈合中的作用及机制研究 | 李　昊 | 广西医科大学 | 国家自然科学基金地区基金项目 | 82060195 | 34.00 |
| 分泌 CTLA-4 纳米抗体靶向 FAP 抗肿瘤新型 CAR-T 细胞技术研发 | 卢小玲 | 广西医科大学 | 广西科技基地和人才专项 | 桂科 AD20238062 | 55.00 |
| 酮体代谢基因转录失活与肾细胞癌表型异常的研究 | 李　萍 | 广西医科大学 | 广西自然科学基金面上项目 | 2020GXNSFAA159106 | 10.00 |
| TGF-β1/SMAD2/CTGF 通路在结合上皮发育和损伤修复中的作用机制研究 | 李树波 | 右江民族医学院 | 广西自然科学基金 | 2020JJA140030 | 10.00 |
| 多孔生物陶瓷颗粒诱导颌骨缺损重建的跨尺度生物力学研究 | 王　超 | 重庆医科大学 | 国家自然科学基金 | 12072055 | 62.00 |
| 基于 MOF 的 2D"纳米盔甲"保护能量代谢核心-电子传递链抑制过度免疫应答在治疗糖尿病种植体周围炎中的作用机制研究 | 陈　陶 | 重庆医科大学 | 国家自然科学基金 | 32071362 | 59.00 |
| 构建 BMP9 功能小鼠模型研究其在下颌下腺损伤修复中的作用及机制 | 罗文萍 | 重庆医科大学 | 国家自然科学基金 | 32070539 | 58.00 |
| 大鲵黏液提取物通过 MAPK 调控 BMSCs 归巢促牙周软组织再生的机制研究 | 张曦木 | 重庆医科大学 | 国家自然科学基金 | 32070826 | 58.00 |
| 白色念珠菌经 MFS 转运蛋白与细胞交互应答重塑口腔黏膜病微环境代谢的作用机制研究 | 季　平 | 重庆医科大学 | 国家自然科学基金 | 82071115 | 56.00 |
| "双靶向"应用机械应力条件下人脐血 MSCs 来源外泌体对牵张成骨的作用及其可能机制 | 李汶洋 | 重庆医科大学 | 国家自然科学基金 | 82071088 | 55.00 |
| 缓释凋亡小体的功能化双相纳米纤维膜通过调控内质网钙通道蛋白 TMCO1 促进牙周炎组织修复的机制研究 | 高　翔 | 重庆医科大学 | 国家自然科学基金 | 82071093 | 55.00 |
| TGF-β1/EGR2 信号通路在牙髓干细胞成牙分化及生物牙根再生中的作用和机制研究 | 李　杰 | 重庆医科大学 | 国家自然科学基金 | 82071072 | 53.00 |
| 腭突间充质中 β-catenin 协同 F-actin 调控腭突上抬的机制研究 | 庞骁霄 | 重庆医科大学 | 国家自然科学基金 | 32000572 | 24.00 |

续表

| 项目名称 | 项目负责人 | 单位 | 基金或资助类目全称 | 批准号或编号 | 资助金额（万元） |
|---|---|---|---|---|---|
| miR-181a 通过骨髓间充质干细胞调控 $CD4^{+}T$ 淋巴细胞亚群活性和功能的机制研究 | 邵秉一 | 重庆医科大学 | 国家自然科学基金 | 32000577 | 24.00 |
| 基于敲除小鼠颌突外胚间充质干细胞的 p75NTR 时钟节律性表达与周期性矿化调控研究 | 赵曼竹 | 重庆医科大学 | 国家自然科学基金 | 82000997 | 24.00 |
| 四面体框架核酸纳米材料携载 miR-146a 靶向免疫治疗牙周炎的机制研究 | 刘楠馨 | 重庆医科大学 | 国家自然科学基金 | 82001058 | 24.00 |
| 负载 miR-10a 的温敏凝胶诱导调节性 T 细胞分化促进牙周组织再生的作用与机制研究 | 秦　汉 | 重庆医科大学 | 国家自然科学基金 | 82001063 | 24.00 |
| 纳米拓扑结构介导 FAK/TSC2 调控细胞自噬的机制研究 | 李玲婕 | 重庆医科大学 | 国家自然科学基金 | 82001081 | 24.00 |
| 脉冲摩擦纳米发电机(TENG)膜促进颅颌面骨缺损修复作用与机制的研究 | 李雨舟 | 重庆医科大学 | 国家自然科学基金 | 82001103 | 24.00 |
| 骨靶向改性 BMP2 抗体重建成骨-破骨偶联与预防双磷酸盐相关颌骨坏死的作用及机制研究 | 吴庆庆 | 重庆医科大学 | 中国博士后科学基金 | 2020M683639XB | 8.00 |
| 益生菌细胞膜修饰靶向纳米载药复合物的构建及其抗变异链球菌作用的研究 | 陈　亮 | 重庆医科大学 | 中国博士后科学基金 | 2020M683271 | 8.00 |
| DRIE 钛微纳阵列表面 LLPS 介导 FAK/TSC2 调控细胞自噬的机制研究 | 李玲婕 | 重庆医科大学 | 中国博士后科学基金 | 2020M683266 | 8.00 |
| 基于免疫检查点阻断和化疗-光疗于一体的聚多巴胺涂层纳米微粒治疗头颈部肿瘤的研究 | 胡杉杉 | 重庆医科大学 | 中国博士后科学基金 | 2020M683265 | 8.00 |
| Fibromodulin 通过诱导皮肤成肌纤维细胞凋亡减轻增生性瘢痕的作用及机制研究 | 庞骁霄 | 重庆医科大学 | 中国博士后科学基金 | 2020M683267 | 8.00 |
| 鲵黏液提取物 SSAD 水凝胶促牙周软组织再生的机制研究 | 张曦木 | 重庆医科大学 | 中国博士后科学基金 | 2020T130762 | 18.00 |
| 定制式 3D 打印国产牙科假体或装置的应用评价与关键技术研究 | 谭发兵 | 重庆医科大学 | 重庆市科技局项目 | cstc2020jscx-sbqwX0006 | 20.00 |
| 凋亡小体通过调控内质网钙离子通道 TMCO1 恢复牙周炎条件下牙周膜干细胞功能的机制研究 | 高　翔 | 重庆医科大学 | 重庆市科技局项目 | cstc2020jcyj-msxmX0219 | 10.00 |

续表

| 项目名称 | 项目负责人 | 单位 | 基金或资助类目全称 | 批准号或编号 | 资助金额（万元） |
|---|---|---|---|---|---|
| AGEs 介导巨噬细胞极化影响糖尿病骨再生的机制研究 | 郑雷蕾 | 重庆医科大学 | 重庆市科技局项目 | cstc2020jcyj-msxmX0307 | 10.00 |
| 基于微流控技术的牙釉质仿生矿化研究 | 刘燕舞 | 重庆医科大学 | 重庆市科技局项目 | cstc2020jcyj-msxmX0188 | 10.00 |
| 力学失稳微环境下 BMP9/MAPK 信号通路调控牙周膜干细胞增殖分化的研究 | 黄恩毅 | 重庆医科大学 | 重庆市科技局项目 | cstc2020jcyj-msxmX0380 | 10.00 |
| 尿源性干细胞外泌体促进牙周组织再生的机制研究 | 周建萍 | 重庆医科大学 | 重庆市科技局项目 | cstc2020jcyj-msxmX0191 | 10.00 |
| 牙源性干细胞来源外泌体经 Fas/FasL 信号通路调控 $CD4^+$T 细胞促进成骨作用机制研究 | 刘　洋 | 重庆医科大学 | 重庆市科技局项目 | cstc2020jcyj-msxmX0525 | 10.00 |
| p75NTR 参与颅神经嵴源性外胚间充质干细胞成牙分化调控作用与机制研究 | 赵曼竹 | 重庆医科大学 | 重庆市科技局项目 | cstc2020jcyj-msxmX0018 | 10.00 |
| 烟草毒素通过铁死亡信号途径影响钛种植体表面巨噬细胞免疫调控作用的基础研究 | 敬　蒸 | 重庆医科大学 | 重庆市科技局项目 | cstc2020jcyj-msxmX0131 | 10.00 |
| 泛素蛋白酶体系统通过 tRNA-derived nRNAs 调控 PDLSCs 干性在牙周病防治中的作用 | 吴晓绵 | 重庆医科大学 | 重庆市科技局项目 | cstc2020jcyj-msxmX0321 | 10.00 |
| DRIE 构建纯钛表面微纳结构介导 FAK/mTORC1/Atg13 调控骨质疏松症细胞成骨的机制研究 | 李玲婕 | 重庆医科大学 | 重庆市科技局项目 | cstc2020jcyj-bshX0022 | 10.00 |
| 通过非编码 RNAs 靶向调控 fibromodulin 的表达而促进皮肤伤口愈合的研究 | 庞骁霄 | 重庆医科大学 | 重庆市科技局项目 | cstc2020jcyj-bshX0107 | 10.00 |
| 氧化石墨烯壳聚糖温敏凝胶通过 NrF2 促进成骨 | 秦　汉 | 重庆医科大学 | 重庆市科技局项目 | cstc2020jcyj-bshX0108 | 10.00 |
| 辅助隐形矫治的 3D 打印个性化附件系统研发与应用 | 何　瑶 | 重庆医科大学 | 中华口腔医学会青年临床科研基金 | CSA-O2020-07 | 10.00 |
| 高强度聚焦超声治疗口腔白斑的临床研究 | 陈方淳 | 重庆医科大学 | 重庆市卫生健康委员会项目 | 2020MSXM005 | 5.00 |
| 牙色材料美学修复分层配色方案研究 | 徐镔亭 | 重庆医科大学 | 重庆市卫生健康委员会项目 | 2020MSXM011 | 5.00 |
| 基于智能化终端对老年患者术后认知功能管理系统的研发与应用 | 郁　葱 | 重庆医科大学 | 重庆市卫生健康委员会项目 | 2020MSXM098 | 5.00 |

续表

| 项目名称 | 项目负责人 | 单位 | 基金或资助类目全称 | 批准号或编号 | 资助金额（万元） |
|---|---|---|---|---|---|
| 自体牙骨粉在口腔种植骨增量中的应用 | 黄　弘 | 重庆医科大学 | 重庆市卫健康委员会项目 | 2020MSXM110 | 5.00 |
| 内窥镜辅助下比较冲顶法和水压法在上颌窦底提升术同期种植的临床前瞻性研究 | 邹华伟 | 重庆医科大学 | 重庆市卫健康委员会项目 | 2020MSXM118 | 5.00 |
| 3D 打印支架辅助三维牙移动在复杂正畸治疗中的临床效果及优化研究 | 黄　兰 | 重庆医科大学 | 重庆市卫生健康委员会项目 | 2020MSXM129 | 5.00 |
| 不同生长发育阶段骨性 Ⅱ 类错殆畸形与颈椎姿势的相关性研究 | 高　翔 | 重庆医科大学 | 重庆市卫生健康委员会项目 | 2020GDRC002 | 8.00 |
| 磨牙后区黏膜开窗术对下颌第三磨牙阻生患者拔牙预后影响的应用研究 | 张富贵 | 重庆医科大学 | 重庆市卫生健康委员会项目 | 2020GDRC008 | 8.00 |
| 三维多级结构个性化牙种植修复技术的研究 | 杨　生 | 重庆医科大学 | 重庆市卫生健康委员会项目 | 2020GDRC015 | 8.00 |
| 反射光增强荧光图像技术定量检测早期龋的探索研究 | 张曦木 | 重庆医科大学 | 重庆市卫生健康委员会项目 | 2020GDRC017 | 8.00 |
| 腭侧微种植体辅助无托槽隐形矫治器快速远中移动磨牙的临床运用研究 | 杨崇实 | 重庆医科大学 | 重庆市卫生健康委员会项目 | 2021MSXM078 | 5.00 |
| 儿童牙弓横向发育不足的早期无托槽隐形矫治的研究 | 王云霁 | 重庆医科大学 | 重庆市卫生健康委员会项目 | 2021MSXM114 | 5.00 |
| 口腔正畸图像智能化云存储系统的设计和实现 | 柴召午 | 重庆医科大学 | 重庆市卫生健康委员会项目 | 2021MSXM188 | 5.00 |
| 基于迁移学习的龋病智能诊断体系临床应用研究 | 张红梅 | 重庆医科大学 | 重庆市卫生健康委员会项目 | 2021MSXM209 | 5.00 |
| 局部光动力治疗口腔扁平苔藓的有效性及安全性研究 | 孙　珺 | 重庆医科大学 | 重庆市卫生健康委员会项目 | 2021MSXM288 | 5.00 |
| 三种生物陶瓷材料用于年轻恒牙复杂冠折的随机对照临床试验 | 何松霖 | 重庆医科大学 | 重庆市卫生健康委员会项目 | 2021MSXM290 | 5.00 |
| 基于智能语音技术的口腔门诊术后智能回访系统及不良事件应答系统的研发 | 张　超 | 重庆医科大学 | 重庆市卫生健康委员会项目 | 2021MSXM310 | 5.00 |
| 重庆地区孕期女性口腔健康管理的研究 | 蒋　丹 | 重庆医科大学 | 重庆市卫生健康委员会项目 | 2021MSXM312 | 5.00 |
| 老年围术期质量改善技术方案西南一区 600 例围术期风险筛查及 150 例差异化干预应用与示范研究 | 郁　葱 | 重庆医科大学 | 国家重点研发计划子课题 | – | 5.00 |

续表

| 项目名称 | 项目负责人 | 单位 | 基金或资助类目全称 | 批准号或编号 | 资助金额（万元） |
|---|---|---|---|---|---|
| 蛋白凝聚体介导 FAK/TSC2 调控纯钛表面 T2DM 细胞成骨分化的机制研究 | 李玲婕 | 重庆医科大学 | 重庆市人力资源和社会保障局项目 | 渝社办〔2020〕379 号 | 60.00 |
| 贻贝仿生口腔湿粘接剂的构建及其作用机理研究 | 胡杉杉 | 重庆医科大学 | 重庆市人力资源和社会保障局项目 | 渝社办〔2020〕379 号 | 20.00 |
| vicK 反义长链非编码 RNA 调控变异链球菌季铵盐耐药性及机制研究 | 陈　虹 | 重庆医科大学 | 重庆市人力资源和社会保障局项目 | 渝社办〔2020〕379 号 | 5.00 |
| lncRNA MIAT 在调控 B 细胞介导的牙周炎骨缺损中的作用及机制研究 | 唐　菡 | 重庆医科大学 | 重庆市人力资源和社会保障局项目 | 渝社办〔2020〕379 号 | 5.00 |
| 基于免疫微环境的多重功效骨支架复合材料的构建及机制研究 | 牟雁东 | 电子科技大学 | 国家自然科学基金面上项目 | 82071168 | 55.00 |
| 肿瘤源性外泌体 lncRNA-SELL 介导 MDSCs 促进口腔鳞癌 EMT 和侵袭转移的机制 | 姜　健 | 电子科技大学 | 国家自然科学基金青年项目 | 81902779 | 21.00 |
| 组织工程化口腔黏膜的血管化效应和成血管机制研究 | 刘旭倩 | 西南医科大学 | 四川省科技厅应用基础研究项目 | 2020YJ0387 | 20.00 |
| 种植体及其周围骨改建的基础和临床相关研究 | 何　芸 | 西南医科大学 | 四川省科技厅国项目 | SYZ202052 | 5.00 |
| 乙烯基膦酸-壳聚糖-酪蛋白磷酸肽表面改性聚醚醚酮的生物活性的实验研究 | 刘　敏 | 西南医科大学 | 四川省医学会科研课题 | S19023 | 3.00 |
| 不同材料种植体共同支持固定桥的三维有限元分析 | 何　芸 | 西南医科大学 | 四川省医学会青年创新课题 | Q19070 | 2.00 |
| 人参皂苷 rg1 通过 P62 介导自噬调控 Keap1/Nrf2-ARE 通路对牙周炎防治的机制研究 | 郭　玲 | 西南医科大学 | 四川省中医药管理局专项课题 | 川中医药函［2020］196 号 | 10.00 |
| miR-155 通过 TLR4/MyD88/NF-κB 途径调控巨噬细胞极化在 PTH 促进下颌骨牵张成骨中的作用机制研究 | 唐正龙 | 贵州医科大学 | 国家自然科学基金地区基金 | 82060197 | 34.00 |
| NLRP3 信号通路介导的细胞焦亡在唑来膦酸调控破骨细胞及成骨细胞相互作用中的机制研究 | 廖　健 | 贵州医科大学 | 国家自然科学基金地区基金 | 82060207 | 34.00 |
| SRXN1/ NRF2/SLC7A11 信号轴在铁死亡调控头颈鳞癌放疗抵抗的作用及分子机制研究 | 吴亚东 | 贵州医科大学 | 国家自然科学基金地区基金 | 82060498 | 35.00 |
| 口腔颌面骨畸形缺损数字化手术设计与 3D 打印手术导板研发应用 | 唐正龙 | 贵州医科大学 | 贵州省科学技术厅项目 | 黔科合支撑［2020］4Y138 号 | 40.00 |

续表

| 项目名称 | 项目负责人 | 单位 | 基金或资助类目全称 | 批准号或编号 | 资助金额（万元） |
|---|---|---|---|---|---|
| 甲状旁腺激素局部脉冲缓释促进骨折愈合应用基础研究 | 唐正龙 | 贵州医科大学 | 贵州省教育厅项目 | 黔教合 KY 字[2021]067 | 10.00 |
| 氟离子导入与氟离子渗透对预防猛性龋的差异性研究 | 倪　莹 | 贵州医科大学 | 贵州省教育厅项目 | 黔教合 KY 字[2021]151 | 4.00 |
| 骨环自体骨移植同期种植体植入术在口腔临床中的应用 | 廖　健 | 贵州医科大学 | 中华口腔医学会西部基金 | CSA-W2020-05 | 5.00 |
| 微创牙冠延长术对咀嚼功能影响的临床研究 | 宋彦蓉 | 贵州医科大学 | 贵州省卫生健康委员会项目 | gzwjkj2020-1-164 | 4.00 |
| 穿支定位在血管化游离皮瓣修复颌面部缺损的临床应用研究 | 孙昆俊 | 贵州医科大学 | 贵州省卫生健康委员会项目 | gzwjkj2020-1-166 | 4.00 |
| PI3K 信号通路关键分子 p110α 和 p110β 改变与腺样囊性癌发病机制的研究 | 胡　赟 | 贵州医科大学 | 贵州省卫生健康委员会 | gzwjkj2020-1-174 | 4.00 |
| 免疫相关因子通过 METTL3 介导的前体 miR-608 加工导致颌骨骨质疏松中 MBMSCs 分化缺陷及其骨缺损修复的研究 | 杨晓红 | 遵义医科大学 | 国家自然科学基金地区科学基金 | 82060199 | 34.00 |
| PCL—PEG 静电纺丝纤维及脱细胞羊膜复合支架再牙周组织工程中的应用研究 | 高　丽 | 遵义医科大学 | 国家自然科学基金地区科学基金 | 82060204 | 33.00 |
| 基于 CRISPR-Cas 系统的牙龈卟啉单胞菌纸基微流控芯片检测平台 | 吴　喧 | 遵义医科大学 | 国家自然科学基金地区科学基金 | 32060024 | 34.00 |
| 基于膜自组装构建姜黄素缓释微囊体系及其抗肿瘤血行转移作用研究 | 赵押金 | 遵义医科大学 | 国家自然科学基金地区科学基金 | 32060220 | 34.00 |
| 基于红细胞的茶多酚抗氧化系统对缺血再灌注损伤的影响及其机制研究 | 赵押金 | 遵义医科大学 | 贵州省科技计划项目 | 黔科合基础[2020]1Y094 | 10.00 |
| 羊膜匀浆对牙周膜干细胞增殖分化的影响及 PLA/PCL 纤维膜增强羊膜负载对大鼠牙周缺损修复的研究 | 杨　琨 | 遵义医科大学 | 贵州省科技计划项目 | 黔科合基础[2020]1Y328 | 10.00 |
| IL-36 亚家族在牙周组织炎症中的表达及作用机制 | 韩盈盈 | 遵义医科大学 | 贵州省科技计划项目 | 黔科合基础[2020]1Y292 | 10.00 |
| 整合素 α2 在根尖牙乳头干细胞成骨/成牙本质分化中的作用及调控机制 | 吴家媛 | 遵义医科大学 | 贵州省卫生健康委员会科学技术基金项目 | gzwjkj2020-1-163 | 4.00 |
| 低氧预处理人羊膜间充质干细胞来源的外泌体激活放射性损伤涎腺内源性干细胞修复的机制研究 | 张立刚 | 遵义医科大学 | 贵州省卫生健康委员会科学技术基金项目 | gzwjkj2020-1-165 | 4.00 |

续表

| 项目名称 | 项目负责人 | 单位 | 基金或资助类目全称 | 批准号或编号 | 资助金额（万元） |
|---|---|---|---|---|---|
| LncRNAAK136902 竞争性结合 miR-145 靶向 Sox9 调控颞下颌关节骨关节炎髁突软骨细胞分化的机制研究 | 王　伟 | 昆明医科大学 | 国家自然科学基金地区科学基金 | 82060196 | 34.00 |
| 牙源性间充质干细胞外泌体 miRNAs 在颞下颌关节骨关节炎软骨损伤治疗中的作用及其机制研究 | 李　松 | 昆明医科大学 | 国家自然科学基金地区科学基金 | 82060206 | 34.00 |
| PDGF-BB 和乳酸介导口腔鳞癌细胞与癌相关成纤维细胞糖代谢共生及机制研究 | 何永文 | 昆明医科大学 | 国家自然科学基金地区科学基金 | 82060496 | 30.00 |
| 突发公共卫生事件下边疆民族地区医疗服务能力建设研究 | 尹章成 | 昆明医科大学 | 国家社会科学基金西部项目 | 20XMZ068 | 20.00 |
| 成骨细胞分化过程中 DNA 甲基化动态过程的表达模式研究 | 孙喆轶 | 昆明医科大学 | 云南省基础研究计划青年项目 | 202001AU070101 | 5.00 |
| 昆明山海棠提取物对人牙髓间充质干细胞的作用及其与糖尿病合并根尖周炎相关机制的探索 | 饶南荃 | 昆明医科大学 | 云南省基础研究计划青年项目 | 202001AU070122 | 5.00 |
| 维生素 D3 促进牙龈间充质干细胞成骨分化的作用及机制初探 | 张云鹏 | 昆明医科大学 | 云南省基础研究计划青年项目 | 202001AU070130 | 5.00 |
| HIF-1α 对自噬的调控在维持髁突软骨细胞稳态中的作用机制研究 | 杨　春 | 昆明医科大学 | 云南省科技厅联合专项重点项目 | 202001AY070001-164 | 40.00 |
| 炎性刺激后的牙龈间充质干细胞外泌体对骨髓间充质干细胞成骨分化的影响研究 | 谢亮焜 | 昆明医科大学 | 云南省科技厅联合专项面上项目 | 202001AY070001-082 | 10.00 |
| 大鼠颞下颌关节骨关节炎 miRNA 差异表达谱的筛选及其作用机制的研究 | 胡　瑜 | 昆明医科大学 | 云南省科技厅联合专项面上项目 | 202001AY070001-083 | 10.00 |
| lncRNA-AK136902 通过 miR-145/Sox9 轴调控小鼠 OA 髁突软骨细胞分化的机制研究 | 王　伟 | 昆明医科大学 | 云南省科技厅联合专项面上项目 | 202001AY070001-084 | 10.00 |
| 基于 TGF-β/Smad 信号通路探讨云南白药对牙周炎 Th17/Treg 细胞的影响作用 | 任晓斌 | 昆明医科大学 | 云南省科技厅联合专项面上项目 | 202001AY070001-085 | 10.00 |
| 淫羊藿次苷Ⅱ的成骨效应及分子机制研究 | 罗光明 | 昆明医科大学 | 云南省科技厅联合专项面上项目 | 202001AY070001-248 | 10.00 |
| 牙源性间充质干细胞体外成牙诱导及牙发育过程研究 | 李旭东 | 昆明医科大学 | 云南省科技厅联合专项面上项目 | 202001AY070001-249 | 10.00 |

续表

| 项目名称 | 项目负责人 | 单位 | 基金或资助类目全称 | 批准号或编号 | 资助金额（万元） |
|---|---|---|---|---|---|
| BSSRO不同方向移位近远心端骨干扰点研究 | 马　文 | 昆明医科大学 | 云南省科技厅联合专项面上项目 | 202001AY070001-250 | 10.00 |
| 牙周正畸联合治疗中咬合力与牙周支持组织变化的相关性研究 | 杨莉莉 | 昆明医科大学 | 云南省科技厅联合专项面上项目 | 202001AY070001-251 | 10.00 |
| 甲状旁腺激素治疗颞下颌关节骨关节炎的机制研究 | 张　俊 | 昆明医科大学 | 云南省科技厅联合专项 | 202001AY070001-151 | 8.00 |
| miR-140-5p/miR-146a联合治疗树鼩TMJ-OA的实验研究 | 李伟豪 | 昆明医科大学 | 云南省科技厅联合专项 | 202001AY070001-152 | 8.00 |
| 基于KDM4B-DLX3通路的颌骨调控牙齿早期发育的表观遗传学机制研究 | 李　昂 | 西安交通大学 | 国家自然科学基金面上项目 | 82071078 | 55.00 |
| 基于人类生殖系线粒体DNA变异选择规律的致病性预测及验证研究 | 谷习文 | 西安交通大学 | 国家自然科学基金面上项目 | 32070690 | 58.00 |
| REDD1介导的Pink1/Parkin信号通路对胰岛素抵抗诱发骨细胞损伤的调控机制 | 刘中博 | 西安交通大学 | 国家自然科学基金面上项目 | 32071246 | 58.00 |
| Nβ4AChR在肥胖诱导心室重构中的作用机制研究 | 鲁　毅 | 西安交通大学 | 国家自然科学基金青年项目 | 82000284 | 24.00 |
| lncRNA POIR通过lncRNA POIR-miR214-ATF4/FGFR1通路调控衰老来源牙周膜干细胞牙周缺损修复功能的研究 | 王丽颖 | 西安交通大学 | 国家自然科学基金青年项目 | 82000999 | 24.00 |
| 非综合征型腭裂新致病基因HER2的鉴定及其致病机制研究 | 赵华翔 | 西安交通大学 | 国家自然科学基金青年项目 | 82001030 | 24.00 |
| 杏仁中央核内TRPV1在牙移动疼痛中的作用及其机制研究 | 乔　虎 | 西安交通大学 | 国家自然科学基金青年项目 | 82001087 | 24.00 |
| 3D打印透明质酸-骨替代材料多孔支架促进骨缺损修复及基于多重信号通路的成骨机制研究 | 赵宁波 | 西安交通大学 | 国家自然科学基金青年项目 | 82001085 | 24.00 |
| IMP3通过结合E2F5-m6A靶点促进口腔鳞癌增殖的机制研究 | 王珍珍 | 西安交通大学 | 国家自然科学基金青年项目 | 82002875 | 24.00 |
| 腭部组织精准分层手术设计与动物实验 | 杜良智 | 西安交通大学 | 国家重点研发计划重点专项 | 2019YFB1302204 | 111.00 |
| 机器人手术行为克隆样本集和手术应急预案 | 虎小毅 | 西安交通大学 | 国家重点研发计划重点专项 | 2019YFB1302204 | 30.00 |
| 基于ATP6异位表达和定点突变的线粒体DNA变异致病性研究 | 谷习文 | 西安交通大学 | 陕西省科技厅一般项目 | 2020JM-412 | 5.00 |

续表

| 项目名称 | 项目负责人 | 单位 | 基金或资助类目全称 | 批准号或编号 | 资助金额（万元） |
| --- | --- | --- | --- | --- | --- |
| 新型抗菌促矿化粘接剂对牙本质粘接界面稳定性的影响及机制研究 | 李蕴聪 | 西安交通大学 | 陕西省科技厅一般项目 | 2020JM-414 | 3.00 |
| 采用三维影像定量化研究国人牙髓腔体积的增龄性变化及年龄推断研 | 张智勇 | 西安交通大学 | 陕西省科技厅一般项目 | 2020JM-413 | 3.00 |
| BAMBI 调控 Runx2 参与脂肪组织棕色化的作用及机制研究 | 贾　如 | 西安交通大学 | 陕西省科技厅一般项目 | 2020JQ-565 | 3.00 |
| PTCH1 突变在非综合征型唇腭裂散发病例中的鉴定及机制研究 | 赵华翔 | 西安交通大学 | 陕西省科技厅一般项目 | 2020JQ-560 | 3.00 |
| lncRNA 调控衰老来源牙周膜干细胞牙周缺损修复功能的研究 | 王丽颖 | 西安交通大学 | 陕西省科技厅一般项目 | 2020JQ-562 | 3.00 |
| 内质网应激在慢性氟中毒所致大鼠神经毒性中的作用及机制研究 | 刘　飞 | 西安交通大学 | 陕西省科技厅一般项目 | 2020JQ-561 | 3.00 |
| 牙周膜干细胞自分泌 TGF-β 在牙周骨缺损再生治疗中的机理研究 | 那思家 | 西安交通大学 | 陕西省科技厅一般项目 | 2020JQ-563 | 3.00 |
| 茶多酚还原的石墨烯修饰形状记忆共聚物在骨组织工程中的应用研究 | 黄　倩 | 西安交通大学 | 陕西省科技厅一般项目 | 2020JQ-564 | 3.00 |
| GLP-2 在下丘脑背侧核及孤束核的中枢摄食抑制作用及其机制的研究 | 孙慧玲 | 西安交通大学 | 陕西省科技厅一般项目 | 2020SF-138 | 8.00 |
| 丙戊酸钠调控颞下颌关节紊乱病与纤维肌痛综合征共病的表观遗传学机制 | 曹东元 | 西安交通大学 | 陕西省科技厅一般项目 | 2020SF-018 | 8.00 |
| 唇腭裂幼儿中文早期词汇发展及影响因素研究 | 马思维 | 西安交通大学 | 陕西省科技厅一般项目 | 2020SF-009 | 6.00 |
| 饰胶蛋白聚糖对人增生性瘢痕生长的影响及作用机制 | 虎小毅 | 西安交通大学 | 陕西省科技厅一般项目 | 2020SF-182 | 6.00 |
| 基于龈沟液生物标记物的新型牙周炎即时检测系统研发 | 李　昂 | 西安交通大学 | 陕西省科技厅重点产业创新链项目 | 2020ZDLSF02-04 | 80.00 |
| 基于超分子作用的 $ClO_2$ 口腔缓释水凝胶的研制及相关性能研究 | 黄瑞哲 | 西安交通大学 | 陕西省科技厅高校联合项目 | 2020GXLH-Y-028 | 50.00 |
| 牙齿硼暴露的硼同位素示踪研究-来自小鼠培养实验 | 李子夏 | 西安医学院 | 国家自然科学基金青年科学基金 | 42003016 | 24..00 |
| PMNE 抗龋缓释复合涂膜的制备及其对根面龋的防治效果研究 | 唐成芳 | 西安医学院 | 陕西省科技厅重点研发计划项目 | 2020SF-022 | 6.00 |
| 利用梯度三维网状钛合金支架复合成骨材料修复下颌骨缺损的实验研究 | 刘昌奎 | 西安医学院 | 陕西省科技厅重点研发计划项目 | 2020SF-023 | 6.00 |

续表

| 项目名称 | 项目负责人 | 单位 | 基金或资助类目全称 | 批准号或编号 | 资助金额（万元） |
|---|---|---|---|---|---|
| 高铅暴露区儿童牙齿铅来源的铅同位素示踪研究 | 李子夏 | 西安医学院 | 陕西省科技厅自然科学计划 | 2020JQ-875 | 3.00 |
| 3D 打印个性化钛网用于牙槽骨增量的实验研究 | 黄　硕 | 西安医学院 | 陕西省教育厅一般专项计划 | 20JK0889 | 2.00 |
| 仿生磷酸钙抗菌缓释涂层改性三维支架的构建及性能研究 | 刘　宁 | 西安医学院 | 西安市科协青年人才托举项目 | 095920201328 | 1.00 |
| IP6-PAMAM-QAMS 牙本质胶原纤维外脱矿体系的构建及其作用机制研究 | 苟雅萍 | 兰州大学 | 国家自然科学青年项目 | 82001034 | 24.00 |
| 力致发光/氟化石墨烯/抗龋高强玻璃离子水门汀的制备及基础研究 | 刘　斌 | 兰州大学 | 国家自然科学基金面上项目 | 81970976 | 56.00 |
| 支持人多能干细胞体外培养多肽序列的人工设计及其影响整合素受体的机制研究 | 周　平 | 兰州大学 | 国家自然科学基金青年项目 | 81801855 | 21.00 |
| 吴茱萸碱通过调控 ZMIZ1 基因影响 Notch 信号通路抑制舌鳞状细胞癌转移的研究 | 王　静 | 兰州大学 | 国家自然科学基金面上项目 | 81773942 | 55.00 |
| Wnt5a 正向调节 IL-17 参与牙髓免疫调节机制的研究 | 赵　媛 | 兰州大学 | 国家自然科学基金面上项目 | 81500835 | 18.00 |
| DA-CMC 诱导 AZ31 镁合金表面羟基磷灰石仿生涂层的制备及性能研究 | 曹宝成 | 兰州大学 | 甘肃省科技厅项目 | 20YF8FA071 | 15.00 |
| 牙周病精准治疗的基础与应用研究 | 王　静 | 兰州大学 | 甘肃省科技厅项目 | 20YF8FA073 | 15.00 |
| 纳米酶联复合体:葡萄糖响应性缓释抗菌肽抑制口腔种植体周围炎 | 唐荣冰 | 兰州大学 | 甘肃省科技厅项目 | 20YF8WA084 | 16.00 |
| 基于细胞力学特性研究辐射诱导口腔癌细胞凋亡的调控机制 | 张宝平 | 兰州大学 | 甘肃省科技厅项目 | 20JR10RA591 | 3.00 |
| 聚合物/石墨烯自组装仿贝壳珍珠层结构传感器在颌面部的应用研究 | 马　宇 | 兰州大学 | 甘肃省科技厅项目 | 20JR10RA593 | 3.00 |
| 咬合力对牙髓-牙本质复合体形成及功能的影响 | 赵　媛 | 兰州大学 | 甘肃省科技厅项目 | 20JR10RA594 | 3.00 |
| Peptide-PAMAM-COOH 系统提高树脂牙本质粘接耐久性的研究 | 苟雅萍 | 兰州大学 | 甘肃省科技厅项目 | 20JR10RA595 | 3.00 |
| 透明质酸基载药微针贴片的制备及其在复发性阿佛他溃疡诊疗中的应用研究 | 范增杰 | 兰州大学 | 甘肃省科技厅项目 | 20JR10RA597 | 3.00 |
| 利用载头孢噻肟钠聚多巴胺涂层制备具有抗菌和成骨活性钛种植体的研究 | 董跟喜 | 兰州大学 | 甘肃省科技厅项目 | 20JR5RA253 | 5.00 |

续表

| 项目名称 | 项目负责人 | 单位 | 基金或资助类目全称 | 批准号或编号 | 资助金额（万元） |
|---|---|---|---|---|---|
| 双靶点抑制剂 APG-1252 介导口腔鳞癌细胞线粒体途径 Bcl-2/Bcl-xl 细胞凋亡的机制研究 | 张凯亮 | 兰州大学 | 甘肃省科技厅项目 | 20JR5RA258 | 5.00 |
| 炎性环境下牵张应力介导 Rhoa/ROCK 通路对成骨细胞生物学特性的影响 | 安晓莉 | 兰州大学 | 甘肃省科技厅项目 | 20JR5RA264 | 5.00 |
| 一种新型颌骨骨支架材料的开发 | 周建业 | 西北民族大学 | 甘肃省科技计划项目 | 20YF3GA020 | 25.00 |
| 基于 3D 打印的数字化口腔医疗器械研发及应用研究 | 周建业 | 西北民族大学 | 甘肃梅塔生物医学国内合作项目 | 梅字第 108 号 | 300.00 |
| 冰核细菌在中草药绿色种植病虫害防治中的应用 | 周建业 | 西北民族大学 | 甘肃复兴厚生物医药科技国内合作项目 | FXH2020002 | 60.00 |
| 抑菌性人工合成肽的筛选及培养高通量药物筛选平台的建立 | 周建业 | 西北民族大学 | 兰州肽谷研究院国内合作项目 | LTY2020008 | 100.00 |
| 双层纳米银/生长因子缓释型多功能敷料的构建及其用于皮肤损伤修复的研究 | 张华林 | 宁夏医科大学 | 国家自然科学基金 | 32060221 | 33.00 |
| 天然高分子基双缓释复合功能性敷料的构建及其对皮肤创面再生修复的研究 | 张华林 | 宁夏医科大学 | 宁夏重点研发项目 | 2020BEGO3016 | 67.00 |
| 富血小板血浆用于恒磨牙深龋直接盖髓的临床应用研究 | 李睿敏 | 宁夏医科大学 | 宁夏重点研发计划 | 2020BEG03029 | 20.00 |
| 牙齿美白微创技术治疗氟斑牙的应用示范 | 朱琳虹 | 宁夏医科大学 | 宁夏科技惠民项目 | 2020CMG03020 | 90.00 |
| PI3K/AKT/FoxO1 调控牙胚发育的分子机制研究 | 李睿敏 | 宁夏医科大学 | 宁夏自然科学基金 | 2020AAC02036 | 30.00 |
| 线粒体蛋白 C6ORF57 在糖尿病牙周炎的作用研究 | 郭晓倩 | 宁夏医科大学 | 宁夏自然科学基金 | 2020AAC03355 | 10.00 |
| 上颌窦内提升术并骨粉植入术后愈合过程中的生物力学分析 | 景　捷 | 宁夏医科大学 | 宁夏自然科学基金 | 2020AAC03357 | 10.00 |
| 高表达 OPG 的脂肪间充质干细胞促进骨质疏松大鼠颌骨种植体周围新骨形成的实验研究 | 万应彪 | 宁夏医科大学 | 宁夏自然科学基金 | 2020AAC03358 | 10.00 |
| LncRNA H19 结合 miR-107 调控口腔扁平苔藓细胞表达机制研究 | 董文亮 | 宁夏医科大学 | 宁夏自然科学基金 | 2020AAC03359 | 10.00 |
| 正畸牙齿移动过程中牙周膜细胞自噬作用的初步研究 | 杨艺强 | 宁夏医科大学 | 宁夏自然科学基金 | 2020AAC03360 | 10.00 |

续表

| 项目名称 | 项目负责人 | 单位 | 基金或资助类目全称 | 批准号或编号 | 资助金额（万元） |
| --- | --- | --- | --- | --- | --- |
| 鼻咽癌放射治疗后口腔微环境改变与牙周炎发生的相关机制研究 | 杨长怡 | 宁夏医科大学 | 宁夏自然科学基金 | 2020AAC03361 | 10.00 |
| 妊娠期妇女牙周病患者治疗后母-婴口腔、胎盘、羊水微生物群落结构相关性研究 | 赵　敏 | 宁夏医科大学 | 宁夏自然科学基金 | 2020AAC03356 | 10.00 |
| 全转录组测序筛选与口腔鳞状细胞癌相关的 lncRNA 及其机制研究 | 马　坚 | 宁夏医科大学 | 宁夏自然科学基金 | 2020AAC03413 | 10.00 |
| IL-17 介导免疫反应在口腔扁平苔藓发展中的作用及机制研究 | 李　阳 | 宁夏医科大学 | 宁夏教育厅科学基金 | NGY2020039 | 2.00 |
| 非贯通口底式切除联合纳米碳示综技术在早期舌鳞癌的临床应用研究 | 翟　堃 | 宁夏医科大学 | 中华口腔医学会西部项目 | CSA-W2020-08 | 3.00 |
| 卡波氏肉瘤相关疱疹病毒对 miR155-GATA3 调控网络的影响及机制研究 | 曾　妍 | 石河子大学 | 兵团科技合作计划项目 | 2021B0004 | 100.00 |
| β受体阻滞剂治疗婴幼儿血管瘤的技术推广 | 凌　彬 | 新疆医科大学 | 新疆卫生与健康适宜技术推广项目 | SYTG-202018 | 4.00 |
| 炎症环境下活性氧调控牙髓细胞凋亡的作用研究 | 马　丽 | 新疆医科大学 | 新疆科技厅项目 | 2020D01C253 | 7.00 |
| PEEK 表面功能化石墨烯 PGO 介导 BMP-2 基因缓释涂层的构建及骨整合作用的研究 | 麦合甫孜 | 新疆医科大学 | 新疆科技厅项目 | 2020D01C231 | 7.00 |
| 二甲双胍联合 DPP-4 抑制剂对 2 型糖尿病伴慢性牙周炎患者牙周组织影响的临床研究 | 古丽努尔 | 新疆医科大学 | 中华口腔医学会西部项目 | CSA-W2020-11 | 3.00 |
| 数字化设计联合3D 打印技术在修复颌面部缺损的穿支皮瓣定位中的临床应用 | 龚忠诚 | 新疆医科大学 | 陕西省牙颌疾病临床医学研究中心 | 2020YHJB01 | 3.00 |
| 多个骨成熟度指标指导下的 MSE 前方牵引治疗上颌骨发育不足的临床应用研究 | 王杰睿 | 新疆医科大学 | 陕西省牙颌疾病临床医学研究中心 | 2020YHJB03 | 3.00 |

# 2020 年出版发行的口腔医学图书

[本栏目收录的图书目录为我国口腔医学或相关学科教师、医师所编（著、译）并公开出版发行的口腔医学专业图书，时限自 2020 年 1 月至 12 月，个别年份有增补。按各类图书书名的首字汉语拼音字母顺序排序]

## 著作与教材

### MTA 特性与临床应用

主　　编　(美)穆罕默德·特拉白哲德
　　　　　(Mahmoud Torabiejad)
主　　译　黄湘雅　何文喜
主　　审　凌均棨　韦　曦
出　　版　辽宁科学技术出版社
出版日期　2020 年 4 月
开　　本　8 开
字　　数　450 千字
页　　数　352 页
定　　价　198.00 元

### Muscle wins 正畸临床矫治:疑难问题及病例解析

原　　著　近藤悦子
主　　译　白玉兴　杨力　赵弘
出版日期　2020 年 2 月
出　　版　人民卫生出版社
开　　本　大 16 开
字　　数　454 千字
页　　数　194 页
定　　价　208.00 元

### QDT 2019

主　　编　(美)西拉斯·杜阿尔特
　　　　　(Sillas Duarte)
译　　者　QDT 中文版翻译委员会
出　　版　辽宁科学技术出版社
出版日期　2020 年 8 月
开　　本　16 开
字　　数　300 千字
页　　数　230 页
定　　价　398.00 元

### 拔牙技巧

著　　者　(日)堀之内　康文
译　　者　吴松涛　吴斌
出　　版　辽宁科学技术出版社
出版日期　2020 年 4 月
开　　本　16 开
字　　数　300 千字
页　　数　158 页
定　　价　198.00 元

### 超薄瓷贴面美学修复

主　　编　孙凤
副 主 编　武天逾　潘晓岗　郭航
出版日期　2020 年 6 月
出　　版　人民卫生出版社
开　　本　大 16 开
字　　数　677 千字
页　　数　385 页
定　　价　329.00 元

### 唇腭裂与面裂畸形(第 2 版　国家卫生健康委员会“十三五”规划教材 全国高等学校研究生规划教材 供口腔医学类专业用)

主　　编　石冰
副 主 编　马莲
出　　版　人民卫生出版社
出版日期　2020 年 4 月
开　　本　16 开
字　　数　949 千字
页　　数　601 页
定　　价　145.00 元

### 当代儿童牙病治疗技术

主　　编　(印)米纳什·西瓦桑卡尔·科尔
　　　　　(Meenakshi Sivasankar Kher)
　　　　　(印)阿什温·饶
　　　　　(Ashwin Rao)
主　　译　汪俊　赖光云
出　　版　辽宁科学技术出版社
出版日期　2020 年 11 月
开　　本　16 开
字　　数　300 千字
页　　数　227 页
定　　价　198.00 元

### 儿童错殆畸形早期矫正朱红 2020 观点

著　　者　朱红
出　　版　科学技术文献出版社
出版日期　2020 年 4 月
开　　本　16 开
字　　数　95 千字

页　　数　166 页
定　　价　108.00 元

**儿童口腔医学**(第 5 版　国家卫生健康委员会“十三五”规划教材 全国高等学校教材 供口腔医学类专业用)
主　　编　葛立宏
副 主 编　邹静　秦满
出　　版　人民卫生出版社
出版日期　2020 年 5 月
开　　本　大 16 开
字　　数　543 千字
页　　数　266 页
定　　价　75.00 元

**儿童口腔早期矫治**
原　　著　Aliakbar Bahreman
主　　译　戴红卫　卫光曦
副 主 译　黄兰　曾欢
主　　审　李小兵　黄兰
出　　版　人民卫生出版社
出版日期　2020 年 2 月
开　　本　大 16 开
字　　数　74.3 万
页　　数　376 页
定　　价　325.00 元

**根管内分离器械处理——临床诊疗手册**
主　　编　(希)西奥多·兰布里亚尼迪斯
主　　审　周学东　范兵
主　　译　高原　范伟
出　　版　辽宁科学技术出版社
出版日期　2020 年 8 月
开　　本　16 开
字　　数　400 千字
页　　数　264 页
定　　价　268.00 元

**骨性支抗在Ⅱ类错殆中的应用**
主　　编　(意)莫索斯·A. 帕帕佐普洛斯 (Moschos A. Papadopoulos)
主　　译　冷军　李永明
副 主 译　金军　李菲菲
出　　版　河南科学技术出版社
出版日期　2020 年 1 月
开　　本　16 开
页　　数　401 页
定　　价　258.00 元

**殆学**(第 4 版　国家卫生健康委员会“十三五”规划教材 全国高等学校教材 供口腔医学类专业用)
主　　编　王美青
副 主 编　谢秋菲　李晓箐
出　　版　人民卫生出版社
出版日期　2020 年 8 月
开　　本　大 16 开
字　　数　483 千字
页　　数　128 页
定　　价　59.00 元

**简明口腔生物材料研究**
主　　编　孟翔峰
副 主 编　李燕　聂蓉蓉
出　　版　东南大学出版社
出版日期　2019 年 11 月
开　　本　16 开
字　　数　350 千字
页　　数　336 页
定　　价　58.00 元

**可摘局部义齿修复工艺技术**(第 2 版　全国卫生职业教育实验实训规划教材 供口腔医学、口腔医学技术、口腔护理专业使用)
主　　编　张坤　赵春赪
出　　版　北京科学技术出版社
出版日期　2020 年 7 月
开　　本　16 开
字　　数　127 千字
页　　数　120 页
定　　价　68.00 元

**口腔材料学**(第 4 版　国家卫生健康委员会“十三五”规划教材全国高职高专学校教材 供口腔医学专业用)
主　　编　王荃
副 主 编　郭建康　吴婕
出　　版　人民卫生出版社
出版日期　2020 年 10 月
开　　本　16 开

字　　数　341 千字
页　　数　224 页
定　　价　45.00 元

**口腔材料学**(第 6 版　国家卫生健康委员会“十三五”规划教材 全国高等学校教材 供口腔医学类专业用)
主　　编　赵信义
副 主 编　孙皎　包崇云
出　　版　人民卫生出版社
出版日期　2020 年 5 月
开　　本　大 16 开
字　　数　483 千字
页　　数　233 页
定　　价　58.00 元

**口腔高频电波刀手术——临床指导图谱**(第 3 版)
著　　者　(美)杰弗里 · 谢尔曼
　　　　　(Jeffrey A. Sherman)
译　　者　赵领洲
出　　版　辽宁科学技术出版社
出版日期　2020 年 9 月
开　　本　16 开
字　　数　160 千字
页　　数　183 页
定　　价　298.00 元

**口腔固定修复工艺技术**(第 2 版　全国卫生职业教育实验实训规划教材 供口腔医学、口腔医学技术、口腔护理专业使用)
主　　编　蒋菁　孙曜
出　　版　北京科学技术出版社
出版日期　2020 年 9 月
开　　本　16 开
定　　价　68.00 元

**口腔固定修复中的垂直边缘设计**
主　　编　(意)E. 布鲁纳
　　　　　(Ezio Bruna)
　　　　　(意)A. 法比安内利
　　　　　(Andrea　Fabianelli)
　　　　　(意)G. 巴甫鲁奇
　　　　　(Giulio　Pavolucci)
主　　译　张晓欣
主　　审　张玉峰
出　　版　化学工业出版社
出版日期　2020 年 7 月
开　　本　16 开
页　　数　216 页
定　　价　198.00 元

**口腔固定修复中的美学重建美学分析——进行口腔美学修复治疗的系统步骤**
主　　编　(意)莫罗 · 弗拉德尼
　　　　　(Mauro Fradeani)
主　　译　王新知
出　　版　辽宁科学技术出版社
出版日期　2020 年 10 月
开　　本　16 开
字　　数　400 千字
页　　数　316 页
定　　价　399.00 元

**口腔固定修复中的美学重建修复治疗——美学、生物学和功能融合的系统治疗方法**(第 2 卷)
主　　编　(意)莫罗 · 弗拉德尼
　　　　　(意)詹卡罗 · 巴杜奇
主　　译　王新知
出　　版　辽宁科学技术出版社
出版日期　2020 年 10 月
开　　本　16 开
字　　数　700 千字
页　　数　560 页
定　　价　499.00 元

**口腔颌面部发育生物学与再生医学**(第 2 版　国家卫生健康委员会“十三五”规划教材 全国高等学校研究生规划教材 供口腔医学类专业用)
主　　编　金岩
副 主 编　范志朋
出　　版　人民卫生出版社
出版日期　2020 年 4 月
开　　本　16 开
字　　数　1 095 千字
页　　数　693 页
定　　价　148.00 元

**口腔颌面导航手术**
主　　编　郭传瑸

出　　版　北京大学医学出版社
出版日期　2020年3月
开　　本　16开
字　　数　317千字
页　　数　252页
定　　价　150.00元

**口腔颌面外科学**(第2版　全国卫生职业教育实验实训规划教材 供口腔医学、口腔医学技术、口腔护理专业使用)
主　　编　刘浩
出　　版　北京科学技术出版社
出版日期　2020年8月
开　　本　16开
定　　价　68.00元

**口腔颌面外科学**(第8版　国家卫生健康委员会"十三五"规划教材　全国高等学校教材　供口腔医学类专业用)
主　　编　张志愿
副 主 编　石冰　张陈平
出　　版　人民卫生出版社
出版日期　2020年9月
开　　本　大16开
字　　数　845千字
定　　价　95.00元

**口腔颌面医学影像诊断学**(第7版　国家卫生健康委员会"十三五"规划教材　全国高等学校教材　供口腔医学类专业用)
主　　编　张祖燕
副 主 编　王虎
出　　版　人民卫生出版社
出版日期　2020年4月
开　　本　大16开
字　　数　422千字
定　　价　59.00元

**口腔基础研究导论**
主　　审　陈谦明
主　　编　陈泽涛
出版日期　2020年5月
出　　版　人民卫生出版社
开　　本　16开
字　　数　22.5万
定　　价　45.00元

**口腔疾病综合治疗病例精解**
主　　编　黄晓峰　张方明
出　　版　科学技术文献出版社
出版日期　2020年10月
开　　本　16开
页　　数　240页
定　　价　98.00元

**口腔解剖生理学**(第2版　全国卫生职业教育实验实训规划教材　供口腔医学、口腔医学技术、口腔护理专业使用)
主　　编　董刚　库莉博
出　　版　北京科学技术出版社
出版日期　2020年7月
开　　本　16开
字　　数　142千字
页　　数　200页
定　　价　68.00元

**口腔解剖生理学**(第4版　国家卫生健康委员会"十三五"规划教材全国高职高专学校教材　供口腔医学专业用)
主　　编　马惠萍
副 主 编　库莉博　李红
出　　版　人民卫生出版社
出版日期　2020年11月
开　　本　16开
字　　数　462千字
定　　价　75.00元

**口腔解剖生理学**(第8版　国家卫生健康委员会"十三五"规划教材　全国高等学校教材　供口腔医学类专业用)
主　　编　何三纲
副 主 编　于海洋
出　　版　人民卫生出版社
出版日期　2020年9月
开　　本　大16开
字　　数　679千字
定　　价　85.00元

**口腔解剖生理学**（全国高等职业教育口腔医学/口腔医学技术专业“十三五”规划教材供口腔医学　口腔医学技术专业使用）
主　　编　梁源
出　　版　中国医药科技出版社
出版日期　2019 年 12 月
开　　本　16 开
字　　数　362 千字
页　　数　214 页
定　　价　42.00 元

**口腔科诊疗常规**（第 2 版　临床医疗护理常规）
主　　编　孙正
出　　版　中国医药科技出版社
出版日期　2020 年 6 月
开　　本　16 开
字　　数　700 千字
页　　数　520 页
定　　价　119.00 元

**口腔临床药物学**（第 5 版　国家卫生健康委员会“十三五”规划教材　全国高等学校教材　供口腔医学类专业用）
主　　编　王晓娟
出　　版　人民卫生出版社
出版日期　2020 年 6 月
开　　本　大 16 开
字　　数　422 千字
定　　价　50.00 元

**口腔门诊感染防控要点问答**
组织编写　国家口腔医学专业质控中心
主　　编　张伟
出　　版　北京大学医学出版社有限公司
出版日期　2020 年 12 月
开　　本　32 开
字　　数　207 千字
页　　数　320 页
定　　价　55.00 元

**口腔门诊麻醉并发症及处理**
主　　编　郁葱
出　　版　人民卫生出版社
出版日期　2020 年 1 月
开　　本　16 开
字　　数　657 千字
定　　价　228.00 元

**口腔内科学**（第 2 版　全国卫生职业教育实验实训规划教材　供口腔医学、口腔医学技术、口腔护理专业使用）
主　　编　邹慧儒　隋红
出　　版　北京科学技术出版社
出版日期　2020 年 8 月
开　　本　16 开
定　　价　88.00 元

**口腔黏膜病学**（第 2 版）
作　　者　周曾同
出　　版　人民卫生出版社
字　　数　949 千字
开　　本　16 开
定　　价　136.00 元

**口腔黏膜病学**（第 5 版　国家卫生健康委员会“十三五”规划教材　全国高等学校教材　供口腔医学类专业用）
主　　编　陈谦明
副 主 编　华红　曾昕
出版日期　2020 年 9 月
出　　版　人民卫生出版社
开　　本　大 16 开
字　　数　422 千字
定　　价　59.00 元

**口腔黏膜损害诊断图鉴**
主　　审　陈谦明　曾昕
主　　编　袁昌青　聂敏海　邓婧
出版日期　2020 年 4 月
出　　版　人民卫生出版社
开　　本　大 16 开
字　　数　507 千字
定　　价　158.00 元

**口腔生物学**（第 5 版　国家卫生健康委员会“十三五”规划教材　全国高等学校教材　供口腔医学类专业用）
主　　编　边专
副 主 编　王松灵　陈万涛　贾荣

出　　版　人民卫生出版社
出版日期　2020 年 6 月
开　　本　大 16 开
字　　数　392 千字
定　　价　55.00 元

**口腔失败病例处理——种植再治疗图谱**
编　　著　(意)乔治·塔巴内尔
　　　　　(Giorgio Tabanella)
主　　译　徐淑兰
出　　版　辽宁科学技术出版社
出版日期　2020 年 11 月
开　　本　16 开
字　　数　250 千字
页　　数　200 页
定　　价　298.00 元

**口腔修复体制作——基础知识**
组织编写　国家卫生健康委人才交流服务中心
主　　编　刘洪臣　于海洋
副 主 编　周永胜　张春宝　邵龙泉　等
出版日期　2020 年 9 月
出　　版　人民卫生出版社
开　　本　16 开
字　　数　243 千字
定　　价　48.00 元

**口腔修复体制作——技能操作**(卫生健康行业职业技能培训教程)
组织编写　国家卫生健康委人才交流服务中心
主　　编　刘洪臣　于海洋
副 主 编　周永胜　张春宝　邵龙泉　等
出　　版　人民卫生出版社
出版日期　2020 年 9 月
开　　本　16 开
字　　数　511 千字
定　　价　88.00 元

**口腔修复学**(第 8 版　国家卫生健康委员会“十三五”规划教材　全国高等学校教材　供口腔医学类专业用)
主　　编　赵铱民
副 主 编　周永胜　陈吉华
出　　版　人民卫生出版社
出版日期　2020 年 9 月
开　　本　大 16 开
字　　数　754 千字
定　　价　90.00 元

**口腔医学导论——学科概述与英文原文导读**
作　　者　孙卫斌
出　　版　人民卫生出版社
开　　本　16 开
字　　数　122 千字
定　　价　29.00 元

**口腔医学人文**(国家卫生健康委员会“十三五”规划教材　全国高等学校教材　供口腔医学类专业用)
主　　编　邱蔚六
副 主 编　周学东　俞光岩　赵铱民　等
出　　版　人民卫生出版社
出版日期　2020 年 6 月
开　　本　大 16 开
字　　数　453 千字
定　　价　62.00 元

**口腔预防医学**(第 7 版　国家卫生健康委员会“十三五”规划教材　全国高等学校教材　供口腔医学类专业用)
主　　编　冯希平
副 主 编　杜民权　林焕彩
出　　版　人民卫生出版社
出版日期　2020 年 7 月
开　　本　大 16 开
字　　数　39.2 万
定　　价　55.00 元

**口腔正畸学**(第 2 版)
作　　者　林久祥
出　　版　人民卫生出版社
出版日期　2020 年
开　　本　16 开
字　　数　1 095 千字
定　　价　228.00 元

**口腔正畸学**(第 2 版　全国卫生职业教育实验实训规划教材　供口腔医学、口腔医学技术、口腔护理专

业使用)
主　　编　张锡忠　张淋坤　李泽
出　　版　北京科学技术出版社
出版日期　2020 年 8 月
开　　本　16 开
定　　价　68.00 元

**口腔正畸学**(第 7 版　国家卫生健康委员会"十三五"规划教材　全国高等学校教材　供口腔医学类专业用)
主　　编　赵志河
副 主 编　周彦恒　白玉兴
出　　版　人民卫生出版社
出版日期　2020 年 6 月
开　　本　大 16 开
字　　数　604 千字
定　　价　79.00 元

**口腔种植的精准二期手术和取模技巧——如何避免模型的毫米级误差**(中国医药学术原创精品图书出版工程)
主　　编　满毅
出版日期　2020 年 7 月
出　　版　人民卫生出版社
开　　本　16 开
字　　数　315 千字
定　　价　298.00 元

**口腔种植相关外科及放射线解剖**
主　　编　(美)路易·阿尔-法拉杰
　　　　　(Louie,Al-Faraje)
审　　者　宿玉成
译　　者　林婷　赵阳
出　　版　辽宁科学技术出版社
出版日期　2020 年 3 月
开　　本　16 开
页　　数　258 页
定　　价　398.00 元

**口腔种植修复——以患者为中心的治疗理念**
主　　编　(德)斯蒂芬·沃夫特
　　　　　(Stefan Wolfart)
主　　审　李德华
主　　译　孙鹏　葛成
副 主 译　关呈超　方玉柱
出　　版　辽宁科学技术出版社
出版日期　2020 年 1 月
开　　本　8 开
字　　数　1 800 千字
页　　数　724 页
定　　价　998.00 元

**口腔种植学**(国家卫生健康委员会"十三五"规划教材　全国高等学校教材　供口腔医学类专业用)
主　　编　宫苹
副 主 编　王佐林　邸萍
出　　版　人民卫生出版社
出版日期　2020 年 7 月
开　　本　大 16 开
字　　数　332 千字
定　　价　62.00 元

**口腔综合技能训练**(第 2 版　全国卫生职业教育实验实训规划教材　供口腔医学、口腔医学技术、口腔护理专业使用)
主　　编　孙小钧
出　　版　北京科学技术出版社
出版日期　2020 年 7 月
开　　本　16 开
页　　数　216 页
定　　价　88.00 元

**口腔组织病理学**(第 2 版　全国卫生职业教育实验实训规划教材　供口腔医学、口腔医学技术、口腔护理专业使用)
主　　编　陈瑞扬　常维巍
出　　版　北京科学技术出版社
出版日期　2020 年 8 月
开　　本　16 开
定　　价　88.00 元

**口腔组织病理学**(第 8 版　国家卫生健康委员会"十三五"规划教材　全国高等学校教材　供口腔医学类专业用)
主　　编　高岩
副 主 编　孙宏晨　李江
出　　版　人民卫生出版社
出版日期　2020 年 8 月
开　　本　大 16 开

字　　数　754 千字
定　　价　83.00 元

**临床牙周病学和口腔种植学**(第 6 版上卷.中卷.下卷)
主　　编　(瑞士)尼克劳斯·朗
　　　　　(Niklaus P. Lang)
　　　　　(瑞典)扬·林德
　　　　　(Jan Lindhe)
主　　审　束蓉　王勤涛　宿玉成
主　　译　闫福华　陈斌　张倩　等
出版日期　2020 年 6 月
开　　本　16 开
页　　数　1 468 页
定　　价　1 588.00 元

**美学区域的种植修复循序渐进的治疗策略**
著　　者　(瑞士)乌里·格仑德
　　　　　(Ueli Grunder)
译　　者　周国辉　李佳欣　陈鼎岳　等
出　　版　辽宁科学技术出版社
出版日期　2020 年 3 月
开　　本　8 开
页　　数　848 页
定　　价　1 288.00 元

**美学区种植——从设计理念到临床实战**
主　　编　刘峰
主　　审　宿玉成
出　　版　人民卫生出版社
出版日期　2020 年 11 月
开　　本　8 开
字　　数　179.7 万
定　　价　1 180.00 元

**全口义齿修复工艺技术**(全国高等职业教育口腔医学/口腔医学技术专业“十三五”规划教材供口腔医学　口腔医学技术专业使用)
主　　编　刘洪
出　　版　中国医药科技出版社
出版日期　2019 年 12 月
开　　本　16 开
页　　数　114 页
定　　价　36.00 元

**全口义齿工艺技术**(2 版　全国卫生职业教育实验实训规划教材　供口腔医学、口腔医学技术、口腔护理专业使用)
主　　编　林欣
出　　版　北京科学技术出版社
出版日期　2020 年 9 月
开　　本　16 开
定　　价　68.00 元

**日常临床实用咬合技术**
著　　者　(日)岩田　健男
主　　译　汤学华
副 主 译　周楠
出　　版　辽宁科学技术出版社
出版日期　2020 年 5 月
开　　本　16 开
页　　数　194 页
定　　价　198.00 元

**上颌窦提升术临床精要**
主　　审　陈江
主　　编　(法)弗朗西斯·路易斯
　　　　　(Francis Louise)
　　　　　(罗)瓦娜·德拉甘
主　　译　黄文秀
出　　版　辽宁科学技术出版社
出版日期　2020 年 6 月
开　　本　16 开
字　　数　200 千字
页　　数　114 页
定　　价　198.00 元

**上颌窦植骨与种植**
主　　编　林野
出　　版　北京大学医学出版社
出版日期　2020 年 6 月
开　　本　16 开
字　　数　514 千字
页　　数　334 页
定　　价　490.00 元

**实用橡皮障隔离技术**
主　　编　卢弈文　陈晗
副 主 编　卢思东

出　　版　辽宁科学技术出版社
出版日期　2020 年 7 月
开　　本　16 开
页　　数　208 页
定　　价　198.00 元

**实用正畸弓丝弯制技术图谱**(第 2 版)
主　　编　武广增
副 主 编　洪宝　唐建华
出　　版　辽宁科学技术出版社
出版日期　2020 年 7 月
开　　本　16 开
字　　数　500 千字
页　　数　392 页
定　　价　298.00 元

**四维正畸学许天民 2020 观点**
著　　者　许天民
出　　版　科学技术文献出版社
出版日期　2020 年 9 月
开　　本　16 开
定　　价　148.00 元

**头颈部外科临床解剖学**
主　　编　(英)彼得 · A. 布伦南
　　　　　(Peter A. Brennan)
　　　　　(英)维什 · 马哈迪温
　　　　　(Vishy Mahadevan)
　　　　　(英)巴利 · T. 埃文斯
　　　　　(Barrie T. Evans)
主　　译　蒋灿华　翦新春
出　　版　天津科技翻译出版有限公司
出版日期　2020 年 11 月
开　　本　16 开
字　　数　350 千字
页　　数　225 页
定　　价　198.00 元

**现代美学修复**
主　　编　(意)文森佐 · 穆塞拉
　　　　　(Vincenzo Musella)
主　　译　刘伟才　范震
出　　版　辽宁科学技术出版社
出版日期　2020 年 7 月
开　　本　16 开
字　　数　800 千字
页　　数　457 页
定　　价　498.00 元

**现代实用口腔医学**
主　　编　王玮
出　　版　云南科技出版社
出版日期　2020 年 7 月
开　　本　16 开
字　　数　1 376 千字
页　　数　674 页
定　　价　198.00 元

**新型冠状病毒肺炎口腔医疗机构防护手册**
组织编写　中华口腔医学会
　　　　　中国牙病防治基金会
　　　　　国家口腔医学质控中心
　　　　　中国医师协会口腔医师分会
主　　审　武迎宏
顾　　问　王兴　俞光岩　葛立宏　等
主　　编　郭传瑸　周永胜　蔡志刚
出　　版　人民卫生出版社
出版日期　2020 年 3 月
开　　本　大 32 开
字　　数　62 千字
定　　价　16.00 元

**牙本质敏感症——诊断、管理与治疗进展**
编　　著　(英)戴维 · 吉勒姆
　　　　　(David G. Gillam)
主　　译　孙建勋　陈新梅
出　　版　辽宁科学技术出版社
出版日期　2020 年 9 月
开　　本　16 开
字　　数　300 千字
页　　数　205 页
定　　价　198.00 元

**牙髓病临床治疗技术**(第 4 版)
主　　编　(英)基肖尔 · 古拉比沃洛
　　　　　(Kishor Gulabivala)

（英）吴原伶
（Yuan-LingNg）
主　　译　马净植
开　　本　8开
页　　数　396页
定　　价　398.00元

**牙髓病学——生物学与临床视角**
主　　编　（意）多米尼科·里库奇
（Domenico Ricucci）
（巴西）小约瑟·斯奎拉
（José F. Siqueira Jr）
主　　译　刘贺　汪林
出　　版　辽宁科学技术出版社
出版日期　2020年1月
开　　本　16开
字　　数　540千字
页　　数　432页
定　　价　498.00元

**牙体缺损美学修复谭建国2020观点**
主　　编　谭建国
出　　版　科学技术文献出版社
出版日期　2020年9月
开　　本　16开
页　　数　114页
定　　价　78.00元

**牙体形态与功能**（第2版　全国卫生职业教育实验实训规划教材　供口腔医学、口腔医学技术、口腔护理专业使用）
主　　编　辛金红　冯梓峻
出　　版　北京科学技术出版社
出版日期　2020年9月
开　　本　16开
定　　价　88.00元

**牙体牙髓病病例精解**
主　　编　凌均棨　韦曦
出　　版　科学技术文献出版社
出版日期　2020年6月
开　　本　16开
定　　价　196.00元

**牙体牙髓病学**（第5版　国家卫生健康委员会“十三五”规划教材　全国高等学校教材　供口腔医学类专业用）
主　　编　周学东
副 主 编　陈智　岳林
出　　版　人民卫生出版社
出版日期　2020年8月
字　　数　724千字
开　　本　大16开
定　　价　85.00元

**牙周病学**（第5版　国家卫生健康委员会“十三五”规划教材　全国高等学校教材　供口腔医学类专业用）
主　　编　孟焕新
副 主 编　束蓉　闫福华
出　　版　人民卫生出版社
出版日期　2020年8月
字　　数　664千字
开　　本　大16开
定　　价　86.00元

**牙周组织健康引导的正畸治疗与正畸微螺钉种植体的应用**
编　　著　（日）中西秀郎　等
（Hideo Nakanishi）
译　　者　刘畅
出　　版　辽宁科学技术出版社
出版日期　2020年8月
开　　本　16开
字　　数　400千字
页　　数　290页
定　　价　398.00元

**颜面整形与美容就医指南**（口腔科常见及多发病就医指南系列）
总 主 编　周学东
主　　编　黄洪章
副 主 编　李祖兵　翦新春
出　　版　人民卫生出版社
出版日期　2020年10月
开　　本　16开
字　　数　157千字

页　　数　156 页
定　　价　79.00 元

**咬合与修复重建的科学与艺术**

主　　编　(以)马丁·格罗斯
　　　　　(Martin Gross)
主　　审　刘伟才　刘彦普
主　　译　郑军　薛慧
副 主 译　徐文冰　权花淑　陶天有
出　　版　16 开
出版日期　2020 年 1 月
开　　本　16 开
字　　数　1 400 千字
页　　数　532 页
定　　价 998.00 元

**一步一步做好根管治疗**(图谱)

主　　编　葛久禹
副 主 编　王铁梅
出　　版　江苏凤凰科学技术出版社
出版日期　2020 年 12 月
开　　本　16 开
页　　数　340 页
字　　数　564 千字
定　　价　198.00 元

**一步一步做好美学修复牙体预备**

主　　编　谭建国
出　　版　中国科学技术出版社
出版日期　2020 年 8 月
开　　本　16 开
字　　数　132 千字
定　　价　78.00 元

**龈上微创修复学——一种更健康的美学修复方式**

编　　著　(美)何塞-路易斯·鲁伊兹
　　　　　(Jose-Luis　Ruiz)
主　　译　周炜
出　　版　辽宁科学技术出版社
出版日期　2020 年 3 月
开　　本　16 开
页　　数　272 页
定　　价　298.00 元

**以修复为导向的软组织管理**

主　　编　(美)阿里尔·罗杰斯基
主　　译　吴润发
出　　版　辽宁科学技术出版社
出版日期　2020 年 6 月
开　　本　16 开
页　　数　200 页
定　　价　298.00 元

**正畸经典病例解析**

主　　编　(美)马里安·阿斯卡里
　　　　　(MarjanAskari)
　　　　　(美)斯坦利·A. 亚历山大
　　　　　(Stanley A. Alexander)
主　　译　田玉楼　赵震锦　冯翠娟
出　　版　辽宁科学技术出版社
出版日期　2020 年 5 月
开　　本　16 开
字　　数　40 千字
页　　数　268 页
定　　价　298.00 元

## 工具书、科普类和其他

**0 ~6 岁儿童口腔健康管理实用手册**

主　　编　苗江霞　荣文笙
副 主 编　王文红　寇艳松　李荣萍
出　　版　中国科学技术出版社
出版日期　2020 年 9 月
开　　本　32 开
字　　数　100 千字
定　　价　48.00 元

**出发,去刷牙**

著　　者　(美)张野
绘　　者　刘思思　蘑大菇
出　　版　北京科学技术出版社
出版日期　2019 年 10 月
开　　本　16 开
页　　数　29 页

定　　价　39.00元

**高原上的伶牙皓齿**

主　　编　李毅萍
出　　版　科学技术文献出版社
出版日期　2020年9月
开　　本　32开
字　　数　30千字
页　　数　49页
定　　价　20.00元

**我的牙齿长大了**

著　　者　(日)加古里子
译　　者　刘洋
出　　版　北京科学技术出版社
出版日期　2020年7月
开　　本　32开
页　　数　32页
定　　价　39.00元

**一口好牙——把口腔医生带回家**

著　　者　郝泽良
绘　　者　郝帅
出　　版　清华大学出版社
出版日期　2020年1月
开　　本　32开
定　　价　59.00元

**婴儿口腔的秘密**(从喂养方法到语言能力发展)

著　　者　(美)戴安娜·巴尔
主　　译　李静
出　　版　北京科学技术出版社
出版日期　2020年10月
开　　本　16开
定　　价　78.00元

**长虫牙的10种方法**

著　　者　(美)张野
绘　　者　刘思思　蘑大菇
出　　版　北京科学技术出版社
出版日期　2020年3月
开　　本　16开
页　　数　36页
定　　价　39.00元

**中国口腔医学年鉴**(2019年卷)

主　　编　周学东
出　　版　四川科学技术出版社
出版日期　2020年9月
开　　本　16开
字　　数　400千字
页　　数　272页
定　　价　86.00元

**中国口腔种植临床精萃**(2020年卷)

名誉主编　邱蔚六
主　　编　王兴　刘宝林
执行主编　宿玉成
出　　版　辽宁科学技术出版社
出版日期　2020年8月
开　　本　16开
字　　数　1 050千字
页　　数　394页
定　　价　498.00元

**中华医学百科全书　临床医学——口腔医学**(四)

主　　编　张志愿
出　　版　中国协和医科大学出版社
出版日期　2020年1月
开　　本　16开
字　　数　1 300千字
页　　数　583页
定　　价　425.00元

**中华医学百科全书临床医学——口腔医学**(五)

主　　编　胡德渝
出　　版　中国协和医科大学出版社
出版日期　2019年12月
开　　本　16开
字　　数　450千字
页　　数　222页
定　　价　195.00元

(本文作者 吴婷 四川大学华西口腔医学院)

学会工作

# 学会组织机构

## 中华口腔医学会及其口腔医学专业委员会与学组

**第四届口腔医学设备器材分会名单**(2020 年 9 月)

名誉主委　郭传瑸

主任委员　刘洪臣

副主任委员　(10 人,按姓名笔画排序)

邓静娴　田方俊　邢 军
江 泳　李 超　沈颉飞
张金宁　赵九龙　赵心臣
窦 波

常务委员　(51 人,按姓名笔画排序)

马雪松　王双卫　王维倩
王 焱　王 鹏　邓静娴
叶 彤　田方俊　白 伟
邝 海　邢 军　刘 飞
刘月华　刘 钦　刘洪臣
刘静明　闫卓群　江 泳
许天民　李向东　李 兵
李学俊　李爱国　李 超
李 强　汪 敏　沈颉飞
宋先林　张志兴　张孜颖
张金宁　张振明　陈 宁
陈 刚　陈 杰　陈 新
范宝林　罗 奕　罗德龙
周 航　赵九龙　赵心臣
姚碧文　徐步光　奚正山
郭 峰　黄 凌　盛 英
谢 韬　窦 波　戴懿立

增补委员　(12 月 18 日)

李 强　冯晓艳　王 皓
茹岩岩　张 洁

委　　员　(153 人,按姓名笔画排序)

刁 茹　马可心　马雪松
马晨麟　马 赫　王双卫
王 刚　王向东　王 芳
王丽媛　王昕宇　王维倩
王 焱　王 鹏　王鹏来
方 琼　尹述含　邓静娴
叶 彤　田方俊　白 伟
包 立　包屹立　邝 海
司学斌　邢 军　戎学影
吕光平　吕 冰　朱卓立
任晓敏　刘 飞　刘 天
刘月华　刘 记　刘克华
刘 钦　刘洪臣　刘静明
闫卓群　江 泳　许天民
孙大为　孙小冬　孙国琪
孙 竞　孙 烨　孙 斌
孙 潮　苏梅琴　杜丽婷
李训青　李华敏　李向东
李 兵　李佃华　李学俊
李洪文　李盈洁　李爱国
李 超　李 强　李 静
李 澎　杨雨锜　吴红星
汪 敏　沙树壮　沈颉飞
沈熙炜　宋万军　宋先林
张文宇　张圣梅　张志兴
张孜颖　张 昀　张 旻
张金宁　张艳丽　张振明
张 喆　张朝标　张遂路
张 雷　张 毅　陆史俊
陈 云　陈 宁　陈 刚
陈刚勇　陈 杰　陈渊华
陈 新　陈鹰松　邵益森
范宝林　林全红　林剑华
卓 佳　罗 奕　罗德龙

周广林　周建学　周　晔
周　航　周海静　郑阳玉
赵九龙　赵心臣　赵秀静
胡砚平　胡　倬　南东旭
钟　靓　保占波　洪礼琳
姚峻峰　姚碧文　倪方文
徐文华　徐步光　徐莉莉
徐晓亮　奚正山　高为民
郭全民　郭　峰　郭裕春
郭　瑞　黄汉国　黄　玮
黄　凌　黄智勇　曹国庆
戚筱玉　盛　英　常　丽
常　影　梁新杰　葛晓耀
韩　瑞　焦建平　曾令丰
游　嘉　谢　韬　窦　波
樊庆红　潘　强　薛　珂
戴懿立　魏庆华　魏建新

学术秘书　范宝林
工作秘书　李心雅　刘乙颖

**第七届口腔病理学专业委员会名单**(2020 年 9 月)

主任委员　孙宏晨
候任主任委员　陈　宇
副主任委员　(5 人,按姓名笔画排序)
李　江　李铁军　陈小华
周　峻　胡济安
常务委员　(19 人,按姓名笔画排序)
田　臻　史　册　吕红兵
朱　锋　刘来奎　齐　红
汤晓飞　孙宏晨　杜启涛
李　江　李铁军　李斌斌
肖　晶　张佳莉　陈小华
陈　宇　周　峻　胡济安
钟　鸣
委　员　(57 人,按姓名笔画排序)
王　丽　王丽珍　王新红
邓小玲　田　臻　史　册
丘雨蓓　包广洁　吕红兵
朱　锋　乔春燕　向　彬
刘文钊　刘来奎　刘宏侠
齐　红　汤亚玲　汤晓飞
许铭炎　孙宏晨　严颖彬
杜启涛　李　江　李宏捷
李荷香　李铁军　李　萍
李敏启　李斌斌　李翠英
杨邵东　杨苗苗　肖　晶
吴淑琴　何小宁　张　芳
张　玮　张佳莉　陈小华
陈　宇　陈　艳　陈蔚华
林　晨　尚建伟　岳阳丽
周　峻　周静萍　胡济安
胡　赟　钟　鸣　施　琳
姚志刚　袁晓红　徐　萌
黄晓峰　章　燕　翟洁梅

学术秘书　史　册
工作秘书　范　玉
顾　问　高　岩　蒋　勇　王　洁
陈瑞扬　陈新明
前任主任委员　钟　鸣

**第八届口腔正畸专业委员会名单**(2020 年 9 月)

主任委员　金作林
候任主任委员　房　兵
副主任委员　(8 人,按姓名笔画排序)
白　丁　刘月华　李巍然
宋锦璘　陈莉莉　胡　敏
贺　红　曹　阳
常务委员　(70 人,按姓名笔画排序)
马文盛　马晨麟　王　军
王红梅　王秀婧　王　林
王培军　王　爽　毛　靖
艾　虹　厉　松　卢海平
卢燕勤　白　丁　白玉兴
兰泽栋　刘月华　刘伟涛
刘　奕　刘继辉　刘　琳
米丛波　米晓晖　许天民
许潾于　孙燕楠　李永明
李志华　李洪发　李　煌
李巍然　杨　凯　吴莉萍
沈　刚　宋锦璘　张卫兵

张　佐　张　彤　张晓蓉
张淋坤　张锡忠　陈莉莉
武秀萍　金作林　金　钫
周彦恒　郑之峻　房　兵
赵　颖　胡荣党　胡　敏
侯玉霞　施洁珺　贺　红
袁　晓　莫水学　徐宝华
徐璐璐　高雪梅　郭　杰
唐国华　黄晓峰　曹　阳
曹　猛　崔淑霞　谢　奇
赖文莉　熊　晖　樊永杰
戴红卫

委　　员　(200人,按姓名笔画排序)
马天叶　马文盛　马永平
马晨麟　王　丹　王　华
王　军　王红梅　王丽艳
王　励　王秀婧　王阿娴
王　林　王明锋　王秋锐
王　峰　王　悦　王培军
王　菲　王　彬　王　爽
王　博　王智强　王碧丽
王　毅　王　臻　车晓霞
车锋哲　毛　靖　方志欣
邓邦莲　邓丽嘉　邓　琪
艾　虹　古力巴哈·买买提力
左艳萍　厉　松　石　勰
卢海平　卢海燕　卢燕勤
田玉楼　史建陆　白　丁
白玉兴　白明海　包幸福
兰泽栋　达　珍　朱宪春
朱　敏　伍　军　任利玲
华先明　华咏梅　刘月华
刘伟涛　刘红彦　刘志坚
刘建明　刘　奕　刘继辉
刘　琳　刘新强　米丛波
米晓晖　安晶涛　许天民
许　衍　许艳华　许　跃
许潾于　孙燕楠　严　斌
杜　辉　李永明　李　宇
李志华　李　彤　李洪发
李　强　李　新　李　煌
李巍然　杨再波　杨　凯
肖立伟　吴莉萍　余炜伟
谷　岩　邹　蕊　沈　刚
宋少华　宋锦璘　张卫兵
张　宁　张军梅　张　佐
张　彤　张　君　张　洁
张桂荣　张晓东　张晓蓉
张海萍　张淋坤　张　瑞
张锡忠　张端强　张　黎
陈文静　陈　昕　陈学鹏
陈振琦　陈莉莉　陈雪峰
陈　琳　陈　曦　武秀萍
武俊杰　武冠英　林　军
季　骏　金作林　金　钫
周学军　周　珊　周彦恒
周嘉洪　郑之峻　郑　朝
郑雷蕾　房　兵　孟　晶
赵　宁　赵志河　赵　玺
赵　颖　郝春波　胡　飞
胡　炜　胡荣党　胡　敏
钟萍萍　段培佳　侯凤春
侯玉霞　侯志明　施洁珺
姚　源　贺　红　秦　朴
袁文钧　袁　晓　莫水学
夏伦果　徐卫华　徐宝华
徐晓梅　徐　娟　徐璐璐
高美琴　高雪梅　高锦瑜
郭冬会　郭　杰　郭　泾
唐国华　唐　甜　陶李明
黄　兰　黄晓峰　黄　跃
黄敏方　曹　阳　曹宝成
曹　猛　崔淑霞　韩光丽
韩向龙　韩　冰　嵇国平
鲁明星　温秀杰　谢　奇
谢贤聚　靳　华　赖文莉
雷勇华　雷　浪　雍　敏
蔡　斌　管晓燕　廖明华

谭家莉 熊 晖 樊永杰
戴红卫 魏志强 魏福兰

青年委员 (60 人,按姓名笔画排序)
于 泉 王 伟 王伟财
王 茜 王 威 王雪东
王 婧 王智伟 方东煜
方 婕 龙 虎 冯志远
冯 格 乔 虎 刘冬梅
刘春利 刘春艳 刘 超
齐 娟 闫伟军 江凌勇
祁祎喆 花 放 李彦浇
李晓玮 时 函 吴梦婕
谷 妍 张 祎 张 珂
张 莉 陈 正 陈 磊
罗 薇 周建萍 周顺泉
郑小雯 郑 洁 郑 晖
项露赛 赵艳红 胡 丽
柳大为 施 捷 秦 波
钱雅婧 徐开凡 郭昱成
龚士强 康 娜 阎秀林
梁 炜 彭 朋 程 钎
储沨婷 舒 睿 童 菲
雷 蕾 廖 文 廖崇珊

学术秘书 曹 猛

工作秘书 武俊杰

前任主任委员 白玉兴

**第七届中华口腔医学会修复工艺学专业委员会名单**(2020 年 10 月)

主任委员 佟 岱

候任主任委员 岳 莉

副主任委员 (5 人,按姓名笔画排序)
邓再喜 李靖桓 张朝标
景建龙 傅远飞

常务委员 (24 人,按姓名笔画排序)
王 正 王华新 王 兵
王建鸿 王洪雨 方 堃
邓再喜 邓 斌 朱卓立
刘 洋 孙 曜 李靖桓
杨向红 何大庆 何 帆
佟 岱 宋 海 张春宝
张朝标 张增瑞 岳 莉
景建龙 傅远飞 谭发兵

委员 (84 人,按姓名笔画排序)
丁 晨 马 林 马 超
王卫兵 王 正 王华新
王 兵 王明臻 王秉峰
王建鸿 王 炼 王 洁
王洪雨 王 桃 王海志
王 彬 王超朋 王惠芳
牛文辉 牛 林 毛 岭
方 堃 邓再喜 邓庶男
邓 斌 石永吉 宁 波
朱卓立 任 华 刘本东
刘 洋 刘晓晶 闫晓拥
关松雪 江水清 许 胜
孙朝辉 孙 曜 苏智伟
李小文 李亚新 李晓利
李 晖 李靖桓 杨万兵
杨向红 何大庆 何 帆
何 冰 佟 岱 宋 海
张 建 张春宝 张保荣
张维波 张朝标 张 静
张增瑞 罗志鑫 岳 莉
周曼莉 郑智烽 宓 勇
胡 建 胡 琨 钟成辉
钟 群 秦 飞 聂有志
高邦奎 郭大鹏 郭 玲
唐国俊 黄 伟 黄美玲
章伟良 阎 旭 彭书海
葛 勇 景建龙 傅远飞
焦 泽 廖小倩 谭发兵

学术秘书 王 兵

工作秘书 李晓利

顾问 朱晓斌 徐 侃

前任主任委员 张春宝

**第六届颞下颌关节病学及殆学专业委员会名单**(2020 年 11 月)

主任委员 傅开元

候任主任委员　祝颂松

副主任委员　(6 人,按姓名笔画排序)

许　跃　杨　驰　周　青
胡　敏　程　勇　谢秋菲

常务委员　(44 人,按姓名笔画排序)

于世宾　习伟宏　王美青
王燕一　邓末宏　甘业华
龙　星　匡世军　乔永明
刘昌奎　刘维贤　江青松
许　跃　李运峰　李志勇
李　煌　杨　驰　杨建军
杨　春　何冬梅　邹廷前
张月兰　张　娟　张雪洋
张清彬　张善勇　张静露
陈永进　陈　嵩　周　青
胡　敏　柯　金　柳新华
施洁珺　姜　华　祝颂松
秦力铮　曹均凯　龚忠诚
阎　英　程　勇　傅开元
焦国良　谢秋菲

委　　员　(129 人,按姓名笔画排序)

于世宾　习伟宏　马志贵
马　攀　王双义　王　军
王美青　王晓喧　王　爽
王雪东　王燕一　牛玉明
牛　宇　毛　明　方一鸣
邓末宏　甘业华　石虹霞
龙　星　白晓峰　匡世军
达林泰　毕瑞野　朱耀旻
乔永明　向国林　刘小明
刘华蔚　刘昌奎　刘俊杰
刘　洋　刘维贤　刘婷婷
江青松　江凌勇　江银华
许　凯　许　跃　杜　兵
李运峰　李志勇　李克义
李明贺　李　健　李　菁
李　新　李　煌　杨　驰
杨志诚　杨建军　杨　春
吴国民　吴梦婕　何冬梅
余　波　余道信　邹廷前
沈　山　宋　娟　张月兰
张世周　张　红　张　旻
张京剧　张　晓　张　娟
张雪洋　张清彬　张智玲
张善勇　张静露　陈永进
陈志晔　陈国新　陈建伟
陈　莉　陈敏洁　陈　嵩
林小臻　林　军　林　焱
金海威　周　青　周　洁
周薇娜　冼　淡　郑之峻
房　维　孟庆功　赵　宁
赵　芳　赵　彬　胡　敏
柯　金　柳新华　段咏华
施洁珺　姜　华　姜　楠
祝颂松　贺　洋　秦力铮
耿玉芝　贾　静　夏春鹏
殷治国　高　莺　高　璐
黄　芳　曹均凯　曹　烨
曹　猛　龚忠诚　康　宏
阎　英　蒋　一　程　勇
傅开元　焦国良　鲁　勇
曾剑玉　谢贤聚　谢秋菲
雷　杰　满　城　蔡恒星
潘永初　潘晓岗　霍　娜

青年委员　(54 人,按姓名笔画排序)

王　婧　亓　坤　牛　赟
邓智元　卢海彬　叶　斌
付镇地　白　阳　冯亚平
朱　萍　乔　彬　刘志明
刘　慧　江献芳　许　杰
孙养鹏　孙　浩　麦理想
李传洁　李　阳　李昊森
李　程　李颖杰　杨　振
杨　彬　时　权　吴淑仪
岑　啸　张子川　张　弘
张玲阁　张思慧　张　蕾
陈宇翔　陈晓波　林金莹
罗淑芳　郑吉驷　段文锴

侯大为　徐啸翔　凌　彬
郭慧琳　黄一平　曹品银
梁昌富　董敏俊　韩小东
韩建辉　韩　燕　童永青
詹　静　廖立凡　薛　妍

学术秘书　曹　烨
工作秘书　雷　杰
前任主任委员　龙　星
名誉主任委员　马绪臣　刘洪臣　张志光
顾　问　张震康

**第七届中华口腔医学会牙体牙髓病学专业委员会名单**(2020 年 11 月)

主任委员　余　擎
候任主任委员　岳　林
副主任委员　(7 人,按姓名笔画排序)
韦　曦　仇丽鸿　陈文霞
陈　智　周学东　侯本祥
梁景平
常务委员　(64 人,按姓名笔画排序)
于金华　马净植　王成坤
王捍国　王晓燕　王　静
韦　曦　牛卫东　仇丽鸿
方厂云　邓淑丽　邓　婧
卢兆杰　叶　玲　田　宇
边　专　刘加荣　刘学军
刘建国　江千舟　汤楚华
孙　喆　麦　穗　杜　毅
李　颂　杨卫东　杨　健
杨德琴　何文喜　余　擎
宋亚玲　张　琳　张　琛
张　敬　张　旗　张　蕾
张　露　陈文霞　陈　阵
陈　智　陈黎明　林正梅
岳　林　周学东　孟柳燕
赵　今　赵望泓　侯本祥
侯铁舟　姜　葳　袁　理
徐　琼　黄正蔚　黄定明
梁宇红　梁景平　彭　彬
董艳梅　程　磊　储冰峰
谢晓莉　雷雅燕　熊世江
潘乙怀
委　员　(192 人,按姓名笔画排序)
丁　群　于金华　于雅琼
马旭东　马净植　马晟利
王成龙　王成坤　王　青
王胜朝　王祖华　王捍国
王晓春　王晓燕　王　娟
王梦秀　王跃岩　王　静
王　燕　亓庆国　韦　曦
牛卫东　牛玉梅　仇丽鸿
方厂云　尹　伟　邓淑丽
邓　婧　古丽莎　卢兆杰
卢志山　叶　玲　申　静
田　华　田　宇　田萍兰
史　璐　付　梅　白建文
包旭东　包　博　尼　娜
边　专　曲晓复　吕海鹏
朱海华　朱雅男　庄　姮
刘加荣　刘青梅　刘治慧
刘学军　刘建国　刘　斌
次仁卡卓　次仁德吉
闫文娟　关为群　米方林
江千舟　汤楚华　许庆安
孙书昱　孙海龙　孙　喆
孙慧斌　孙德刚　麦　穗
苏　葵　杜　毅　李　红
李志强　李　辰　李贤玉
李春年　李　颂　李继遥
李　霞　杨卫东　杨　芳
杨　俊　杨晓峰　杨　健
杨雪超　杨　谛　杨德琴
肖　燕　吴补领　邱　伟
邱雪冰　何文喜　何向东
何　俐　余　擎　邹晓英
辛蔚妮　汪国华　宋卫健
宋亚玲　张光东　张志民
张志勇　张　明　张树新
张凌琳　张　敏　张　琳

张　琛　张　敬　张筱薇
张　旗　张　蕾　张　露
陈文霞　陈　阵　陈丽春
陈　卓　陈　亮(重庆)
陈　亮(天津)　陈晓玲
陈　智　陈　筑　陈　筠
陈黎明　苗雷英　范　伟
范　兵　林正梅　林　晨
欧琳琳　岳　林　周　延
周学东　庞　巍　郑玉琪
郑幼洋　郑雨燕　郑治国
郑　颖　郑新宇　孟柳燕
赵　今　赵守亮　赵　莉
赵望泓　赵　媛　侯本祥
侯铁舟　姜　葳　姜　醒
姚莉莉　袁　理　格根塔娜
夏文薇　夏凌云　顾永春
顾红政　徐　欣　徐　琼
高　鹏　郭冬梅　郭　涛
唐子圣　黄正蔚　黄定明
符起亚　梁宇红　梁景平
梁　燕　彭　彬　葛剑平
董艳梅　蒋月桂　蒋宏伟
程　磊　储冰峰　曾雄群
谢方方　谢晓莉　楚金普
雷丽珊　雷雅燕　阙克华
蔡志斌　漆　梅　熊世江
滕海英　潘乙怀　潘克清
潘　爽　薛　明　戴丽霞

青 年 委 员　(51 人,按姓名笔画排序)
王本材　王可境　王丽娜
王　俊　王　莉　王祥柱
仇　珺　邓子龙　石曲卓玛
史　彦　朱来宽　刘红艳
刘玲霜　刘思毅　刘晓斌
刘敬一　关晓旭　汤旭娜
孙建勋　孙静华　苏　征
李文静　李　娜　李艳萍
李睿敏　吴家媛　吴锦涛
宋　娟　张映娟　张　菁
张　瑜　陈　婷　苗　莉
苟雅萍　林　垚　林　静
周　玥　洪丽华　聂　杰
顾申生　高　原　郭佳杰
郭　嘉　黄湘雅　龚启梅
梁　佳　游月华　满都拉
窦　磊　樊　怡　霍丽珺

学 术 秘 书　王捍国
工 作 秘 书　李　娜　王可境
前任主任委员　边　专
名誉主任委员　凌均棨

**第七届口腔材料专业委员会名单**(2020 年 11 月)

主 任 委 员　孙　皎
副 主 任 委 员　(5 人,按姓名笔画排序)
包崇云　李长义　李志安
程　辉　傅柏平
常 务 委 员　(17 人,按姓名笔画排序)
王　焱　牛光良　包崇云
朱　松　刘　斌　孙　皎
李长义　李全利　李志安
李晓东　肖　群　张玉梅
陈良建　林　红　战德松
程　辉　傅柏平
委　　　员　(57 人,按姓名笔画排序)
于　皓　王　荃　王　勇
王　琛　王　辉　王　焱
牛光良　仇亚非　古丽莎
包崇云　曲晓复　朱　松
乔广艳　刘亦洪　刘　昕
刘晓秋　刘　斌　闫卓群
孙　宇　孙　皎　李长义
李全利　李志安　李　昊
李晓东　杨晓红　肖玉鸿
肖　宇　肖　群　吴小红
吴峻岭　吴　婕　邱　憬
何福明　张玉梅　张　宁
张　朋　张祖太　张　强
陈良建　陈　新　陈耀忠

邵龙泉　林　红　宝力道
赵　克　胡　杨　战德松
俞　青　姚　蔚　夏海斌
麻健丰　蒋　丽　韩建民
程　辉　傅柏平　廖　健

青年委员　(28 人,按姓名笔画排序)
马　宇　王晓东　邓振南
左起亮　付　静　朱　肖
刘凤珍　刘　琦　孙方方
李西宇　汪　林　张　旭
张学慧　张　超　陈晓婧
邵金龙　周　恬　周　益
俞懿强　徐永祥　徐　皑
黄雪清　曹　颖　隋佰延
程亚楠　谢广平　廖金凤
潘　宇

学术秘书　刘　昕

工作秘书　隋佰延

**第四届口腔生物医学专业委员会名单**(2020 年 11 月)

主任委员　李铁军

候任主任委员　边　专

副主任委员　(8 人,按姓名笔画排序)
王佐林　叶　玲　孙宏晨
李　蓓　范志朋　徐　艳
蒋欣泉　程　斌

常务委员　(39 人,按姓名笔画排序)
于金华　于维先　王佐林
王　福　孔　亮　邓旭亮
叶　玲　边　专　刘欧胜
刘　怡　孙宏晨　杜　娟
李　昂　李铁军　李　蓓
杨国利　杨德琴　步荣发
肖　晶　张玉峰　张　旗
陈泽涛　范志朋　林云锋
金　岩　周永胜　段小红
袁　泉　贾　荣　徐　艳
徐　骎　黄正蔚　寇育荣
葛少华　葛　颂　蒋欣泉
程　斌　潘乙怀　魏福兰

委　　员　(157 人,按姓名笔画排序)
丁　刚　丁佩惠　于金华
于洪波　于维先　卫　彦
王　成　王　旭　王衣祥
王秀梅　王佐林　王宏岩
王　林　王海丞　王海锋
王　智　王　福　王　璇
牛　林　毛学理　文　勇
孔　亮　邓旭亮　邓　辉
邓蔓菁　左金华　叶　玲
史　璐　冯元勇　冯晓东
边　专　朱慧勇　刘一涵
刘大勇　刘云松　刘文佳
刘　尧　刘　欢　刘来奎
刘欧胜　刘　怡　刘　超
刘慧颖　刘　燕　许丽华
孙志军　孙宏晨　孙　宾
孙　雯　孙　瑶　牟永斌
苏　彤　苏杰华　杜　娟
李　乐　李志民　李　昊
李　昂　李　波　李　莹
李铁军　李　涛　李敏启
李　琳　李道伟　李　蓓
杨丕山　杨国利　杨建民
杨雪超　杨　琨　杨德琴
来庆国　连冰洁　轩　昆
步荣发　肖　晶　吴梦婕
何永文　邹慧儒　张玉峰
张　旭　张好建　张辛燕
张莛蔚　张　旗　张　蕾
陈　刚　陈良建　陈泽涛
陈美玲　陈　峰　陈　陶
陈　曦　陈　鑫　范志朋
林云锋　季　骏　季耀庭
金幼虹　金武龙　金　岩
金　钫　金　鑫　周永胜
周传香　周　建　周　薇
郑大利　郑　颖　郑黎薇
孟　震　赵　刚　赵　行

胡　丽　胡雪峰　柳大为
段小红　段胜仲　侯玉霞
侯　晋　俞梦飞　姜莉铖
姚　睿　贺慧霞　秦力铮
秦海燕　袁　泉　贾　荣
夏　娟　夏德林　徐　艳
徐　骎　殷丽华　郭维华
郭　婷　唐健霞　黄正蔚
黄晓峰　曹　钰　鄂玲玲
寇育荣　寇晓星　葛少华
葛　颂　蒋欣泉　程　斌
程　磊　谢　明　谢　静
靳路远　蔡卜磊　臧光祥
裴丹丹　潘乙怀　潘永初
魏福兰

青年委员　(30 人,按姓名笔画排序)
尹　伟　石　玉　布文奂
帅　逸　叶　颖　代杰文
丛　蔚　冯　强　任先越
刘　娜　孙晓琳　李建华
李　璐　杨晓娟　吴庆庆
吴晓珊　张文杰　张学慧
张　萍　周玥颖　孟昊天
胡　磊　夏　阳　徐骏疾
郭庆圆　黄　镇　傅夏洲
廖　莹　谭静怡　樊　怡

学术秘书　周传香
工作秘书　张建运
前任主任委员　金　岩
顾　问　王松灵

**第五届预防口腔医学专业委员会名单**(2020 年 11 月)

主任委员　林焕彩
候任主任委员　卢友光
副主任委员　(9 人,按姓名笔画排序)
杜民权　张　颖　欧晓艳
郑树国　荣文笙　胡　涛
黄少宏　黄瑞哲　曾晓娟

常务委员　(67 人,按姓名笔画排序)
马　哲　王万春　王月辉
王志周　王志峰　王春晓
王　艳　王翔宇　王　瑞
支清惠　尹　伟　邓　蔡
卢友光　叶　玮　田剑刚
冯昭飞　司庆宗　司　燕
台保军　朱赴东　朱海华
刘明海　刘宝盈　刘　娟
刘　敏　江　汉　孙　烨
苏柏华　杜民权　李济强
李振英　李　颂　李　涛
李　斌　李　群　李　毅
轩　昆　肖希娟　沈家平
张志勇　张　颖　张　馨
陈珍香　陈　曦(上海)
林焕彩　欧晓艳　罗力民
周　智　郑树国　荣文笙
胡闻奇　胡　涛　俞　明
袁　杰　徐拥军　徐晓明
徐　韬　黄少宏　黄文霞
黄瑞哲　曹　斌　蒋备战
韩晓兰　曾晓莉　曾晓娟
阙国鹰　熊　伟

委　员　(200 人,按姓名笔画排序)
丁林灿　丁国伟　于丽娜
于艳萍　万　莉　马丽霞
马金兰　马　哲　马莉莉
王万春　王月辉　王　冰
王志周　王志峰　王忠华
王建宁　王春晓　王胜朝
王　艳　王益骏　王袖和
王雅俐　王翔宇　王道春
王　瑞　韦晓玲　支清惠
计　艳　尹　伟　邓　蔡
邓　蔚　石　宏　卢友光
叶　玮　田剑刚　冯　岩
冯昭飞　司庆宗　司　燕
台保军　吕　健　朱赴东
朱海华　乔黎晓　庄沛林
刘东秀　刘　畅　刘明海

刘宝盈　刘　娜　刘　娟
刘雪楠　刘　敏　刘康民
刘　璐　闫翠翠　江　汉
江银华　许卫星　许雪静
许颖华　孙志广　孙　烨
纪　莹　贡嘎尼玛　苏红如
苏柏华　杜民权　李长森
李可冰　李亚男　李　刚
李年生　李奉华　李济强
李振英　李　颂　李　涛
李　淼　李　斌　李　群
李睿敏　李　毅　杨友谊
杨颜菁　轩　昆　肖希娟
邱荣敏　邹得平　辛蔚妮
沈　红　沈家平　宋　涛
张立霞　张向宇　张志勇
张　岩　张建明　张绍伟
张　娜　张　健　张鸿军
张　超　张楚平　张　颖
张　磊　张　馨　陆海霞
陈文玉　陈　冲　陈　迅
陈　岩　陈珍香　陈顺昌
陈黄琴　陈康照　陈　薇
陈曦(上海)　陈曦(武汉)
范卫华　林　挺　林焕彩
欧晓艳　罗力民　周红慧
周　智　周瑞云　周　燕
郑树国　赵世俊　郝静华
荣文笙　胡　征　胡闻奇
胡　涛　胡逸鹏　胡　赟
侯　玮　俞　明　施　乐
施宏燕　施春梅　闻健琼
姜巧玲　娄　鸣　胥晓丽
贺晓瑛　秦红霞　袁　欢
袁　杰　袁　爽　贾　爽
夏庆银　柴　勇　晏在有
徐拥军　徐晓明　徐　斌
徐　韬　徐稳安　高永梅
高江红　高银艳　郭亚丽

唐明娜　陶丹英　陶　冶
黄少宏　黄文霞　黄胜春
黄瑞哲　黄燕林　曹小竺
曹红旗　曹　斌　崔丽华
崔娟娟　董　华　董俊平
蒋备战　蒋　琳　韩晓兰
粟立平　程　然　程　靖
曾晓莉　曾晓娟　谢莉莉
谢煜庭　雷　蕾　詹　杭
阙国鹰　慈向科　蔡　鉴
谭战民　熊　伟　缪小青
黎淑芳　颜燕宏　魏利敏

青年委员　(56 人,按姓名笔画排序)
于丽霞　及　捷　马　飞
马　丽　王沪宁　王孟宏
王彦莉　王　瑶　公　文
全　涛　刘　佳　刘怡然
刘姗姗　孙翔宇　李子夏
李　飞　李　杨　李伯琦
李　幸　李玲玲　李剑波
李艳红　李菊红　李辉莉
李　蕾　杨雯洁　张石楠
张　羽　张思宇　张　洁
张　莉　张　爽　张晨峥
张　皓　张　源　苟雅萍
林　苇　赵芳萍　赵　莉
赵　梅　胡　静　钟建平
姜　鸣　祝　贺　班晶浩
袁勇翔　袁　超　徐　婷
郭晓贺　黄晓刚　程　立
谢妮娜　蔡　和　樊素平
潘　燕　霍　雷

学术秘书　司　燕
工作秘书　周　燕

前任主任委员　台保军
名誉主任委员　冯希平
顾　　问　韩永成

**第三届唇腭裂专业委员会名单**(2020 年 12 月)

主任委员　尹宁北

候任主任委员　朱洪平

副主任委员　(5 人,按姓名笔画排序)
马　莲　王国民　任战平
陈仁吉　傅豫川

常务委员　(26 人,按姓名笔画排序)
马　莲　王国民　王洪涛
尹宁北　尹　恒　石　冰
邝　海　朱洪平　任战平
刘　强　江宏兵　孙　健
李永生　李承浩　李　健
李巍然　沈卫民　宋　涛
张浚睿　陈仁吉　陈振琦
周　炼　贺　红　唐世杰
黄永清　傅豫川

委　员　(61 人,按姓名笔画排序)
马　莲　王　如　王国民
王洪涛　王　涛　王家盛
尹宁北　尹　恒　石　冰
邝　海　朱洪平　乔永明
任战平　刘　强　江宏兵
孙　健　李万山　李永生
李　军　李承浩　李　健
李　盛　李精韬　李巍然
杨育生　杨学财　杨辉俊
肖文林　吴中兴　佘晓晴
邹永巍　沈卫民　宋庆高
宋　涛　张　凯　张浚睿
阿地力·莫明　陈仁吉
陈伟辉　陈振琦　陈　涌
金辉喜　周治波　周　炼
庞雪晶　侯劲松　贺　红
袁文钧　贾绮林　高　慧
郭雪松　唐世杰　黄长波
黄永清　黄　群　龚彩霞
崔颖秋　梁志刚　傅豫川
鲁　勇　蔡　鸣

青年委员　(25 人,按姓名笔画排序)
于国霞　万　腾　马　坚
马　利　马思维　王　玲
石铟印　刘人恺　汤晓雨
祁恩春　李云鹏　李鸿艺
杨中锐　杨　爽　吴忆来
宋晓彬　张　凯　周　侠
郑　洁　钦传奇　钱俊乔
黄一平　黄汉尧　董　瑞
傅夏洲

学术秘书　宋　涛

工作秘书　周　炼

前任主任委员　石　冰

**第七届牙周病学专业委员会名单**(2020 年 12 月)

主任委员　闫福华

候任主任委员　潘亚萍

副主任委员　(8 人,按姓名笔画排序)
丁　一　毕良佳　束　蓉
陈发明　徐　艳　栾庆先
章锦才　葛少华

常务委员　(67 人,按姓名笔画排序)
丁　一　于晓潜　马志伟
马　肃　王左敏　王宝彦
王勤涛　王　静　付　云
毕良佳　朱光勋　任秀云
向学熔　刘　怡　刘　敏
闫福华　许春姣　孙伟莲
孙　江　孙钦峰　杜　毅
李成章　李启艳　李　昂
李艳芬　李晓军　李超伦
杨冬茹　束　蓉　轩东英
吴亚菲　宋忠臣　宋　莉
宋爱梅　陈发明　陈　武
陈栋(上海)　陈栋(郑州)
陈莉丽　陈　超　林　莉
林晓萍　欧阳翔英　尚姝环
罗礼君　和　璐　赵川江
赵　蕾　钟良军　侯建霞
骆　凯　徐　艳　徐琛蓉
徐　燕　栾庆先　黄　姣
黄　萍　曹正国　章锦才
梁照忠　葛少华　葛　颂

董广英　税艳青　谢玉峰
谢　辉　潘亚萍

委　　员　(200 人,按姓名笔画排序)

丁　一　丁　芳　丁　鳌
于晓潜　万　鹏　马　宁
马志伟　马　肃　马　巍
王左敏　王永兰　王　丽
王宝彦　王晓飞　王晓春
王维倩　王惠宁　王勤涛
王新红　王　静　牙祖科
乌玉红　邓　辉　邓嘉胤
古丽努尔·阿吾提　叶　芳
申玉芹　付　云　宁　杨
吉秋霞　毕良佳　吕　达
朱亚桥　朱光勋　朱丽红
朱丽雷　任秀云　向军波
向学熔　刘大力　刘文钊
刘　怡　刘树泰　刘　勇
刘晓峰　刘　敏　刘　琪
刘斌杰　闫福华　关薇薇
安　娜　安康康　许春姣
阮　毅　孙　予　孙伟莲
孙　江　孙昌洲　孙钦峰
孙俊毅　孙　颖　杜　岩
杜　毅　李成章　李芬连
李启艳　李　昂　李厚轩
李艳芬　李晓东　李晓军
李淑娟　李　琛　李超伦
杨　禾　杨冬茹　杨　栋
束　蓉　轩东英　吴广升
吴文蕾　吴亚菲　吴刘中
吴安平　吴　坚　吴迎涛
吴　昊　吴　艳　吴燕岷
何权敏　宋忠臣　宋　莉
宋爱梅　张冬梅　张　旭
张志清　张贤华　张明珠
张迪亚　张　结　张雪洋
张婉丽　张慧慧　陆卫青
陈发明　陈宏柏　陈　武
陈栋(上海)　陈栋(郑州)
陈莉丽　陈晓涛　陈铁楼
陈　悦　陈彩云　陈　超
陈　筠　武　影　苗　辉
林志勇　林　莉　林晓萍
林崇韬　林敏魁　欧阳翔英
尚姝环　易建国　罗礼君
罗志晓　和　璐　周　村
周爽英　宗娟娟　孟　姝
赵川江　赵红宇　赵　戬
赵　蕾　胡文杰　胡晓洲
胡景超　钟良军　钟　泉
钟德钰　段春红　侯建霞
俞　明　姜　蕾　姚文鑫
骆　凯　耿华欧　桂　湧
贾惠梅　倪　佳　徐　艳
徐　莉　徐琛蓉　徐　燕
栾庆先　高秀秋　郭留云
唐杭瑞　唐昊喆　唐国旗
黄文霞　黄　政　黄　姣
黄　萍　曹正国　曹　筝
康　军　章锦才　商　红
梁花梅　梁　敏　梁照忠
寇育荣　彭　博　葛少华
葛学军　葛　颂　董广英
董潇潇　蒋少云　蒋春梅
韩　劼　税艳青　释　栋
曾启新　谢玉峰　谢　辉
蔡　扬　蔡　霞　谭葆春
潘亚萍　薛　鹏　薛　毅
霍永力　穆　森　魏　红
魏洪武

青 年 委 员　(60 人,按姓名笔画排序)

丁　成　丁佩惠　王志涛
王宏岩　王家烯　王　骏
王　颖　王燕铭　叶　国
叶畅畅　代佳音　毕春升
乔　静　庄德舒　刘子豪
刘　欢　刘　茜　刘　洋

刘培红　刘　硕　刘静波
江　俊　孙　苗　李文鹿
李希庭　李泽慧　李　璐
杨　琨　吴剑花　余　挺
邹海啸　张杨珩　陈　芳
罗振华　周彦玢　周　敏
房付春　郜洪宇　段学静
徐文洲　徐全臣　徐晓薇
徐骏疾　高晋华　郭红梅
郭淑娟　郭　颖　黄　振
梅盛林　崔　迪　康　健
彭　艺　程　岚　储　庆
雷利红　詹渊博　谭丽思
熊纪敏　薛　芃　戴　芳

学术秘书　李艳芬
工作秘书　张杨珩　崔　迪
前任主任委员　王勤涛
名誉主任委员　孟焕新
顾　问　杨丕山

**第七届儿童口腔医学专业委员会名单**（2020 年 11 月）

主任委员　邹　静
候任主任委员　汪　俊
副主任委员　（7 人，按姓名笔画排序）
王小竞　刘英群　宋光泰
陈　旭　赵玉梅　赵　玮
夏　斌
常务委员　（58 人，按姓名笔画排序）
丁桂聪　马文利　马　林
王小竞　冯靳秋　邢向辉
朱俊霞　任重鸿　刘英群
刘　波　刘奕杉　刘颖萍
池政兵　阮文华　李小兵
李　冬　李爽英　李　锐
杨东梅　轩　昆　吴礼安
何　淼　邹　静　汪　俊
汪　隼　宋光泰　张英华
张　笋　张　琼　陈　旭
陈宇江　陈　瑶　邵林琴
林居红　尚佳健　赵玉鸣
赵玉梅　赵　玮　姚　军
姚　睿　秦　满　袁国华
聂　彬　夏　斌　钱　虹
高　黎　郭青玉　郭维华
黄　华　黄　芳　黄　彦
黄　洋　梅予锋　梁　勤
隋　文　蒋备战　曾素娟
缪　羽
委　员　（182 人，按姓名笔画排序）
丁桂聪　于国霞　马文利
马　兰　马江敏　马　林
马缨卫　王小竞　王金东
王金华　王艳芳　王　锐
王媛媛　王　鹏　毛峻武
尹晓敏　邓凤坤　邓转云
邓　炜　邓蔓菁　平雅坤
卢明智　卢　虹　冯冬菲
冯　娟　冯靳秋　冯　燕
邢向辉　毕迎春　曲兴民
吕长海　吕学超　朱万春
朱俊霞　乔　红　任　飞
任重鸿　刘　尧　刘英群
刘　佳　刘　波　刘玲霜
刘奕杉　刘高成　刘海英
刘惠萍　刘　锐　刘颖萍
池政兵　安无恙　许世梃
阮文华　孙玉荣　苏吉梅
苏　葵　杜　芹　李万山
李小兵　李玉华　李　冬
李亚奇　李成皓　李　威
李　姮　李艳红　李振英
李爽英　李　婧　李　锐
李路平　李新玲　李睿敏
李　毅　杨卫平　杨玉娥
杨东梅　杨宁燕　杨　杰
杨湘晖　轩　昆　吴礼安
邱荣敏　何　辉　何　淼
邹　红　邹　静　汪　俊
汪　隼　沈兰花　宋光泰

张月云　张石楠　张百泽　曹剑菊　崔　春　梁　勤
张红梅　张英华　张岱尊　隋　文　琼　达　董　岩
张　洁　张晓旻　张晓敏　董　新　蒋备战　舒　睿
张　笋　张　敏　张彩娣　曾素娟　谢妮娜　赖光云
张　琼　张筠英　张曦木　雷志云　缪　羽　黎淑芳
陈　旭　陈　宇　陈宇江　颜燕宏　戴　婧
陈　红　陈　卓　陈　晖
陈　瑶　邵林琴　武　洁
林居红　尚佳健　岳阳丽
金　丽　金星爱　周　治
周瑞庆　庞雪晶　郑雪飞
赵玉鸣　赵玉梅　赵西珍
赵　玮　赵　岩　赵佳佳
赵爱民　胡晓燕　胡　璇
钟雯怡　施春梅　姜力铭
姚　宁　姚　军　姚　睿
秦　晗　秦　满　袁国华
聂　彬　贾春玲　夏玉婷
夏　斌　钱　虹　徐树森
徐　勇　翁巧风　高玉光
高志雄　高　鹏　高　黎
郭大红　郭青玉　郭维华
黄　华　黄　芳　黄　彦
黄　洋　黄新文　黄睿洁
梅予锋　梅丽琴　曹小竺

青年委员（44人，按姓名笔画排序）
马　兰　王军辉　王　艳
石　磊　冯晓宇　曲春娜
朱　姝　刘　艳　孙　燕
纪　莹　李文静　李　杨
李伯琦　杨　宇　杨颜菁
肖　文　吴志芳　吴　茜
何松霖　余静静　沈东鹤
张　俊　张　钰　张　倩
陈婵婵　周　凤　周志雄
周志斐　周陈晨　郝文婧
敖川北　徐　赫　高　杰
高　朗　高雪峰　高碧云
高　磊　郭　慧　曹　娟
蒋　旸　景　泉　喻　健
程　琳　蔡晨星

学术秘书　张　琼
工作秘书　郭维华
前任主任委员　秦　满

# 学术会议和展览会

## 在中国召开的国际性学术会议

**2020丝绸之路国际口腔医学论坛暨丝绸之路口腔器材设备药品展览会**

时间：2020年11月6日

地点：陕西省西安市

主办和协办单位：陕、甘、宁、青、新、晋、豫、蒙8省（自治区）口腔医学会共同发起主办，空军军医大学口腔医学院、西安交通大学口腔医院、中国牙病防治基金会联合协办

本次会议共开设专科论坛19场，实际操作专科培训班4个，工作会议12场，3项实操活动，2场手术直接。邀请国内知名专家200余人。共4 000余人参加了本次论坛及展览会。大会邀请了“小汤山”医院院长、原中国医师协会会长张雁灵教授和“火神山”医院院长、第四军医大学校长张思兵教授作特邀演讲。张雁灵教授以“大疫之下对医学人文的思考”为题，介绍了医学人文的起源、发展过程，提出当今疫情之下，医学人文关怀的重要

理念。张思兵教授以亲身经历讲述“誓死不退决战决胜——战‘疫’，我们为什么能打赢?”，台下听众近距离感受中国人民解放军在疫情席卷而来时的英勇担当，和面对这场无硝烟的战争时的坚定信念。

论坛期间，召开第二届“丝路杯”口腔医学生临床技能邀请赛。来自全国 24 所院校的本科生，26 所院校的研究生，总计 150 名选手参赛，推动了口腔医学生的技能交流和教学发展。“第二届显微治疗术训练营”由 10 位临床经验丰富和医生担任教官，用 90 台口腔显微镜和 8 种治疗镍钛系统对学员进行了系统培训。共培训了 4 场次，共 360 名学员，刷新了显微根管治疗术培训班最大规模的纪录。“丝绸之路牙医足球赛”作为大会的重要组成部分，至今已举办三届，为丝绸之路国际口腔医学论坛暨口腔器材设备药品展览会增加了更丰富的文化元素。

**第七届中国-东盟国际口腔医学交流与合作论坛**

时间:2020 年 11 月 23 ~26 日

地点:广西南宁市

主办和承办单位:国家卫生健康委员会、国家中医药管理局、广西壮族自治区人民政府主办，广西壮族自治区卫生健康委员会、广西医科大学附属口腔医院承办

内容提要:本届口腔论坛是“健康丝绸之路”建设暨第三届中国-东盟卫生合作论坛的专题论坛之一，同时纳入第十七届中国-东盟博览会系列论坛。本届口腔论坛以“新冠肺炎疫情背景下的口腔医学发展战略”为主题，采取“线上”与“线下”会议相结合的形式，共举办开幕式、学术论坛、口腔优秀青年学生论坛等各项活动 6 场。

广西壮族自治区政协副主席黄日波、国家卫生健康委疾控局二级巡视员崔钢、老挝人民民主共和国卫生部副部长普同 · 孟巴、缅甸联邦共和国卫生体育部常务秘书德凯温、中华口腔医学会会长俞光岩在口腔论坛开幕式致辞，共有来自中国、东盟等 10 个国家的 85 位嘉宾通过直播连线、视频录播和现场演讲等多种方式参与本届口腔论坛，包括中国工程院院士张志愿，中华口腔医学会名誉会长、副会长，东盟国家口腔医学会会长，ICD(国际牙医师学院)中国区主席，国内外著名口腔医学院院长等口腔领域知名专家学者，带来精彩的学术盛宴。论坛召开期间，来自 71 个国家超过 43 万人次通过手机、电脑等各种终端访问网站及收看视频直播，影响力深远。同期举行的第四届优秀口腔青年学生论坛，共有中国及 8 个东盟国家 27 名口腔青年学生和 14 名专家评委参与，首次采用全线上参赛模式，5 天内有超过 16 万人次参与投票，中国-东盟口腔青年交流得到进一步深化。

## 中华口腔医学会及其专业委员会会议

**中华口腔医学会学术年会“首届院士论坛”**

时间:2020 年 9 月 1 日

地点:上海市

主办和承办单位:中华口腔医学会

内容提要:论坛由俞光岩会长和周学东副会长主持，邀请中国工程院邱蔚六院士、张志愿院士，中国科学院王松灵院士，领衔口腔医学界权威专家，对“新冠疫情常态化防控”进行了深入的研讨。俞光岩会长指出，院士是国家设立的科学技术方面的最高学术称号，是科技工作者的杰出代表。口腔医学界的三位院士专家，为中国口腔医学的发展做出了杰出贡献。召开的院士论坛在中华口腔医学会的历史上将成为一个标志性的事件，院士论坛对推动口腔医学的发展具有重要意义。王兴名誉会长致辞，希望口腔医学界的专家们在三位院士的带领下，逐渐在中国工程院和中科学院形成一只口腔医学的队伍，

更好地传播口腔医学的声音,这是口腔医学界的任务,也是一种责任。关于新冠疫情的防控王兴会长指出,现在疫情虽有缓解,口腔医疗机构仍要保持高度警惕,做好疫情常态化的准备,保护好口腔医务工作者和患者。

邱蔚六院士做主旨报告,指出病毒感染是一个局部生态不平衡的表现,在一定时期内是必然要发生的。新冠病毒并不是不可预防的,也不是不可以预测,当出现了一些新的选择和新的情况时,我们需要做的是寻找新的对策。张志愿院士做主旨报告,指出临床研究是临床诊疗的重要组成部分,也是医生的职责,医生天然是一个研究者,临床和研究更是天然一体、高度统一的。从事临床研究工作的医生是创造先进技术、主宰医学的发展,只有成为医学领域的领军者,才能更科学有效地为患者服务。王松灵院士做"新冠疫情常态化防控下口腔学科的挑战与机遇"主旨报告,详细介绍了新冠病毒受体在口腔组织中的表达情况、口腔治疗的防御重点,以及如何平衡风险与治疗。在常态化疫情防控的形势下,面临风险和挑战,同时也是全面促进口腔医学医疗、教学、科研、预防和管理工作发展的良好机遇。我们要迎接挑战,抓住机遇,努力把疫情防控和口腔医学发展两项工作都抓紧抓好。

本次院士论坛开创中国口腔医学史上多个"首次",即首次聚齐口腔医学界所有院士话学术、谋发展;口腔医学界首次针对"新冠疫情常态化防控"开展的高峰论坛等。本次论坛的成功举办将对今后一个时期的疫情防控和口腔医学发展产生重要的指导作用。"院士论坛"将作为中华口腔医学会学术年会的固定活动举办下去,让我们共同期待第二届院士论坛给大家带来更前沿、更权威、更实用的话题和指导。

**第十次儿童口腔医学学术年会**

时间:2020年9月1~3日

地点:上海市

主办和承办单位:中华口腔医学会儿童口腔医学专业委员会主办,上海交通大学医学院附属第九人民医院承办,中国国际科技交流中心协办

内容提要:中华口腔医学会俞光岩会长,上海交通大学医学院附属第九人民医院党委书记郭莲教授,儿童口腔医学专委会主任委员秦满教授出席会议并致辞,中国牙病防治基金会理事长葛立宏教授出席了会议。秦满教授首先为大家解读了《婴幼儿龋防治指南》,给出了0~3岁婴幼儿的龋预防建议,包括喂养建议、口腔卫生行为指导、口腔检查建议、局部用氟指导。北京大学口腔医学院赵玉鸣教授对《乳牙牙髓病诊疗指南》进行了解读,指南的主要内容包括术语和定义、牙髓状态的判读、乳牙牙髓治疗的通用技术、术式选择与治疗原则、成功标准及预后。空军军医大学口腔医院王小竞教授对《乳牙金属预成冠修复临床操作规范》进行了解读,主要内容包括治疗前物品准备、医生准备,详细的操作流程(选冠、牙体预备、试戴、修整、再试戴、粘接)以及效果评价。通过此次学习,对规范化的治疗、临床操作都有了更加深入的理解和认知。

本次学术会议开设了多个分论坛,包括儿童口腔医学专委会技术指南、牙体-牙周-儿童口腔交叉、咬合诱导、牙外伤与发育异常、儿童口腔科治疗技术、儿童龋病以及儿童牙髓治疗和牙再生论坛。闭幕式上,主任委员秦满教授宣布2021年第十一次儿童口腔医学学术会议将由武汉大学附属口腔医院承办。

**第十四次全国口腔病理学术会议暨换届大会**

时间:2020年9月25~28日

地点:辽宁省沈阳市

主办和承办单位:中华口腔医学会口腔病理学专业委员会主办、中国医科大学口腔医学院承办

内容提要:本次会议在疫情下筹备和举

办的,克服众多困难,来自全国各地约 120 名代表参加了会议。会议共收到来自 20 余个单位共计 100 余篇投稿,包括临床病理研究、实验病理研究和口腔组织病理学教学方面。会议设立了特邀报告、学术论坛和病理读片三个专题,邀请了上海市口腔医学研究所所长陈万涛教授、武汉大学口腔医学院贾荣教授、空军军医大学口腔医学院李蓓教授、大连医科大学刘婷姣教授做特邀报告。25 名中青年学者围绕颌面部组织胚胎学与发育生物学、组织结构与组织工程、口腔颌面-头颈部肿瘤的精准诊断和个体化治疗等多个国内外前沿热点问题进行了学术交流与讨论。在临床病理讨论会中,来自 10 个院校的代表汇报了精心准备的病例,口腔病理的同仁们进行了热烈讨论。对于了解学术前沿、把握学术热点和提高学术水平都起到了促进作用。

中国医科大学口腔医学院院长孙宏晨教授以全票当选为中华口腔医学会口腔病理学专业委员会新一届主任委员。副主任委员有李江、李铁军、陈小华、周峻、胡济安,陈宇教授当选为候任主任委员,钟鸣教授为前任主任委员。换届会上,钟鸣教授做了上一届专委会工作汇报。孙宏晨教授根据专委会主任委员的工作职责,制定了"提高口腔病理学专委会的影响力,夯实口腔病理学专委会的根基、拓展口腔病理学师资的学术视野、搭建口腔病理学学术交流的平台、提供口腔病理学师资的培养途径、开展口腔病理学适宜技术的培训"等未来 3 年专委会的工作计划,实现将口腔病理学专业委员会做强的目标。

**第九次全国口腔药学学术会议**

时间:2020 年 10 月 29 ~31 日

地点:四川省成都市

主办和承办单位:中华口腔医学会口腔药学专业委员会主办,四川大学华西口腔医院承办

内容提要:本次会议采取了线上和线下相结合的模式,来自全国各地口腔药学领域专家以及华西口腔医院专科联盟成员单位,累计线下和线上七百余人参加了会议。本次大会以"新冠疫情常态化下口腔药学的发展之路"作为会议主题。大会开幕式上,四川大学华西口腔医学院孙建勋副书记、南方医科大学南方医院刘习强主任委员受邀为本次大会致辞。

受邀药学专家就相关领域作演讲。其中四川大学华西医院柯博文教授的题目是"临床导向的麻醉新药创制";中山大学光华口腔医学院章小缓主任医师的题目是"疫情常态化下口腔医院感染防控措施";四川省人民医院杨勇教授的题目是"从新冠肺炎防控谈药学服务模式创新";四川大学华西口腔医院李春洁教授的题目是"循证口腔医学理念的形成及其在药物临床研究中的应用";南方医科大学南方医院刘习强教授的题目是"重症颌面颈部间隙感染的诊疗进展及用药策略";北京大学口腔医院郑利光教授的题目是"口腔黏膜病超说明书用药的风险分析及管理";上海交通大学附属第九人民医院原永芳教授的题目"口腔药物临床试验与临床研究管理";空军军医大学第三附属医院刘青教授的题目是"口腔干燥的诊断治疗";四川大学华西口腔医院药剂科主任王建莉的题目是"借助医院信息化建设,实现药学服务转型"。本次会议的在线录制课程将作为四川大学华西口腔医院专科联盟单位的共享学习平台资料,开放给专科联盟单位的医务工作者学习,为促进基层口腔医院合理用药工作发挥作用。

**第十次全国口腔生物医学学术年会暨第六次全国口腔杰青优青论坛**

时间:2020 年 11 月 1 ~2 日

地点:上海市

主办和承办单位:中华口腔医学会口腔生物医学专业委员会主办,上海交通大学口腔医学院和上海交通大学医学院附属第九人民医院承办

内容提要:会议汇聚了中国口腔医学界

的顶尖学术大家和学科带头人等。来自全国的参会人员有 1 000 余名。大会开幕式由本次会议执行主席、上海交通大学口腔医学院的执行院长蒋欣泉和第四届口腔生物医学专业委员会主任委员李铁军联合主持。上海交通大学医学院附属第九人民医院院长吴皓为开幕式致辞。张志愿院士、范先群书记和吴皓院长为第一届中华口腔医学会口腔生物医学专业委员会"杰出贡献奖"获奖者王松灵院士、金岩教授和施松涛教授颁发了奖状和荣誉证书。

开幕式后的 5 场特邀报告中,张志愿院士、王松灵院士、施松涛教授、陈万军教授、金岩教授分别对于各自研究领域前沿进展以及科研人员成才思考进行了分享。大会专题报告中,李铁军教授、田卫东教授、孙宏晨教授、蒋欣泉教授、范志朋教授、程斌教授、邓旭亮教授、周永胜教授、段胜仲教授、陈智教授、林云锋教授和段小红教授分别向参会代表分享了各自课题组近年来取得的突出性研究成果。11 月 2 日,举行了口腔杰青、优青论坛。王林教授、陈谦明教授、陈莉莉教授等与与会代表面对面交流与探讨各自研究方向的最新进展。同期分会场举行口腔优秀青年研究论坛,13 位来自各个口腔院校的青年学者交流各自科研心得。

**第十三次全国牙体牙髓病学学术大会**

时间:11 月 9 ~10 日

地点:湖北省武汉市

主办和承办单位:中华口腔医学会牙体牙髓病学专业委员会主办、武汉大学口腔医学院承办

内容提要:中华口腔医学会牙体牙髓病学专业委员会主任委员、武汉大学口腔医院院长边专教授应邀出席会议并为开幕式致辞。中华口腔医学会副会长、牙体牙髓病学专委会前任主任委员、中山大学附属口腔医院名誉院长凌均棨教授主持会议开幕式并致辞。因疫情防控原因,会议采取了线上线下相结合的形式开展。线下参会人员仅限于中华口腔医学会第六届和第七届牙体牙髓病学专委会委员和青委、湖北省牙体牙髓病学专委会常委和部分抗疫代表,共有来自全国各省市的 315 位会员注册参会。同时线上直播观看本次年会的人数达 37 000 人次,创全国牙体牙髓病学学术大会新高。

本次会议设置了名师讲坛、中青年专家论坛、抗疫专场等学术活动。名师讲坛中,空军军医大学口腔医学院余擎教授、四川大学华西口腔医院周学东教授、中华口腔医学会秘书长岳林教授、首都医科大学附属北京口腔医院侯本祥教授、上海交通大学医学院附属第九人民医院梁景平教授、中山大学光华口腔医学院附属口腔医院韦曦教授、武汉大学口腔医院副院长陈智教授做主题讲演。中青年专家论坛由空军军医大学口腔医院王胜朝、四川大学华西口腔医院樊怡、北京大学口腔医院包旭东、首都医科大学附属北京口腔医院孙静华、上海交通大学医学院附属第九人民医院顾申生、中山大学光华口腔医学院附属口腔医院龚启梅、武汉大学口腔医院梁佳、深圳市人民医院口腔医学中心游洪霞、华北理工大学口腔医学院李任、聊城市人民医院口腔科魏成石、中南大学湘雅口腔医院王祥柱、合肥市口腔医院杨英泽带来精彩的病例分享。11 月 10 日,中华口腔医学会牙体牙髓病学专委会换届大会召开,大会由中华口腔医学会会员部常朝辉部长主持,选举产生第七届专委会主任委员、候任主委、副主委和常委。

会议特别邀请到中国人民解放军空军军医大学校长、武汉火神山医院院长张思兵教授作战"疫"演讲。边专教授在抗疫专场中,带来题为"处变而变——新冠疫情下武大口腔的对策"的报告,向大家介绍武大口腔在面临新冠疫情时的应对策略,也为全国口腔同仁在疫情常态化阶段下的防控措施提供借鉴与参考。

**第十二次全国口腔黏膜病学学术大会暨第十次全国口腔中西医结合学术大会**

时间:2020 年 11 月 13 ~ 15 日

地点:江苏省南京市

主办和承办单位:中华口腔医学会口腔黏膜病专业委员会、中西医结合专业委员会主办,上海交通大学医学院附属第九人民医院、北京大学口腔医院、南京大学医学院附属口腔医院(南京市口腔医院)、南京医科大学附属口腔医院联合承办

内容提要:本次会议全国 30 多所高校共计七百余人参会。会议开幕式由中华口腔医学会口腔黏膜病专业委员会主委、上海交通大学附属新华医院党委书记唐国瑶教授,及中华口腔医学会中西医结合专业委员会副主委、南京大学医学院附属口腔医院(南京市口腔医院)副院长王文梅教授主持。

会议特邀中国科学院院士王松灵院士做创新报告,探讨健康使者——硝酸盐的奥秘。同时还有中国工程院院士李兆申教授线上授课,同与会嘉宾共同探讨人工智能与医学技术应用研究。大会邀请南京大学医学院附属鼓楼医院孙凌云教授,国家自然科学基金委员会医学科学部负责人徐岩英教授,北京大学第一医院朱学骏教授,第二军医大学药学院张卫东教授,上海交通大学医学院附属瑞金医院郑捷教授,浙江大学医学院附属口腔医院陈谦明教授,上海交通大学医学院附属第九人民医院周曾同教授,北京大学口腔医院华红教授,北京大学口腔医院刘宏伟教授等国内知名专家学者莅临进行学术交流、共识讲解、分享成果。会议同期举办了科普作品汇报比赛,现场壁报及电子壁报交流。

**第十四次全国口腔修复学学术会议**

时间:2020 年 11 月 22 ~ 24 日

地点:广东省广州市

主办和承办单位:中华口腔医学会口腔修复学专业委员会主办、中山大学附属口腔医院承办

内容提要:第十四次全国口腔修复学学术会议在广州召开,全国各地近 900 名同仁参加此次盛会。大会开幕式由专委会候任主任委员于海洋主持,中华口腔医学会副会长、口腔修复学专业委员会主任委员陈吉华教授作大会致辞,中山大学附属口腔医院院长程斌教授致欢迎辞。大会设一个主会场、三个分会场和壁报展示区,分为大会特邀演讲、主题发言、病例交流、应届博士生论文交流等板块,涵盖了口腔修复临床、基础研究、临床病例及教学研究等主题,会议收到论文稿件 500 多篇。会上,口腔修复领域赵铱民教授、刘洪臣教授等著名专家学者做专题演讲,特邀口腔正畸、口腔种植和牙体牙髓的知名专家围绕交叉学科做主题报告,为全国同行搭建了高水平的学术交流平台。

**中华口腔医学会口腔预防医学专业委员会第二十次全国学术会议**

时间:2020 年 11 月 22 ~ 24 日

地点:广东省广州市

主办和承办单位:中华口腔医学会口腔预防医学专业委员会主办、中山大学附属口腔医院承办

内容提要:中华口腔医学会口腔预防医学专业委员会第二十次全国学术年会在广州召开,来自全国 400 余名口腔预防医学专家学者参加了本次盛会,中华口腔医学会会长俞光岩教授应邀出席会议并致辞,对口腔预防专委会在促进我国口腔预防学科发展、搭建学术交流平台、培养行业专业人才和提高全民口腔健康水平等方面给予高度评价。此次会议邀请到中科院自动化研究所李哲峰教授进行“智慧医疗发展现状与趋势展望”的专题报告,邀请台保军教授、冯希平教授、林焕彩教授、卢友光教授、曾晓娟教授就口腔预防新进展进行了精彩演讲,还邀请中青年骨干刘畅副主任医师、司燕主任医师、陈曦主任医师、周燕副主任医师分别介绍不同年龄组四次流调科普解读的内容。会议为各位代表搭

建了交流平台,促进了口腔预防医学的学科发展。会议同期举行了中华口腔医学会口腔预防医学专业委员会换届改选大会。大会选举产生中华口腔医学会第五届口腔预防医学专业委员会,林焕彩教授当选为主任委员,卢友光当选为候任主任委员,杜民权、张颖、欧晓艳、郑树国、荣文笙、胡涛、黄少宏、黄瑞哲、曾晓娟当选为副主任委员。

**中华口腔医学会口腔科研管理分会第五次学术年会暨第七次中国口腔医学研究实验室联盟发展战略研讨会**

时间:2020 年 11 月 26 ~28 日

地点:山东省济南市

主办和承办单位:中华口腔医学会口腔医学科研管理分会主办、山东大学口腔医学院(口腔医院)承办

内容提要:来自全国各地 200 余名代表参会。会议邀请了 17 位国内著名口腔医学专家做大会特邀报告,30 多名专家学者进行了大会发言。11 月 27 日中华口腔医学会口腔科研管理分会第五次学术会议开幕式由北京大学口腔医院副院长邓旭亮教授主持。中华口腔医学会口腔医学科研管理分会主任委员、浙江大学口腔医(学)院院长陈谦明教授作科研管理分会年度工作报告,首都医科大学附属北京口腔医院侯本祥教授、武汉大学口腔医院张玉峰教授等多名专家学者应邀出席会议。来自美国洛杉矶加州大学牙学院王存玉教授、四川大学华西医院何金汗教授分别围绕 Cancer Stem Cells and Immunotherapy、国家自然科学基金申请注意事项等内容作线上特邀报告,四川大学华西口腔医院何金汗教授、武汉大学口腔医院张玉峰教授、山东大学口腔医院葛少华教授以及山东省肿瘤医院于金明院士等多位国内外知名专家,分别围绕牙周再生功能性材料、口腔+X:交叉创新谋求融合发展、人才学科建设新实践等领域作大会特邀报告。

11 月 28 日第七次中国口腔医学研究实验室联盟发展战略研讨会开幕式由中国口腔医学研究实验室联盟秘书长陈谦明教授主持,浙江大学医学院附属第一医院主鸿鹄教授作为特邀嘉宾做主题报告,四川大学口腔医院学术院长周学东教授、南京医科大学前副校长王林教授等多位国内外知名学者受邀出席本次大会。会议设学术报告、青年科学家论坛两个环节,来自口腔数字技术和材料国家工程实验室(北京大学),浙江省口腔生物医学工程重点实验室(浙江大学)、上海市口腔医学重点实验室(上海第九人民医院),山东省口腔组织再生重点实验室(山东大学)等 10 位全国重点实验室专家学者作大会特邀报告。来自北京大学口腔医院、浙江大学医学院附属口腔医院等 11 家单位的 13 名青年科学家将围绕当前各自研究的最新成果向全体与会人员作学术成果展示

**2020 年中华口腔医学会口腔急诊专委会第五次学术年会**

时间:2020 年 12 月 2 ~5 日

地点:福建省福州市

主办和承办单位:中华口腔医学会口腔急诊专委会主办,福建省口腔医学会、福建省口腔急诊专委会承办

内容提要:大会执行主席福建省口腔急诊专委会主任委员傅升教授主持开幕式,主任委员、大会主席朱亚琴教授致开幕辞,并带来邱蔚六院士为本次大会所录制的祝福视频和寄语。共有来自全国各地 430 余名口腔同仁现场参会。

本次大会形式多样,内容丰富多彩,以“口腔急诊相关”和“牙外伤”为主题,融入科学、有序、规范、微创等治疗理念,为我国口腔急诊医学事业的发展提供指引。同时,在今年年初疫情期间,口腔急诊人一直坚守在自己的岗位上,积极抗疫防疫,守护着人们的口腔健康。为此,本次大会特设“抗疫防疫”相关主题演讲,特邀上海复旦大学附属公共卫生中心口腔科仇成豪主任做了“病毒是杀手,

人间有温情——上海抗疫主战场的抗疫故事”的精彩报告，分享了抗疫最前线的经历和经验。参会代表深受感动，热泪盈眶，来自天津市口腔医院的王津惠主任赋诗一首，现场为大家朗诵《若我归来》——致敬抗疫前线的白衣天使！此外，大会还开设了中青年学术论坛、口腔急诊优秀病例分享及松动牙固定的操作培训班等。来自国内各大院校的青年才俊分享了自己的学术观点和临床案例，操作班现场火爆，深受欢迎。闭幕式上朱亚琴教授和前任主委陈永进教授为优秀病例分享者颁发证书。

**第十二次全国牙周病学年会**

时间：2020 年 12 月 4 日

地点：海南省海口市

主办和承办单位：中华口腔医学会牙周病学专业委员会主办、海口市人民医院承办

内容提要：来自全国各地 300 余名代表参会。会议邀请演讲嘉宾空军军医大学附属口腔医院王勤涛教授和南京大学医学院附属口腔医院闫福华教授进行学术演讲，国际牙周病学会（IAP）主席 Prof. Anton Sculean 和上海交通大学医学院第九人民医院临床研究中心首席科学家 Prof. Maurizio Tonetti 进行直播演讲。同期，学术会议在线直播，截至发稿时止，线上累计观看达 5 万余人次。会议内容充分体现了牙周专业在多学科交叉融合、整体诊疗观念引领下发生的变化，为全体参会者带来了一场学术盛宴。

会议期间，中华口腔医学会牙周病学专业委员会召开换届改选大会，选举产生了第七届牙周病学专业委员会委员 200 人，常委 67 人，青年委员 60 人；南京大学医学院附属口腔医院闫福华教授当选主任委员，中国医科大学口腔医学院潘亚萍教授当选候任主任委员，王勤涛教授为前任主任委员，丁一、毕良佳、束蓉、陈发明、徐艳、栾庆先、章锦才、葛少华 8 位教授当选为副主任委员。

## 地方口腔医学会会议

**吉林省 2020 年儿童口腔疾病综合干预项目启动暨培训会议**

时间：2020 年 9 月 25 日

地点：吉林省长春市

主办和承办单位：吉林大学口腔医学院

内容提要：来自全省 11 个市州的 52 个项目执行区县的项目负责人、70 余家医疗机构，共计 228 人参加了会议。在项目启动会议上，吉林省牙病防治指导办公室王瑞副主任（吉林大学口腔医院预防保健科主任）总结了 2019 年项目开展工作中取得的成绩和存在的问题，重点部署了 2020 年项目工作任务，站在疫情防控的角度，开展项目相关工作应借助公众信息平台，采取灵活多样的口腔健康宣教形式。吉林省牙病防治指导办公室成员、吉林大学口腔医院讲师张明君对项目信息系统的使用与管理进行了专题授课，吉林省牙病防治指导办公室成员、吉林大学口腔医院口腔预防科医生张凤兰、陈冲分别对窝沟封闭和局部用氟技术进行理论和操作培训授课。培训结束后，吉林省牙病防治指导办公室对所有参加培训的医师进行了现场考核，考核合格者可执行吉林省 2020 年儿童口腔疾病综合干预项目相关操作。

**第二届口腔疾病多学科协作诊疗（MDT）学术论坛**

时间：2020 年 10 月 17 ~ 18 日

地点：线上直播

主办和协办单位：首都医科大学附属北京友谊医院口腔科和北京口腔医学会联合主办、北京赢冠口腔医疗科技股份有限公司协办

内容提要：论坛开幕式由中华口腔医学会理事、北京口腔医学会副会长张方明教授主持。中华口腔医学会副会长、解放军总医院口腔医学中心主任刘洪臣教授，中华口腔医学会副会长、北京口腔医学会会长、首都医

科大学附属北京口腔医院院长白玉兴教授，北京友谊医院院长张澍田教授、口腔科主任黄晓峰教授出席开幕式并致辞。

本次学术论坛特邀刘洪臣教授，王勤涛教授，侯本祥教授，祁森荣教授，陈莉教授，张方明教授，黄晓峰教授进行了线上精彩演讲。围绕本次学术论坛主题，张方明教授进行了“口腔多学科协作诊疗（OMDT）体系的构建与实施”“口腔多学科协作诊疗的实战与思考”的专题演讲，他结合多年的临床实践和探索，提出了狭义和广义 OMDT 的概念，并从实施目标、基本条件、组织结构、运行模式、管理框架、制度保障、质量控制和实施效果等方面系统阐述了 OMDT 体系的构建与实施。构建规范、成熟、完善的 OMDT 体系并保证其有效运行和实施，是对传统口腔分科诊疗模式的有效补充。刘洪臣教授的“人工种植牙的咬合设计与调整”、王勤涛教授的“从牙周角度看种植体周病”、侯本祥教授的“牙周、根尖周病变的诊断与处理”、陈莉教授的“众擎易举，独木难支——基于全科思维的正畸多学科联合治疗”、祁森荣教授的“从影像学角度认识口腔疾病多学科协作”、黄晓峰教授的“口腔正畸多学科治疗的四个问题”专题演讲精彩纷呈。专家们一致认为，口腔多学科协作诊疗（OMDT）是口腔医学近年来日益受到业内关注的重要学科发展内容，为复杂疑难口腔疾病提供了新的诊疗思路和解决途径。

**第二届“丝路杯”口腔医学生临床技能邀请赛暨全国首届口腔研究生临床技能竞赛**

时间：2020 年 11 月 6～8 日

地点：陕西省西安市

主办单位：空军军医大学第三附属医院

内容提要：空军军医大学王东光副校长，空军军医大学口腔医院张铭院长、张智军政委、赵九龙副院长、陈发明副院长和来自全国 50 支院校参赛队伍的师生代表，共 350 余人参加此次盛会。

本次竞赛以“尚医德，兴医术，奉学道，展风采”为宗旨，以“搭建平台、携手共进”为目的，按参赛层次分别设置了竞赛内容。本科生 7 个站点项目，以口腔基本操作为主；研究生 6 个站点项目，突出临床思辨和临床科研设计能力。利用仿真头颅教学模型、虚拟慕格操作系统、全自动电脑心肺复苏 AED 除颤模拟人等最新的口腔教学虚拟仿真设备，通过个人赛和团体赛 2 种模式，以临床技能为载体，融入临床思维、人文关怀、团队合作等，全面展示了参赛队伍的综合能力。大赛检验了口腔医学专业学生的临床实践和综合知识运用能力，也为院校交流教学方法和共享教学经验提供了重要的平台。

**2020 年口腔医学新进展研讨会**

时间：2020 年 11 月 6～8 日

地点：湖南省怀化市

主办单位：中南大学湘雅口腔医学院

内容提要：会议邀请了耶鲁大学医学院祝勇教授，伦敦大学玛丽皇后学院牙学院 Robert Hill 教授，北京大学口腔医院副院长邓旭亮教授，遵义医科大学校长刘建国教授，上海交通大学口腔医学院张陈平教授，武汉大学口腔医学院刘恭奇教授等 12 名国内外专家学者开展学术交流。会议开幕式上中华口腔医学会会长俞光岩教授发来视频祝贺。12 名教授专家进行主题报告，从基础理论、临床实践、病例分享等方面进行了精彩的演讲，就口腔医学各种学术前沿问题、理论建设等方面提供了富有建设性的观点和研究成果，分享了他们在口腔领域前沿性问题的独特见解，拓展了与会者的学术视野，促进了湖南口腔医学事业的发展。与会成员纷纷表示本次会议内容丰富，受益良多，所学内容能进一步提高科学研究思路与临床诊疗水平。

**2020 年国际口腔医学高峰论坛暨医院学术年会**

时间：2020 年 11 月 6 日

地点：陕西省西安市

主办单位：空军军医大学第三附属医院

内容提要:中华口腔医学会俞光岩会长、王松灵副会长,北京大学口腔医院林野副院长,陕西省口腔医学会赵铱民会长、陈永进秘书长,空军军医大学口腔医院金岩教授、徐礼鲜教授、雷德林教授等三百余人参加了本次盛会。高峰论坛由张铭院长主持。

王松灵院士、俞光岩会长、林野教授、金岩教授分别从"从口腔走向全身的健康使者—硝酸盐","口腔质量与生命健康","即刻种植的几点思考"和"基于 EVs 的干细胞功能与疾病和治疗研究"做了精彩的演讲。此外,今年的高峰论坛同期还进行了壁报展评活动,共有 66 份优秀壁报进分组展示,最终 25 份壁报获奖并在现场进行颁奖。学术年会是口腔医院一年中学术交流最精彩的节目,今年学术年会正值国际口腔医学博物馆开馆,医院充分利用国际口腔医学博物馆的影响力,深入总结本次年会的成功经验,不断提高医院整体学术质量水平。

**2020 丝绸之路国际口腔医学论坛——口腔修复论坛**

时间:2020 年 11 月 7 日

地点:陕西省西安市

主办和承办单位:陕、甘、宁、青、新、晋、豫、蒙 8 省(自治区)口腔医学会共同发起和主办,陕西省口腔医学会口腔修复专业委员会承办

内容提要:口腔修复论坛是 2020 丝绸之路国际口腔医学论坛 19 个专科论坛之一。来自全国各地的近 300 位口腔医务工作者参会。本次学术论坛聚焦数字化修复技术,精准修复,微创修复及临床粘接技术规范,知名专家理论讲解并结合年轻医师临床实践体会。会议由陕西省口腔医学会口腔修复专业委员会主任委员逯宜教授和候任主委牛丽娜教授共同主持。

北京大学口腔医院的周永胜教授和姜婷教授从数字化技术的角度切入,解析椅旁 CAD/CAM 全瓷修复的规范化操作,以及颌位关系和咬合设计由传统方式向数字化过渡的总结与思考。福建医科大学口腔医院的程辉教授基于临床实践需要,通过对比现有种植导板优缺点,提出了基于牙支持式的 ES 种植导板。温州大学口腔医学院的麻健丰教授讲述了全瓷冠修复的新进展和思考,通过翔实的文献分析,阐述了全瓷冠修复的趋势和应用前景。西安交通大学口腔医院的裴丹丹副院长,修复科的崔蜜医师,以及空军军医大学口腔医院修复科的张凌副教授,方明副教授和周炜医师,分别从粘接修复方式,粘接技术规范性,前牙美学修复和前牙外伤折断保留方案的角度,给与会者分享了他们各自的临床体会和经验。

同期,由逯宜主任委员主持召开了陕西省口腔医学会第三届口腔修复专业委员会第三次常委会暨第二次全委会。会议期间,逯宜主委向常委和全体委员做了 2020 年专委会工作总结报告、2021 年工作计划及学术活动安排,并和与会代表共商专委会会员发展大计。各位常委和委员一致通过专委会拟定的 2021 年工作计划和安排。

**吉林省口腔种植年会**

时间:2020 年 11 月 9 日

地点:吉林省长春市

主办和承办单位:吉林大学口腔医院

内容提要:会议主题是"上颌窦成骨及组织工程骨研究进展研讨会"。会议邀请周永胜、陈泽涛、袁泉教授进行了精彩的学术报告,围绕上颌窦相关成骨机理及组织工程骨研究文献进行系统回顾。此次会议周延民教授受邀进行"上颌窦提升术的临床意义"数学报告,孟维艳教授进行"上颌窦底提升新骨形成与影响因素"学术报告,赵静辉教授进行"上颌后牙区骨高度不足 5 mm 的微创上颌窦底提升"学术报告,王林教授进行"经牙槽嵴顶上颌窦底提升术的临床注意事项"学术报告。报告对上颌窦相关内容进行全面而深入的阐述。为吉林省口腔种植的上颌窦规范化

操作起到了推动的作用。

次月 13 日,在举办的吉林省无牙颌种植修复研讨会上,以无牙颌种植修复技术诊断与治疗领域的新观点、新方法、新进展为交流内容,展示无牙颌种植修复技术的新成果。会议邀请了李德华、陈琰、曲哲教授进行了精彩的学术报告,会议围绕无牙颌种植技术进行了详尽的阐述。周延民教授受邀进行了“数字化口腔种植技术关键问题探讨”的学术报告,孟维艳教授受邀进行了“即刻和早期种植的临床程序与风险控制”的学术报告。为吉林省无牙颌种植的规范化发展做出了强有力的推动作用。

**第三届粤港澳大湾区“口腔医学+X”创新创业高峰论坛**

时间:2020 年 11 月 19 日

地点:广东省广州市

主办和承办单位:暨南大学口腔医学院主办,暨南大学附属第一院口腔医疗中心、暨南大学附属口腔医院、暨南大学附属穗华口腔医院承办

内容提要:来自国内外的多位专家、知名学者就口腔医学创新创业教育开展研讨,积极响应贯彻粤港澳大湾区发展战略,促进医工、医理、医文学科交叉融合,为口腔学子探讨口腔医学知识提供平台,为广大口腔校友创新创业奠定坚实基础,致力于培养更多适应时代发展要求、服务口腔卫生健康事业发展的复合型人才,线上线下参会师生人数达 200 人。

中国工程院张志愿院士、中华口腔医学会俞光岩会长以视频方式为本次大会致辞。四川大学华西口腔医学院副院长杨征教授做题为“住院医师规范化教育,提升口腔医生胜任力和同质化”的报告;中华口腔医学会民营口腔医疗分会主委贺周教授主讲“口腔医学生领导力的培养”;暨南大学口腔医学院校友联谊会黄立舒副会长主讲“追求植牙艺术,拥抱你的梦想”。

**北京口腔医学会第四届口腔种植专业委员会第四次常务委员会暨第三届北京口腔种植长城论坛暨口腔种植联盟联席工作会**

时间:2020 年 11 月 25 ~26 日

地点:北京市

主办和承办单位:北京口腔医学会口腔种植专委会主办,解放军总医院口腔医学研究所承办,诺保科商贸有限公司、盖世(中国)贸易有限公司协办

内容提要:会议由执行主席、中华口腔医学会副会长、北京口腔医学会口腔种植专委会主任委员刘洪臣教授主持,共 22 人出席了会议。同时还邀请了李德华教授、柳忠豪教授、郭平川教授、石培凯教授、王稚英教授、周立林教授、王熙教授、张大勇教授、余占海教授、汪振华教授等长城沿线 14 个省市口腔种植专委会的主委、副主委、口腔种植专委会的常委、解放军总医院 8 个医学中心的口腔科主任以及北京口腔医学会口腔种植专委会青年委员出席了会议。

常委会由刘洪臣主任委员主持,围绕传达总会工作精神、讨论专委会换届、讨论专委会 2021 年的重点工作和通报种植专委会青年委员情况等四个方面的主要内容展开。同时常委会与来自解放军总医院 8 个医学中心的主任以及 14 个长城沿线省市的口腔种植学会的专家进行了第三届北京口腔种植长城论坛暨口腔种植联盟联席工作会,对当前中国口腔种植发展的方向以及相关热点问题进行了探讨。26 日,由刘洪臣主任委员宣布青年委员名单、各位专家为青年委员颁发证书后,邀请李德华、柳忠豪以及周立林教授就前牙骨增量后的种植修复远期固位效果进行了学术研讨会。

会议就专委会换届的事宜进行相关讨论及准备。在刘洪臣主任委员的提议下,与会常委们一致通过由首都医科大学刘静明教授担任下届主任委员,北京大学口腔医院第四门诊部邱立新教授任下届候任主任委员。关

于长城论坛的举办模式，一致表决通过了扩大长城论坛范围至长城沿线 15 个省市的提议，确定长城论坛的举办周期为每年两次，其中上半年会议举办地点为 14 个长城沿线各联盟省市之一，下半年会议地点固定于北京；每年就一个口腔种植学的热点问题进行深入交流。

## 口腔设备器械展览会暨学术研讨会

### 第十九次中国（西部）国际口腔医学学术会暨国际西部口腔装备及材料展览会

时间：2020 年 8 月 7 ~ 10 日

地点：四川省成都市

主办和承办单位：亚洲牙科中心（ADC）、中国西部口腔医学协作组、四川省口腔医学会、陕西省口腔医学会、重庆市口腔医学会、四川大学华西口腔医学院、空军军医大学第三附属医院、重庆医科大学口腔医学院、资阳高新技术产业园区管理委员会、湖北好博塔苏斯展览有限公司成都分公司联合主办

内容提要：本次会议成为新冠疫情后全球第一个大规模的口腔盛会，此次大会受到国内外广泛关注，线下专业观众达 47 000 余人次，线上浏览量 100 万余人次，为促进疫情后口腔行业的振兴和发展、拉动国内经济内循环做出了积极贡献。会议举办了第四届中国牙谷国际峰会，主办了专题学术会议 176 场，汇聚了 200 多位全国口腔医学界著名专家开坛讲座。会议邀请著名的专家学者，全面讲授口腔医学领域中各科临床实用新技术和新进展。同时，代表们就口腔临床技术、管理、经营等各方面的问题进行交流和探讨。每个专题都精心挑选了当前最为热门和实用的临床技术作专题报告。同时，大会增加了各学科临床病例报告，采用代表们非常欢迎的互动形式，邀请专家对临床疑难病案解析点评、问题答疑。本次大会中四川省口腔医学会隆重推出以“手把手”为主题的系列口腔技能实操培训活动，旨在促进中国西部口腔疾病诊疗水平的整体提升。

### 第二十四届中国国际口腔器材展览会暨学术研讨会

时间：2020 年 10 月 28 ~ 31 日

地点：上海市

主办和承办单位：中国国际科技交流中心主办，上海交通大学医学院附属第九人民医院、国家口腔疾病临床医学研究中心、上海市口腔医学会、上海博星展览有限公司承办，上海交通大学口腔医学院、上海市口腔医学研究所、同济大学口腔医学院、复旦大学附属口腔医院协办

内容提要：2020 年展会展览面积逾 50 000 平方米，2 000 多个展位，超过 850 家厂商参展。观众总数 97 227 人次。其中国内观众占比 99.23%，海外观众占比 0.77%，来自 35 个国家和地区。参会代表中有超过 200 位演讲者，186 场高端课程，就行业的热点话题及面临的具体问题展开了演讲。近 200 家全国各省、市口腔医学院、口腔医院等大力支持，各大主题，全方位探讨口腔医学最新进展。2020 年展会有来自 22 个国家和地区的牙科厂商汇聚于上海口腔展，展示公司形象、最新产品、技术与服务。

## 其他会议

### 中华医学会杂志社 · 中华口腔医学杂志指南与进展巡讲（郑州场）

时间：2020 年 12 月 30 ~ 31 日

地点：河南省郑州市

主办和承办单位：《中华口腔医学杂志》编委会和中华医学会杂志社主办，中华口腔

医学会协办，河南省口腔医学中心、郑州大学第一附属医院、河南省口腔医学会老年口腔医学专业委员会、郑州大学口腔医学院承办。

内容提要：来自省内外口腔专家教授、医生、研究生、进修生等参加了本次活动。赵铱民教授致辞，2020 年数万名口腔医生心系武汉、奋战在抗疫工作第一线，为抗疫做出了艰辛的努力和巨大的贡献。杂志社也做出了自己的努力，在第一时间组织了新冠病毒防疫的有关专栏，专注在第一时间，超长的编译，出版专辑专刊对全国的抗疫斗争进行指导。今年唯一一场巡讲放在郑州大学第一附属医院，希望进一步推动河南口腔医学事业的发展，更好的发挥它的引领、辐射作用。

中华口腔医学会副会长刘洪臣致辞，全国巡讲，对了解口腔行业的发展和规范标准起到了推动和促进作用。杂志社在抗疫时期刊发的文章，对口腔防疫也起到了很好的作用。郑州站的宣讲与河南省口腔医学中心的建设结合起来，大家来讨论如何建设发展，建立新的发展模式，这将对口腔医学，特别是河南口腔医学的发展起到促进作用。在巡讲和交流环节，进行了一系列精彩的授课。南京大学医学院附属口腔医院副院长闫福华教授的《重度牙周炎的诊断标准及牙周炎的多学科协作诊疗》，上海交通大学附属第九人民医院口腔科副主任田臻教授的《口腔癌及口咽癌的病理诊断规范》，施捷教授的《牙周炎患者正畸牙周联合治疗的关键点》等，内容丰富，大家受益匪浅。

**《INGLE' ENDODONTICS》翻译定稿会**

时间：2020 年 11 月 10 日

地点：湖北省武汉市

主办单位：武汉第一口腔医院（江汉大学附属口腔医院）

内容提要：由人民卫生出版社组织的《INGLE' ENDODONTICS》（中文译称《牙髓病学》）翻译定稿会召开。本书主译由第一口腔医院名誉院长樊明文教授、四川大学华西口腔医学院学术院长周学东教授担任，副主译由中山大学凌均棨教授、上海交通大学梁景平教授、北京大学岳林教授、空军军医大学余擎教授、武汉大学彭彬教授、武汉大学范兵教授担任，第一口腔医院许庆安教授担任主译助理以及翻译组秘书，第一口腔医院朱奇教授担任译者，以及来自全国知名口腔院校的其他 40 多名牙髓病学专家译者和人民卫生出版社编辑查彬煦等共计 46 名专家学者出席了本次会议。

《INGLE' ENDODONTICS》是一本集合了全世界最优秀的 80 余名牙髓病学专科医生的经验和智慧编写而成的著作，被行业内誉为“牙髓病学的圣经”，是衡量一切牙髓病学教材和论著的参考标准。自第一版问世以来已有半个世纪，目前翻译的是最新的第七版。本次定稿会就是针对翻译过程中的存在的一些问题进行讨论。

会上，樊明文教授和周学东教授分别发表了讲话。樊明文教授首先介绍了此次翻译的收稿情况，从去年 12 月启动翻译以来，经过 48 名专家译者的共同努力，目前已经完成了原著所有章节的翻译。周学东教授则对会议讨论提出了要求。会议中，各位译者纷纷介绍了自己所负责章节的翻译情况，对于翻译中存在的疑虑向主译、副主译专家进行了请教，随后人民卫生出版社的查彬煦编辑讲解了交稿要求，最终在查编辑的建议下所有的翻译修改意见达成了统一。此次全体译者齐心协力，共同为中国口腔医学教育奉献一部牙髓病学译本巨著，目的是希望能方便更多的院校学生及专科医生学习参考国外的牙髓病学治疗理念，培养出更多接轨国际的专业人才，造福国人口腔健康。

**第二届中国智慧健康医疗大会智慧口腔医学分论坛**

时间：2020 年 12 月 1 日

地点：上海市

主办和承办单位：中国卫生信息与健康

医疗大数据学会主办，中国卫生信息与健康医疗大数据学会口腔医学专业委员会、口腔医学标准委员会、口腔健康大数据专科联盟共同承办

内容提要：为了进一步的促进健康医疗大数据的应用发展，以及互联网+服务和大健康产业发展，总结“智慧健康、防治结合”的相关经验，展示医疗卫生事业产业、大健康产业全产业链、新一代信息技术、生物科学、新材料、新器械、新装备、互联网+服务等新技术、新产品、新应用、新模式，第二届中国智慧健康医疗大会在上海跨国采购会展中心揭幕。全国人大陈竺副委员长、上海市卫健委邬惊雷主任、中国科学院李兰娟院士、中国老年保健医学研究会高松柏会长、上海市卫健委赵丹丹副主任、中国卫生信息与健康医疗大数据学会金小桃会长分别通过现场或视频方式致辞。

在大会智慧口腔医学分论坛中，邀请到了包括北京大学口腔医学院、南京大学医学院附属口腔医院、第四军医大学口腔医学院、上海交通大学医学院附属第九人民医院、中国医科大学口腔医学院、中山大学光华口腔医学院、复旦大学附属口腔医院、墨尔本大学、哈佛大学等十余所国内外知名大学专家学者做精彩演讲。演讲主题包括“大数据软件技术与口腔医学应用”，“‘互联网+’时代背景下的医院信息化建设探析”和“新基建助推口腔医疗数字化转型”等。本次大会的召开，有利于口腔医生在临床之外开阔视野，交流探索大数据与口腔医疗的结合点，在今后的临床、科研、管理中加以运用，更好地为人民口腔健康服务。

## 院校新闻动态

### 空军军医大学王云、刘菲分别获评“全国抗击新冠肺炎疫情先进个人”和“抗击新冠肺炎疫情全国三八红旗手”荣誉称号

王云，女，1982年4月出生于河南省济源市，中国共产党党员，护理本科学历，副主任护师。2001年7月毕业于西安煤炭卫生学校护理专业，应聘至第四军医大学口腔医院老年病科工作，至今满20年。2009年，首批通过医院护士长竞聘机制，担任老年病科护士长12年。担任陕西省老年护理专委会常务委员，中国老年学和老年医学学会护理和照护分会青年委员，西安市糖尿病健康促进与管理专业委员会委员。获得全军糖尿病专科护士资格，取得了PICC置管资质，从事老年病护理多年，积累了丰富的危重症救护经验，尤其在老年亲情化护理服务方面尤为突出。所在护理组荣获了“西安市巾帼文明岗”的称号，个人荣获“陕西省优质护理服务服务先进个人”。2020年初，驰援武汉，因工作突出，被表彰为“全国抗击新冠肺炎疫情先进个人”的称号。

刘菲，女，1982年11月出生于陕西省西安市，天津市人，中国共产党党员，本科学历，副主任护师。2004年毕业于第四军医大学（现空军军医大学）高级护理专业，2013毕业于西安交通大学护理学本科。2004年至2014年在空军军医大学西京医院麻醉科工作，2014至今在空军军医大学口腔医院麻醉科任护士长。担任陕西省护理学会重症护理专委会委员，陕西省麻醉学分会麻醉护理组委员。从事麻醉及重症护理工作17年，在临床麻醉护理、重症监护、围术期护理、护理管理、护理培训、信息化应用等方面均具有丰富的经验。曾于2018年赴美国进修学习。2020年第二批军队驰援武汉医疗队抗击新冠肺炎疫情中，作为空军军医大学第三附属医院医疗队队长，湖北省妇幼保健院光谷院区感染九科护士长，带领26名队员出色完成任务，并被授予“抗击新冠肺炎疫情全国三八红旗手”称号。

**北京大学组织编写《新型冠状病毒肺炎口腔医疗机构防护手册》**

2020 年 1 月,面对新型冠状病毒肺炎疫情肆虐,口腔医院迅速启动突发公共卫生事件应急响应机制,加强急诊科增援,组建临时急诊科开诊,成立预备队。3 月,受行业协会和国家口腔医学质控中心委托组织编写《新型冠状病毒肺炎口腔医疗机构防护手册》一书,全书共 6 章约 4 万字,由人民卫生出版社出版,为口腔医疗机构疫情期间防护提供指导性建议。2020 年,医院先后派出 11 批次 295 人次的核酸检测样本采样队,赴海淀区、大兴区等地多个社区、工地开展核酸检测采样,累计采集样本 7.52 万份,派出医护人员零感染。

***Cell Stem Cell* 发表武汉大学口腔医院张好建教授团队研究成果**

2020 年 5 月,国际顶尖杂志 *Cell Stem Cell* 发表干细胞领域重要原创性成果"Leukemogenic Chromatin Alterations Promote AML Leukemia Stem Cells via a KDM4C-ALKBH5-AXL Signaling Axis"。武汉大学口腔医院张好建教授为论文的独立通信作者,博士研究生李一村为共同第一作者(排名第二)。

急性髓系白血病(AML)是最常见的恶性血液系统肿瘤,起源于正常造血干祖细胞的白血病干细胞。这类细胞具有耐药性,无法被临床常规的化疗手段所清除,是 AML 发生发展、耐药与复发的主要原因。因此,阐明白血病干细胞特异的功能调控机制,对于靶向白血病干细胞及 AML 临床治疗具有重要意义。研究团队首先通过组学分析发现,在白血病干细胞发生过程中 ALKBH5 编码区域的染色质开放性,ALKBH5 表达水平升高。研究团队构建了条件性敲除小鼠,利用 AML 小鼠模型和 AML 患者来源的 PDX 模型,发现 ALKBH5 是维持白血病干细胞功能所必须的,但对正常造血功能无明显影响。进一步研究发现组蛋白去甲基化酶 KDM4C 通过降低 H3K9me3 水平来增加 ALKBH5 基因座的染色质开放性,促进 MYB 和 Pol Ⅱ的募集来上调 ALKBH5 的表达。还发现 ALKBH5 通过调控下游 AXL 等 mRNA 的稳定性来发挥其在白血病干细胞中的功能。该研究为特异性地靶向白血病干细胞而治愈 AML 提供了扎实的理论基础,具有重要的临床转化价值。

***Nature Protocols* 发表四川大学华西口腔医学院林云锋教授团队研究成果**

2020 年 7 月,四川大学华西口腔医学院、口腔疾病研究国家重点实验室林云锋教授团队在国际前沿期刊 *Nature Protocols* 上发表了题为"Design, fabrication and applications of tetrahedral DNA nanostructure-based multifunctional complexes in drug delivery and biomedical treatment"的论文。华西口腔医学院张陶博士后为该论文的第一作者,林云锋教授为唯一通信作者。

文章系统阐述了以 DNA 四面体纳米材料为载体的功能性运载系统及其在医学领域中的应用。基于 DNA 纳米材料良好的生物相容性、结构稳定性及易修饰编辑等特性,课题组通过对 DNA 四面体纳米材料(Tetrahedral DNA nanostructure,TDN)结构和功能升级,利用其可顺利穿过细胞膜进入细胞的优势,将 TDNs 作为递送核酸或药物的新型载体。本文详细介绍了通过片段镶嵌式、顶点连接式及电荷吸附等方式,将多种基团及药物,包括 DNA 适配体、反义肽核酸、紫杉醇、抗菌肽、中药单体以及阳离子聚合物等连接于 TDNs 的制备和表征方法,以及其在抑制耐甲氧西林金黄色葡萄球菌、肿瘤细胞靶向治疗、逆转耐药及减轻骨关节炎症等医学领域中的应用潜能。

**中南大学湘雅医院袁勇翔参赛"第五届全国高校青年教师教学竞赛决赛"获医学组一等奖**

2020 年 10 月 28 ~ 30 日,第五届全国高校青年教师教学竞赛决赛在南京大学举行。

全国162名青年教师同台切磋、展示风采，中南大学湘雅医院袁勇翔获得医学组一等奖。袁勇翔为中南大学湘雅医院青年教师，经院、校两级选拔推荐，以医学组第一名的成绩在省赛中胜出，与兄弟院校其他4人组成湖南代表队出征全国决赛。比赛中，袁勇翔通过“颌面部神经疾患——三叉神经痛”教学节段，以“天下第一痛”作为课堂导入，通过回顾三叉神经的组织解剖结构，重点阐述了三叉神经痛的临床表现和治疗方法。全国高校青年教师教学竞赛由中国教科文卫体工会全国委员会主办，始于2012年，每两年举办一次，是参与面最广、学科门类最全、组织规模最大的全国性高水平教学类竞赛。本次大赛设文科、理科、工科、医科、思想政治课专项五个组别，其中医科为本届新增组别。

**中南大学湘雅口腔医学院参赛“互联网+”获金奖**

2020年11月20日，在“建行杯”第六届中国国际“互联网+”大学生创新创业大赛全国总决赛中，中南大学湘雅口腔医学院“青春护航·成长相伴”项目在青年红色逐梦之旅赛道共16.49万个报名参赛项目、200个国赛入围项目中脱颖而出，斩获金奖，实现了中南大学“互联网+”大赛红旅赛道全国金奖零的突破！中国国际“互联网+”大学生创新创业大赛是由李克强总理于2015年倡导发起，由教育部等12个中央部委和地方省级人民政府共同主办的最具影响力赛事，也是中国深化创新创业教育改革的重要载体和平台。项目团队依托专业知识打造五大板块全面性教育核心课程，制作56个科普视频，创新推出五套3D互动漫画科普绘本，构建专业全面“知识圈”；持续扎根乡村，提供长效科普服务，发展线上多元化平台与线下优质服务，累计招募千余名高校及社会志愿者传递爱心能量，建设三位一体“爱心圈”；凝聚社会力量，整合医疗、心理、司法及社会资源，为潜在或已受害的孩子们提供伤情鉴定、心理干预、司法救助、社会救援等专业有效的一站式保护与救助，打造环环相扣“保护圈”。

**湖南省院士专家工作站揭牌**

2020年11月22日，湖南省院士专家工作站揭牌仪式在中南大学隆重举行。中南大学副校长，湘雅医学院院长陈翔教授，湖南省科协党组成员、副主席张辉学，湖南省委组织部人才办调研员刘锦德，湖南省科技厅智力引进处（科技创新人才办）副处长刘晓熹，湖南省科学技术咨询中心主任林少铭等出席。王松灵院士及其专家团队表示将大力支持中南大学口腔医学学科建设、科学研究等工作，共同为湖南省口腔医学事业发展贡献力量。院士专家工作站的建立将有力促进湖南省口腔医学学科在重大科研项目开展、高层次人才培育、科技创新与成果转化等方面的深度融合，全面提升中南大学口腔医学学科综合实力，有效带动全省口腔医疗卫生事业发展。

**国际口腔医学博物馆开馆**

2020年11月5日，国际口腔医学博物馆隆重开馆。该口腔医学博物馆由现任馆长、原口腔医院院长赵铱民教授创立。2005年开始建设，2007年8月初步建成并向原第四军医大学校内开放，2010年10月扩建展馆并对社会开放，2013年被国家文物局批准纳入国家博物馆管理体系，2015年被命名为“陕西省青少年教育基地”。2020年，入选陕西省科普场馆、科普教育基地开放共享项目重点名单。

国际口腔医学博物馆坐落于古城西安空军军医大学口腔医院北院内，展陈面积2 000余平方米，共分为18个展厅。博物馆拥有来自全世界30余个国家的7 800余件文物，包括从一亿二千万年前的远古动物牙颌化石，到当今世界上前沿的口腔医学成果在内的口腔医学藏品，其中有许多为世界独有的珍稀藏品。国际口腔医学博物馆建设始于2005年，现任博物馆馆长赵铱民教授基于保存历史、记录历史、传承历史的理念，发起并亲自筹建了博物馆。

**武汉第一口腔医院院长许庆安获武汉市五一劳动奖章**

武汉第一口腔医院抗疫医疗队从2020年1月29日成立,到4月15日最后一名医务人员撤离,在一线坚守77天。第一口腔很多医护人员投身抗疫前线:香港路分院的张军院长,光谷分院的黄薇院长,总院的敖霜医生、刘友光医生,以及总院护士长张云、护士肖珺和熊媛等共计20余人,他们白衣执甲,逆行出征,用实际行动践行了“敬佑生命、救死扶伤、甘于奉献、大爱无疆”的崇高精神,用爱与责任谱写了一个个生命的奇迹。在今年的“五一”国际劳动节暨表彰大会上,武汉第一口腔院长许庆安凭借优秀的抗疫表现荣获武汉市五一劳动奖章。

# 人　物

## 第二届“全国创新争先奖状”获奖

### 张志愿

张志愿，1951年5月出生，籍贯江苏吴江。中国工程院院士、医药卫生学部常委。上海交通大学光启讲席教授，主任医师，博士研究生导师。1991年毕业于上海第二医科大学口腔医学院，获医学博士学位。1998年至2014年任上海交通大学医学院附属第九人民医院院长。现任国家级重点学科—口腔医学学科带头人，国家口腔疾病临床医学研究中心主任、上海市口腔医学重点实验室主任、上海市重中之重临床医学中心主任；中华口腔医学会名誉会长、中国抗癌协会常务理事，中国抗癌协会头颈肿瘤专业委员会名誉主委；国际牙医学院、英国爱丁堡皇家外科学院和香港大学牙医学院fellowship。全国“十三五”规划教材《口腔颌面外科学》《口腔科学》主编，《上海口腔医学》主编，*Clinical and Experimental Dental Research* 副主编。

长期从事口腔颌面部肿瘤与血管畸形的临床与基础研究。已发表学术论文330篇(SCI收录120篇)，尤其近年来完成了国内首个诱导化疗对中晚期口腔鳞癌前瞻性随机Ⅲ期临床试验，结果发表在 *J Clin Oncol* 杂志，进一步的基础研究结果发表于 *Advanced Materials*、*Cancer Research* 等多个国际知名学术杂志，连续六年荣列高被引中国学者。主编专著13部、副主编5部和参编专著12部(英文2部)，第一负责人承担国家“863”、“十一五”支撑计划，国家自然科学基金重点2项、面上5项等部、委级课题共20余项；以第一完成人获得国家科学技术进步二等奖2项、国家教学成果奖二等奖、教育部提名国家科学技术奖自然科学奖二等奖等10余项。被卫生部评为“卫生部有突出贡献的中青年专家”。曾获何梁何利科学与技术进步奖、全国优秀科技工作者、上海市十大科技精英等。荣获第二届“全国创新争先奖状”。

(上海交通大学口腔医学院供稿)

### 王松灵

王松灵，1962年11月出生于湖南湘乡。中国科学院院士、中国医学科学院学部委员、教授、主任医师。1989年本硕博毕业于北京大学口腔医学院，获得医学博士学位。1991年至1992年在日本东京医科齿科大学做访问学者。1996年至1998年在美国国立卫生研究院牙颅颌研究所做高级访问学者。现任首都医科大学副校长，全国政协委员。中华口腔医学会副会长、北京医学会副会长、口腔健康北京实验室主任。Oral Diseases及JOR副主编，《医学教育管理》主编、《今日口腔》主编，《中华口腔医学杂志》等6本期刊副主编。发表论文239篇，其中以通信作者发表在 *PNAS*、*EMBO J*、*Blood*、*Nat Commun* 等英文论文157篇，英文review article 11篇。第一完成人获2003及2010年国家科技进步二等奖两项、2018年北京市科技进步一等奖；获国际口腔权威的威廉盖茨

(William J. Gies)奖、吴阶平医药创新奖、中源协和生命医学奖-成就奖、干细胞转化成果奖、何梁何利科学与技术进步奖;入围Elsevier"中国高被引学者"榜,当选英国皇家外科学院(爱丁堡)Fellowship ad hominem(FRCS)。口腔医学界首位获国家杰出青年科学基金学者,首批入选北京学者。

研究方向为唾液腺与牙再生研究。发现人细胞膜硝酸盐转运通道及硝酸盐对人体的重要保护作用;揭示牙发育新机制,研发牙髓干细胞新药,成功实现生物性牙齿再生。

(首都医科大学附属北京口腔医院供稿)

# 第四届"白求恩式好医生"获奖

## 程 斌

程斌,男,1964年1月出生,籍贯海南琼海。1987年本科毕业于中山医科大学,1992年于中山医科大学获得硕士学位,1996年于华西医科大学获得博士学位,现任中山大学光华口腔医学院附属口腔医院院长,兼任国务院学位委员会学科评议组成员、教育部高等学校口腔医学专业教学指导委员会委员、中华口腔医学会黏膜病专业委员会副主任委员、中国医师协会口腔医师分会副会长、中国医院协会口腔医院分会副主任委员、广东省口腔医疗质量控制中心主任等。先后主持国家自然科学基金重点项目1项、重大研究计划培育项目1项、面上项目5项,省部级科研项目6项,以第一作者/通信作者发表SCI论文100余篇,在国内核心期刊发表论文50余篇,主编教育部规划教材《口腔医学》,副主编或参编教材与专著6部,主持研究成果荣获2008年广东省科学技术奖三等奖、2012年广东省科学技术奖二等奖、2018年广东省教学成果一等奖、2019年高等学校科学研究优秀成果奖(科学技术)二等奖,获评为享受国务院特殊津贴专家、全国宝钢优秀教师、"白求恩式好医生"、广东省医学领军人才、广东省教学名师、广东省医院优秀院长、广东省医师奖等荣誉称号。

(中山大学口腔医学院供稿)

## 傅柏平

傅柏平,主任医师,教授,博士研究生导师。现任浙江大学医学院附属口腔医院(浙江省口腔医院)副院长。1985年毕业于原浙江医科大学口腔系,获医学学士学位,2004年毕业于德国萨尔兰大学牙学院,获医学博士学位。中华口腔医学会理事,中华口腔医学会口腔修复专业委员会副主任委员,中华口腔医学会口腔材料专业委员会副主任委员,*Clinical Oral Investigations* 副主编,国际牙医学院fellow,浙江省口腔修复专业委员会主任委员,中华口腔医学口腔美学专业委员常委,《口腔材料器械杂志》副主编,浙江省口腔医学会和口腔医师学会副会长。

从事口腔修复临床、教学和科研工作三十余年,擅长口腔美容修复、口腔种植修复和咬合重建修复,多本国内外知名杂志的评阅人。参编卫生部"十二五"规划《口腔修复学》和《口腔材料学》等教材。发表论著百余篇,其中SCI论文30篇。

(浙江大学医学院附属口腔医院供稿)

## 郭传瑸

郭传瑸,男,汉族,1964 年 2 月出生,中国共产党党员,主任医师,教授,博士研究生导师。现任北京大学口腔医学院院长、党委副书记。1985 年毕业于原上海第二医科大学口腔医学院,1992 年毕业于原北京医科大学口腔医学院,获医学博士学位;1997 年至 1998 年在英国伦敦大学 Eastman 口腔医学研究所进修深造。享受国务院特殊津贴,为国家卫生健康委有突出贡献的中青年专家。2020 年,荣获第四届"白求恩式好医生"称号。

主持完成国家级课题 6 项,省部级 4 项。近十年主持科技部"863"和北京市科委资助的颅颌面机器人研发项目,研发出两个辅助手术机器人样机,属本专业领域首创。共发表论文 195 篇,其中 71 篇被 SCI 收录。获各种科技奖励十余次,包括国家科技进步奖二等奖、高等学校科学研究优秀成果奖自然科学二等奖、高等学校科学研究优秀成果奖科技进步二等奖等各种科技奖励。兼任中华口腔医学会副会长,中国医师协会常务理事、口腔医师分会会长,中国牙病防治基金会副理事长兼秘书长,教育部高等学校口腔医学专业教学指导委员会副主任委员,国务院学位委员会第七届学科评议组成员(召集人),中华口腔医学会口腔医学教育专业委员会主任委员、口腔颌面外科专委会副主任委员,中国抗癌协会头颈外科专业委员会副主任委员,北京市医学会口腔医学分会主任委员,国际先进数字技术(ADT)基金会共同主任,多本学术杂志副主编和编委等。曾任国际口腔癌协会委员,国际牙科研究协会(IADR)亚太区主席、中国分会主席。

研究方向及专长:口腔颌面、咽旁颞下区及颅底肿瘤的诊断和手术治疗,口腔癌转移机制研究,数字外科技术在颅底区肿瘤诊治的应用及颅颌面辅助手术机器人的研发。

(北京大学口腔医学院供稿)

## 雷德林

雷德林,中国共产党党员。主任医师,教授,硕士研究生导师,专业技术三级,文职二级,口腔颌面外科专家 1983 年、1989 年,分别本科、硕士毕业于第四军医大学。

自 2006 年起,连续三届担任中央保健会诊专家,2016 年担任中央军委保健会诊专家,2018 年担任陕西省保健会诊专家。曾任空军军医大学第三附属医院口腔颌面外科教研室主任;担任两届中华口腔颌面外科专业委员会常务委员;口腔颌面-头颈肿瘤学组副组长;第三届中国抗癌协会头颈外科专业委员会常务委员;中华口腔医学会口腔颌面外科专业委员会专科医师会员资格认证委员会委员。在口腔颌面-头颈肿瘤及修复重建领域研究中,带领团队攻克技术难关,取得突破性进展。完成重度颌面发育畸形"坑面女"、严重创伤性畸形"缺面男"、头面颈巨大神经纤维瘤、巨舌症等一系列疑难罕见病例。

获评全国"白求恩式好医生"、全军学雷锋先进个人、西安市学雷锋先进个人、第四军医大学优秀共产党员等荣誉称号。培养研究生 36 名、住院总医师 18 名。获得军队院校育才奖银奖,获评教学工作先进个人,总后院校优秀教学团队、陕西省教学团队。主持国家自然科学基金项目 2 项、国家重点实验室研发项目 1 项。出版专著 13 部,发表教学和科研论文七十余篇,获得国家发明专利 1 项、国家实用新型专利2项。获得国家科技进步二等奖1项，军队科技进步一等奖、二等奖、三等奖各1项，陕西省科学技术一等奖1项、军队医疗成果二等奖1项。

（空军军医大学口腔医学院供稿）

## 麻健丰

麻健丰，1967年10月出生。博士，教授，主任医师，博士研究生导师，国际牙医师学院院士，教育部高等学校口腔医学类专家教指委委员，中华口腔医学会口腔修复专业委员会副主任委员、浙江省口腔医学会副会长、温州市口腔医学会会长。

曾获全国卫生系统先进工作者、浙江省高校“三育人”先进个人、温州市教学名师、瓯越名医等多项荣誉。长期从事口腔修复学领域研究，共获得3个国家级、5个省部级科研教学项目、2项省部级科技奖、1项浙江省高等学校科研成果三等奖，授权国家发明专利和实用新型专利6项；以第一作者或通信作者发表国内核心期刊论文60余篇，其中SCI收录21篇、EI收录5篇。打造“微笑工程”“流动的口腔医院”等多个医疗公益慈善品牌，举办17场大型唇腭裂医疗慈善救助活动，免费帮助2 500多名贫困唇腭裂儿童重展“笑颜”；从教30余年，开发国家级精品课程，主编教材专著。带领学院·医院实现跨越式发展，获批国家级住院医师规范化培训基地、国家级一流学科（B类）、一级学科硕士学位授权点、省一流专业建设项目、省“十三五”优势专业和首批新兴特色（国际化）专业。

（温州医科大学口腔医学院供稿）

## 张陈平

张陈平，1959年出生。上海交通大学医学院附属第九人民医院口腔颌面-头颈肿瘤科主任，二级教授，博士研究生导师，主任医师。现任中华口腔医学会口腔颌面-头颈肿瘤专委会主任委员、中国抗癌协会头颈肿瘤专委会候任主委，兼任爱丁堡皇家外科学院头颈肿瘤与修复培训中心主任、国际口腔颌面外科医师协会培训中心主任。

曾获全国科技先进工作者、上海市领军人才、上海市十佳医生、上海市“仁心医师”奖、上海市杰出专科医师奖、上海工匠、市科委优秀学科带头人等荣誉称号及人才项目。致力于口腔颌面-头颈肿瘤的临床及基础工作，尤其擅长口腔颌面-头颈肿瘤术后缺损功能性修复重建，“腓骨移植修复下颌骨缺损结合牙种植牵引（DID）技术的临床应用研究”达到国际领先水平。科研成果“颌骨缺损功能重建的技术创新与推广应用”荣获国家科技进步二等奖，“下颌骨缺损的形态与功能重建研究”获得上海市科技进步一等奖。培养博士后、博士、硕士共计47名，发表论文352篇，SCI收录72篇，主编专著5部，主持制定口腔颌面部恶性肿瘤和下颌骨功能性重建的行业指南；承担上海市科委重大课题、国家自然科学基金等国家及省部级课题23项；获国家发明专利15项、实用新型专利8项；应邀国际口腔颌面外科专业学术会议进行大会或主题发言50余次。

（上海交通大学医学院供稿）

## 周延民

周延民，1962 年 3 月出生于吉林省通化市。主任医师，教授，博士研究生导师。1985 年、1991 年分别本科、硕士毕业于白求恩医科大学，2001 年博士毕业于吉林大学口腔医学院。国际牙医学院院士（fellow）、世界牙科会议组织（FDI）委员会委员、国际口腔种植学会（ITI）中国分会 fellow。现任泛太平洋口腔种植协会委员、中华口腔医学会口腔种植专业委员会副主任委员、中华口腔医学会修复专委会副主任委员、中华医学会医疗鉴定专家库成员、中国医师协会口腔医师协会副会长、吉林省口腔医学会会长等。先后被评为“白求恩名医”“吉林省高级专家”“长白山学者”“吉林省突出贡献中青年专业技术人才”和“白求恩式好医生”等。

主要从事以骨代谢、骨改性、骨感知、骨替代材料、种植体表面处理、种植体骨界面结合强度及种植义齿生物力学为主的研究，主持国家及省部级基金项目 50 余项，公开发表论文 369 篇，其中 SCI 论文 84 篇，EI 论文 10 篇，中文专业论文 275 篇。担任国家住院医师规范化培训规划教材《口腔医学口腔修复科分册》《口腔医学专业英语》主编；全国高校本科生、研究生统编教材《口腔种植学》及《口腔修复学》编委。荣获教学成果奖 2 项。荣获吉林省科技进步一等奖和中华口腔医学会科技进步三等奖。创建东北地区第一个专业化的口腔种植中心；将 PRF 基础研究进行临床转化，提出多项创新临床术式，多次荣获医疗成果奖。

（吉林大学口腔医学院供稿）

# 2020 年新增口腔医学博士研究生导师

## 曹　烨

曹烨，女，1981 年 2 月出生于宁夏吴忠市。副教授、副主任医师，博士研究生导师。本科毕业于北京大学口腔医学院，2009 年获北京大学口腔修复专业博士学位。任北京大学口腔医院临床口腔生理研究室、牙体解剖与口腔生理教研室、口颌功能诊疗研究中心负责人。任中华口腔医学会颞下颌关节病学及𬌗学专业委员会委员及学术秘书、中国老年保健协会互联网口腔医学专委会常务委员、北京口腔医学会口腔生物医学专业委员会青年委员。任国际期刊 *Journal of oral Rehabilitation* 杂志特刊客座编辑；*Frontiers in Pain Research* 杂志审稿人。

主要研究方向：咬合相关慢性口颌面疼痛及感觉功能紊乱的病因、临床特征和机制的研究；慢性口颌面疼痛外周及高级神经中枢机制的研究；口颌功能研究。临床研究各种口颌面感觉功能紊乱患者的神经系统变化、疼痛感觉感受以及精神心理问题，显微修复牙体预备方法效果探索，新型牙体预备方式探索及数字化评价方法。擅长疑难咬合问题的诊治，慢性口颌面疼痛、颞下颌关节紊乱病相关问题诊治，在国内较早开展显微美学修复。主持国家自然科学基金及省部级科研项目 4 项。以第一作者或通信作者发表论文二十余篇（其中 SCI 源论文十余篇），参编专著 5 部，参编教材 2 部。

（北京大学口腔医学院供稿）

## 曹均凯

曹均凯，女，1967年7月出生于北京。主任医师，副教授，博士研究生导师。1992年7月毕业于第四军医大学并获本科学位，1997年7月于军医进修学院取得硕士学位。2000年至2001年于美国Louisville大学牙学院访问学者。1992年进入中国人民解放军总医院工作至今，从事口腔修复工作近三十年。2012年美国UCLA牙学院种植修复、2016年美国哈佛大学牙医学院、2017年中国香港大学牙医学院继续教育学习。担任北京口腔医学会修复专业委员会常务委员、中华口腔医学会颞下颌关节病及颌学专业委员会常务委员、中国老年保健医学研究会老年口腔医学分会委员、航天医学工程与空间生物学专委会委员。担任《中华老年口腔医学杂》《口腔颌面修复学杂志》等专业期刊审稿专家、《口腔颌面影像技术与诊断》《老年口腔保健》副主编、《口腔精密美学修复临床与工艺制作》主译，参编口腔专业书籍数部。在国内外发表论著四十余篇，其中第一作者及通信作者SCI论著14篇。主持国家自然科学基金面上项目2项，科技部国家重点研发项目1项。

擅长：各类牙列缺失，牙列和牙体缺损的可摘和固定修复，种植修复；颌骨缺损赝附修复、颞下颌关节紊乱病修复治疗。

（解放军总医院供稿）

## 郭　杰

郭杰，男，1970年10月出生，籍贯山东巨野。博士，教授，主任医师，博士研究生导师。1993年毕业于原山东医科大学口腔系，2002年在山东大学获得硕士学位并考入四川大学华西口腔医学院，2005年获得口腔临床医学博士学位。1993年在山东省立医院口腔科任主治医师。自2005年起任职于山东大学口腔医院正畸科，期间2005年在北京大学口腔医院博士后流动站做研究，2009年到2010年在美国南加州大学牙学院进行访问研究。现任山东大学口腔医院副院长，中华口腔医学会正畸专委会常委，中国卫生信息与健康医疗大数据学会口腔医学专业委员会常委，中国整形美容协会精准与数字医学分会常委，山东省口腔医学会理事，山东省医学伦理学会口腔医学伦理分会副会长，济南市口腔医学会副会长，《中华口腔正畸学》《口腔医学》杂志编委。先后获得山东省优秀医师、齐鲁卫生与健康领军人才等荣誉称号。

主要从事口腔正畸的基础和临床相关工作，主要研究方向为牙周组织微环境适应牙齿正畸应力相关机制、正畸牙移动与代谢性骨病相关机制等。发表学术论文五十余篇，培养研究生四十余名。目前主持国家自然科学基金面上项目课题2项。

（山东大学口腔医学院供稿）

## 韩建民

韩建民，男，1983年2月出生于山东省菏泽市。副教授，副研究员，博士研究生导师。本科毕业于山东大学口腔医学院，并于2014年获日本东北大学齿学博士学位。任北京大学口腔医学院口腔材料研究室/国家食品药品监督管理局(CFDA)北大医疗器械质量监督检验中心党支部书记、生物检验室主任。任全国口腔材料器械和设备标准化技术委员会秘书长、国家药监局医疗器械审评中心专家咨询委员会委员、全国骨科专业标准化技术委员会委员、中华口腔医学会口腔材料专业委员会委员、北京口腔材料专业委员会秘书、北京口腔医学会口腔激光专委会委员、中国生物材料学会生物学评价分会委员、中国生物材料学会先进制造分会委员、纳米医疗器械生物学评价分技术委员会委员、中国老年学和老年医学学会基础学组委员、中国毒理学会管理毒理与风险评估专委会委员、日本东北大学齿学部客座研究员。

主要研究方向:新型口腔材料研发、口腔材料——组织相互作用、口腔材料生物安全性和功效性评价。包括牙科陶瓷种植体研发及评价、可降解镁合金引导组织再生膜研发及评价、口腔材料组织界面、口腔材料和医疗器械的评价方法研究等。主持国家重点研发计划 1 项、国家自然科学基金 2 项、省部级课题 1 项、国家药监局课题 2 项,横向研究课题 4 项等。以第一作者或通信作者在口腔医学领域国内、外期刊上发表论文二十余篇(其中 SCI 源论文 20 篇),主持或参与制定了十余项我国医药行业标准,参编专著 3 部。

(北京大学口腔医学院供稿)

## 何冬梅

何冬梅,女,1972 年 11 月出生于北京。博士,主任医师,教授,博士研究生导师。1996 年本科毕业于北京医科大学口腔系;2001 年获得北京大学口腔医学院口腔颌面外科专业博士学位。曾在德国、美国交流访问并做博士后研究。2008 年人才引进上海交通大学医学院附属第九人民医院口腔外科。

研究方向:颞下颌关节微创、重建及数字医学研究、骨关节炎的发病机制和骨-软骨再生等的研究。业务专长:颞下颌关节外科、口腔颌面部正颌和创伤以及牙槽外科疾病的诊治。以第一作者或者通信作者发表 SCI 论文 60 篇。主持国家级和省部级课题 13 项,参与 2 项科技部重点研发计划。参编专著 10 部,其中副主编专著 1 部,研究生规划教材 1 部,主译国外专著 1 部。第一完成人 2014 年分别获得中华口腔医学会科技三等奖和华夏医学科技三等奖;2015 年获得上海卫生计生系统职工技术创新金奖,百丹特口腔医学教育二等奖;2016 年获得上海市第六期医务职工科技创新"星光计划"一等奖,并获得"创新之星"称号。2017 年获得上海市职工合理化建议优秀成果。2020 年获得第 32 届上海市优秀发明选拔赛优秀发明银奖。2018 年获得上海市科技进步一等奖和教育部高校科技成果二等奖。授权专利 12 项,其中发明专利 4 项。担任中华口腔医学会颞下颌关节病学及殆学专业委员会常委、中华口腔医学会口腔颌面创伤及正颌专委会委员、上海口腔医学会口腔颌面外科专委会常务委员、AO 国际内固定协会亚太地区讲师、上海市医师协会口腔科医师分会第二届委员会秘书;国家科技奖励专家库专家、国家药监局器审中心专家。

(上海交通大学口腔医学院供稿)

## 贺慧霞

贺慧霞,女,1970 年 1 月出生,籍贯甘肃庆阳。主任医师,教授,博士研究生导师。1989 年入学兰州医学院(现兰州大学口腔医学院)获学士学位,1999 年入学解放军第三军医大学(现陆军军医大学)获硕士学位,2002 年入学解放军第四军医大学(现空军军医大学)获博士学位,2006 年入解放军总医院博士后流动站,出站后于解放军总医院口

腔科工作至今。

研究方向：干细胞与牙周组织再生，人工种植牙表面改性与骨结合相关研究。从事牙体牙髓及牙周疾病的医疗、保健、教学及科研工作二十余年，擅长显微镜辅助根管治疗、根尖及牙周手术及残根残冠保存修复。以负责人主持国家“863 计划”课题、军队后勤“十二五”重大项目子课题、国家自然科学基金等省部级以上科研项目 8 项；获国家科技进步二等奖、军队科技进步一等奖各 1 项；参编专著十余部，其中英文专著 1 部，英文译著 1 部，国家级教材 3 部。以第一作者发表专业学术论文四十余篇。兼任中华口腔医学会口腔生物专委会、全科口腔医学专委会委员；北京口腔医学会口腔生物专委会副主任委员、全科口腔医学专委会常委及牙体牙髓专委会委员及《中华口腔医学杂志》审稿人，《口腔颌面修复学杂志》《中华老年口腔医学杂志》编委等职。2019 年获评军队优秀专业技术人才三类岗位津贴。

（解放军总医院供稿）

## 贺　洋

贺洋，男，1983 年 4 月出生于湖北省襄阳市。副主任医师，副教授，博士研究生导师。本科就读于北京大学医学部口腔医学系，2010 年以口腔颌面外科临床博士学历毕业于北京大学口腔医院，并留院工作。任中华口腔医学会口腔颌面创伤正颌专业委员会委员兼秘书，中华口腔医学会颞下颌关节病及㕮学专业委员会委员，中华口腔医学会计算机医学专委会青年委员，北京市口腔医学会口腔颌面外科专业委员会常务委员兼秘书，国际坚固内固定协会（AOCMF）讲师，中国医促会肿瘤整形外科与功能性外科青年委员。

主要研究方向：数字化技术在口腔颌面创伤治疗中的应用；口腔颌面骨折诊断和缺损重建人工智能自动化诊断辅助模式的构建；颌面部骨缺损种植修复的软组织移植和处理；颞下颌关节重建。业务专长：口腔颌面创伤的救治以及口腔颌面缺损的功能修复；颞下颌关节外科。主持国家级及省部级科研项目 2 项，发表专业学术论文二十余篇（其中 SCI 源论文 14 篇），参编专著 3 部，参译专著 3 部。获 2016 年度中华口腔医学会科技奖三等奖（第三），2015 年度北京医学科技奖三等奖（第三），获 2018 年度中华口腔医学会科技奖三等奖。

（北京大学口腔医学院供稿）

## 胡镜宙

胡镜宙，男，1979 年 5 月出生，浙江瑞安人。主任医师，博士研究生导师。1996 年至 2004 年，就读于浙江大学口腔医学系，获口腔临床医学硕士学位。2004 年至 2007 年，在上海交通大学医学院攻读口腔临床医学博士学位。毕业后就职于上海交通大学医学院附属第九人民医院口腔颌面–头颈肿瘤科至今。

主要研究方向：口腔颌面部肿瘤免疫领域。曾通过“口腔鳞癌与干扰素 α”系列课题，在机制层面阐释了干扰素 α 如何在口腔鳞癌免疫微环境中产生“双刃剑作用”，还针对临床工作的需要，为靶向治疗、免疫检查点阻断治疗及联合治疗提供潜在新方案。在口腔鳞癌靶向耐药方面的研究发现了新的疗效预测标志物，为口腔鳞癌的精准治疗提供了突破口。目前在运用新型材料独特性能诊治口腔癌的领域开展多项研究。临床业务专长：口腔颌面部肿瘤的诊疗和修复重建。带组从事口腔颌面部肿瘤、特别是难治性肿瘤的外科手术治疗，曾创造性运用“两步法”缝合皮瓣及口腔余留软组织，将口内外瘘的发生率降低至 2.2%，为解决口腔颌面部术后创面愈合问题提供了新方法。先后主持国家自然科学基金课题 3 项，代表性成果先后发表在 *British Journal of Cancer*、*Cancer Letters*、*Theranostics*、*Molecular Cancer* 等高水平的学术期刊。

（上海交通大学口腔医学院供稿）

## 林　莉

林莉，女，1970 年 9 月出生于沈阳，天津人。中国医科大学口腔医学院牙周病学教授，主任医师，博士研究生导师。现任牙周科副主任，兼任中华口腔医学会牙周病学专业委员会常务委员，辽宁省口腔医学会牙周专业委员会前任主任委员，中华预防医学会微生态专业委员会委员，辽宁省预防医学会微生态专业委员会委员，《中国实用口腔科杂志》编委，辽宁省住院医师规范化培训基地评审专家，辽宁省医疗服务项目评审专家组组长，辽宁省口腔医疗质量控制中心专家组专家，辽宁省新型农村合作医疗专家委员会委员等。1993 年口腔医学本科毕业于中国医科大学留校任教至今，2006 年获口腔临床医学博士学位，2015 年在美国德克萨斯州休斯敦健康医学中心牙学院做访问学者。

主要研究方向：牙周病的病因与治疗；牙周病与全身疾病相关关系研究；牙周免疫学。主持国家自然科学基金面上项目 2 项，省教育厅及科技厅项目 5 项，横向课题 1 项，市科技计划项目 1 项；以第一作者或通信作者发表文章四十余篇，其中 SCI 文章 7 篇，参编著作 5 部。获国家科技部，高校科学研究优秀成果二等奖 1 项，辽宁医学科技奖一等奖 1 项；辽宁省科学技术二等奖 1 项，辽宁省科学技术三奖 1 项。专业特长：在牙周病的基础治疗方面尤其是疑难病及手术治疗方面具有丰富的经验。手术包括牙周组织再生手术、牙周美容手术、膜龈手术等。

（中国医科大学口腔医学院供稿）

## 刘　浩

刘浩，男，1969 年 8 月出生于天津市。教授，主任医师，博士研究生导师。本科就读于天津医科大学口腔医学系；硕士、博士研究生就读于北京大学口腔医学院，于 2002 年获得北京大学医学（临床医学）博士学位。2004 年至 2005 年公派至美国北卡莱罗纳大学牙医学院访学。先后于天津市第二中心医院、天津市人民医院、天津市口腔医院从事临床、教学、科研与医院管理工作。现任天津市口腔医院院长、党委副书记，天津市口腔功能修复与重建重点实验室主任。任国家口腔教学指导委员会委员、中华口腔医学会常务理事、中华口腔医学会口腔颌面外科专委会委员、中国医师协会口腔分会常委、天津市口腔医学会副会长、天津市口腔质控中心副主任委员、天津市口腔颌面外科专委会主任委员。

主要研究方向：口腔鳞状细胞癌的侵袭、转移相关机制及预后分析与口腔涎腺恶性肿瘤的预防及治疗。熟练掌握口腔颌面外科基本理论及技术，擅长口腔颌面部肿瘤、创伤、炎症的诊治。主持或参与多项国家自然科学基金及省部级科研课题并取得成果，其中1项获得天津市科学技术进步三等奖。于核心期刊发表专业学术论文二十余篇，（其中SCI源论文7篇），参编专著多部，其中全国卫生职业教育实验实训规划教材（第一版）与（第二版）任主编。

（天津市口腔医院供稿）

## 冯晓东

冯晓东，男，1984年4月出生于四川省自贡市。研究员，博士生导师。2008年本科毕业于四川大学生命科学院生物技术基地班，2013年毕业于四川大学华西口腔医学院获得口腔基础医学博士学位。2010年至2013年在美国国立卫生研究院进行博士联合培养，2013年至2015年在美国国立卫生研究院从事博士后研究工作，2016至2019年在美国加州大学圣地亚哥分校从事博士后研究工作。2019年就职于四川大学华西口腔医学院，现任中华口腔医学会口腔生物医学专委会委员及四川省口腔医学会口腔生物学专委会副主任委员，国际牙医师学院（ICD）中国区院士。

主要研究方向：细胞生长调控及肿瘤精准治疗；G蛋白及其G蛋白受体信号传导及其在癌症等相关疾病中的作用和意义；Hippo-YAP信号通路在癌症中的激活机制及靶向潜能；头颈部肿瘤发病机制与治疗靶点探索；肿瘤基因编辑治疗与免疫治疗。冯晓东博士主持国家级、省部级等5项研究项目，其中国家自然科学基金3项。发表研究性论文20余篇，其中包括在*Cancer Cell*，*Nature Cell Biology*，*Molecular Cell*，以及*Science Signaling*等顶尖学术期刊上发表了多篇学术论文，引用次数1 200余次。冯晓东博士是国家“海外高层次人才引进计划”青年项目入选者，四川省“海外高层次人才引进计划”入选者，曾获得美国国立卫生研究院（National Institute of Health，NIH）颁发的“研究员杰出研究奖（FARE），2013年”。

（四川大学华西口腔医学院供稿）

## 李　蓓

李蓓，女，1982年10月出生，副教授，博士研究生导师，空军军医大学特聘研究员。2008年至2012年分别获得第四军医大学口腔医学硕士、博士学位。2009年，赴美国南加州大学颅颌面分子生物中心进行联合培养博士学习。现担任空军军医大学口腔医院组织工程中心主任，教育部工程研究中心副主任。中华口腔医学会口腔生物医学专委会副主任委员，中国组织工程与再生医学分会委员。

研究方向：口腔颌面组织再生。近年来主持国家自然科学基金项目，国家重点研发计划子课题，陕西省自然科学基金项目等10项。在牙与骨再生领域发表SCI论文三十余篇，其中以第一及通信作者发表SCI论文20篇，包括*Sci Transl Med*，*Bone Res*，*Cell Death Differ*等杂志。研究成果获得2018年中国生物医药技术十大进展，陕西省科技进步一等奖，陕西省青年科技奖，陕西省青年科技标兵，陕西省科技新星，第一届“口腔优秀青年奖”等奖励。相关研究受邀参编国际专著2部，参编国内专著5部，获得国家发明专利1项，实用新型2项。

（空军军医大学口腔医学院供稿）

## 李春洁

李春洁，男，1986 年 7 月出生于四川省内江市。四川大学华西口腔医学院头颈肿瘤外科教授、主任医师，医务部副部长，博士研究生导师，四川省卫健委第十四批学术带头人后备，国际牙医师学院院士，香江学者。2013 年毕业于四川大学华西口腔医学院口腔临床医学（八年制）专业，口腔医学博士。同年留校工作。于 2014 年赴香港中文大学进行临床医学博士后研究。

长期从事口腔颌面外科专业医教研工作，主要研究方向为头颈肿瘤的防治、口腔颌面部缺损修复及循证口腔医学研究。任中华口腔医学会口腔颌面修复专委会常务委员、中华口腔医学会口腔颌面头颈肿瘤专委会委员、中国卫生信息与健康医疗大数据协会口腔健康大数据联合体副主任委员、四川省口腔医学会口腔颌面外科专委会常务委员、四川省口腔医学会口腔遗传病专委会常务委员、四川省口腔医学会口腔颌面修复专委会常务委员、四川省抗癌协会头颈肿瘤专委会常务委员、四川省医学会循证医学专委会委员、四川省医学会日间手术专委会委员。

主持国家自然科学基金 2 项，作为子课题负责人参与国家自然科学基金重点项目 1 项，主持国家级、省部级等 8 项基金研究。发表研究论文一百三十余篇，其中，九十余篇论文被 SCI 收录，以第一作者或通信作者发表 SCI 论文 75 篇。研究生教材《循证口腔医学》第三版主编，《口腔颌面部肿瘤就医指南》副主编，《口腔公共卫生》编委，参编《实用循证医学》《国家医学电子书包——口腔医学分册》及《中国当代医学名家经典手术》，参译《Up To Date》。同时为多本中英文杂志审稿专家；国家自然科学基金函评专家。邱蔚六口腔颌面外科希望奖一等奖获得者，2017 年全国口腔医学青年教授教学比赛第一名，第二届中日口腔颌面外科联合会议青年医师比赛第一名获得者。

（四川大学华西口腔医学院供稿）

## 李建华

李建华，男，1988 年 1 月出生，山东济宁人。教授，博士研究生导师。现任山东大学口腔医学院（口腔医院）生物材料研究室主任。山东大学齐鲁青年学者、山东省青年泰山学者。2010 年本科毕业于山东大学材料科学与工程学院。2016 年博士毕业于山东大学晶体材料国家重点实验室，师从刘宏教授。攻读博士期间，于 2013 年至 2014 年在中科院北京纳米能源与系统研究所进行联合培养博士学习；于 2014 年至 2016 年在美国佐治亚理工学院生物医学工程系进行博士联合培养，师从 Younan Xia（夏幼南）教授。2017 年至 2018 年在墨尔本大学化学与生物分子工程系从事博士后研究，合作导师为澳大利亚科学院院士 Frank Caruso 教授；2018 年至 2019 年在香港科技大学化学与生物工程学院从事博士后研究工作，合作导师为中国科学院院士唐本忠教授。

从事生物材料、干细胞分化、组织工程以及纳米医学相关研究工作，现主要研究方向为围绕口腔临床问题进行新型功能口腔生物材料研发的基础与应用研究。目前在 *Adv. Mater.*, *Angew. Chem. Int. Ed.*, *Adv. Sci.* 等期刊上发表 SCI 源论文三十余篇。

（山东大学口腔医学院供稿）

## 李生娇

李生娇，女，1973年6月出生，山西临汾人。主任医师，博士研究生导师。本科毕业于西安医科大学，并于2004年获第二军医大学口腔颌面外科学博士学位。主持国家自然科学基金及省部级科研项目5项，发表专业学术论文20余篇，其中SCI源刊物10篇，参编专著3部。担任学术团队和任职：中华口腔医学会口腔颌面放射专委会委员，中华口腔医学会口腔急诊专委会委员，中华口腔医学会老年口腔医学专委会委员，上海市口腔医学会口腔颌面放射专委会副主委。

主要研究方向：口腔颌面外科的基础与临床。致力口腔颌面部肿瘤的基础研究，尤其是口腔颌面部恶行肿瘤发病机制的研究。业务专长：于齿槽外科，在齿槽外科手术及自体牙移植方面有丰富经验。

（同济大学口腔医学院供稿）

## 李永明

李永明，男，1968年3月出生，籍贯山西晋城。主任医师、教授、博士研究生导师。本科毕业于中国人民解放军第四军医大学，并于2001年获第四军医大学口腔正畸学博士学位。主持国家自然科学基金项目4项，发表专业学术论文50余篇，其中SCI收录12篇，主编专著3部，参编专著5部。为中华口腔正畸专业委员会常务委员，上海市口腔正畸专业委员会副主任委员。

主要研究方向：口腔正畸生物力学及颅颌面形态生长发育。业务专长：骨性错颌畸形的早期干预及正畸矫治，在阻塞性睡眠呼吸暂停低通气综合征的口腔矫治器治疗方面有丰富经验。

（同济大学口腔医学院供稿）

## 牛丽娜

牛丽娜，女，1983年10月出生，河南辉县人。于第四军医大学（现空军军医大学）口腔医学院获口腔临床医学博士学位。现任第四军医大学第三附属医院口腔修复科主任、教授、博士研究生导师，教育部青年长江学者，兼任美国奥古斯塔大学荣誉教授，陕西省口腔修复专委会候任主委、*Journal of Dentistry* 编委等。

长期从事仿生矿化机制及牙、骨等硬组织修复领域科研工作，提出仿生矿化修复的全新机制，成功构建系列胶原支架材料，形成仿生钙化、硅化及杂化3项新技术，解决了矿化技术修复骨缺损的关键难题。先后主持青年“863”项目、国家自然科学基金优秀青年基金项目等15项基金。以第一作者或者通信作者在 *Nat Mater* 等国际高影响力期刊发表SCI论文75篇，授权国家专利9项，获省部级一等奖2项。参编及参译专著5部，参与制定2项中华口腔医学会标准和1项专家共识。研究成果获得 *ZeitNews*、*Material Views China*、中国科技报、解放军报等媒体的专题报道。先后荣获世界牙科研究协会百年新兴领袖奖、第四届国之名医青年新锐奖、树兰医学青年奖、中华口腔医学科技创新人物、世界华人口腔医学协会杰出青年科学家、陕西省特支计划青年拔尖人才、陕西省中青年科技创新领军人才、陕西省五四青年奖章、陕西省科技新星等荣誉。

（空军军医大学口腔医学院供稿）

## 蓝　菁

蓝菁，女，1976年2月出生于山东滨州，籍贯山东青岛。教授，主任医师，博士研究生导师。1999年毕业于山东滨州医学院，2002年在武汉大学获得硕士学位，2005年于武汉大学获得博士学位。2005年就职于山东大学口腔医（学）院，2011年至2012年在美国加州大学旧金山分校进行博士后研究。

研究方向：全身代谢性疾病与种植体骨结合的研究、口腔医用增材制造技术研发与评价及种植体周围炎疫苗的研究。在高脂血症对种植体骨结合的影响、种植体材料表面改性、功能梯度氧化锆种植体的研究、靶向基因疫苗防治种植体周围炎及牙周炎等方面进行了深入研究，成果发表于 *Journal of Dental Research*。注重临床与科研的有机结合，积极促进教学改革，推行线上线下混合教学及案例库教学，开发牙体缺损虚拟教学软件，担任课程负责人的口腔修复学获山东省精品课程。以通信作者发表 SCI 源论文二十余篇，核心 A 类论文 6 篇；申请专利 5 项；主持国家自然科学基金项目 2 项、省级课题 6 项（包括山东省重大基础研究项目 1 项）；主编专业书籍 1 部；获得 2018 年山东省自然科学奖二等奖（第二）、2020 年山东省高等院校科技奖二等奖（第一）。

（山东大学口腔医学院供稿）

## 廖　健

廖健，男，1978 年 5 月出生于贵州省石阡县。博士，教授，主任医师，博士研究生导师。2002 年本科毕业于天津医科大学口腔医学院，2007 年硕士毕业于贵州医科大学（原贵阳医学院），2014 年获四川大学华西口腔医学院口腔医学博士学位。现任贵州医科大学研究生党支部书记，口腔医学院研究生科研管理科科长，贵州医科大学附属口腔医院毕业后医学教育管理科科长，美国种植牙科学会（AAID）会员，中华口腔医学会口腔材料学专委会委员，贵州省口腔医学会口腔修复及口腔种植专委会常委。2016 年至 2017 年美国 Loma Linda 大学访问学者，同期参加美国牙科种植学会（AAID）认证的国际顶尖口腔种植大师课程（Implant Maxi-Courses）学习并获证书。主持国家自然科学基金项目 2 项、省部级科研项目 5 项，参与国家自然科学基金项目 2 项；发表专业论文四十余篇（SCI 源论文 10 篇）；主编论著 2 部。贵州医科大学骨干教师，贵州医科大学高层次人才。获贵州省第三届“百名优秀医生”、贵州医科大学优秀硕士论文、优秀共产党员、优秀教师、教育工作先进个人等称号。

主要研究方向：种植体周围炎骨吸收机制的研究；种植骨增量生物材料的研究。长期从事口腔修复与种植的临床及基础研究，擅长牙列缺损和牙列缺失的活动义齿、固定义齿及种植义齿修复。

（贵州医科大学口腔医学院供稿）

## 刘大勇

刘大勇，男，1972 年 6 月出生于河北省迁西县。天津医科大学口腔医学院主任医师，副教授，博士研究生导师。1994 年本科毕业于原河北医学院口腔医学系，2005 年硕士毕

业于天津医科大学，2011 年博士毕业于首都医科大学，师从王松灵教授。2005 年至今于天津医科大学口腔医院工作。期间于 2017 年至 2018 年赴美国国立卫生研究院(NIH)进行访问交流。担任中华口腔医学会口腔生物医学专业委员会委员，天津市生物医学工程学会组织工程专业委员会委员，天津市抗癌协会头颈外科专委会委员。担任国家自然科学基金、教育部学位中心、科技部，天津市临床重点专科建设项目等评审专家。《国际生物医学工程杂志》编委，*Stem Cell Res&Ther*，*Cell Prolif*，*J Periodontol* 等杂志审稿人。

研究方向：间充质干细胞定向分化、免疫调节作用的表观遗传调控机制，以及炎症、衰老等不同微环境下口腔颌面组织再生的临床转化。近年主持国家自然科学基金面上项目 3 项，参与多项国家及省部级科研项目，获天津市科技进步三等奖。在国内外期刊发表专业文章六十余篇(其中 SCI 源论文 24 篇，包括 *Stem Cells*，*Nat Comm*，*Blood* 等)，总被引 1 043 次。获得国家发明专利 1 项。

(天津医科大学口腔医院供稿)

## 刘 敏

刘敏，女，1973 年 12 月出生，籍贯辽宁营口。副主任医师，副教授，博士研究生导师。1996 年、2003 年、2016 年分别获得吉林大学口腔医学学士、口腔临床硕士和口腔临床博士学位。1996 年留校任教，2003 年起于布加勒斯特医科大学做访问学者一年，2013 年起于美国伊利诺伊州立大学芝加哥校区做访问学者一年。任吉林省口腔医学会牙周病学专业委员会主任委员，中华口腔医学会牙周病学专业委员会常务委员。

长期从事牙周疾病的治疗与研究，对伴有全身系统病患者、牙周疑难病、少见病和罕见病的治疗有丰富经验，尤其对重度牙周病的序列治疗、牙周病多学科联合治疗、牙周美学治疗、牙周内窥镜治疗、牙周显微外科手术、种植体周围炎的诊治及单颗、多颗牙缺失的种植修复等有深入研究。1996 年来多次承担院新技术新疗法，是多项国家自然科学基金、吉林省、吉林大学基金项目的负责人和子课题负责人。发表论文二十余篇(其中 SCI 源论文 8 篇)，参与 1 部教材的编写。

研究方向：骨组织工程和牙周炎的发病机理、牙周光动力抑菌的基础研究。研究工作主要集中在：牙周光动力抑菌治疗；种植体表面改性以及声动力抑菌治疗；牙周软硬组织缺损的重建、骨替代材料和促骨生长因子的研究；牙周炎的全身和局部危险因素研究。牙周病与种植体周围病的治疗疗效观察和影响因素的研究。

(吉林大学口腔医学院供稿)

## 刘婷姣

刘婷姣，女，1972 年 7 月出生，籍贯辽宁抚顺。教授，博士研究生导师。1996 年本科毕业于大连医科大学，留校任教历任助教和讲师。2006 年博士毕业于日本东京医科齿科大学，2007 年至 2010 年于中国科学院大连化学物理研究所微流控芯片研究组从事博士后研究。2006 年至 2020 年于大连医科大学口腔医学院从事口腔组织病理学的教学和科研工作。2020 年，于复旦大学附属口腔医院从事口腔基础教学和科研工作，并通过复旦大学博士生导师遴选。

主要研究方向：头颈部肿瘤基础研究，旨在揭示细胞外囊泡在肿瘤侵袭、转移前微环境构建、肿瘤耐药等生物学过程中的作用及分子机制；以微流控芯片为技术平台的肿瘤建模和液体活检，为肿瘤基础研究提供新技术平台，为肿瘤辅助诊断、疗效快速反馈、预后监测等提供新方法。近年，研究成果陆续在 *Molecular Cancer*、*PNAS*、*Cancer Letters* 等国际主流学术杂志上发表。近年，以项目负责人获得国家自然基金委面上项目 6 项；获省级科技进步二等奖 1 项、三等奖 1 项；指导毕业博士研究生 4 人，硕士研究生二十余人。

（复旦大学附属口腔医院供稿）

## 麻丹丹

麻丹丹，女，1982 年 6 月出生，黑龙江人。教授，博士研究生导师。2006 年本科毕业于哈尔滨医科大学，2009 年硕士毕业于第四军医大学，2012 年博士毕业于南方医科大学，毕业后于南方医科大学南方医院口腔科工作，从事牙体牙髓病学的临床与科研及口腔组织病理学的教学工作。2019 年赴美国马里兰大学开展访问学者工作，目前就职于南方医科大学口腔医院，从事牙体牙髓病学的医教研工作。

主要研究方向：牙髓再生，牙髓生物学及牙髓干细胞分化机制研究。通过一系列研究证实微管蛋白 Stathmin 通过 SHH 信号通路负向调控牙髓干细胞分化；同时提出成牙本质细胞外泌体对牙髓干细胞具有负反馈的调节作用。近年来研究成果发表在 *FASEB J*、*Int Endod J*、*J Endod*。以第一或通信作者发表 SCI 论文十余篇，主持国家自然科学基金 2 项，广东自然科学基金 1 项，院级以上课题 6 项，指导毕业博士研究生 1 名，硕士研究生十余人。

（广东省口腔医院供稿）

## 麦　穗

麦穗，女，1975 年 2 月出生于贵州省六盘水市，籍贯广东汕头。牙体牙髓病学主任医师，副教授，博士研究生导师。本科毕业于中山医科大学（现中山大学）口腔医学专业，并于 2009 年获中山大学口腔临床医学专业博士学位。先后赴美国佐治亚医学院、宾夕法尼亚大学和奥古斯塔大学研修。现为中山大学光华口腔医学院附属口腔医院牙体牙髓病科副主任，中华口腔医学会牙体牙髓病专业委员会常委，广东省口腔医学会教育专委会副主任委员，广东省口腔医学会牙体牙髓病专业委员会常委。主持国家自然科学基金、省部级科研项目 12 项，发表学术论文 70 余篇（其中 SCI 源论文 34 篇）。获省部级科技进步奖 1 项，教学成果奖 1 项。获教育部全国百篇优秀博士学位论文提名奖，广东省杰出青年医学人才称号。参编专著教材《显微牙髓治疗学》等 6 部。

主要研究方向：生物矿化与牙本质粘接，牙体牙髓疾病的防治。对非经典途径聚合类似物诱导仿生矿化有较为深入的研究。在牙体粘接美学修复、显微牙髓治疗方面具有丰富的临床经验。在国内较早开展“牙体微创美学粘接修复”和“显微根尖手术”等技术用于牙体牙髓疾病的治疗。

（中山大学光华口腔医学院供稿）

## 毛学理

毛学理,女,1975年3月出生于湖南省。医学博士,主任医师,博士研究生导师。1999年本科毕业于中山医科大学口腔医学系,2006年获中山大学口腔医学硕士学位,2009年获博士学位,为中山大学与澳大利亚昆士兰科技大学联合培养博士生。2013年赴美国宾夕法尼亚大学短期临床进修,2015年8月至2017年7月再次赴宾夕法尼亚大学从事为期两年的干细胞领域合作研究。获评广东省杰出青年医学人才,2012年度中山大学优秀临床带教老师,2012年度中国口腔医学会全国根管治疗大赛二等奖。担任中华口腔生物医学专业委员会委员,广东省牙体牙髓病学专业委员会常务委员,广东省干细胞与再生医学协会常务理事,广东省整形美容医学会口腔整形美容分会委员,广东省医调委专家顾问等。

主持国家级、省级等项目12项,参编学术专著3部。在*Biomaterials*等SCI源刊物,以第一作者或者通信作者发表论文17篇。主要研究领域:干细胞再生与免疫调节、细胞与生物支架黏附机制等。擅长牙髓根尖周困难病例的显微牙髓治疗、显微根尖手术、多层树脂牙体美学修复和CAD/CAM牙体缺损椅旁即刻修复。

(中山大学光华口腔医学院供稿)

## 潘 爽

潘爽,女,1978年10月出生于黑龙江省大庆市。教授,主任医师,博士研究生导师。2003年本科毕业于哈尔滨医科大学口腔医学专业,2006年获得中山大学光华口腔医学院口腔基础医学硕士学位,2009年获得北京大学口腔医学院口腔组织病理专业博士学位,2009年博士毕业后在哈尔滨医科大学口腔医学院牙体牙髓病科工作。2011年至2012年赴美国伊利诺伊州大学芝加哥校区牙学院从事博士后研究工作,现任哈尔滨医科大学口腔医学院牙体牙髓病科主任。主持国家自然科学基金2项,省部厅级课题十余项,发表专业学术论文三十余篇,其中SCI源刊物9篇。担任中华口腔医学会牙体牙髓病专业委员会委员,中华口腔医学会口腔医学科研管理专业委员会委员,全国卫生产业企业管理协会转化医学产业分会委员,黑龙江省口腔医学会理事,黑龙江省牙体牙髓病专业委员会常委。

主要研究方向:牙源性干细胞及牙组织工程研究,主要聚焦于微环境对牙髓干细胞的分化调控,通过不同细胞因子和水凝胶、石墨烯等支架材料模拟干细胞增殖及分化微环境以实现牙髓-牙本质复合体的修复再生。业务专长:口腔牙体牙髓病科龋病、牙体硬组织非龋性疾病、牙髓病、根尖周病的常规诊疗工作,以及针对复杂、疑难病例的显微根管治疗、冠根一体化治疗、美学修复等诊疗工作。

(哈尔滨医科大学口腔医学院供稿)

## 宋忠臣

宋忠臣,男,1976年3月出生于河南省商丘市。博士,主任医师,博士研究生导师。1998年本科毕业于吉林大学白求恩口腔医学院(原白求恩医科大学口腔医学系),1998年至2007

年在郑州大学口腔医学院工作。其间，2004年于郑州大学获硕士学位，2007 年于上海交通大学医学院获博士学位。2007 年 8 月至今在上海交通大学医学院附属第九人民医院牙周病科工作。现任上海交通大学医学院附属第九人民医院牙周病科副主任。上海交通大学口腔医学院牙周病学教研室主任。中华口腔医学会牙周病学专业委员会常务委员。上海市口腔医学会牙周病学专业委员会副主任委员。

主要从事牙周炎和系统性疾病关系及牙周组织再生方面的研究，负责国家自然科学基金青年基金、面上项目、上海市自然基金、上海市教委、上海申康等基础和临床研究课题近二十项，培养硕士研究生 16 人。作为课题主要完成人获得华夏医疗科技进步奖三等奖（第二）、上海市口腔医学科技奖（第二）；参编参译著作 5 部。以第一或通信作者发表论文近 30 篇。临床方面主要从事中重度牙周炎的序列治疗及牙周病多学科联合治疗。

（上海交通大学口腔医学院供稿）

## 孙　雯

孙雯，女，1983 年 12 月出生，江苏连云港人。副教授，博士研究生导师。2001 年至 2006 年于南京医科大学获得口腔医学学士学位；2006 年至 2011 年，于南京医科大学获得口腔临床医学博士学位。2011 年 8 月至今，于南京医科大学口腔医学院任教；其间 2014 年 5 月至 2016 年 4 月，于美国罗彻斯特大学医学与牙学院进行为期两年的博士后研究工作。现兼任中华口腔医学会口腔生物医学分会委员，中华口腔医学会口腔遗传病与罕见病分会青年委员。

利用多种模式小鼠开展口腔颌面部骨代谢与骨免疫相关研究，主持国家自然科学基金 3 项，江苏省自然科学基金 2 项，教育部新教师基金 1 项。在这些项目的支持下，研究成果共发表 SCI 收录论文 27 篇，其中以第一作者或者通信作者发表论文在 *Nat Commun*、*Development*、*PLoS Genet* 等学术期刊上共 13 篇，平均影响因子为 6.3。发表在 *Development* 上关于钙敏感受体在牙齿和牙槽骨发育中作用的研究成果，入选 *Nature China* 研究亮点。曾获 2011 年江苏省优秀博士学位论文、2013 年美国骨矿年会 Endocrine Fellows Foundation 青年学者奖、2015 年美国罗彻斯特大学 Rosier Award（首位华人获奖者）、2017 年国际口腔医学青年科学家论坛最具风采奖、2017 年中华医学会口腔生物医学优秀青年研究奖、2017 年江苏省科学技术奖二等奖。

（南京医科大学口腔医学院供稿）

## 王培军

王培军，男，1965 年 4 月出生于黑龙江省双鸭山市。教授、主任医师，博士研究生导师。1988 年本科毕业于哈尔滨医科大学口腔医学系，1997 年获哈尔滨医科大学口腔医学系口腔医学硕士学位，2013 年获哈尔滨医科大学临床医学博士专业学位。1998 年至 1999 年赴日本北海道大学齿学部任客员研究员。1988 年本科毕业留校在哈尔滨医科大学附属第一医院口腔正畸科工作。2000 年至 2008 年历任哈尔滨医科大学附属第一医院院长办公室副主任、主任、院长助理、党委办公室主任，哈尔滨医科大学口腔医学研究所副所长等职，2008 年任哈尔滨医科大学附属第二医院党委副书记，2019 任哈尔滨医科大学口腔医学院党委副书记(主持党委工作)、副院长,2020年至今任哈尔滨医科大学口腔医学院党委书记。

从事临床、科研、教学工作30余年,具有深厚的专业理论知识和丰富的临床经验。现兼任国际牙医学院士、中华口腔医学会正畸专委会常委、中华口腔正畸学杂志通讯编委、黑龙江省口腔医学会常务理事、黑龙江省口腔医学会正畸专委会副主任委员。研究领域为Ⅲ类错殆畸形的治疗,主持省、部、厅级课题多项,发表SCI收录及核心期刊论文十余篇。

(哈尔滨医科大学口腔医学院供稿)

## 王宇光

王宇光,男,1983年1月出生于吉林,山东人。副教授,副主任医师,博士研究生导师。作为北京大学医学部首届本硕博连读生,于2009年获北京大学口腔医学专业博士学位。2015年至2016年,公派赴美国哈佛大学麻省总医院Wellman光医学中心,从事访问学者工作。任北京口腔医学会激光专业委员会委员、中华口腔医学会激光专业委员会青年委员、中华口腔医学会计算机专业委员会青年委员,国际牙科研究协会(IADR)、美国牙科研究会(AADR)、国际种植协会(ITI)、国际修复医师学院(ICP)会员。任 *The Journal of Biomedical Optics* (*JBO*)、*Photochemistry and Photobiology*、*Lasers in Surgery & Medicine* 等多个国际知名SCI源刊物的审稿人。

主要研究方向:非侵入式诊断和治疗;激光治疗。口腔数字化技术和材料国家工程实验室非侵入式诊疗平台牵头人;自主研发了多光谱激光治疗仪,可用于治疗多种口腔常见病。业务专长于各种口腔修复疑难杂症的诊治,擅长CAD/CAM全瓷修复、数字化美学修复、种植修复、激光治疗牙齿敏感、光动力治疗。先后承担国家级课题2项,北京市首都特色重点项目1项,院校级课题4项。目前已发表中英文论著20余篇,获得国家专利2项。

(北京大学口腔医学院供稿)

## 魏　昕

魏昕,女,1967年出生于山东曲阜,山东潍县人。主任医师,副教授,博士研究生导师。1986年至1991年就读于山东大学口腔医学院,获学士学位。1997年至2000年就读于山东大学口腔医学院,获硕士学位。2002年至2005年就读于四川大学华西口腔医学院,获博士学位。2007年至2010年于南京医科大学基础医学博士后流动站,完成博士后训练。2011年至2012年在美国加利福尼亚大学旧金山分校(University of California, San Francisco)牙学院(School of Dentistry),高级访问学者。2005年至今,就职于南京医科大学口腔医院牙体牙髓黏膜科。临床上熟练掌握牙髓和根尖周病、黏膜病、牙体修复治疗和牙周病等疾病的诊疗技术;熟练掌握显微镜下复杂根管治疗和显微根尖手术等现代根管治疗技术。

研究方向:口腔疾病的微生物学研究。人类口腔内存在的多种微生物与口腔健康及口腔疾病密切相关。从龋病和口腔黏膜病等口腔疾病的相关微生物生物学特性和致病性入手,采用分子生物学等研究手段,探讨口腔微生物致病机制、微生物之间的信号调控和相互作用,揭示生态环境中微生物的生长和繁殖的调控机制，为保持微生物的生态平衡和抑制致病微生物的生长提供理论依据。已发表多篇文章、获得国家发明专利 1 项、主持国家自然科学基金 4 项，相关研究已达国内领先、国际先进水平。

（南京医科大学口腔医学院供稿）

## 吴国民

吴国民，男，1979 年 1 月出生，籍贯吉林松原。教授，主任医师，博士研究生导师。2003 年毕业于吉林大学口腔医学系，2006 年获吉林大学口腔医学硕士学位，2011 年获吉林大学口腔医学博士学位。2006 年起，工作于吉林大学口腔医院；2015 年，完成四川大学华西口腔医学院博士后流动站工作。博士后期间专修正颌外科、颌面部轮廓整形和关节外科。2016 年 9 月起，于美国密歇根大学牙学院做访问学者一年。任吉林大学口腔医院口腔整形美容外科主任，吉林大学口腔医院副院长。

擅长正颌外科、颌面部整形美容、颌骨缺损骨移植修复重建、牵张成骨、颌面部骨折创伤及颞下颌关节疾病。将数字化外科技术与 3D 打印技术联合应用于正颌外科领域，在临床践行“精准技术和精致医疗”，全面提高患者的就医体验。主持国家自然科学基金项目、吉林省教育厅课题、吉林省科学基金项目等共 15 项。以第一作者或通信作者发表专业学术论文 30 余篇（其中 SCI 源论文 12 篇），以第一发明人获国家发明专利 6 件。

（吉林大学口腔医学院供稿）

## 吴峻岭

吴峻岭，男，1977 年 10 月出生，籍贯山东无棣。口腔医学博士，主任医师，博士研究生导

师。1994 年和 2002 年于山东大学口腔医学院获学士、硕士学位，2005 年于四川大学华西口腔医学院获博士学位。2013 年至 2014 年美国马里兰大学牙学院和 2018 年日本大学齿学部做访问学者。2005 年起，在山东大学口腔医学院（口腔医院）工作至今。现任山东大学口腔医（学）院口腔综合科主任，兼任中华口腔医学会口腔材料专业委员会委员等职。山东省优秀中青年保健医师，口腔临床实践教学专家，国家自然科学基金委同行评议专家。

主要研究方向：（树脂基）牙科高分子材料的功能化设计及基于树脂粘接的耐久性提升策略等。主持国家自然科学基金面上项目、山东省自然科学基金面上项目及山东省优秀中青年科学家科研奖励基金项目等多项课题；以第一作者或者通信作者在 *Dent Mater*、*Eur Polym J*、*J Dent* 等核心期刊发表学术论文多篇；申请发明专利 2 项。临床工作中，精于各种类型牙体（列）缺损（失）的固定/活动/种植修复技术等，尤其擅长基于树脂粘接的先进修复技术，以实际临床问题为导向，对牙列缺损微创粘接修复方式的研究成果被口腔修复学经典期刊 *J Prosthet Dent* 收录。

（山东大学口腔医学院供稿）

## 吴晓珊

吴晓珊，男，1984 年 11 月出生于江苏省泗洪县，籍贯江苏苏州。教授，副主任医师，博士研究生导师。本科及硕士毕业于中南大学湘雅口腔医学院，2012 年获中南大学湘雅医院颌面整形外科博士学位。2020 年国家优秀青年基金获得者。任中南大学湘雅医院口腔颌面部发育与再生研究中心主任、湘雅医

院口腔颌面外科副主任医师。主持国家自然科学基金等科研项目共 5 项，发表 SCI 源论文共 24 篇。现任中华口腔医学会口腔生物医学专委会青年委员、湖南省口腔医学会老年医学专委会委员。

研究方向：颌面器官发育的基础与转化研究，在大型哺乳动物恒牙发育启动的调控机制、皮下肌肉的三维连接及重建机制上取得了原创性成果。临床上擅长唇腭裂、牙颌发育畸形的诊断与治疗。

（中南大学湘雅口腔医学院供稿）

## 杨瑞莉

杨瑞莉，女，1987 年 1 月出生于山西省运城市。副教授，研究员，博士研究生导师。本科毕业于武汉大学口腔医学院，并于 2015 年获得北京大学口腔医院口腔正畸学博士学位，博士期间赴美国南加州大学和宾夕法尼亚大学进行交流学习。入选第五批中组部国家万人计划"青年拔尖人才"，中国科协"青年托举人才"。获中华口腔医学科技一等奖、吴孟超医学青年基金奖等十余项奖项。以第一作者或者通信作者在 *Immunity*、*Cell Research*、*Nat Communications* 等著名期刊发表 SCI 源论文 20 余篇，主持国家自然基金项目等国家和省部级科研项目 5 项。

主要从事口腔正畸学临床工作和基于间充质干细胞的骨代谢与骨组织再生基础研究，发现骨组织代谢及骨再生免疫新机制。研究方向：骨质疏松的发病机制及防治策略研究；骨再生中干细胞功能及免疫微环境调节新机制研究；干细胞在口腔疾病（牙周炎、正畸牙移动和颞下颌骨关节炎等）的作用及分子机制研究。

（北京大学口腔医学院供稿）

## 俞梦飞

俞梦飞，男，1987 年 1 月出生，浙江宁波人。副研究员，博士研究生导师。2005 年至 2015 年，本科、硕士、博士均就读于浙江大学，为新加坡国立大学联合培养博士。2018 年至 2020 年至美国南加州大学从事博士后工作，现就职于浙江大学医学院附属口腔医院。任国际牙医学院院士，中华口腔医学会科研管理专委会委员、口腔生物医学专委会委员，中国生物医学工程学会组织工程与再生医学分会青年委员，浙江省口腔医学会种植专委会委员，浙江省医学会教育分会委员；任 *Bio-Design and Manufacturing* 副主编

长期从事"颅颌面组织缺损修复及再生"的相关基础及临床研究。专业方向为牙列缺损、缺失的种植修复，数字化种植及种植相关口腔综合治疗等；主持与参与国家级、省级课题 20 余项，以第一作者或者通信作者发表 SCI 源论文 30 余篇。获国家发明专利（实用新型专利）授权 7 项。获浙江省自然科学三等奖、优秀博士论文提名、中国组织工程与再生医学优秀研究提名奖、浙江省医卫科技奖等奖项。

（浙江大学口腔医学院供稿）

## 张卫兵

张卫兵，男，1970 年出生，江苏省东台市人。

主任医师，教授，博士研究生导师。1999 年至 2001 年于南京医科大学就读临床医学，获学士学位；2002 年至 2005 年就读于南京医科大学，口腔正畸硕士；2006 年至 2009 年于南京医科大学就读，口腔正畸博士；2010 年至 2013 年于哈佛大学、加州大学、麻省大学进行博士后研究。历任南京医科大学附属口腔医院正畸科主治医师、副主任医师、主任医师，讲师、副教授、教授。

主要研究方向：颌面骨发育和牙颌畸形矫治机制。业务专长：口腔正畸学。研究成果：发现 ROCK - TAZ 信号轴调控机械张应力诱导的颅骨缝骨干细胞成骨分化，压应力下骨细胞通过自噬途径分泌 RANKL 促进破骨细胞形成。

（南京医科大学口腔医学院供稿）

## 张文杰

张文杰，男，1985 年 5 月出生，籍贯山东郯城。主治医师，副研究员，博士研究生导师。2004 年至 2009 年，本科就读于潍坊医学院口腔医学专业；硕士和博士研究生就读于上海交通大学口腔临床医学专业，2012 年、2016 年分别获硕士和博士学位。2016 年起，在上海第九人民医院口腔修复科工作。

主要研究方向：口腔颌面部血管化骨再生及牙种植功能修复。近年以第一或者通信作者在 *Advanced Materials*、*Advanced Science* 和 *Biomaterials* 等刊发表 SCI 源论文 37 篇（累计 IF300）。获授权专利 12 项。主持国家优青、中国科协青托、上海市启明星、上海市扬帆以及上海市医苑新星等课题十余项。获教育部科技进步一等奖（第三，2016）、上海市科技进步一等奖（第三，2020）。

（上海交通大学口腔医学院供稿）

## 张　杰

张杰，男，1970 年 1 月出生于山西省大同市。教授，主任医师，博士研究生导师。本科毕业于北京医科大学口腔医学系，于 2002 年获北京大学口腔医学博士学位。任北京大学口腔医院口腔颌面外科三病区主任。任中国抗癌协会口腔肿瘤整合专委会常委，中国抗癌协会微创委员会粒子分会秘书长，中国医学促进会颅底专委会委员。

主要研究方向：口腔颌面-头颈部恶性肿瘤放射性粒子治疗、口腔颌面部缺损修复重建、口腔颌面部恶性肿瘤新技术诊断治疗。擅长口腔颌面部恶性肿瘤综合治疗。主持科技部重点项目子课题 2 项，发表专业学术论文 40 余篇（其中 SCI 源论文 8 篇），参编专著 3 部。

（北京大学口腔医学院供稿）

## 赵　行

赵行，男，1985 年 8 月出生于重庆市南川区。研究员，博士研究生导师。本科毕业于重庆文理学院化学系，并于 2014 年在四川大学获口腔基础医学专业博士学位。

现任四川大学华西口腔医学院基础系主任，荣获教育部重大人才计划青年项目，中国科协青年人才托举工程，四川大学青年骨干教师等。主持国家自然科学基金优秀青年基金等项目8项，发表专业学术论文30余篇。担任学术团队和任职：四川省口腔医学会口腔生物专委会主任委员，全国卫生产业企业管理协会精准医疗分会常务理事，中华口腔医学会口腔科研管理分会青年委员及秘书，口腔生物医学专委会委员，华西口腔医学杂志常务编委。

以“口腔黏膜病毒感染及癌变防治新方法与机制研究”为研究方向，围绕“新型双面对称核苷的设计、合成及其阻遏口腔黏膜病毒感染及癌变中的应用”相关核心科学问题，通过学科交叉展开具有自主知识产权的创新性研究，以病毒基因为靶标成功设计合成新型双面对称核苷分子一百余种，发现并验证了其中部分核苷分子的广谱抗病毒活性；发现双面对称核苷单分子在水溶液中能够利用特异性氢键和π-π堆积力等非共价分子间相互作用力驱动，通过自组装和再组装两个进程形成“纳米花(nano-flower)”的现象；并巧妙运用该自组装原理，通过进一步改变手性碳原子的立体构型，利用双面对称L-型核苷分子成功构建了离散均匀的颗粒状超分子纳米材料作为新的药物载体传输系统，具有应用于防治口腔黏膜癌变的潜力。

(四川大学华西口腔医学院供稿)

## 赵静辉

赵静辉，女，1977年8月出生，黑龙江人。博士，教授，主任医师，博士研究生导师。1996年就读于哈尔滨医科大学，2004年获吉林大学硕士学位。毕业留校从事口腔种植修复教学、临床、科研工作。2007年，赴澳大利亚联合培养博士留学一年。2010年获吉林大学博士学位。现为中华口腔医学会口腔种植专业委员会委员，中华口腔医学会口腔修复专业委员会青年委员，中华口腔医学会老年口腔医学专业委员会青年委员，吉林省口腔医学会牙及牙槽外科专委会副主任委员，吉林省口腔医学会口腔种植专业委员会委员。

主要研究方向：口腔种植材料研发和种植体表面改性。主持国家自然科学基金项目1项、省部级项目9项，参与承担国家自然科学基金项目2项、教育部博士点基金项目1项。发表论文80余篇(其中SCI源论文19篇，EI论文2篇)，参与1部教材的编写。获中华口腔医学会科技奖三等奖1项、吉林省科技进步奖一等奖1项、长春市科技创新奖1项、吉林大学医疗成果奖5项、高露洁口腔医学教育奖1项。

(吉林大学口腔医学院供稿)

## 周传香

周传香，女，1976年6月出生于黑龙江省大庆市，籍贯辽宁瓦房店。研究员、主治医师，博士研究生导师。本科、硕士研究生阶段就读于吉林大学口腔医学院，并于2017年获北京大学口腔组织病理专业博士学位。于北京大学口腔医院病理科从事临床、教学及科研一线工作，获北京市科技新星、中华口腔医学会青年人才、中华口腔医学会口腔病理专委会杰出青年，北京大学医学部优秀青年学者。任学术团队和任职：中华口腔医学会第四届口腔生物专委会委员兼学术秘书，澳大利亚健康与医学研究理事会(NHMRC)转化医学专委会委员,北京市医学会病理专委会头颈病理学组委员,北京市自然科学基金评审专家,SCI 源刊物 *Journal of Oncology* 特邀客座编辑。

主要研究方向:口腔颌面部肿瘤临床病理及分子机制研究,尤其是唾液腺肿瘤分子病理研究、口腔癌及癌前病变发生机制研究。擅长口腔颌面部疾病临床病理诊断,尤其是唾液腺肿瘤诊断与鉴别诊断。在病理学顶级期刊 *AM J Surg Pathol* 等发表创新成果。主持国家自然科学基金及省部级科研项目 5 项,发表专业学术论文三十余篇(其中以第一作者或通信作者发表 SCI 源论文 20 篇),参编专著 5 部,其中北京大学口腔医学教材《口腔组织学与病理学》(第三版)任副主编。

(北京大学口腔医学院供稿)

# 逝世人物

## 史俊南(1919—2020)

中国著名口腔医学教育家、口腔内科学奠基人、牙体牙髓病学和牙髓生物学的开拓者、空军军医大学(原第四军医大学)第三附属医院专业技术一级教授史俊南教授,于 2020 年 10 月 13 日在陕西省西安市逝世,享年 101 岁。

史俊南教授,1919 年 9 月 16 日出生于江苏省宜兴市,1940 年考入国立中央大学医学院本科,1948 年毕业留校任教,1949 年 4 月参加工作,1960 年 10 月入伍,1980 年 12 月入党。先后任助教、讲师、副教授、教授、主任医师、专业技术一级教授、文职一级、博士生导师,并担任口腔内科学教研室主任兼口腔医院口腔内科主任,兼任南京医科大学兼职教授、日本明海大学客座教授等。1951 年至 1952 年参加抗美援朝医疗队,获朝鲜民主主义共和国军功章。1984 年任第四军医大学专家组成员,1996 年、1998 年分别荣获总后勤部“伯乐奖”和“一代名师”称号,先后荣立二等功 1 次、三等功 4 次。史俊南教授曾担任中华口腔医学会牙体牙髓病学组组长、中华口腔医学会牙体牙髓病学专业委员会和老年口腔病学专业委员会顾问,全国副省级城市口腔医学协作组组长,1991 年创办我国口腔内科学专业期刊《牙体牙髓牙周病学杂志》担任主编,还兼任《中国口腔医学年鉴》编委,《实用口腔医学杂志》常务委员,《华西口腔医学杂志》《临床口腔医学杂志》《口腔医学纵横》和《现代口腔医学杂志》特邀编委等。

史俊南教授于 1954 年首创慢性根尖周炎并发皮肤窦道的保存治疗方法,改变了沿袭以前那种一律要拔除患牙的治疗方法。1987 年在国际上首先提出根管治疗术新理论,修正了国外盛行的要彻底扩大根管、彻底消毒根管和严密充填根管的传统理论。“七五”期间,他证实了牙髓病和尖周病是 G-厌氧菌为主的混合感染,而荚膜、膜泡和内毒素则是主要毒力因子。“八五”期间,他找出了免疫学反应在牙髓病、尖周病发病中起着特有作用的依据。进而建立起牙髓细胞、牙周膜细胞、牙囊细胞、牙乳头细胞和破骨细胞以及永生化人牙成牙本质细胞样细胞等的体外培养模型,同时还进行了小鼠牙胚和下颌骨的体外培养。“九五”期间,史俊南教授和研究生们对发育生物学,牙齿特异性蛋白及其功能、牙髓损伤和修复以及相关口腔遗传病致病基因进行了重点研究。“十五”期间,史俊南教授等把研究重点放在干细胞和牙齿组织工程方面。相关研究在国内外有关刊物上发表论文 600 余篇,主编、参编了 33 本专著。获国家科技进步二等奖 2 项,军队科技进步二等奖 7 项、三等奖 10 项,军队医疗成果一等奖 1 项,陕西省、西安市科技进步二等奖各 1 项,他领导的实验室研制成功的新药粒细胞-

巨噬细胞刺激因子，获得国家二类新药证书。1998 年被陕西省学位委员会、陕西省教育委员会评为优秀博士生指导教师。2000 年西安市卫生局授予有突出贡献的老专家称号。

史俊南教授一生严谨治学，辛勤育人，先后培养博士后 6 名，博士研究生 42 名，硕士研究生 20 名。经过几十年的临床医疗实践和潜心研究，史俊南教授创造性地建立了牙髓学理论体系，提出了“发展牙髓学，向口腔医学科学迈进”的观点。他认为牙髓学应包括牙髓生物学、牙髓病和尖周病诊疗学、牙髓治疗学、牙髓学与相关专业或病症的关系等四部分。他的观点，完全符合医学基础研究与临床紧密结合的趋势，有利于本学科的健康发展。史俊南教授一生襟怀坦荡，淡泊名利。崇高的精神境界和人格魅力展示了老一辈专家教授的博大胸怀。

## 薛　淼（1929—2020）

中国著名口腔材料和生物材料研究领域专家、口腔修复学专家、上海交通大学医学院附属第九人民医院终身教授、口腔修复学主任医师、博士研究生导师薛淼教授，于 2020 年 1 月 26 日逝世，享年 91 岁。

薛淼教授，1929 年 6 月 24 日出生，浙江绍兴人。1947 年考入震旦大学医学院牙医学系，1953 年毕业留校。历任上海第二医学院口腔系助教、附属广慈医院住院医师、主治医师。1960 年参与创建上海第二医学院口腔材料研究室并主持工作。1982 年，任上海市口腔医学研究所口腔材料研究室副主任，创建上海第二医学院生物医学材料研究室任副主任。1988 年，任上海第二医科大学口腔材料研究室和生物医学材 料研究室主任。1989 年至 2003 年，任上海生物材料研究测试中心主任。作为中国口腔材料学和生物材料生物相容性研究领域的主要学科带头人，薛淼教授长期致力于口腔材料和生物材料的研发以及生物相容性的研究。曾担任国家“八五”科技攻关项目、“863”计划项目、国际合作和部委、市重大科研项目等二十余个项目的负责人。先后荣获包括国家教委科技进步二等奖、卫生部科技进步三等奖、上海市重大科技成果三等奖、上海市科技进步三等奖等奖项 19 项。曾主编《口腔应用材料学》等 5 部专著，参编《口腔修复学》《口腔病防治学》等 3 部教材。曾于 1992 年创办《口腔材料器械杂志》并且担任主编、《中国口腔医学年鉴》《透析与人工器官杂志》编委。发表学术论文 70 余篇。曾荣获全国“计划生育科技先进工作者”（1988）、上海市“计划生育科技先进工作者”（1995）、卫生部技术革命跃进先锋奖（1960）、上海第九人民医院院庆 90 周年“特别荣誉奖”（2010）。1992 年起享受国务院政府特殊津贴。

薛淼教授治治严谨，热爱口腔医学和口腔材料，是我国口腔生物材料事业的前辈，为我国口腔生物材料事业鞠躬尽瘁，倾注了毕生心血。

## 马轩祥（1945—2020）

中国著名口腔医学专家、口腔修复学专家，第四军医大学（现空军军医大学）口腔医院原院长马轩祥教授，于 2020 年 11 月 28 日在陕西省西安市逝世，享年 75 岁。

马轩祥教授，1945 年 3 月 5 日出生，河南商丘人。1970 年毕业于四川医学院口腔医学系，同年 9 月参军入伍。1979 年考入第四军医大学口腔医学系读研究生，1990 年获博士学位。历任部队卫生员、军医，第四军医大学口腔医院修复科助教、主治医师、副主任医师、副教授、主任医师、教授，博士研究生导师，修复科副主任、主任，口腔医院副院长、院长等职。

曾任国际牙医学院（ ICD） 院士、国际 ICPAC、AAP、FDI 会员，亚洲修复医师学会（AAP）国际关系部执行委员、国务院学位委员会评议组成员，国家卫生部临床专业学位指导委员会委员。曾担任中华口腔医学会副会长、陕西省口腔医学会会长、口腔修复学专业委员会荣誉主任委员、国务院学位委员会及国家卫生部临床专业学科指导委员会委员、全军口腔医学会会长及口腔修复教材主编、《口腔颌面修复学杂志》副主编等职；享受国务院特殊津贴，被评为中央保健局优秀专家；获评原总后勤部优秀教师、陕西省优秀院长、总后优秀共产党员、全国杰出口腔医师。获全军干部保健工作特殊贡献奖、军队育才"银奖"，荣立三等功1次。马轩祥教授在我国首批从事口腔粘接技术的系列研究，国际上首先采用显微激光应力分析法，从事金-塑界面应力的研究，首报预成蜡材失晶粗化金属表面新方法。1987 年赴瑞典学习骨结合种植体，率先在亚洲开展骨融合种植义齿修复，共同研制成功中国的 MDIC 种植体系，使我国在上述研究领域取得飞越。马轩祥教授曾获军队科技进步一等奖 1 项、省科技进步一等奖 1 项，负责国家、军队及省级科研课题 5 项，发表论文 84 篇，获国家专利 5 项，担任国家卫生部规划教材《口腔修复学》主编，参编专著 6 部，培养研究生 18 名，指导博士后 1 名。多次承担保健医疗任务，受到中央保健局表彰。马轩祥教授是我国著名口腔修复专家，他一生热爱口腔医学事业，自毕业就在口腔医疗一线为患者服务，擅长固定修复、烤瓷冠桥、咬合重建、牙齿美容等临床治疗。他高尚的医德医风、严谨求实的学术作风，是口腔学者的楷模。

# 索　引